国家出版基金项目
NATIONAL PUBLICATION FOUNDATION

中国电影人口述历史
The Oral History About Chinese Cinema

主编　陈墨

本卷主编　陈墨

陈燕嬉口述历史

采访人 | 陈墨　受访人 | 陈燕嬉

CFP 中国电影出版社

《中国电影人口述历史》

编纂指导组成员

边 静　陈 墨　皇甫宜川　黎 煜

李 镇　吴 迪（启之）　张 锦　周 夏

特别鸣谢

傅红星　阎晓明　饶曙光　陆弘石　张建勇

序

■ 陈 墨

一

“中国电影人口述历史”，是中国电影资料馆暨中国电影艺术研究中心和电影频道合作的，以采访和记录老一代中国电影人生平经历并作档案收藏为目的大型采访工程。该项目于2007年正式启动，2008年全面展开，至2010年为采访工程的第一阶段；2011年起为采访工程的第二阶段。做口述历史，我们是后来者，其便利条件是可以站在前人的肩膀上，充分汲取先驱者的经验和教训；可以利用后发优势，使我们的工作做得比较顺利、有效，且有一点特色。

我们的项目名称是“中国电影人口述历史”，而不是“电影口述史”。作为电影资料馆人，我们做口述历史采访的目标，是要作为档案收集，让受访人做生平讲述，包括其电影从业经历、社会人生经历、个人生活与心灵成长经历三个向度，建立电影专业史、中国社会史、个人心灵史三者合一信息档案。

“中国电影人口述历史”采集电影人记忆档案，固然是留赠后人，也应尽可能服务于当下。为此，我们和中国电影出版社合作，申请到国家出版基金资助，将陆续出版“中国电影人口述历史”30卷。我们采取了四种分卷形式，即：单人卷、单位卷（多人）、专业卷（多人）、专题卷（多人），目的是在深度与广度、丰富性与多样性之间获得平衡。

二

口述历史采访及其录音抄本的编纂，依据不同的目标，自有不同的重点、方法与形式。“中国电影人口述历史”的编纂，在篇幅允许的前提下，希望我们能够做到，录音编纂抄本能展现五个方面的内容：一是受访人电影从业史及与电影相关内容。二是政治运动经历及社会环境变迁的情况，由此展现电影人在怎样的环境中工作，以便理解他们为何及如何工作。三是个人生活史，是社会史的资料。四是个人心灵史或个性成长史，看社会环境如何塑造个人，及个人如何与社会环境和社会关系互动。五是在确保对话信息清晰可感的前提下，不仅展现受访人“说什么”，也尽可能保留其“怎么说”，尽量保持口述历史采访的现场感及对话者的个性言语特征。在实际编选过程中，会因为采访方式、资料丰欠、编选方法、篇幅容量的不同，而产生不同的变体形式。

这套书有须共同遵守的编辑体例。具体如，1. 每个访谈都必须有一些常规项目，例如采访人、受访人、摄像师姓名，采访时间、采访地点等。2. 保留采访人和受访人对话问答形式。3. 编纂抄本必须以原始抄本为依据，如有修订必须用括号标示。4. 编者可以作必要删减，但须保持对话语意完整性。5. 尽可能保持受访人说话的言语特点。6. 编者应针对访谈录中须加解释说明的地方作出注释。7. 每个访谈录后面都必须有《采访人手记》，提供必要的工作说明。8. 每册书后，须有分册主编的《编后记》，说明其编选方法及理由。

除上述必须遵守的基本体例之外，在编选理念、编辑方法、技术技巧等方面，我们鼓励分册主编按照自己的思考和认知进行探索和创新。

三

这套书采取分册主编负责制度。分册主编人选，大都是“中国电影人口述历史”工作团队成员，包括张锦研究员、李镇副研究员、黎煜博士、边静博士、周夏博士、黄德泉副研究员、蒙丽静博士、李相先生、王霞女士、彭琨女士、苗禾女士和我本人。我们还聘请了张震钦研究员、刘桂清编审等资深专家，孙劲松副研究馆员及《当代电影》编辑檀秋文等担任分册主编。

“中国电影人口述历史”的采访和出版，首先应该感谢授权我们出版其访谈录的所有前辈电影人！

我们曾得到过程季华、罗艺军、李少白、马德波、孟犁野、戴光晰等学界前辈，北京电影学院郑洞天教授、陈山教授、钟大丰教授，复旦大学周斌教授，中国传媒大学胡克教授，中国艺术研究院影视所所长丁亚平研究员，北京大学李道新教授，上海交通大学李亦中教授，西南大学虞吉教授，电影史家翟建农先生，山西社科院丁东研究员，中国青年政治学院邢小群教授等人的帮助和指导，在此向诸位专家表示衷心感谢！

“中国电影人口述历史”计划得以顺利实施，要感谢电影频道慷慨资助；要感谢阎晓明先生、陆弘石先生！

感谢中国电影资料馆前任馆长傅红星、前副馆长饶曙光、前代理馆长张建勇及现任馆长孙向辉！感谢倡议者和领导者皇甫宜川研究员！感谢最先探索者启之研究员！感谢李迅研究员、李一鸣研究员、单万里研究员！感谢中国电影资料馆办公室、离退休干部处、财务处所有支持和帮助过口述历史工作的同事们！

感谢所有担任过“中国电影人口述历史”摄像、录音工作的在读或已毕业的、本中心及外校研究生同学们！

最后，要感谢中国电影出版社！感谢类成云、曹茜、秦赞，和已经去世的副总编辑尹宁安先生！感谢胡子光、宋岱两任社长！感谢所有为之付出的人！

目录

陈燕嬉口述历史

采访人 陈　墨

受访人 陈燕嬉

采访时间 2009年10月至11月

采访地点 北京陈燕嬉家中、中国儿童少年电影学会办公室

采访时长 33小时（访谈11次）

摄像、录音 王家祥

整理 陈　墨

【受访人简介】

陈燕嬉

1923年生于北京，广东顺德人。著名电影录音师。1943年北京大学物理系毕业，曾任华北电影制作所、北平“中电三厂”录音助理、录音师，新中国成立后入北京电影制片厂担任录音师工作至退休。1949年曾担任纪录片《毛主席朱总司令莅平阅兵》的录音师，进而又担任了新中国政协会议以及开国大典的现场录音师，曾担任《龙须沟》《祝福》《风暴》《杨门女将》《天山的红花》《知音》《茶馆》《边城》《我只流三次泪》等数十部影片录音师。中国电影家协会第四届理事。

一、籍贯、父母与家人

陈墨（下简称“问”）：首先请您说说您的籍贯、父母与家人。预访时您说过，您父母亲应该是在1921年以前就搬来北京了？

陈燕嬉（下简称“陈”）：对，1920年或者1919年。因为我哥哥也是在北京生的。

问：1920年以前呢？

陈：我父亲在广州。是听我妈妈说的，我倒不知道。我妈妈说，我父亲老家是广东顺德，我爸爸到广州（工作）。那时候香港好像跟广州是自由来往的，所以有时候在广州，有时候在香港。他是教英文，可是我没听见我爸爸说英文，据说是教英文的。后来我爷爷死了，要有人办丧事，我那些叔叔都在广州，没有在顺德的，我爸是老大，料理后事是他的责任，他就回到顺德了。料理完后事以后，学校（工作）就断了，就没事了。我听我妈妈说，有一阵他们等于是失业。原来（生活）是一般，就是中上，生活没什么困难；可是他一失业，就比较困难了。她所谓困难是怎么说呢？她说东西比较贵，他们就去买那个锅巴，干的，回来泡着吃，便宜。她觉得挺苦的。后来是说铁路局有一个局长，叫什么汉臣——不记得了，这个我没考究，是京汉臣是平汉臣我就不记得了——反正就是调到北京来，在北平当铁路局长。于是乎他就带着一部分亲戚，就是广东那些亲戚到北京来了。我爸爸就属于其中之一。到北京以后，生了我哥哥跟我。

问：小哥哥，是吧？

陈：小哥哥，我小哥哥比我大两岁吧。跟前头的姐姐、哥哥差很多。我大哥跟我二哥，他们的年龄可以当我父辈，他们的孩子跟我差不多。

问：您一家一共有几个孩子？

陈：一共是九个孩子，我妈妈生了九个孩子。九个孩子死了四个，就剩五个，三个男的两个女的，我还有一个姐姐。

问：老大是大哥？

陈：大哥、二哥，还有一个三姐，还有一个小哥，然后我，这么五个人。大哥，我小时候一点印象也没有。

问：您懂事的时候，他已出去了，是吧？

陈：父亲来这以后，他们俩都上学了。我大哥上税务专科学校，属于

家庭及亲戚合影。站立者右起：第8人为父亲，第9人为郑学玄，第10人为母亲，第7人为陈燕嬉

公立大学，学费比较便宜。二哥上私立学校，上海复旦大学，比较贵。大哥后来工作，到什么九江、香港，他调到好几个地方。没什么印象，长好大后才见到。二哥在复旦，复旦比较贵，开始还是供他的；等到也不知道哪年，太贵了，我爸爸供不下去了，大概三年级或者几年级，我就不太知道了。那时候北平协和医院招考一个工作人员，他就考进协和了。反正那时候学历不是那么（重要），他没毕业，考进去就行了，所以就在协和工作。他就跟我们在一起，对我影响还是比较大的。我姐姐那时候上北平女师大文学系。我二哥学的是经济，大哥学税务，三姐是学文学的。她在我身边，我懂事的时候她可能还上学，所以跟我接触也比较多。

问：三姐是吧？

陈：三姐。我再说我小哥哥，小哥哥跟我差两岁。我妈妈到北平，有我小哥哥的时候，已经四十多岁了。又有孩子了，他们就不想要，到我这儿，更不想要了，因为我们俩就差两岁多一点，就吃了好多打（胎）药。

问：不想要这个小孩？

陈：不想要。打胎药没打下来，我又生出来了，所以我是先天不足，就比较瘦弱，身体不太好。我再说他们，爸爸、妈妈、哥哥对我的影响，这个家庭情况。我爸爸在我小的时候，他可能就是在铁路局，我没有印象了。后来那个铁路局长下台，他就没有工作了。这时候他有一个同乡，也是广东人，是华侨，叫邓启枝，在天津开了间糖栈，名字就叫锦茂栈，让我爸爸当经营经理。所以我跟我爸爸很少接触。他到天津以前，也可能我还不懂事，反正我的印象中，我爸爸什么样，我还记得不是很清楚。

问：您爸爸在天津工作的时候，家还在北京？

陈：在北京。我们有时候也去（天津）。我爸爸是一个什么人呢？我爸爸胖胖的，挺高的，不爱说话，挺憨厚的一个人。反正我的记忆里头，我跟我小哥哥，五哥，老逗他玩，他躺在那儿，我们俩人就在他身上骑马。另外有时候给他捶腿什么的，逗着玩那种。

问：挺亲近的？

陈：挺亲近的。接触也不多，没有什么拘束或者怎么样的。另外，他在天津的时候我们也去。我就记得一个细节，我在天津的时候，看他在屋里头戴着老花镜缝他很破很破的白线的线衣。那个锦茂栈，中间一个大厅，这边一个房子，那边一个房子，我爸爸就在这边房子，他们三四个伙计在那个房子住。我们就上伙计那儿玩，这些伙计就说，糖栈关门了，大伙儿得拿点钱，好像给他们分得不均，给得少。当时我不懂事，可是觉得他们说的也有道理。回来是不是跟我爸爸说，我不记得了。等长大以后知道，他们是有意识让我们传话的。就这么两个记忆。另外，在天津的时候，我母亲好像去过。我记得什么呢，那时候天津有一个中原公司，是最大的商场，有挺高的楼，里头还有演戏的地方，很大。反正我小时候跟家里去看戏，看京剧的时候，锣鼓点一出来我就马上捂着耳朵，我嫌吵。

问：要安静一点，是吗？

陈：那个吵我受不了，捂着耳朵。因为一点都不懂京剧。后来我搞录音，录到京剧的时候，我明白了，那个锣鼓其实是很重要的。可是小时候，听着声音躁。说良心话，到现在为止，那些个摇滚音乐或者现代的，我还是适应不了，我还是比较喜欢抒情的。我想想。我们家庭介绍了。我跟我爸爸接触也不太多，反正我印象中他不张扬，挺老派的那么一个人，他也没什么爱好。因为什么呢？后来我记得我们家有人打牌，可是我没看我爸爸打过，他也不打牌。

问：打麻将？

陈：麻将，没看他打过。我记得很清楚，他可能已经回来了吧，没工作了，就爱喝酒。必须每顿饭吃饭以前先喝酒，喝完酒以后再吃饭。

问：每顿？

陈：每顿都喝。就喝一杯或者怎么样，我们都吃完饭了，他再吃饭。我还记得一个小细节，就是买酒，买私酒，什么叫私酒呢？就是尿脬，是猪的还是牛的尿脬，那里头装着酒，拿着去讲价钱。我打酒，这个记得。后来我家有两间小屋，很小的，里屋我住，外头屋就是大伙儿吃饭的。那儿有一个煤球炉子，我们就把米饭、饭锅巴搁在上头烤着。他喝酒，我们就吃饭。吃饭的时候就烤那个锅巴，等他吃饭的时候，锅巴也都得了，我就吃锅巴，那个记得住。另外，我们家都爱吃鸡爪子，他不爱啃骨头，他喝酒的时候，我吃完饭拿手给他剥出来，完了给他吃，我就记得这几个细节。我爸爸对我，思想没有什么影响。我只觉得，他反正不做坏人，没有说他有坏心眼或者算计别人，这个我没听说过，我觉得人还是挺好的。

陈燕嬉的母亲

我妈妈是一个很能干的人。我妈妈挺瘦的，也比较厉害吧，反正我爸爸老得听我妈妈的。我不知道从什么时候开始那种感觉的，也奇怪，我不是受她影响，而是我老站在批判角度来看。我还落了一件事情，从广州到北京的时候，他们带了一个丫鬟，叫福庆，小名叫福庆。我就觉得我妈妈对她不好，挺厉害的，而且有时候就不给她饭吃，说她偷东西什么的，有时候还打她。我就是不喜欢她这个东西，就是对人不是那么好，不很平等的。另外，我的小哥哥也捉弄这个丫鬟，屋里有一个火炉子，他在上头烤什么吃的，他也不知怎么拿东西烫她，我就特别生气，我说他怎么那么不好？这是我的印象。所以我觉得我妈妈这个人，心地不是对人完全那么好。还有一个，就是她对我嫂子，我觉得，这是长大以后知道的，就是她老怀疑我嫂子对她不好，煮饭成心把沙子弄进去，可是我觉得不可能。这时候我就认为她多疑，我跟我嫂子我们俩沟通。

问：是大嫂还是二嫂？

陈：二嫂。大嫂不在一块儿，跟二嫂住一块。我就跟我嫂子聊天，把这个事情揭开，不是说跟我妈妈有什么反抗，而是把这个揭开。我们姑嫂的关系很好，跟二嫂没有那个界限。我对我妈妈是那样看法。后来我妈妈信佛了，皈依了，也放生什么的。我就觉得她是念佛，而且要普度众生，对人要好，要放生，要什么……

问：……慈悲？

陈：可是我就觉得，她有时候对人并不那么真诚，不是那么慈悲。另外，我觉得你跪那儿磕头念经什么的，就想将来修行，摆脱轮回，不太受罪，那你的目的还是为了自己，将来上极乐世界，并不是真正由爱心出发。

问：当年就是这个想法？

陈：当年还是后来，我现在分不清楚。我今天想这个事情的时候都觉得奇怪，我为什么一开始老站在批判别人的立场来说？我记得我在慕贞借读的时候，高二那年认识一个教徒，我们俩就辩论。因为什么呢？我说为什么必须得你承认我，你喊我天父的时候，我就帮助你，拉你一起走；你要不叫我天父，我就不管你？我说这不对，人不叫你就不管，那怎么叫博爱呢？怎么叫对人好呢？我就跟他吵。我就觉得自己很奇怪，为什么老批判别人？我妈妈念了佛，也让我们念，可是我不会念的，我觉得我干吗要念呢？我做好事就行了，我非念它干吗？两个宗教，不管基督教还是佛教，他们都是对人好，这点我觉得我都同意，我不会反对他们。跟我妈妈的关系是这样的。我妈妈那种对人的情况，我没有感染到，我没有学，没有影响我对别人（多心），我也没帮着我妈妈做些坏事。

我哥哥呢，我大哥，我没有什么接触。我二哥，我认为比较好的，对我影响比较大，我佩服他。他这个人比较正直，也是不大爱说话的。他不是考进协和了吗？他人比较聪明，做工作也比较认真，另外他绝不拍上面，挺耿直的，该怎么说就怎么说。所以有些美国人的缺点他也提出来，不在乎，吵架也有。可是那些美国人就看中他这点，所以就挺重用他的。最后已经升到中国人里的头儿，叫总长什么之类的，反正是挺高的职位。在这种职位，他跟别人不一样，他对保姆什么的是平等的。我记得那时候我们有保姆，也有厨师，可是我们吃饭的时候，我哥哥就说你们自己盛饭去，说不劳动不得食。另外就是说，我们绝对不允许把饭米粒扔了，浪费，说你知道这个饭米粒是怎么来的？农民怎么样。另外他爱好特别多，养鸽子，养虎皮鹦哥，养荷兰鼠、鱼，什么他都养。他什么都自己干，弄地或者弄砖，他都是自己去弄的。

那时候我们搬到现在的史家胡同——就是现在“人艺”那里——那个房子很大，我们住的是大花园的后院。后头是车库，我们的门就是车（库）门，门一开就是一个斜坡。这个后花园有三层房子，有南房，还有假山，好多果树。我们住在最后头那个北房，大房子，我哥哥他们住中间。我嫂子就跟我哥哥说，说你应该去看看老妹妹、老弟弟，说看他们有什么事没有，他说不用，我一直盯着呢。因为通过院子可以看到我们的灯光，灯光亮着，有什么事，就去了。他这个人不在乎一定要形式怎么样，他反正心里有。我觉得哥哥是挺好的人，他的一言一行，他对我影响比较大，应该怎么样做一个正直的人。

我姐姐呢，我姐姐是比较活泼的。上学时候她谈恋爱什么的，反正她老带着我。他们俩谈恋爱，我就在那儿跟他们玩，挺爱护我的。我佩服她，她人挺坚强的，后来自己到法国去了，再回来，再去，她自己自费去，自己想办法，她很勇敢，也很聪明。家里是这样的关系。

问：说家人的影响……

陈：我不是先天不足吗？就是比较软弱，比较听话，性格比较软，温顺，所以谁都挺喜欢我的。我在小时候的生活，是在爱跟关怀底下长大的。我回忆起来，我从小长大，我爸爸妈妈或者姐姐哥哥没打过我，没碰过我一个手指头，也没骂过我。所以我就觉得，一直就在爱护里长大的，所以养成我的性格是非常温顺的，非常软弱的，柔弱的，什么都容易感动。我在家里是这样的。

我再说一个觉得挺好玩的，就是我第一个记忆。我现在记不清那时候多大，反正可能是我妈妈抱着我，肯定不会太大，太大怎么能抱着呢？我小哥哥在地下慢慢地走，他怎么碰我一下还是怎么着，我妈或我姐姐，她俩谁说我不记得了，说我乖，我听话，说我哥哥淘气，咱们不理他。这个印象我很深。

问：这个记忆塑造了您的一辈子……

陈：第一个记忆，很乖。我并不是成心，就是软弱，因为我身心特别软。你知道吗，我不但对人是这样，对动物我也一样。我记得……又说乱了。

问：没关系，您记得什么说什么。

陈：动物还挺多可说的。举个例子吧，比如说我回广州的时候，那些表弟，就是我舅舅的孩子，他们去河边摸小螃蟹，他们拿着就给掰开，（我）心里难受极了。我说小螃蟹多痛苦，太残忍了。另外我姐姐念书的时候，蚊子咬她，她生气，把蚊子逮着以后，就把针穿在它肚子上放在那儿搁着，我就觉得太残酷了。我说你给打死不就完了吗，我就不喜欢。另外，我记得我小时候住在东城，上西城上学，上孔教学校，每天早上要坐铛铛车，坐电车。这个车站对面就是一个羊肉铺，羊肉铺每天早上都宰羊，我看着特别难受。可是那时候我也不知道怎么想的，我说咱们吃肉可以，干吗让它痛苦，那就说让它不受痛苦，或者给它弄点麻药，让它不痛苦不是挺好的吗？我记得后来在孔教上学，念四书五经，“君子远庖厨”，我说远庖厨有什么用？它受罪你听不见，根本不行。我在大学的时候，有一天我们几个同学上北海划船，划着划着，一个这么大的一条鱼，一下跳到我们船上来，大家特别高兴，说咱们带回去吃，我就不同意。我说你看它跳上来，咱们给它放了。他们就说干吗放了，好不容易跳上来的，都不同意，我非放不可，就放了。另外还有一次，也是几个同学，经过沙滩三座门那儿，听到小狗汪汪叫，挺惨的，我说咱们给它抱上来得了，它上不来多可怜？他们不同意。待会儿还是服了我了，结果一个同学就下去给抱上来了。就是说明，我不但对人，对动物也是那样，我就忍不得别人受苦，挺可怜那样的，心特别软。所以我们同班男同学，他说你这个人真特别，有时候觉得你很有情，重情重得很厉害，可是有时候你很无情。他说重情，是说我对小动物什么的；无情，就是我在大学曾经谈过恋爱，好像我在恋爱上怎么那么无情，他是那么说的。我人就是这样，就是挺软的。

我哥哥、我姐姐，他们都对我很好，可是性格都不是完全一样的。我大哥，听说他跳舞跳得特别好，还挺有名的，也是挺活跃的一个人。我二哥虽然老老实实，可是人家会弹古琴，会拉二胡、四胡，音乐都挺好的。我三姐是唱歌以外弹钢琴。我小哥哥，后来我知道，他在学院联欢会的时候，他拉胡琴，他还唱京剧，所以也挺活跃的。我哥哥、姐姐他们比较多才多艺。我妈妈认识字，她会吹箫，也会打扬琴。我什么都不会，所以后来我想，怎么回事呢？他们几个，哥哥、姐姐都会喝酒，我不会。我怎么跟他们不一样？我觉得他们比我聪明得多，可是我一想，是不是就是因为遗传基因问题，可能就说他们都继承了我爸爸比较老实的基因。我自己觉得自己是最次的，在几个兄弟姐妹中是最笨的一个。可是我上学的时候，因为我老是预习得比别人早一些，别人学的我都会了；另外我年纪比较小，吃香；所以差不多高小二年级以后，中学，我就老考第一。我又不是很用功，我又不特别聪明，为什么老考第一呢？也有这种情况，就是我发展得比较均衡，什么都可以拉分，写字或者什么。我自己明明知道我（是）什么样的人，可是跟别人的评价老有差距，别人评价都是高的。我思想里头没有个人英雄主义，可是我并不是很好，我也非常个人。[①]这个个人是什么？是反的，是觉得有点自卑。这个自卑哪来的？不是说我真正老老实实，我认输，不是那样的。自卑也是自己原谅自己吧，觉得我不怎么好，实际上还是个人的东西，就这么个情况。这个又拉远了。

问：这不远，这个非常重要。

陈：“文革”（开始）以后我不是被审查吗，完事以后党员重新登记，我们同屋一个人，也是我们从前单位的，她跟我说你这就是个人英雄主义，我说绝对不是；我说我承认我有个人的东西，可是不表现在个人英

① 这里所说的“个人”有自我反省和自我批评的意思。新中国的人生价值观是崇尚集体主义、做革命机器的螺丝钉，反对个人英雄主义、个人主义。这样的人生观，对陈老师的一生影响很大、很明显。

雄主义上，她非得让我承认，我记得还有争执。

问：一般少年人总是把自己估计过高，这是普遍现象。您怎么会在少年时候对自己估计过低呢？

陈：我觉得是原谅自己。确实，这也是一个最大的缺点，我觉得别人都很认真，很努力，都从小有一个志向，非得怎么样；个人主义并不是坏的，（是）我要成名成家，或者我必须达到什么目的，这种个人的东西。可是我没有这个。因为我没有这种毅力，（没有）这种追求、强迫着的前进动力，所以就原谅自己，我就觉得我不行。这样的低调，并不是说真正虚心，看见你那么好，我赶快追你，我赶快也努力，没有那个动力。因为小时候就是太安逸了，别人都在照顾我，都替我想，别人完全在围着我转，全替我想到了，我可以什么都不管，我也不用愁着没饭吃或者怎么样，是很安逸的，所以没有那种强劲的动力。可是我不坏，因为我受的影响是比较好的，所以我不会做坏事。

问：当然了。

陈：可是你说我做出什么成绩了吗？我觉得没有。我虽然后来认认真真的，我那时候已经不平庸了，可是我做得还不够努力，还不是全力以赴，（不）像别人那么认真，那么用功，我觉得是这种情况。

问：您是这么看自己的，是吧？

陈：就是这样。我不知道为什么，什么都老是到此为止。比如溜冰吧，我也是，会走了，再往深一步就不行了，我也不知怎么的。不知道为什么。我就是努力不够，没有强劲的动力，这是我的一大缺点。

问：这不见得是缺点，这也是您长寿的一个重要原因，比较恬淡。

陈：我长寿的原因，我觉得还有一个问题，我没有仇人。曾经有过，有人对我不好，有的解决（了），有的人还没解决，可是我也没有因此记仇，所以没有什么仇人。将来可以讲到，那时候我为什么摔跟头，有个别时候是自己气了一下，没有（记仇）。我最大的自我安慰是什么？就是我可以问心无愧。我一辈子没害过人，我没做过坏事，所以很踏实。我就是这么过来的。这样的话我就没有负担，我的心态比较好，也是我命好。结婚以后我爱人一直照顾我，爱人走了以后，孩子们也还跟着我，也还照顾我，所以我一直有人呵护，所以我命特别好。

问：您的哥哥、姐姐名字是什么？

陈：大哥叫陈文照，平常用的是字，叫陈公亮。

问：二哥呢？

陈：二哥是陈文耀。字剑星，宝剑的剑，星星的星。我三姐叫陈燕霞，霞光的霞。她好像没字，我没听说她有什么字。①

问：小哥呢？

陈：小哥叫陈文熙，他没字，就叫陈文熙。他们都是文字辈的，文照、文耀、文熙，我们是燕字辈的。②

问：您上学之前，有没有启蒙教育？

陈：我二九年上小学一年级。1929年以前，可能1927、1928年吧，我小哥哥请家教，一个毕老师。我四岁就开始（跟着）上课学习。那个毕老师，挺老的，也是穿着长袍马褂。具体上课什么样都忘了，我会背《三字经》，可能是他（教课）那时学的。当然他不是以讲课为主，而是认字。

陈燕嬉幼时

① 陈燕嬉批注：（三姐）她曾经把自己的名字写成“燕侠”。

② 说自己和姐姐是“燕”字辈，不确。若哥哥们的名字中都有一个“文”字，是文字辈，则姐妹与兄弟应该是同一辈分，不会另有燕字辈。过去男女有别，男子要入家谱、族谱，需要辈分，女孩子则不然。

二、上学、成长与环境

问：当时上小学要考试吗？您还记得上学时的情形吗？

陈：上学的时候，考没考，我不记得了。当时肯定比别人好，因为我都学过了，上课的时候全都记住。我就记得一个细节，老师有一个休息室，我也不知道怎么就去了，可能把我叫去了，我就记得两个老师一边一个坐那儿，我站在他们中间，他们就问我一个问题，他说你说我们俩谁好？就让我回答。想了想，我说你们俩都好。当时他们也笑了，说我特机灵。

后来我一想，真正上课时间很少，因为二九年底，放寒假的时候我就去广州了，那时候我爷爷奶奶都死了，广州市就是我外公外婆家。三〇年初回来的。寒假完了以后，我该上课了，我赶不上，就耽误了。我二哥也不知怎么就租了史家胡同那个房子了，这时候就请家教了。这家教是谁呢？姓吴，名字我忘了，吴祖康或吴寿康吧。他跟我二哥是同学，是同年同月同日生，可是他家庭环境不太好，所以就来家教我们。为什么我记得总在史家胡同，我记得他站在一个山石头上，那么大一块石头，他站在那儿，带着我们俩做体操，所以我想肯定是搬到那儿了。

问：整个学期就没去上学？

陈：完全不上学了。由家教授课。一年多后，我的小哥哥考上了初中一年级，我考上了树德小学五年级，或称高小一年级。这个班的班主任兼教语文，一天作文课，他出了个作文题《泪》，我记得我作文的第一句是“泪是同情的表现……”后来发作文时，老师念了我作文的头几句，并说我作得好，有哲学思想。当时我虽然不懂什么哲学，但受到表扬，

陈燕嬉幼时

总是高兴的。①

到六年级时候，我又转学了。五年级以后，暑假上广州了，回来又晚了。我就没地方上了，就上孔教（学校）了。因为我爸爸是孔教会的会员，所以他们直接就给我送去了，他那个学校就是孔教会开的。可是学校很穷，没有阅览室，也没操场。有一个建筑还没完，刨了一个大坑，有好多钢筋还露着，准备要盖房子又没盖，所以院子里都是大坑。

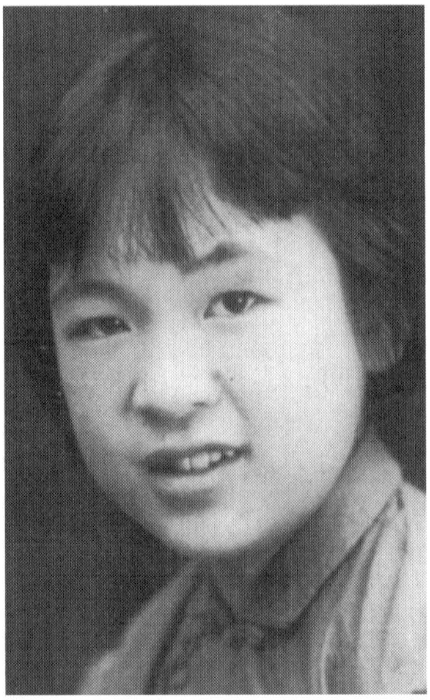
陈燕嬉

那个校长挺有意思的，叫陈大章，他挺瘦，个儿挺高。拿那个藤条，就是教鞭，追着学生打，转着圈跑。他就打人、抽人，就是这么一个人。所以我从他身上，没觉得有孔教的礼节那么庄重严肃，我觉得不调和。这还是次要的，最有意思的是什么呢，读了《论语》《礼记》，哪本我不记得了。反正这里头有什么“刑不上大夫，礼不下庶人”，“唯女人与小人为难养也”，还有什么“三纲五常”和“三从四德”，这些东西我就反感，为什么把女的看得那样？我就特别生气，那时候也不知道为什么来的火。你知道我为什么生气吗？我就觉得不平等，不公平，我是女的，你凭什么看不起我？于是我觉得不好的都给撕了，把那个书给撕了。

问：把课文给撕了？

陈：给撕了。这个男女不平等的（感受）特别强烈，强烈极了。也是在这儿的时候，我学了写大字跟画，就是画中国（水）墨，水墨画。

问：是美术课吗？

陈：是美术还是书法我忘了，反正两个是一个人教。我曾经练过颜体的楷书，画画也画石头、树、山水那些，水墨的那个。完了以后练体操。

问：您中学一年级还是上孔教学校？

陈：孔教上的，我们班只有我一个女生。中午我上哪儿休息，跟谁在一起呢？我一个人玩。我不是说有一个大坑吗，特大的，四圈都有，我

① 陈燕嬉老师在审读书稿时，对这一段作了重新表述，编者于2013年8月8日根据陈老师的修改稿录入。

就在一个石头旁待着，胡思乱想，就幻想我领着一些小动物在一块儿，我让它们干嘛就干嘛，我们就玩，每天拿着那个消闲，我不知道我怎么想的，还挺高兴。

问：是想象出来的小动物？

陈：想象出来的，想象我坐那儿的时候，我四周都有小动物，跟我一块儿玩。现在具体想不起来了，反正每天拿这个做消闲，挺有意思的。

老年时的陈燕嬉练习书法

问：孔教学校有宗教活动吗？

陈：没有宗教活动。①

问：您刚才说“三纲五常”……

陈：那是读经。不是孔教学校吗？读什么《礼记》，都有。

问：专门有一个课叫读经课，是吧？

陈：对。

问：孔教学校也有英语课吗？

陈：当然有了，是教育部统一的，那时候英语就是国际语言。

问：好，您继续说，1935年新生活运动……

陈：新生活运动……“孔教”没有政治，一点都不牵扯政治，所以对政治是一点都不了解的。可是新生活运动，也不太清楚目的是什么，蒋经国搞的，我们都不太知道。可是就有一点我知道，就是不许女的穿短袖，理由是什么呢？说女的露在外头，就会吸引男的胡思乱想，所以必须得穿长袖。这点我又生气了，我说你不管男的，让他不要胡思乱想，而非得让女的不许穿短袖，我说什么道理？还是以谁为主的问题，女的别招，这是什么逻辑？我特别生气。生气就生气呗，也无所谓。那时候，我对国民党也没认识。

问：没有政治概念？

---

① 2013年8月7日，编者上门听取陈老师对书稿的审读意见时，陈老师说，她小时候曾跟父亲到过山东曲阜，参加过祭孔仪式。她估计自己是较早参加祭孔仪式的女孩子。

陈：没有什么政治，国民党、共产党那时候一点都没有（概念）。

问：但您对社会不平很敏感……

陈：我从小家庭环境比较好，现在看起来，就是中上层的吧，就是温饱没问题。特别是我二哥在协和的时候，家庭确实比较好，又有保姆又有厨师，所以是挺优越的。可是我母亲带着我们去隆福寺庙会，看见乞丐。我记得很清楚，一个女的把一个绳子绑在身上，好几条，一条拴一个孩子，她有好几个孩子，蓬头垢面。她怕他跑了，挺长的一个绳子，蓬头垢面看着挺什么的。不但这样，到处可以看到要饭的，满地磕头。另外，我看见洋车夫——那些年轻的没这个感觉——老的那些骨瘦如柴，青筋毕露，可是常常坐客是一个胖女人，看着特别难受。另外，有一次有个瘦的洋车夫，也不知道犯了什么法，那时候不叫警察，叫巡警，巡警拿着棒子就打他，把他的车垫子拽走，以后不给他了，这样他就没饭吃了，所以我看着心里特别特别难受。我说人为什么要欺负人，人压迫人？就觉得人吃人的社会吧，太可怕了。再长大一点就觉得这个社会太恐怖了，我没有能力解决，我不像你说我有什么反抗精神，不是反抗。我虽然看不过去，不愿意这个事情存在，但没有自己去反抗、推翻这个社会，没有那种想法。而是想逃避。我就远离社会问题。就是我不沾这方面。我就不学文，就学理。这样的话，我觉得我可以不掺和到里头去，我也斗不过你，我不掺和，我就尽我的力量做一些有意义的事情。当然并不是很伟大，反正我自己做过，对人会有益的，尽可能的。

陈燕嬉

我所以对新生活运动很反感，虽说我不了解新生活运动，就冲它歧视妇女这一点，我对它特别反感。新生活运动以后，就男女分校，我就不用考试了，自然就分到“女二中”了。①

问：把女生分到“女二中”去了？

陈：嗯，（进入）“女二中”以后，我慢慢思想成长就开始了。从女

① 陈燕嬉老师在审读书稿时对这一段作了重新表述。

二中开始，就稍微知道政治上的关系。这以前政治（概念）一点都没有，完全就是一种对吃人社会的不满，就想改变，如果能改变该多好？我觉得不应该这样下去。可是我没有想到通过我自己来推翻这个社会，那一点没想过。

问：1937年卢沟桥事变，您有哪些记忆？

陈：卢沟桥事变，我就有一个印象，我们在胡同里面，在大街上，就看见一些伤兵，大刀队的，29军大刀队的——是29军吧？

问：29军，宋哲元部队。

陈：宋哲元，大刀队，他们都背着大刀。这几个伤兵跟我们说话，我们心里挺难受的。他说“唉，我们在那儿，上头有飞机在轰炸”。他说“我们没法打，大炮轰轰，我们什么办法没有，光靠大刀，光挨打，所以挺惨的”。[①] 实际上，当时确实“中央”不给他什么好的设备。反正就是凭大刀。别的就不太清楚了。日本兵进城我们都没参加，那个也没出去，什么都没有。

问：还记得家人当时什么反应吗？日本人要占领北平，您那时候已经十三四岁了，是大姑娘了，有这些记忆吗？

陈：那时候停课了，我们也不出去了。日本来的时候，协和没什么问题，协和照开不误。我们肯定不出去，平常也不怎么太出去。我到“慕贞”借读以后，我记得那个校长就跟我说，说为了你们的安全，你们住校，不要跑来跑去，我记得这样说过。反正我没有很大印象，说日本兵进城了什么情况，那都没有什么。

问：您什么时候遇到第一个日本人或者日本兵，还记得吗？

陈：日本兵，我真是没有什么印象。接触日本人就是进“中电”以后——不是，华北电影公司。我看看，我们到学校是这种情况，北大，这个以后说到北大再说吧。完了以后回来在“女二中”，高三毕业。高三还有一点可说的，就是高三的时候，有日文了，也有英文，我记得英文老师还给我们打讲义，是叫什么？门户开放。

问：门户开放？

陈：就是那时候提倡，反正有这么一个印象。“女二中”校址搬到西单那儿，隔壁就是教育部。我就记得很清楚，下课玩的时候大伙儿学唱《流亡三部曲》，“我的家在东北松花江上”，有个事务员跑过来：同学

---

① 这个士兵所说，不完全似卢沟桥事变时的情况，更像是在说29军大刀队在喜峰口战役中的情况。

们小点声，别唱了，隔壁就是教育部，听见怎么办？

那时候就有游行，游行是干吗呢？就是庆祝日本人占领了……

问：占领了中国哪个城市？

陈：就某某城市，他们胜利了，占领了，就要庆祝。那时候去游行大概有几次，大家也得去，跟着去，给个小旗。我记得我的活动就是这样，这么一排走，走着走着，我把旗往前头脚底下一扔，踩过去就完了，这是一个事。另外一个事，我有一次去，就把白的毛线编一个花别在头上，戴孝呢。

问：戴孝？

陈：对。有一个同学叫胡玉珍，就跟我聊，说我看见了你戴的白花，希望我什么时候到哪儿跟他们一块聊聊。后来什么原因没去成，她就是想拉我过去吧。后来她也是上后方去……我忘记了。有这么一件事情。当时我们就这么个情况。日语是学，可是大家都不愿意学，大家都沟通了，日语考试的时候，在一个考场，监考的日文老师溜了，就成心避开。

问：您的日文老师是中国人还是日本人？

陈：好像是朝鲜人，我也不知道。反正是一个女的，她也溜了。

问：她也不监考？

陈：考场上她就溜了，完了考场上明着抄。

问：老师也是比较同情中国学生？

陈：睁一只眼，闭一只眼。虽然是沦陷以后吧，可是“女二中”抗日情绪并没有弱下来，虽然也参加游行活动，可是并没有……

问：内心里没有屈服？

陈：没有。你想，那时候还在课堂里唱歌呢。

问：日本占领期间，北平市民的生活有哪些变化？您的体验呢？

陈：这个我想了半天，我觉得很奇怪，我没有在街上看见日本兵，日本人我都没看见，也回忆不出来。美国兵我倒有印象。

问：美国兵？那是四六年以后了。

陈：那是。

问：1946年您已经很大了。

陈：在之前我在街上应该也看见过日本兵，我看见过美国兵，因为他们开着吉普车跑来跑去什么的，那个我都看见了。可是日本兵我真是没看见过。

问：您是说北平城里没有日本兵吗？

陈：不是。七七事变以后，（家里）绝对不会让我出来，平常我可能没太强调，我在家里跟我小哥哥，小宝贝似的，我妈妈他们就不许我出门一步。自己不能上外头去，（除非）大人带着。

问：您参加日本组织的游行，能看见日本兵吗？

陈：这个也看不见。借读“慕贞”，我就住校了。所以那段见不着是很正常的，后来我回到“女二中”，“女二中”在西城，我在东城，那就必须得坐公交车。可是印象中，我也没见着什么日本人，我觉得奇怪极了。我为什么见不着呢？咱们现在看从前的《四世同堂》什么的，好像他们经常能看见，我怎么就没看见？

问：当时北平市民见到日本岗哨都得鞠躬，不鞠躬就得挨打……

陈：没有，绝对没有。我就是进华北电影公司，那个门卫是一个日本人，我笔直地进去，无所谓。有一天不是打起来了吗？忽然间他就犯轴了，说你为什么不敬礼？我说敬什么礼？我就不理他。他就差点要打我。怎么样我不记得了，是他跟我没完，还是他们来接我，反正我到录音科以后就哭了，有两个日本人就安慰我。我接触日本人，是到华北电影公司接触的。我现在也空白，因为《四世同堂》是那样情况，可是我在回忆里头想不起来。有这么一个情况，日本人来了以后，可能比较后一点，吃混合面。不许中国人吃大米，（只能）吃混合面。那个我印象很深，因为我在街上走过，早晨起来满地都是饿死的尸体，吃混合面以后全身发黑，紫黑紫黑的，吃混合面饿死的，那很多。

问：那时候您家里也吃混合面吗？

陈：我家也吃混合面，不多。我们不是完全吃混合面，可是也吃。

三、电影、时事与爱好

问：新生活运动有几部重要影片，一个《国风》，一个《天伦》……

陈：《国风》我不记得，《天伦》我看过。那时候《天伦》我还挺喜欢的，记不住了。因为那时候是表现人跟人，父女关系、父子关系，好像挺感动人，我记得是那样。《国风》写的什么？

问：《国风》写的是姐妹两个，一个是朴素上进的典范，一个是学什么洋生活，是黎莉莉和阮玲玉俩人演的。

陈：就是有好有坏。

问：对，一个好一个坏，都到上海去上学，回来一个变好一个变坏，但后来坏的也变好了。

陈：还是一个教育问题。

问：这是新生活运动重点影片之一。

陈：我不记得了，这部戏没看过。

问：《天伦》是学校组织去看的，还是自己去看的？

陈：没有组织，那时候没有这么多活动。

问：新生活运动，按照现在的惯例……

陈：新生活运动，因为"女二中"根本没听过这个，作为运动来说对我没有触动。因为什么？我在孔教的时候也没听说什么，在"女二中"也没听说什么。

问：新生活运动没听说什么？

陈：没听说什么，没有什么形式。

问：没有深入到学校或者干吗的？

陈：没有。

问：您打听出来了（当年）北京电影的票价了吗？[①]

陈：昨天他们告诉我的。可是看电影是谁跟我一块去，是谁买

① 电影人口述历史，自然会有看电影的经历的提问，同时会问及当年的票价。在预访时我问及当年北京电影票价问题，陈老师说她不记得了，要去向当年知情人打听一下。因而这里有此一问。

票，我都记不得了。因为我那时候比较小，我喜欢看什么？我因为是在东城住，那时候在北平东城是比较富裕一点，大使馆都在东城。南城就比较穷。

问：东富西贵，南贫北贱……

陈：《火烧红莲寺》，那个挺多（部）的影片，我是没看过。

问：《火烧红莲寺》是在南城放的，东城影院是比较上档次一点的，是不是这个意思？

陈：档次高一些的，放美国影片还有些别的国家的。我昨天打电话问那同学，他说当时还有早场，礼拜天早场是半价，比较差一点的电影院是一毛钱一张票，真光（电影院）什么的是五毛钱、六毛钱，是比较贵的。

问：那就非常贵了。

陈：我那时候喜欢看什么呢？喜欢看莎丽·登坡，一个小孩，喜剧明星。

问：秀兰·邓波儿？

陈：对。还有狄安娜·杜芊，就是比她大一点，会唱歌那个。反正我记得我还买了一本莎丽·登坡的小册子看。

问：当时翻译叫莎丽·登坡，是吧？

陈：其实就叫什么秀兰·邓波儿。我喜欢看她。我还记得几个情节，就是在钢琴上跳踢踏舞，都是音乐片，跳舞什么的，她挺可爱的。所以我特别喜欢她。刚才那女的叫什么？比她大一点。

问：您是说杜芊？

陈：刚才咱们名字都说出来了，狄安娜·杜芊，她年龄比较大，也是唱歌的。反正她们两个我爱看，我感动。人情味的东西比较多的，我就喜欢。可是我就容易哭，稍微感动一点就得哭。小一点的时候看这种片子。后来在大学的时候——我们昨天也在电话里也对过了，我们俩看的差不多，就是那个叫什么《翠堤春晓》，大家都看。

问：施特劳斯？

陈：施特劳斯。《翠堤春晓》，剧情很感动人。我从录音角度来说，那场戏，他们坐着马车，马车夫赶着马车，那个马蹄声、鸟声挺好的——不知道你们记不记得这个片子。

问：我记得这个片子，那场戏、录音我不记得了。

陈：就是他们坐在马车上，一夜天亮了，赶马车的配着音乐，马蹄声、鸟叫什么的特别可爱。他们俩的爱情关系挺感动的。还有一个就是《魂断蓝桥》，也是那时候看的，非常感动。

问：就是那时候的名片，包括《乱世佳人》？

陈：《乱世佳人》。

问：《卡萨布兰卡》呢，就是《北非谍影》……

陈：《卡萨布兰卡》也看了。

问：您看过的都是外国电影？国产电影呢？

陈：国产电影什么《渔光曲》《天伦》，还有《义勇军进行曲》那个（片子）叫什么？

问：叫《风云儿女》。

陈：《风云儿女》《桃李劫》，不多，并不是说看了很多中国电影。

问：看外国电影肯定比国产电影多？

陈：好像多一些。

问：但是您也不是每个星期都看两场电影？

陈：没有，那没有。我现在想不起来怎么去看的。后来那个同学说她跟哪个同学一块儿看，我跟哪个同学一块看的，就不记得了。也可能有一场电影是跟那时候初恋的朋友看的吧，也许，我真不记得了。反正喜欢，是喜欢。

问：电影的记忆大概就是这些？

陈：对。

四、不能忘怀的“女二中”

问：您介绍一下“女二中”，您那天说“女二中”共产党活动比较多。①

陈：“女二中”是这样的情况，当时那个校长还不是共产党，可是这里有些老师跟地下党是有关系的，起码思想是那样的。有一个典型人物是教音乐的，叫潘奇。1956年的时候，“北影”成立了，头一个片子让我去跟水华合作，什么题材我忘了，后来没拍成。开始准备时，汪洋和我一块去水华家。我记得很清楚，握手的时候，水华的手软得简直一塌糊涂，软极了。这时候我知道潘奇是他老婆。

问：是水华的夫人？

陈：是。她当音乐老师的时候，其实跟共产党有点关系，后来她不是上延安了吗？她到“鲁艺”认识水华的。她是又教“女二中”又教“协化”，“协化”是在斜对门，她住在“协化”，“协化”女中。她那时候教我们什么？教我们《快乐的人们》《保卫马德里》，前头词记不得了，什么“杀人放火的法西斯”，最后那两句话记得，“保卫马德里，保卫全世界的和平”。教我们这个歌。还教一个《快乐的人们》，是外国歌，可是很轻松的，我哼哼试试——（唱歌：快乐的心随着歌声而跳荡，快乐的人们神采飞扬，我们的歌声唤醒了城镇，也唤醒偏僻的大小村庄。这歌声给我们最大的力量，引导着我们奔向前方，谁永远跟着他一路前进，他就一定永远不会灭亡。）这歌就很含蓄，可是进步意义很大。很强烈向上的那种。②

---

① 在审读书稿时，陈老师希望将对“女二中”的回忆集中到前面的同一话题中去。陈老师还特别强调说，“女二中”是其一生的重要时期，无论在政治上，还是在学术上，都堪称是一个非常重要的转折点。为此，陈老师还对其中的一些记忆进行了重新表述。编者没有按照陈老师的指示将以下有关“女二中”的内容与前面的同一主题进行合并，主要原因是想尽可能保留口述的原始顺序和现场感。为尊重陈老师的意见，将“女二中”的记忆专门作为一个章节。为此，改变了后面所有章节的序列。

② 2013年8月15日，陈燕嫜老师让她的家人给我送来了几份她的手稿，其中一份是潘奇老师1935年末至1936年初在课堂上教唱的歌词。包括《快乐的人们》《救亡进行曲》《大刀进行曲》《五月的鲜花》《九一八小调》等“一二·九”运动中唱得最多的歌曲。陈老师还写道：2004年，潘奇老师送给我一本她自己翻译的《普契尼书信选集》，扉页上写着，“送给1935年相识的陈燕嫜同学留念”。

还有我们有一个办事员吧，事务员。他在那儿住，我们有时候上他屋里去听唱片，那时候是听盘（留声机）。我记得有一次，我不小心给她弄碎了，我挺难受的，赔他也不行的。里面放《生活像泥河一样流》，苏联歌曲，说："我们生活像泥河一样流，机器吃我们的肉，煤炭涂黑了我们的脸，火酒烧焦了心窝。"

我上"女二中"之前，我对各个课程偏爱不太明显，我是平均发展的。可是到"女二中"以后呢，教数学的老师叫张玉寿，她也是师大毕业的。她一个同班同学叫王明夏，王明夏就是王人美的姐姐。为什么说王人美呢？跟张玉寿有关系，王明夏就把王人美跟金焰的签名照片送给我们几个同学。张玉寿讲课讲得很清楚，很好。有一次，我有气管炎，爱咳嗽，上课的时候我老咳嗽不止，这个张老师就跟我说，说你去外头喝点水再回来，非让我去，我就去了。回来以后，她就把刚才讲的重新讲了一遍，所以我就挺感激她的。反正她有些偏爱吧，就觉得我数学不错。那时候同学有点起哄，那个叫什么？也不是粉丝，叫嫡儿（Dear），就是亲爱的意思，就是说这个老师喜欢这个学生，或者学生喜欢这个老师，就管她叫嫡儿。那时候，我就是这个老师的嫡儿。初三起，我就偏数学，数学好。

后来就是"一二·九"运动。那时候他们有些大同学都住校，我没有住校。我这个数学老师，又兼训育员，训育主任是一个老太婆，她也兼训育员，也是我们班主任。"一二·九"运动的时候，跟我在一起一个小矮个儿，也是广东人，她爸爸跟我父亲都是一起来北京的，我们俩就比较好，在一块。张玉寿就把我们俩叫去了，说你们太小了，你们不要出去，因为你们可能适应不了，就没让我们去参加。（游行）回来以后，我们队伍里头高三的学生就被砍了，胳膊被大刀砍破了什么的，有两个人被砍了，后来还有一个人被抓了。那时候也不上课了。那时候我没有参加游行，可是这些活动跟他们在一块，唱歌什么都是挺激动的，可是我跟他们没有什么活动。"一二·九"的时候国民党就不许学生抗日，"一二·九"就是为了抗日，是吧？

问：对，反对华北协定。

陈：华北自治，华北协定。就镇压，所以那时候对国民党有一定认识。再加上那时候历史老师、地理老师他们都是比较进步的。到高一以后，就是"西安事变"的时候，地理老师就把真相告诉我们了，说具体什么情况，就是安内攘外，很明确了。所以国民党、共产党，那就知道了。

问：老师在课堂上公开说国民党、共产党？

陈：公开说这个事实。我记得有一个老师讲公民课，（讲）妇女运动，他画几个圈，就说整个人民解放运动吧，必须得整个全解决了以后，妇女这个圈才能解决。那时候就知道一个远景，远景是什么？就是苏联。说苏联是男女平等的，苏联没有人压迫人、人剥削人的事情。跟我小时候的想法合拍，我觉得不合理、没法解决的，可是苏联就解决了。

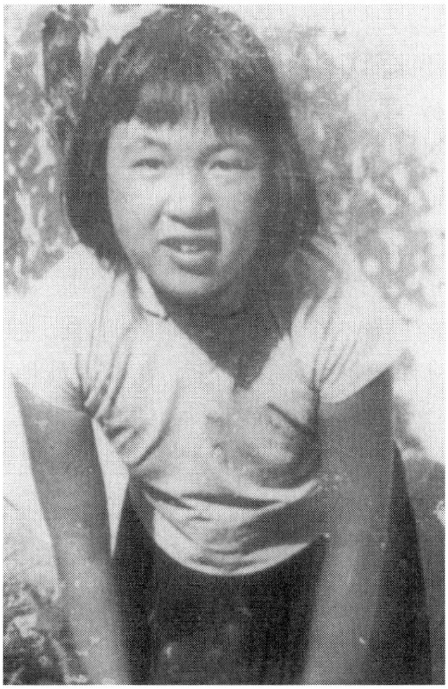

陈燕嬉

高一暑假，我们有一个语文老师叫杜老师，她住东城，跟我住得比较近。她给我打电话，带我去看电影，（去）真光影院，演的是什么呢？《苏俄新青年》。当时我很清楚，我觉得将来就是走那条路，将来就是有希望的。1936年暑假的时候，去看《苏俄新青年》，散场以后下大雨，这个老师跟她爱人叫了一个车来，坐汽车给我送回家的。在车上她的丈夫就跟我说，他说我们的希望寄托在你们身上。当时我不很理解，我也没有那么高的觉悟，可是这句话永远记住了，就是我要做一个好人。他们对我怀有希望，我绝对不要做坏事，做坏人，所以是一股力量，这句话我记得很清楚。

虽然我也喜欢看小说，也喜欢看电影，也喜欢看话剧，可是好像还是比较偏重数学方面。“女二中”就打下我对数学、政治的远景基础。七七事变以后，“女二中”开始没开课，这时候怎么办呢？那时候叫借读，“女二中”同学白惠兰，我们俩一块，是她找的关系还是怎么，我就不记得了，就到慕贞去借读了。我年纪比较小一些，他们反正对我挺好，同学、老师都对我不错。后来，学日文了，日文课，我记得那个老师是一个男的，秃头，我在书本上就画他像。我还记得，因为我们不很认真学，我就画他的像，拿铅笔画，我还有一个印象。当时可能是，安全起见吧，我住校了，当时基本上都住校了，很少不住校的。好像那个校长说，为了安全起见，希望住校，大概是那么个情况。因为在慕贞上学的，都是经济比较好的，所以风气不算太一样。公立学校人都比较朴实点，穿得也比较朴实，比较穷的。“女二中”一复课吧，（白惠兰）就回去了，她回去得早。后来她也动员我回去，后来我一想，也回去吧。因为什么呢？在这个教会学校不太习惯，所以就回去了。

我不知道你们有没有这种感觉，我们当时很明确的，喜欢数理的人，不见得语文不好；可是喜欢文学的人，数理肯定不好，而且不接受的程度很大。这个不知道为什么。我们当时就感觉到，后来也是这样的。我当时是喜欢数理，对文学也不排斥，文艺的东西我还是喜欢。我也没有真正像人家喜爱文学的人，看一本书必须记得很清楚，我不是。我看书也根据我的喜欢，喜欢我就看，暑假借了书往那儿一躺，就一直看。我看的书绝不是武打、乱糟糟的、无聊的，不会是那样的。当时怎么选的我不知道，是巴金的书、茅盾的书我都看了；国外的，都是看了以后，觉得有启发的。巴金的书对我影响挺大的。

问：巴金的书？“激流三部曲”，《家》《春》《秋》那些吗？

陈：对，那些类似的都看了。

问：书从哪儿来？是家里的，还是学校图书馆借的？

陈：学校图书馆就有。

问：您不是说孔教学校没有图书馆吗？

陈：没有，孔教学校没有图书馆，什么都没有。我以前都是封闭的，上了女二中以后才看书。

问：比较喜欢哪些书呢？

陈：现在名字叫不上来。《双城记》，托尔斯泰也有。

问：托尔斯泰？《复活》《安娜·卡列尼娜》《战争与和平》？

陈：反正我态度是这样的，我看，我喜欢看，怎么选择的我也不知道。反正我看的书，我现在翻过来看也没有什么出格。因为我不喜欢热热闹闹的。

问：（中国）古典小说，比如《红楼梦》呢？

陈：古典小说，我不是由头到尾看的，《红楼梦》也看过。由头到尾，像红学家那样很迷的，我没有那样。《红楼梦》《水浒传》《三国演义》看就看了，不是那么很认真地看。所以就文学来说，我修养很差。

问：您看了那么多书，修养已经非常好了。

陈：不是，作为一个录音师来说的话，文学修养、音乐修养都不够的。为什么不够呢？文学没有认真地去钻进去、提高，就是一般的。当然反过来说我理科也不怎么样。因为什么呢？你说我学理的，学那个东西，应该跟我工作的机器结合在一起，过去是根本不结合。后来吧，说句良心话，工作的时候，真正使用的机器不是很多。只是你把这个搞清楚以后，知道它的道理了……

问：操作或者使用起来方便一些？

陈：你会使用它，会正确使用这个机器，发挥这个机器的能力，避免一些错误。可是我也没有接触很多。只是解放以后才开始……一会儿再说这个事。所以那方面我不是很专业，（比不上那些）去钻研的人。

问：听明白了。杂志呢？当时有文学杂志吗？当时上海的一些杂志，能到北京来吗？

陈：杂志？图书馆里可能有吧。

问：还有北京过去的作家，石评梅等那些作家，您还有印象吗？您对当时的女作家是否偏爱？冰心、卢隐、谢冰莹。

陈：冰心的东西看过一些，谢冰莹可能后来才知道。

问：音乐，我有两个问题，您一家人都会乐器，甚至您妈妈都会乐器，为什么您就没学一种乐器呢？

陈：我不是跟你说吗，就是缺那个。他们跳舞，都跳得挺好，可是我到一定程度就到此为止。后来我得出结论是什么？是遗传基因问题，我继承的是我爸的遗传基因，他们都是我妈的遗传基因。我爸连打牌好像都不会打，没看他打过。究竟他喜欢什么，除了喝酒，我不知道他喜欢什么。我就记得有一次，他在吃饭的时候说了一下，说当时孙中山革命，好像不是正经的，乱七八糟的。说明什么呢？他挺保守的，对革命他格格不入。

问：对，关于音乐的问题，您喜欢哪些音乐？

陈：我在中学时候，对音乐、唱歌我也挺喜欢。我唱得并不好，可是我也挺喜欢。古典音乐、抒情音乐我都喜欢。当时就包括美国电影里头，《翠堤春晓》，我都喜欢这个音乐。我就是喜欢听着舒服，有情感，就是抒情的吧。

问：专门去听音乐会吗？

陈：没有，我还挺小的，他们带我一块去看京剧的时候，最大原因是那个戏曲的内容我不知道，一听那个锣鼓一响，我就觉得特刺耳，捂着耳朵不想听。

问：年轻时听的那些音乐，对您后来做录音师是很重要的修养……

陈：就是这么一个问题。录音师的音乐修养、音乐欣赏，修养是更高一层的，我达不到修养。欣赏能力的话，你对音乐越熟，你在录音乐上就越好。现在已经是另一回事了，现在录音乐都不是（普通）录音师录了，有专门录音师。

问：请说说您演话剧的经历。

陈：过去没有一个学校业余活动组织演话剧，没有。只有“女二中”高三有，为什么呢？是一个联欢会，那时候就演出了。在这儿之前还有一个，那个戏我现在想不起来名字，[1]那个戏比较大，比较长，让我去演，我并不是主角。就把我当小孩，我那时候虽然个儿不矮了，可是看我比较稚气吧，所以老是演小孩角色。排练的时候我也记得，完了以后，别人对我评价，觉得我比较真实。是我不会想到我在演戏呢，就是（投入）进去了，我该演什么就演什么，也没有什么表演，自己就上去了。后来我真正一次上台演出是什么呢？演的话剧是《湖上的悲剧》。[2] 就是兄弟两个去找他哥哥的爱人，我先到那儿，跟他的爱人对话；我哥哥来了以后，那个女的就自杀了，我就从后台扶她上来，让她在前台躺下，然后他俩再说话。这时候，我是先跟她谈话，她躺着，因为一个布景，一个沙发，不是很舒服，所以我就给她垫上。演完以后，那个王惠兰就跟我说，说你演得不错，挺好的，特别是你那个动作。演话剧也就那一次。[3]

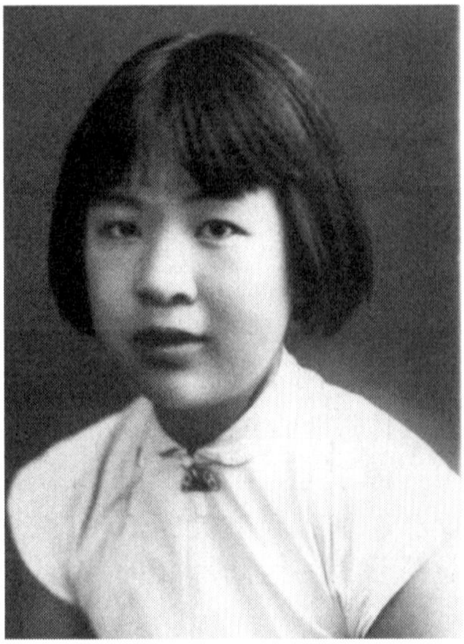

陈燕嬉

问：您想过将来要做演员吗？

陈：没想过。为什么没想过？我觉得我根本不是当演员的（料），我长得也不漂亮，我也没这个天赋。没想过，真是没想过。那时候只是文科、理科，至于你将来会不会在艺术上发展，没想过。

问：那时候女孩上台演戏，家里人或者街坊邻居会有看法吗？

陈：没有。我跟你说，真奇怪，我的家可能是最自由的。这些东西，我们家真谁也没管过，你用功不用功，你上学干吗，完全是没有任何干预。

问：您在演戏前后，看话剧吗？

陈：当时也看，我记得有什么唐若清，中国旅行剧团。

问：唐若清、唐槐秋，您看过他们的戏？

陈：看过，但我不记得了。我还比较喜欢看话剧。因为我觉得话剧比较真实。反正看过几个，可是怎么看、为什么去、谁带我去看的，都不记得了。

---

① 陈燕嬉批注：《打出幽灵塔》。

②《湖上的悲剧》，独幕剧，作者田汉，是20世纪中国话剧名作。

③ 陈燕嬉批注；语文老师王鸿逵也是话剧导演。

五、报考北大物理系

陈：……后来就高三毕业了。我好像刚才说过了吧？

问：刚才没说过。您只是提到了不愿意念文科，要念理科，但考大学的具体过程没说。

陈：考大学是这样，那时候公立大学就是北大、师大，完了就是私立，有辅仁跟燕大，清华已经内迁了。我不是说对妇女解放运动很什么吗？对男女不平等特别敏感？那时候说女的不能当工程师，没有这个能力，当不了。可是我就说，你说不能干，我偏干。

问：赌一口气，是吧？

陈：赌口气。所以我报考的是（北大）工学院，不是理学院。可是工学院不招女生，没办法，只好报理学院物理系。我小哥哥就说，我是上汉奸学校，他不上。[①]可是他要上辅仁、燕大就太贵，上不起。所以他就停了一年课。还有，我考燕大公费生，没考上。上北大了。

问：您上中学的时候，未来规划和人生理想是什么？

陈：问题就在这儿，我就是因为没有压力，所以就没有动力。

问：没什么规划？

陈：没有说我自己必须怎么样，我要做出怎么样一个（成绩），或者成名成家，或者养家糊口，或者怎么样，我没有什么理想。

问：但您要当女工程师？

陈：我就说我要做一个有用的人。我用我真实的力量去做出一些对社会、对人有好处的事情，我不会做坏事，我做好事。不是说你当不了工程师吗？我就非得赌这口气。我觉得好多人是比较踏实的，一点一点那么努力，认真去学习，为了将来成为科学家什么的。我没有那么大理想，我觉得我好像也没那本事。对自己没有什么自信，甭管人说我很聪明，数学怎么好，我知道我自己不是那么好，没有什么。

---

① 抗战期间，北京大学的主体已经迁往大后方，与清华、南开组成西南联合大学。1939年1月，日伪组织在北平恢复“国立北京大学”，汤尔和出任总监督（后钱稻孙出任校长）。1939年1月14日补行“成立典礼”。日伪时期的北京大学，自然会被爱国人士视为“汉奸学校”。

问：家人对您未来规划是什么呢？

陈：家里没人管我，我们家很自由的。

问：您刚才曾经提到您母亲比较强势？

陈：强势。可是她不管我们，她强势是对人。她不管我们，所以我们非常自由。而且我们学习也没有任何人（管），包括我二哥，也没跟我们提过一点，让我们规划点，没有。随我们自己发展，爱怎么着怎么着。

问：也没有希望您早一点嫁人，有好的生活依靠？

陈：没有，什么都没有，完全自由化。

问：当时考大学觉得难吗？

陈：考大学是这样的情况，我那时候，考理科很明确了。在上"女二中"之前，（觉得）这个社会太黑暗了，人压迫人、人吃人，我害怕。可是我也没有能力来推翻它，所以就要躲开。我不学文，就学理科，理科就是实打实的。很早就想当女工程师，结果一报考呢，人家根本不招女生，所以就去上北大物理系。我上北大的时候，没有想到我是在上汉奸学校。后来我哥哥批判我，我那时候还是没有政治头脑。

上北大，我就记得很清楚，那是考试的。考进去以后，开学典礼我记得，文元模，就是理学院院长，他又兼物理系系主任。他就给我们讲话，这个我记得清清楚楚，我们当时都掉眼泪了。他的意思什么呢？说现在我们的后方，他们的条件很差，想上学都没有这种条件；可是你们现在在这儿条件多好，你们应该很好利用这个机会充实自己，好好学习。反正我们感觉到，他是爱国的，希望我们能够利用这个机会学习，没有让我们当汉奸，没有。

问：没有讲"大东亚共荣圈"之类的话，是吧？

陈：根本没提政治。在我们心目中，他还是爱国的。另外，他后来在我们系里头说物理系不要日本人来，不让日本人当老师。有一个助教叫杨宏谋，他好像是留日的，学无线电的。那时候大学里根本不许开这个课，我们就偷偷地开课，让我们物理系去学。没多久就传出来杨宏谋自杀了，他为什么自杀？谁找他麻烦还是怎么？不知道。

问：当时不让学无线电？因为无线电可以有军事用途，是吗？

陈：无线电不学的，物理就是讲电这些，反正我们知道是不学。我们院长是观象台台长，等我们四年级，毕业该分配了，他就说，男同学可以去，女同学不要去，因为那儿有日本人。到处是日本人，我们哪躲得开？他既然发这话，也说明他还是不愿意让女同学受日本人欺负。我觉得他不是汉奸。可是他为什么又当了那个观象台台长、教育总署署长？

问：同时他是教育总署署长？

陈：这个我最近打电话才听到，其实我应该知道。后来被枪毙是因为是教育署署长，而其实我听说得不一样，教育署署长无所谓，我的印象是，因为他是观象台台长，观象台跟军用有关系，所以说给他枪毙了。我为什么能原谅他，（说他）不是汉奸呢？他虽然又是署长，又是台长的，我觉得作为知识分子，相对而言他是有成就的。他绝对不想当官，他当官有什么用？他要那个名干吗？他也不是要钱，他们家也够用。日本人利用他，因为他的地位很高，因为他是专家，他是学者，给他抬上去以后，他们脸上好看，对吧？

问：这个留给后人做研究，您只要谈您自己对他的看法。

陈：我觉得肯定他这个人就行了。平反不平反有什么用？谁给平？你说谁可以给平反？那等着历史再说了。

问：当时您觉得北大是世外桃源？

陈：就是现在批判来看的话，它与外头没有关系，什么政治运动都不参加。学生努力学习，也不是抓得很紧，北大有这么一个情况，我上回说了一点，考上理学院的学生，差不多都是功课比较好的，二年级以后剩五个学生。

问：物理系一个年级才有五个学生？

陈：物理系，三个女的，两个男的。那两个男的我没有考究，我们这三个人，王青漪、汪乾元、我，三个女同学。两个男的不写名字也成，因为对他们的来历不知道，他们是哪个学校，不是北京的。我为什么说她们名字呢？王青漪是女师大附中学习最好的学生。汪乾元是志诚中学，就是王光美的学校学习最好的，我应该算“女二中”学习最好的。考理学院的学生，基本都是比较好的。这两个男同学是外地来的，不知道是哪儿的。我们进校以后呢，一年级的时候，是数学系跟物理系合班上大课，特别是数学。数学就学微积分。微积分的教授，叫冯祖荀，胖老头。他讲得很好，可是他跟我们接不上，因为我们中学跟大学数学课是跳的，你除非预先学习过，或者特别聪明。一年级的考试，我们班只有王青漪及格，数学系也有几个人及格。补考及格也并没有几个，反正我算及格了。所以（物理系）就剩下我们五个人，不及格就转系或者转校的，数学系还走得少一些，物理系就这么几个人。

问：物理系原来不止五个人？

陈：好几十，二十几个人。刷了很大一批，就剩我们几个人了。后来

1943届北京大学物理系毕业同学合影，后排右一为陈燕嬉

一直到1941年的时候，太平洋战争开始以后，燕大就并到北大来。[1] 他们有两个人都姓沈，所以一共就是四个男的三个女的。

问：变七个了？

陈：快毕业的时候就七个人。

问：燕大物理系只有两个人？

陈：不是，转学来，有好多人不来。他们怎么不来？可能有各种原因，上辅仁还是怎么着，不知道，反正就是两个人（来北大）。学校当时配备的教师力量还是比较强的，可是在督促学生、管理学生方面，没有什么更多的约束。大伙儿下课以后，晚上就去图书馆看看书，有用功的就使劲用功。

---

① 日本偷袭珍珠港的时间是1941年12月，此后美国向日本宣战，燕京大学并入北大的时间当在稍后。

六、短暂的初恋故事

陈：那时候对外头没有什么联系，就开始谈恋爱。

问：您那时候住校吗？

陈：开始我不住校，后来到大考的时候我住校了。这时候呢，谈恋爱之风很快就起来了。我在民众识字班的一个老师，也不知因为什么拖下来了，变成我的同学，在化学系。他就追汪乾元，汪乾元跟谁结婚了呢？跟别的系的助教。他当时也追王青漪，也没成。

问：那时候助教可以追学生吗？

陈：没人管。我告诉你，在高三的时候我（有一个要好的女同学），有一天，大概（高中）毕业以前吧，她约我一块儿找她表哥一块儿上北海还是上哪儿，我当时无所谓，也没有什么别的想法，我就跟她一起去了。完了还拍照，她们俩拍照，还给我跟她表哥一块儿拍照，我都觉得无所谓，我觉得我比他小……

问：就是您跟她表哥单独拍照也无所谓？

陈：我没觉得有什么问题。因为他们俩可以拍，我一点没感觉有问题。过了不久，他们俩订婚了。我才恍然大悟，原来这么回事。我说我怎么那么傻，我哪知道他们俩是恋爱关系？我还跟他们瞎跑，还跟我照相……

问：您当时对那个表哥有意思吗？

陈：没那个。我跟你说，在高三的时候，我对爱情没有任何（想法），没有那根弦儿，所以才会跟她一块儿找她表哥，跟她拍照，跟我拍照，我也没有任何怀疑。

问：她拉您做灯泡，您不应该有什么太大的反应。

陈：我不知道。反正我没有感觉。我像男孩，长得也不漂亮，不会谈那些事情。冬天快要大考了，我就住在学校里头，晚上还要上自习，就上图书馆学习。那时候北大有两个图书馆，（大图书馆）就现在沙滩那个，红楼旁边有一个新盖的北大图书馆，还有一个小图书馆。我们先是上大图书馆去，那时候有一种日本的什么糖，比较普遍，也不算太贵的那种糖。我跟同学叫韩婉芳一块，有糖搁在那儿，说累了吃一块。后来想喝水，我们俩就上外头饮水处喝水去了。有男孩子，叫吕孔俦——他后来到解放区改名叫李复生——他就过来了，边笑边说你们知道你们丢了糖吗？我偷你们糖吃了。就这么样开始跟我们认识。我们北大图书馆是大桌子，一排、两排桌子，以后我们去的时候，他总在我的斜对过，一会儿看着我，就那样。跟他一块天天来的一个女同学，也跟我做鬼脸，反正就是这样。后来我同学知道这个情况以后，（说）走吧，咱不在这儿待着了，不愿意我掺和到爱情问题上，说咱们走吧，就走到小图书馆去了。他也跟来了，所以就这么样认识了。

还有，就是从我们学校（门口）进到女生宿舍有一个长的过道，这边是墙，那边是化学实验室。他们化学做实验的时间很长，我们下课的时候经过那儿，他准在窗户边上看着我，或者打个招呼。有一个叫徐惠英的，我就住她的屋子，（同屋另一个）女生也是化学系的，都知道这个事，她有点起撮合作用。她跟吕孔俦说好了，说礼拜天晚上一块上北海去，就是徐惠英跟我，还有他，跟我也是这么约的，徐惠英说几点钟，咱们在宿舍门口等他们。结果我就按时，徐惠英也没来，我在女生宿舍门口碰见他了，他说你太好了，你答应出来了。我说徐惠英没来，他说没来就没来吧，我们俩就一块上北海了。这样，我们就有些个人活动了。

这时候我们俩就有些来往。有一次春游，我跟吕孔俦骑车到颐和园，在路上碰见一些人，有认识的打招呼，吕孔俦就说："什么认识不认识，就看她好玩呗。"就是说看我有意思，所以才追我。我记得出来以后还去了燕大，因为他的哥哥在燕大。他带我去找他哥哥，看了一下，没有什么别的事。完了以后呢，我们俩就正常来往，有的时候晚上约好，他就给我打电话。理学院四边是松墙围着的，旁边很多椅子，中间有一个喷水池，大家都一对一对的，或者同学聊天，就在那个椅子上坐着。我们常常在那儿见面。这样下去……我想想，其实时间不算太长。

这里头又有一个什么问题呢？日本占领北平以后，房东就把我们的房子卖了。就是那个后花园，有很多房子，他要卖，我们就没地住了。所以房东就把最后一个房子腾出来让我们住。我就结识这个房东的孙女，叫郜丽华，她是贝满（女中）的，有点残疾，她们家很有钱，是那种老式大家庭，她爷爷抽大烟。郜丽华特别愿意跟我来往，老把我叫到她那儿，我们俩聊天。他们家是这样的，他爷爷奶奶除了抽大烟还有高级的点心，他妈妈、爸爸都是享受不着的，只有这个孙女可以享受。我跟她聊天，她就把她这些点心跟我一块吃。她跟我聊得很多，我写着玩的小的诗歌，她看见了。后来她也没征求我同意，就在晚报给发表了，写我名字。吕孔俦也看见了。

郜丽华的哥哥（或）是弟弟，好像也是北大医学院的还是什么学院，不知道。这个郜丽华要介绍她哥哥给我，我都不知道。郜丽华就说，谁来找我，让我接待。我觉得是她的哥哥也无所谓吧，那时候我应该懂得恋爱了，因为已经在恋爱了。他来我也没法拒绝他，一块儿上北海去，去就去吧，我没有别的想法。这也是属于我性格的问题，我应该不去，因为稍微懂得点了，可是我就无所谓。被人碰见以后（就传到吕孔俦那儿了）。之前说到那个交际花就传。

很久以后，我就跟这个交际花搬到一个屋里去了，还有另外一个生物系的，我们三个人一个屋。我那天半夜醒了，听她们俩聊天，交际花说我真后悔，其实他们俩多合适，我当时不应该……这个耳语被我听见了，我才知道这个事。这个女孩子说这俩人脾气都挺要强，谁都不肯认输，就说我也不肯认输，他也不肯认输。我听见以后更生气，他想不理我。过一段时间以后，这个男孩子觉悟了，他觉得是别人给他使坏，他就找我，就说听信别人的话了，真不应该……还希望复合。我说不了，我说既然这样的话，咱们就分开吧。虽然是初恋，虽然不懂爱情吧，还是挺有记忆的，就是有感觉的，我也并不想离开他。可是我那时候自尊心很强，你怀疑我，我干吗上赶着？别人既然这么说了，我就算了，吹就吹了。自那以后就吹了。

我当时在感情上没有不想跟他好，可是我也生气，你怎么能够听别人的话？就那样。可是离开以后，我心里也是很不舒服的，有点失落。好几年以后，他给我写一封很长的信，就说他觉得我好像挺单纯的，希望永远纯洁像一颗星星那样。反正就这样分开了。他又跟大学同学有来往，最后还跟徐惠英好起来了。为什么我知道呢？我一个人搬到单间去，徐惠英没搬，我们就两层，可以通过玻璃窗看见，吕孔俦上她家去，我都看见了，因为我在后头，所以我知道他们俩好起来了。好一阵以后也没成，怎么分开我也忘了。后来，我回学校，吕孔俦毕业的时候碰见他了，他在小饭铺吃饭，碰见以后就谈了会儿话。本来约着再谈，可是后来我没去，我们就没有再谈。他虽然没明说，但是我知道他要到解放区去，我感觉到了。我们俩在一块很短，我自己很单纯，我没有尝试过这种恋爱，以后我也没再恋爱过。

后来我1946年到张家口的时候，正好他也在张家口，他是化工厂的什么人。我不知道他在那儿，他也不知道我去了。可是我的情况他全知道，就是我后来结婚什么的情况他都知道。新中国成立后，他回到北京，跟一个挺年轻的女孩子结婚了，我也知道。他给我寄相片，我上他家里，都有来往。我说我当时，我也不是那么拒绝你。他说你不拒绝我，你眼睛会说话，说你没表示跟我好。他说我从来没表示对他好。他说你对我哪好过？我说我没有对你不好。他说你眼睛会说话啊。谁知道？就是我不同意吧。后来他跟我说，他那时候对徐惠英想真好来着，也不知道怎么没好成。他们结婚以后，他那个腿也不知道长一个什么东西，以为癌或者什么，结果没几天就给锯了。他很快就拄起双拐来了。（后来）他调兰州去了，在兰州参加“文化大革命”。他从兰州来（北京），带着一个本，本上好多名单，这个名单是派性那个东西。[①] 我说你弄这个干吗？他参与到派性里面去了，所以对方就抓他，抓起来后隔离起来。他不是一条腿吗，隔离起来挺困难。他的爱人好像给他送过一个包，洗漱的东西吧，还有一个刮胡子刀。结果他就用这个刮胡子刀自杀了。

问：是在兰州自杀还是在北京自杀？

陈：在兰州，因为我记得，他爱人后来还来北京找我，她抱着他那个假腿来北京告状。

问：我要冒昧地问，郑先生知道您跟吕先生那段初恋故事吗？

陈：知道。不是我告诉他的……他通过一个同学，上我厂里找我。我在新影厂，就是现在的科影厂，我们三个人一块走回我家。后来我想想怎么着。郑学玄怎么知道呢？反正郑学玄知道。我就告诉他，这个人是谁了。

他（郑学玄）觉得我跟他关系不一般。我有时候就开玩笑，不就谁谁谁吗，就是个瘸子。因为我的为人，郑先生也会理解的。有一次他从兰州来，我们在一个饭馆吃饭，碰见新影厂的人了。那人跟老郑说，说我跟谁在一起，在哪儿吃饭。老郑就问，你是不是跟那什么，我这时候说谎话了，我说没有。

问：那您为什么要说谎话呢？

陈：我们俩见面没跟他说，我说不上为什么。当时我就觉得说不好，我应该主动告诉他，既然开始没说，干脆我就彻底否认。我说没那么回事。当然他也是怀疑的，可是也没什么大事。

---

① “派性那个东西”：“文革”初期各地造反组织大多分为对立的派别，这里所说的“派性那个东西”应该是指吕孔俦（李复生）先生记录的有关本派或对立派的人名资料。

七、进入华北电影公司

问：在北大期间还有什么印象比较深刻的事吗？在学习上、生活上、政治上，或者是别的一些方面？

陈：好像没什么。对我来说，本来不是很用功、很刻苦学习的，再加上恋爱问题，虽然表面上什么事都没有，可是我还是挺重感情的，所以说也影响我学习，拿起书来老想着那些事，就讨厌。我不说高三是英文的吗，我也记不清了。那天打电话才肯定，所有课本都是英文的。

问：所有专业课本都是英文的？

陈：都是英文的。除了讲义以外。我大学四年确实是有点什么，本来我就没有那个敬业精神，再加上恋爱掺和着。我在中学时候，自己觉得并不是很用功，并不是很扎实。可是我还是懂，不会太差，功课什么都赶得上，或者算比较好的。大学就不是了，有点糊里糊涂的，我大学成绩不好。当然也不算差，也给奖学金了。

问：您毕业找工作的前后是什么情况？我希望讲得细一点，到"华影"去面试，第一次去感觉怎么样，怎么想的，怎么进厂？

陈：大学毕业时我们班就是四个男同学、三个女同学。那时候文元模在观象台当台长，他们四个人全上观象台了。男同学可以上观象台，女同学不上。（男同学）大概是有一个没去，他找别的工作了。

问：三个女同学呢？

陈：三个女同学呢，王青漪，功课最好那个，她留校当助教了。我和汪乾元，我们俩没工作，也没法找工作，完了就到学校里磨他们给我们介绍工作。当时东北有一个"满映"，北京有一个华北电影公司制作所，头儿叫甘粕。

问：甘粕正彦。

陈：满映的。同时"华影"也是他搞的。他有一个野心，就想把电影弄到很好，弄到最好，所以很敬业。他在东北办了一个"满映"训练班，要培训电影人才。在北京他也要抓人才，要把大学生吸引到电影厂来，将来素质可以高一些，还可以发展。在我之前，1942年的时候他已经吸收北大工学院男生，是机械系的，姓崔。我们不是要找工作吗，学校里头没有办法，北大文学院有一个日本人，跟华影有私人关系，就说"华影"公司要大学生，所以就把我们俩介绍去了。

去的时候见了一个人，是日本人还是中国人我不记得了，反正会说中国话。因为我们都不会说日文。他就问我们，说你们找工作，是喜欢电学还是喜欢光学？我们俩都是说喜欢电学。说你们喜欢电学，那你们就上录音课吧——是录音课还是录音系我不记得了。估计要喜欢光学，就可能让我们到摄影或者照明。我们俩就上录音系了。那时候录音系里头已经有（北大）工学院的学生，姓崔的那个。这里头只有一个日本人，叫山元，他是录音系的头儿。他是中国通，冬天就穿大棉袄，中国话说得很好。山元还有几个助手，都是中国人。我们两个人来了，就是三个大学生了。

陈燕嬉初到“华影”

等下一班毕业，1944年，那时候录音系来了一个北大物理系的，陈竹生。跟我们也很熟，她跟汪乾元是姐妹吧。汪乾元到录音系（时），已经结婚了，我们一块儿的时候，她肚子慢慢就大起来了。她在那儿毫无兴趣，后来她就走了，上志成教书去了。好像陈竹生来的时候她已经走了。同时工学院又来两个，一个是学电力的，一个机械的吧。我们就是两个女的，三个男的，都是北大的。师大音乐系来一个姓李的，这几个大学生。

问：录音系就六个？

陈：六个。华北电影公司除了技术部门以外，还有一个编导，叫什么名字我忘了。反正也不是部，好像也是什么系吧，我不记得了。这个时候文学院大学毕业生，就是底下这个班的，来了一两个还是两三个，我就不知道了。反正来了一个很重要的人，叫侯瑞霞。北大文学系的，毕业以前，她的男朋友到解放区去了，到解放区就牺牲了。后来她就上“华影”了。一块儿说一下吧，那时候有一个人叫刘国权，你应该知道。刘国权、张天赐他们俩是导演，还有一个叫王元龙。

问：王元龙？是上海来的？

陈：嗯，他也是在导一部戏。反正留下来这些人，别的还有我也不知道。我简单挑一下说。（1945年）8月快胜利的时候，侯瑞霞当场记，刘国权当导演，拍《恋爱与阴谋》，是外国翻译过来的，演员是周楚跟林默予，都挺有名的。侯瑞霞他们排练的时候就让我去看看。我在“华影”的时候，就没有觉得哪个片子是让我感兴趣的，可是《恋爱与阴谋》我有兴趣，我觉得真是那么回事，谈感情这些事我还比较喜欢。可是后来很快就8·15了，就没拍成。

问：《恋爱与阴谋》没拍成？

陈：也就不拍了，就8·15胜利了。在华影我没有哪个片子喜欢或者什么，根本没有。对新闻片子更是没（兴趣）——新闻都是反动的，都是给日本人宣传的。那些戏曲片、故事片我也不喜欢。刘国权的《恋爱与阴谋》我觉得不错，就这么一件事，过去了。

我们刚到录音系没几天，我就听到一个男解说员跟几个职员说闲话，说来俩女的，女的上咱们这儿能干吗？机器也抬不动，是不是想将来当解说员？他们这些话我听见了，（心想）你们看不上我们，觉得我们抬不动机器，咱们就比比吧。本来我身体不好，高中以后打篮球，身体好一些了，不是那么弱，搬机器我完全搬得动。我一生气，就说，你们能搬多少，我也能搬多少。甚至次数比你们多。当时，他们对我们并不是有别的意思。我表现可以了，他们也就承认了，所以很快就扭转了。觉得我还是挺能干的，上天桥上去绑话筒什么的，我什么都干。

问：当时大学毕业生的工资是多少？

陈：工资我是完全没记得。因为你说这事，我就想想，那时候是分职员、雇员、佣员三等，职员是最高的，雇员低一点，佣员更低。我们是雇员。

问：华北有专门的伪币，是吧？

陈：伪币，伪钞，是吧，我一点印象没有。

问：吃饭是怎么着？是厂里有食堂？

陈：我是自己带饭的，我带饭，有暖气，冬天就搁暖气上放着。

问：一开始都不住厂里面？

陈：不住宿，他们那儿没有宿舍。

问：“华影”没有宿舍，都在家里住？

陈：都在家里住。“华影”（原址）不是现在的“科影”吗，对过好多小房子。后来，我在那儿租一间房子，我一个人在那儿住。我工资是不是给我妈妈他们，我就不记得了，反正那时候我是带饭的，另外我爸爸是特俭朴的，那时候在东城那边有一个兵营，他们拿出一些剩饭去卖，我爸爸就去买剩饭，我记得有一次吃得挺不好的，馊了。

问：甘粕正彦来过“华影”，您见过他吗？

陈：他来过“华影”。我记得是这么说的，他特严格，在路上，经过什么东西一摸，手上有黏的就不合格了。所以他来以前大伙儿都挺紧张，把地弄得很干净，他在路上，摄影棚什么的，他随时随地查，特别厉害。反正我没有直接接触过他。

问：别人议论的印象就是严格？

陈：严格，就说他特别（严格）。到哪儿都摸，摸机器或者摸地，摸完以后他就说不行，不合格，这样严厉。觉得他是部队作风，跟我们的头儿山原不一样，我们头儿嘻嘻哈哈的。光我们录音部门的除了这个中国通以外，还有一个日本人，是学音乐的，他就管配音乐。

问：他叫什么？

陈：他叫坂本，坂本什么三，就叫坂本吧。他是什么样一个人物呢？他比较年轻，就是挺瘦的。他有肺病，可以不参军。

问：我知道日本很多机关里或者企业里面，新人对旧人都毕恭毕敬，有很多礼节，您有这样的印象吗？

陈：我跟你说，电影厂跟别的地方不一样。你说那种礼节，都很随便。制片部门的那些头儿也都挺随便的，没有毕恭毕敬，礼节都没有。我后来分析，当时他们对雇员也没有特别不好，我觉得对大学生是怀柔政策，他们觉得中国大学生不能太歧视。他们对我们都很尊重，没有特别的（歧视）。只有一次的事情，就是我说那个……

问：跟门岗的哨兵摩擦？

陈：那个人就是看门的，挺厉害的。为什么之前他不管我，我也不知道。我从前没到门口给他们鞠躬，没有过。（当时）有一条（规定），到门岗见日本人必须要鞠躬，特别是女的。我没有，我以后也没再鞠躬，可是他也容忍了，我不知道为什么。可能是电影厂的关系，包括后来国民党也好，好像没有太多的这种礼节。

问：您进来以后工作安排有计划吗？

陈：那时候不像考上"中电"什么的，一部戏接一部戏，很满。他们整个策划、经营什么的，我都不知道。工作不多，反正半个月或者一个月，出一份新闻简报那种性质的。其余有那么一部戏，拍地方戏，或者故事片。

问：故事片很少吧？

陈：很少。就是张天赐那个《杨柳风》，写一个女的恋爱关系，反正挺乱的。

问：这不是一个戏曲片吧？

陈：不是。故事片，就是爱情的，就是那个女的瞎搞。《杨柳风》我也不熟悉，来回来去的。地方戏有一个叫作……反正那词就是"去年今日此门中，人面桃花相映红。人面不知何处去，桃花依旧笑春风"。名字叫什么来着？就是拍这个，很短，折子戏还是什么的。[1]我就记得在布景墙后有一个女的，唱这个。

问：您到电影厂，有没有自己主动去看拍电影？

陈：我们进去以后，因为是录音系的人，他们摆话筒，我也跟着去，搬机器我也搬。录音室里头有一个玻璃，可以看到下面（拍戏）。我也看，但不是很有兴趣。非得怎么样，那倒没有。

问：您进厂多少时间搬机器到现场去录音？

陈：搬机器可随便，因为也不需要什么学问，我可能就很快跟他们搬了。后来就分配我工作了。分配我什么工作呢？那时候搬机器也不是太多，也不是天天拍戏。坂本不是搞音乐的吗，搞音乐配音，所以有一个音乐室，整个屋子的唱片柜子，都是唱片，音乐资料，目录也很乱。所以山原就给我一个任务，去整理唱片，作目录。

问：“华影”一共有多少个录音师？

陈：就是山原一个录音师。另外就是姓崔的，比我高一级那个，后来他录点新闻片，就他们俩。因为工作不多。我也没有想到我要录音，没想到。不像上海，他们是很明确的，叫第一助理、第二助理，第二助理就是管机器的，以后就提升（为）第一助理。

问：“华影”没那么规范？

陈：没有，反正我也没去管机器。让我整理（唱片目录），让我登记造册。除了有什么目录以外，先分类，分类有一些提示，越详细就越方便，选取起来方便。

问：您先要听？

陈：我就有理由了，我可以多听。他也甭催我，我就说我编这个，需要听。所以我一个人就理直气壮地在那儿听音乐。这样听音乐，对我有好处，因为我听得多，用哪句做片头或者用哪句开始，我对它的旋律比较熟，音乐欣赏能力会加强一些。对我后来做录音师是有好处的，总比没接触过的好。

这两年我没用功。对声音（知识技能训练）没有什么收获，自己也没想去努力。你要做录音，你要是在“满映”培训班就会有这个问题。为什么？你当录音师，不管你搞什么，是工程师也好，录音师也好，你首先要耳朵听好，你必须拿耳朵听这声音什么问题，录音师就更需要了。可是

---

① 陈燕嬉老师后来说，这个戏曲短片的片名可能是《人面桃花》，但不记得是京剧还是别的剧种。

我恰恰没有听声音、辨别声音，也没想着去听。为什么我不听？那时候录音师是这样，一个玻璃窗户里头是画面，这儿有录音机，那儿有一个唱片台，我选曲，又管放唱片。选曲以后，有一个台本，换唱片，什么地方是哪个，拿表掐时间。我就把唱片画好，红道一开始，正好放到三秒钟以后，就那个旋律出来了。我只注意这个东西，我就拿秒表掐，我不愿意听声音。

问：这个不是由坂本选吗？

陈：坂本选。我也在旁边，我帮助他选。为什么呢？我在造册，我知道哪一片在哪儿呢，他说我要什么贝多芬第六，我就给他拿。因为我编（目录）的，我自己弄，我给拿。拿完以后，这句话听起来（台词要结束了），他告诉我前面开始，我就得拿红笔给画好了，我以后再放到前面来。

我就是不想听那解说，因为太反动。我就不听喇叭里面的声音，我也不知道什么声音叫好，什么声音叫坏。总而言之，我那时候没想到我今后就搞录音。我今后干什么呢？也没怎么想过，反正我就混日子。

这个我还有兴趣，又可以听音乐，这也很好玩。正好把那个旋律弄出来，还有兴趣。不是别的，不是为了我工作好或者将来怎么样，没那么多想法。这个工作我还挺喜欢。如果你将来搞录音的话，你应该首先来分别声音，你应该通过喇叭来好好听这声音什么性质，应该是这样的。这绝对没错。这两年对我有点用吧，听音乐，音乐欣赏能提高一些。可是对做一个录音（的人）来说并没有收获，等于还是零。

问：您至少见识过混录，解说和音乐一起混录吧？

陈：那都很少。你知道什么情况吗？那个设备就是一个台子，四路，这两路是话筒，两路是可以输入信号，就这样。还音机你猜是什么？还音机就是一个盒上装两个机器同时可以转，就等于两个胶片。这个跟放映机同步连锁起来，同步启动。怎么连锁呢？两个闸，两个人一起，合闸，这样就一块儿启动。根本不是很严格的，就是这两个，一块儿启动。当时混录也很简单，反正就是一条音乐一条什么吧。山原他不是录音师吗？他教我什么了？就只有一句话，他还觉得好像这回可是送你厚礼那个意思。我记得在录音室里头，可能是录故事片吧，就是《杨柳风》，他说我告诉你画外音，什么叫画外音呢？就是OS，叫画外音，就是画面没有，人在外头，你就让画外声音比画内声音低两个分贝。他觉得把一个秘密告诉我了，我当时也没太注意，后来等我懂了，（觉得他的话）根本不对。什么画外音，你们俩离那么近，还是那么说话，还是那人在那儿，你怎么（低）两个分贝下来？根本不是那么回事。他说这句话，就说明，他没什么学问，他可能也不是搞录音的，我估计是那样。

问：关于“华影”厂，您还记得哪些事？

陈：日本人对我们中国人不好。除了那个门卫跟我吵过以外，我还看见过一个工人坐在台上，被打得脑袋流血了，我挺难受的。我没看见他挨打，可是我知道有这些事。这种事情也并不多，可是我知道他是挨打了。可能对我们好一些，对工人就不好，我这么想的。那时候留下的人都有谁，聂晶，摄影师。

问：聂晶当年是摄影师还是摄影助理？

陈：摄影助理，刚去那儿学的。聂晶我接触，我都不记得了。他后来跟我讲，他说那时候我请教你什么，你还跟我说很多。我不记得。我见过他，那时候给我们拍照片，拍着玩，反正见过他，别人就没有什么印象。侯瑞霞也没接触，就是拍《恋爱与阴谋》时接触了一下。

问：您那时候跟厂里的同事没有什么私下交往？

陈：没有很多来往。包括拍戏，拿话筒也不是我拿，当然有时候在现场看一看，一般在屋里头玻璃窗户往下看，所以跟他们没什么交往。侯瑞霞好像有时候碰见过，她当场记，没有交往。跟摄影跟什么都没有交往，就是我们录音室抱团。不是说过师范大学那个音乐系的吗，屋里有钢琴，她就弹钢琴，我们这几个人，在音乐室里，她弹琴就教我们唱歌。教的是什么？就是黄自的《玫瑰三愿》，还有一个《偶然》是叫李什么，是作曲，《偶然》这个也比较有名。就是天空一片云，偶尔什么，也挺诗意的。坂本他也喜欢，他说很好，你们中国这两个曲子都是很好的，所以他也教我们。那时候，除了这几个人聊天，唱唱歌什么的，别的没什么，跟外头根本不交往。那几年倒是挺轻松的，过得也还好。不像到“三厂”以后，一个戏接着一个戏了。

问：当时所看到的新闻片或者故事片印象最深的有哪些？

陈：没印象。我不注意，怎么会有印象呢。纪录片好像都没有，新闻片肯定就是反动的，就是日本胜利的（那些）。我不会注意它，所以我根本不会有印象。那个戏曲片，好像我也没看怎么火爆。后来很快就胜利了，最后一个印象就是跟日本人……我记得上次可能没说吧？8·15以后，日本人怎么走的，我们怎么弄的，都记不清了。我就记得，山原跟我说，说你看现在证明了吧，还是我们跟你们友好吧，说你们政府来请求我们帮助你们一起打共产党，说明咱们还是友好的。这件事听了以后，当时什么想法，当然很难过了。那时候，我想想，我那时候已经知道解放区、

（共产党）城工部了。[1]

问： 陈竹生的弟弟陈厚钧是在城工部吧？

陈： 唉。他这一说，心里更难过了，怎么能跟敌人勾结在一块，对付中国人呢？

问： 关于“华影”还有别的记忆吗？

陈： 暂时没有了。

---

① 城工部，即共产党组织的“城市工作部”。

八、“中电三厂”的记忆

问：您是在8·15之前接触陈竹生的弟弟，还是8·15之后？

陈：我1943年到“华影”，1944年陈竹生去。我们俩关系挺好的，可是政治思想没交流过。我们俩一块儿回家路上随便一说，就说起妇女解放的问题，她就说了，说你也对妇女解放运动感兴趣？我说是啊。（她说）我介绍你认识我弟弟吧。于是乎她就介绍我认识她弟弟。他在革命队伍里面叫冷林。

还要说一说王锦初，她是北大数学系的。她什么时候跟我交往，我不记得了，她对我很好，像大姐姐一样，什么都照顾我。她失恋了，那时候心情不好，所以想跟我一块去找陈竹生，她也知道解放区的情况。我们1944年认识的。1945年，快胜利以前，就决定带我们去参观（解放区），那时候解放区是阜平。可是我们俩还在“华影”，都在录音系，如果我们俩一块儿走会引起别人的怀疑，所以就决定她先走，她跟王锦初先去，她们回来以后再换我去参观，那时候还没想到在解放区待下来。陈竹生因为她弟弟的关系，去贴传单什么的，她都跟他一块儿。

这样陈竹生和王锦初就去解放区了。她们在解放区没参观完的时候，8·15胜利，她们在胜利锣鼓声中，一块唱唱跳跳回北京了。记得唱的歌是什么《英雄王二小》，他把敌人引到绝路去，以后他就被打死了。她们就唱这个歌，回来教我们唱这个歌。当时觉得很快解放，没想过后来拖那么长。

8·15以后“华影”不是完了吗，国民党接收了。国民党只留两个人，就是录音系的只留两个人，一个是那个姓崔的，一个工学院学电力的，就他们两个。

问：您不是也留下来了吗？

陈：原来就他们两个人。这两个人里头，学电力的那个，他家跟电力部有关系，他就去电力部了。不是缺一个人补一个人吗？就给我补上了。陈竹生就没被补，她就到测量院还是测量局，反正是一个科研单位去了，好像燕大那个男生也去了一个，他们俩在那儿。

至于“华影”8·15以后，我模模糊糊记得好像是有一次，在院里头大家都集合了，就播这个天皇的诏书，好像有那么点印象。

"华影"怎么变，有一个人我没找着，有一个叫林章孚的，现在在农业电影制片厂。"华影"的时候就在这儿的，这个人很有活动能力，"华影"时期挺红的。有那么一个可能，他摇身一变，日本人撤了以后，好像他就成为中国人的头儿了，好像有那么一个茬。国民党去接收的时候，他们就等于交接了。

问：在"华影"的时候，他有职务吗？

陈：我不知道有没有职务，那时候没什么头儿。他们那个叫什么，就是文学部的性质吧。可是现在我没找着任何人可以做旁证，好像他曾经当头儿，有人采访就可以知道。

8·15了，我就记得，接管那个人叫叶炯，他去我们那个屋子，冷冷的面孔，也不笑，也不说话，清点完以后就出来了，跟我们什么话都没说。我们那个门贴了一个十字封条就算完了，就算接管了。当时也不知道怎么通知我来，我就来了。来的时候就让我到技术组技术负责人那个屋子里办公，让我帮着去把仓库里头的胶片、药粉那些东西整理一下，做一下账，清点一下。所以我就在楼上办公。这时候下面拍《圣城记》吧，第一部戏可能是《圣城记》。

我不记得我说没说过，就是曾经有一次沈浮到我家，说起《圣城记》的片段，绘声绘色地讲，他的讲法跟崔嵬后来讲故事情况差不多，生动，他挺动情的。所以我觉得还挺好的。我没参加拍这几部戏。我现在一直也没找出来一个正确的答案，你问哪个片子怎么样，这几个片子，即使我跟着，也不是很熟悉的。有一个什么不同呢？比如说我跟林秉成合作录的，跟我自己录的，我应该有印象吧？可是印象也不深。为什么？我觉得就是解放以后跟解放以前的工作状况完全不一样，解放以后感觉到有意思，是什么呢？就是叫集体创作。所谓集体创作就是规定你，你要参加这个摄制组以后，这个导演就要向每个（部门作）导演阐述，征求大家的（意见）；大家要把自己的想法、计划（说出来），怎么完成这个任务什么的，都要做这个工作。后来分镜头、看外景等这些事情，（各部门）都是参加的，这样就觉得很熟悉，觉得跟自己很有关系。可是解放前就没有这个。反正拍戏你就来。主观上来说，就是觉得没兴趣。所以在"三厂"的时候，自己好像没入门。我曾经说过，我在"华影"录音的时候，我就不注意听。我不注意听的原因是，那个解说没劲。另外因为我管的是放唱片，我的注意力全在这儿，我也不太可能分心去看什么。这也是因素之一。另外我也不喜欢看内容，因为内容总是反动的，我也不喜欢。

还有一个比较重要的，（当年）我没有想把录音作为我的事业。比如说"满映"培训班——不叫培训班，（叫）养成所，他们一开始就是又要讲理论，又要听声音，灌进你的耳朵里。这些东西我没有，也没想着这样做。为什么说那几年是空白呢，就是这样。国民党来接管以后，曾经有一个甄别……当时叫甄审吧。甄审就是他们要考试，考英语、国文、三民主义。我们当时很生气，说（我们是）“伪学生”。我们怎么生气呢？当时就想，国民党把我们扔下了，不管我们，让我们在日本统治之下这么活着；你现在回来了，不信任我们，把我们另眼看待，觉得我们是汉奸什么的，特别生气。当时就记得，一个化学系一个主任，他是代表，说要反甄审什么的。后来就反成了，就没进行。

问：在“中电三厂”，故事片您记得不太清楚，新闻片、纪录片您参加过吗？

陈：那时候，我想想。我在技术办公室工作的时候，“中电三厂”不拍纪录片，也不拍新闻片。有一次，就是聂晶去拍，是四平什么……①后来他把那个胶片还扔到井里头销毁。他们组里有一个人记忆说销毁胶片，我不记得了。还有一个我记不起来，就是那个叶炯，他编导，是他拍的还是什么，比较长的一个纪录片，请解说员就是他老婆。别的新闻片，后来他们去拍，也没有编成片子。我开始不是到技术组，就没有参加这些东西。当时童震，就是那个技术组长，想培养我。他们也想培养出一些人吧。我记得他跟我这么说过，你好好干，将来我们这儿有名额，可以送你上美国深造、学习。

在这个过程中，我也说过了，就是做硫氧粉什么的，这时候我记得洗印车间有一个人叫吴洪志，他是敌伪时候的一个洗印员，他就上来汇报，就说日本人走的时候，说你们中国人肯定搞不成，等着看你们笑话，你们根本不行。硫氧粉我虽然不会，我也去干了，我也试着看——我说过国民党签名的事了吗？

问：国民党签名？没说过。

陈：我跟你说这个事。技术组有童震、我跟老郑，外屋就是万古蟾、包天鸣他们几个人。有一天我在他们那屋聊天，万古蟾就跟我说：你知道吗，都得加入国民党，要不加入的话就开除。我说，他爱开除不开除，开除我就走，我才不加入呢。我就明确表示（不加入），跟万古蟾说。后来贴一个布告，要集体加入国民党，（让每个人）签名。

镇反运动以后，汪洋有一次在全厂大会上说，你看白纸黑字材料在那儿了，这么几十人的名字签了，现在居然没有人承认他们签过，这是怎么

① “四平什么”，或许是指共产党军队与国民党军队之间的四平之战的新闻片，或纪录片。

回事？就觉得是一个大阴谋还是怎么样。

问：当时您签名了吗？

陈：没有。这点我觉得还明确。让我加入国民党？绝不可能。因为什么？在我高中毕业那时候，就是知道苏联，知道共产党的情况。我（一九）四四年认识地下党陈厚钧以后呢，国民党、共产党我就很清楚了，我绝对不可能加入国民党。有好多人是不得已，拉家带口的，（若）不参加，不签名，给我开除怎么办？很多人是这样。

我为什么不怕呢？我自己从来没觉得（生活压力），即使太平洋战争以后，我们家跟从前不大一样了，没有那么多保姆什么的，可是也不至于吃不上饭。吃不上饭也不用我负责，反正我绝对不可能参加，这也是明确的。

九、婚姻：挣不断的红丝线

陈：插进郑学玄的问题。1946年，我觉得我得走了，得离开，要不然我就要掉下去了，就要陷下去了。

问：陷到哪儿？陷到他恋爱攻势里面了吗？

陈：就是我怕他。我们俩（坐在）对过，不是老有工作，有时候就说话。他就说他什么情况。我们当时不隐瞒观点的，我也奇怪，为什么可以不隐瞒观点。他说：我也知道国民党腐败，可是国民党把我一手培养起来，我得感恩，不能忘恩，所以我有这个情结。他说：有一个（情况你是）知道的，我们国民党人，要落到共产党手里的话就格杀勿论。就是说，政治上是这样分歧的。我说：咱们观点都不一样，生活也不一样，家庭出身、文化程度咱们都不一样，而且就是习惯、喜好完全不一样，所以根本没有可能，我绝对不会跟你好的。话是这么说，可是就是挺软弱，这是我性格的一个弱点，他对我好，我嘴上拒绝，可是实际上跟他还走得很近。因为我们都住在宝禅寺，早晨起来他让我上他那儿吃早点，一块走，反正来回来去，我自己觉得必须得走。

问：等会儿，您去张家口解放区是逃避情感，而不是去追随共产党吗？

陈：我想到解放区去，那是想去的。在三厂的时候，除了郑学玄这个压力以外，我也没觉得（别的）什么（压力）。1944年以后，我愿意到解放区去。可是我没有说现在活不下去了，现在工作什么各方面，精神很不好；或是积极的（方面），我认识共产党以后，我就为那事业而奋斗。①

这就是我出身的问题，我从小没有很强烈的责任感。我只是觉得不平，就是感情发泄；我没有觉得为了解决这些问题我应该投入，我应该牺牲自己，这个东西真是没有……我找陈厚钧，我说现在带我去解放区吧，我待不住了。去那儿待着，就不回来了。他把我介绍到张家口去。

---

① 这段话的言语表述很有特点，意思是去解放区虽然也有政治意识，但当时还没有十分明确的政治目标和政治追求。对国民党的认识没有到要决裂的程度，另一方面也没有到要为共产主义事业奋斗的意识。

问：当时去解放区的时候带了多少行李，还记得吗？

陈：不，哪能带行李？那时候要化装的，要辫子扎起来，坐一个大驴车，颠簸颠簸。

问：化装成什么样子？

陈：化装成一个老太太。把头发扎起来，扎一个卷，完了过封锁线，过完封锁线就到解放区来，就是拿路条。封锁线，去的时候好像就过去了，没有那么严格。其实那时候好多人到解放区去，当时也管，可是不是那么严。反正有一段火车。以后坐驴车，后来就到解放区，就拿路条。

到那儿去以后，那儿的负责人找我们谈话。说非常对不起，你们来的不是时候——正好那时候城工部组织了一大批学生去张家口参观，这一大批学生里头有进步学生，有中立的，也有反动的，什么都有——他说，我们希望你们参观以后还回北平去。我们说不，我们愿意留下。他说你还是从大局出发，拿电影厂来说吧，共产党、地下党的势力很小，群众不多，特别需要人起作用，所以你们一定要回去。既然是要让我们回去吧，如果你要暴露了，回去以后就没法做工作了，所以就不让我们出去。所以很低调的，我们俩人到那儿去以后，也没人理我们，我们俩人找找歌本，唱唱歌什么的，就在屋里待着，也没上外面去。所以到解放区以后的激情没有出来。有一天陈厚钧找我们，说郑学玄来了，是一个女的带他来的。我一愣。（他）说你见不见他？我们的意思是你不要见。可是当时我有两个想法，一个是郑学玄来，是冒着生命危险来的；另外更吸引我的是，一个女的给他带来的？那女的是谁？怎么会带他呢？我怎么也想不出来那个人是谁，好奇。

问：我插一句，您刚才说您那时候不喜欢郑先生，但是又有一点点小好奇和吃醋，那实际上是很喜欢他了。您对郑先生身边的女孩子有好奇心的话，那表明其实您还是有点在意郑先生的……

陈：没有这些。我跟他根本毫无感情。到现在为止，结婚以后到现在，我觉得感情很好了，是人管他叫活雷锋，已经变成那样了，我也没有爱情。我们俩只是亲情，真的。因为爱情（和亲情）是两回事，我没有一点（爱情）。我说好奇是怎么回事？好奇是说什么人能带他来？还告诉我是一个女的，甭管女的男的都一样，谁能带他来？我觉得奇怪。能带他来，肯定是“三厂”的人，是谁呢？那些人没有一个人可能，我觉得太好奇了。我的好奇心使得我想见他。见着以后，给我一个直觉就是——这是感情问题了——因为一看郑学玄吧，头发全花白了，穿着个黑棉袍，土里吧叽的，衣冠不整，反正挺可怜吧。最主要还不是那个问题，头发会变白，我曾经听说过伍子胥什么一夜头白。

问：您离开的时候他头发还没有那么白？

陈：没有，当然没有。那时候挺小的，二十几岁。怎么突然间都变成花白了？这点让我感动，就觉得他是动真情了。而且知道是王诚把他带来的。

问：王诚是个女的？

陈：女的。她跟我也很熟的，她是做剪辑的。在日本（统治）的时候，我跟他们剪辑不熟。那时候上海什么制片公司——“华联”——他们那儿派了一组人，整套的人马，摄影、录音、制片什么的（来北平）。我们一个叫林秉成的跟剪辑的沙书清，俩人关系挺好。因为跟沙书清熟，我就跟沙书清说，到他们剪辑那儿看一下。因为我有印象，在敌伪的时候，我跟他们也没什么来往。我到剪辑（室）看她们，王诚跟齐玉玲——就是聂晶的爱人——她们俩人是搞故事片剪辑的；沙书清就是林秉成的爱人，是搞新闻片剪辑的。故事片剪辑是一个日本人叫西条，沙书清那里边人我记不清叫什么名字了。郑学玄跟王诚、沙书清也很熟。沙书清给郑学玄起个外号，管他叫“老兄”，兄长的兄，管我叫“四姐”，为什么叫四姐？我不是行九吗，小排行，女的里头我是行四，所以她们管我叫四姐。郑学玄跟他们打成一片。回来以后我有个印象，王诚说：他在我面前哭哭啼啼，我觉得那人可怜，我就想办法来了。

我走了以后，（郑学玄）就到处（找我）。他知道我上解放区，因为我们俩平常谈话，不避讳思想（观点）。还有，我走的时候，给他留下一个条，我去到一个很远的、很好的地方去了，不会再回来了，再见了。

问：留了字条？

陈：是字条还是照片里写着。我不记得了，反正留了一个，（说）你也别找我了，我到一个很远很好的地方去，我不会回来了。他就根据我平常的思想，就知道我到解放区去了。王诚不知道。当时我以为她知道。他哭哭啼啼，王诚就觉得可怜，就找关系给他带去了。这个关系最近我才知道，挺可笑的，因为王诚那时候对共产党一点认识都没有，只是她哥哥同学的一个邻居，是跟地下党有关系的，就是刘尚仪，她们俩年纪差不多，都是小女孩，在一块聊天，挺熟。她也不知道她是地下党，什么都不知道。她不记得她怎么跟刘尚仪说的，正好刘尚仪也上解放区去，就把他俩带去了。她就通过刘尚仪把他带去了。

我见着他以后，一个就是觉得他的头发白了，感动。另外当时我就说，命该如此。我既然见到他了，就过不去了，我就命该如此，那我算了，跟你回去吧。

问：我觉得很奇怪，您自己的终身大事，如果您不喜欢这个人，不爱这个人，怎么可能因为他头发白了、追那么远，就跟他回来了？在这之前，陈厚钧先生还警告你，最好别见他，看来组织上也不愿意您和他往来……

陈：当然。陈厚钧是站在我这边。到了那儿以后，组织希望我回来，陈厚钧还是希望我们能留下。我们愿望是留下的，所以说你甭见，见的话就不好办了，就那么个情况。可是我抵抗不住这种好奇心，究竟他怎么来的？另外感情也是有的。他居然命都豁出去了找我。另外一看他那么可怜落魄的样子，头发都白了，为我这样，我感动。这是我性格上的弱点，就是同情、感情，我觉得人对我好（我就难以抗拒），我就有这个东西。

问：您跟郑先生一起回来的时候，已经决定确立跟他的恋爱关系？

陈：我要是跟他回来，肯定会结婚。我当时就选择，就是命该如此吧，信命吧。他怎么可能找我？我到解放区去，他绝对不可能找到我。他是国民党接收大员，他上哪儿找人带他上解放区去？我觉得根本不可能。我就觉得我到解放区，一劳永逸，一刀两断就完了。想不到，他就去了。这种意外的东西，那就是命。我就觉得没办法，阻挡不了。既然阻挡不了的话，我回来怎么办？跟他结婚算了。我的家庭幸福不要了，我当时是这么想的。所以你看我结婚照片，没有一个笑的。就是说，生活里头的家庭那部分温情、温暖我不要了。就是这么一个形式吧，一个关系，就完了。我当时就是这样想的。我回去还跟我二嫂说，我说我将来也不要孩子，后来我嫂子说你怎么那么不懂事？怎么可能呢？可是我就是这么想的，家庭这一块儿的幸福不要了，我不管，就是作为（婚姻）关系而已。我就是这么想的。所以你看，真是那样，你看我照片里真没有笑容。

问：郑先生当时是怎么向您家人求婚的，怎么见您家人？

陈：没有什么形式。我跟你说，我们家，我们家庭关系，我二哥他是民主自由的思想，新思想比较多，包括我爸爸他们从来不干涉我的情况。你上什么学校，你什么工作，你找朋友，没有人问过我，我妈妈也没问过我。交过朋友没有，什么都没人管。你们功课做得怎么样？谁都不管。

问：婚姻大事总得要过问一下吧？

陈：也没有，也没管，反正我说结婚就结婚。

问：您结婚前肯定要征得家人同意的吧？

陈：当时也说了。可是也没什么征求（意见），他们也没什么同意不同意的问题。

问：我想请您花一段时间来谈谈郑先生，他的家世，家在哪里，从小怎么上学，怎么工作，怎么流浪这段历史。您了解的都说，作为郑先生的资料。

陈：当然我也是听他说，还有他的亲戚说的。

问：郑先生是安徽人是吧？

陈：安徽舒城县人。他们家从前是大家庭。从前可能是有点什么（财产），反正有油坊。到他那儿，还是大家在一块儿。他们家什么情况呢？要供两个人上学就供不起，所以就供大哥，老大上学，他就没上学。1937年17岁，他在油坊里头榨油。他们的亲戚都比较有钱，就是几叔、几叔什么的都比较有钱，他们有些人逃难，往后方走，他也就跟着他们一起走，也逃难，就往成都那边走。在路上有人照顾，后来到那儿，大概谁也不管，估计是那样情况。他没法生活，他就上门给人当茶房去了，后来"中电"就招练习生。

问：在哪儿当茶房，是在重庆吗？

陈：重庆。原来是他几个叔叔、婶婶一路照顾他一下，比较有钱。后来到那儿，各走各的，没人管他，他就当茶房去了。后来电影厂招练习生，他就去当练习生了。"中电"的练习生什么都学，洗印也学。练习生完了以后，他就跟童震当摄影助理。

问：他是1938年考上练习生吗？还是1939年？

陈：这个我不知道。反正到重庆是1938年，做练习生几年我也不知道。

问：他来"中电"三厂的时候，练习生刚满？

陈：练习生满了，毕业了。这个我真不知道。反正他来的时候，各方面都学过了。十一战区受降典礼的时候，他到北平了。

问：他来北平不是专门来接管，而且来拍受降典礼？

陈：来拍典礼。他跟童震俩。童震是摄影师，他是摄影助手，他们俩来的。来后一看，北平还有一个"华影"的基地嘛，华影公司、服务处什么的，他们就赶快把消息传回去，赶快接收吧。于是乎就组织徐昂千、叶炯，他们俩来了。来了以后，加上童震，加上他，共四个人。四个人就接收。接收我们录音车间的就是叶炯，我估计别的也是他。所以这段，我现在怎么也回忆不起来。日本人走了以后，当时我们怎么样等着接管，这个我不知道。

问：想不起来没关系。咱们沿着郑先生这条线来说，说郑先生的家庭以及个人的情况，您还了解吗？为什么他比较喜欢说一点大话？是不是因为他在那个茶馆里面待那么长时间？茶馆里说话都是那样的，说话带点吹……

陈：反正我知道是旧社会的习惯。还有自私，为什么我觉得他自私呢？有一个看光的叫李章良，还挺年轻。那个形象我还记得，他有时候到我们家抱我的儿子什么的。好像文化程度比较高，有一些经历。他好像跟人学，因为他也看光，可是他跟他学，有点嫉妒他，想把它赶快学好了。我感觉到郑学玄跟我说起他，嫉妒李章良。

问：婚礼的情况您记得多少？

陈：婚礼当时是那样，我二哥还在协和，协和有一个协和礼堂，在三条那儿，我好多同学也在那儿结婚的。

问：协和医院的礼堂，是吧？

陈：协和医院的礼堂。那是三条，东单三条这块。婚礼后来有一张照片，看照片我才知道主婚人是谁……不是，我想想，叫什么？

问：证婚人、主婚人、司仪，这三个主要角色。

陈：徐昂千是主婚人，还有我爸爸，沈浮，好像是……

问：司仪？

陈：不是司仪，比他高一点，因为沈浮是一个导演。

问：徐昂千是厂长，另外一个是您爸爸？

陈：厂长，徐昂千就等于是郑学玄的家属。沈浮是证婚人，介绍人是谁？介绍人可能（是）刘迺中，还有谁。反正有一张照片。

问：婚礼是老式的还是新式的？

陈：新式。协和礼堂是新式的，斜坡，从后头走进来。

问：穿的是什么？

陈：婚纱。是我哥哥带着我往前走，走完了把我交给新郎。

问：有风琴奏乐《婚礼进行曲》？

陈：有，反正是洋式的。

问：没有拜天地、拜祖宗，拜高堂？

陈：没有。在协和礼堂，我有几个同学都在那儿（结婚的）。

问：结婚的费用是多少？费用谁出的？

陈：不知道。对不起，我一点都不知道。

问：郑先生他家来人了吗？

陈：他家没来人。

问：你们结婚，他家里没来人？

陈：他老家没来过人。他老家就是什么呢？是哪年他妈妈来了，他的外甥女带他妈妈来的，那是“文化大革命”前……我想想。

问：下一个问题，您结婚以后多长时间去到安徽舒城拜见公公婆婆？

陈：我到现在也没去过他们家。我到安徽是出外景，到过安徽那儿，没去过他们家。

问：后来他妈妈住在这儿？

陈燕嬉结婚照

陈： 我跟你说，我们的情况就是这样，他妈妈来的时候这么两个包，因为我结婚以后……我不是说我不要孩子吗，所以怀孩子以后我就要打孩子。可是在打孩子过程中间，我发现好像有病，治病的过程中就没法做人工流产，所以就生了老大。老大完了以后又生了老二，他们两个相差13个月。所以在“三厂”，我回来结婚这几年，又跟着他们拍戏什么的，这几年很快就过去了。因为什么？怀孩子、生孩子，解放以后他妈妈才来的。

问： 在“中电”三厂，那时候婚假是多少天？

陈： 婚假我根本记不得。

问： 产假呢？

陈： 我不记得。生头一个孩子的时候，我记得晚上加班，后来我就回去了，回去以后就上医院。医院那个护士对我还态度不好，说我娇气，就是疼，叫唤。第二个孩子……我回头再想想。我们经济条件按说应该还可以，俩人工作，可是我生俩孩子以后呢，一个孩子一个保姆。头一个儿子保姆，好像是我妈妈他们佛教会什么关系送来的，这个人姓吴，胖胖的，这人挺厉害。郑晓春（的保姆）挺老实的，姓杨。

问： 负担两个保姆的费用会有经济压力吗？

陈： 有压力，紧张了。我婆婆来北平以前，我们永远负债。什么叫负债呢？就是那时候买菜什么的，人家送菜上街道，有一个折子，一个蓝的折子，这儿贴一个红条，两头是硬的，中间折起来，就这样打开，写多少钱，哪天哪日，记账的。那是欠账条。（我们）老跟卖菜的记账，发薪还他，所以老是过欠债的日子。可是他妈妈来以后就没有了，就过来了。

当时是这样，我记得我不是说我不愿意跟他们来往吗？不愿意跟他们应酬，不愿意上徐昂千家什么的，他老让我去，我就老不去。有一次去了，去了也不知道是过年还是什么，反正是一个节日吧。我跟他们吵起来，怎么吵呢？

问：跟谁吵，跟厂长吵还是跟郑先生吵？跟徐昂千？

陈：徐昂千、童震他们都在，郑先生也在，我不是跟郑先生吵，是跟他们吵。我记得什么呢？那时候我们还不是经济很困难，我记得那时候美国克林姆奶粉，就是一个黄盒的；还有一个军用奶粉，军用奶粉也是美国军用。克林姆给孩子吃合适，那个军用的可能是大人吃，反正是说军用便宜得多，孩子吃会拉稀。开始是吃克林姆奶粉，后来就觉得贵了，结果就吃军用的。那天他们让他打牌，我就生气了，我说你们知道吗？他陪着你们打牌，你们知道我们家怎么过的？孩子都吃不起奶粉了，老吃军用奶粉！我就跟他们那么说，跟他们吵这个来着。我记得这事。那时候也不是很宽裕，可是还不至于（欠债）。

问：1947年到1948年间，物价飞涨，北平有这样的情况吗？

陈：我跟你讲，大概是快解放吧，你拿了薪金以后，如果不把它马上买东西，不把它变成银元的话，明天就等于差一倍或者怎么样，掉了很多很多。

问：郑先生经常陪徐昂千厂长打打牌，赌赌小钱是吗？

陈：就是那时候。去那天，他们让他打牌，我就发这个牢骚。[①] 所以我们俩矛盾，吵架没有别的，就是赌钱的问题。有时候他们上我们家去，我记得有一天，他们要上我们家打牌，我们家不太大，后来我就到院子里去了，[②] 上外头溜达去了。我就不跟他们在一块，我就走了，我来个以示反抗。

问：您不给他们倒点茶水？

陈：我绝对不会应酬。

问：更不会坐下来陪他们打一圈？

陈：那根本不可能。我不是那样性格，我不知道我这个叛逆性格哪来的，可是我就是从小任性，我看不惯的东西就不肯低头。

---

① 陈燕嬉批注：1．我到徐家唯一的一次。2. 不是打麻将，是一种扑克牌，赌性质的。

② 陈燕嬉批注：在宝禅寺宿舍大院里。

问：郑先生从来不会为这些事跟您吵架或者发火吗？

陈：没有。

问：您刚才讲到他不敢生气的原因？

陈：说不敢生气，因为我也在理，谁让他赌钱？

问：在理肯定您在理，但是您不给他面子，您就不在理了。

陈：什么叫面子？我不管那些。我反正从来不太做违心的事情，为了讨好？我很少这样做。我觉得这是任性，我一直受的那个（家教），太宠我了，我就可以随便任性，而不是反抗。看不惯的东西，对人家欺负弱小——不但人，动物也一样，我心软，我看不惯，我就觉得不应该。可是，你觉得不合理，或者你去奋斗，你去冲破它，我没有这种毅力。所以为什么上课也好，学习也好，工作也好，那种要强，我觉得我佩服很多人，就为了这个事业，我非学不可，我就刻苦地学，我的动力不够。动力不够，就是我的这点缺点。

为病中丈夫切蛋糕

实际上除了赌钱以外，我们俩也没什么冲突，没什么矛盾，真没什么吵架。有什么可吵的？虽然不是爱情，我跟他没有什么太多的矛盾，如果他真是功利主义的话，那可能也许我们就没法……

问：……在一起生活五六十年？

陈：可是我一直怀疑他。就是解放以后，他那些缺点，好像慢慢就改好了。通过"华大"学习，通过厂里的学习，通过我们的影响什么的，我觉得他逐渐变好。可是我不敢信任。（不知道）是真的是假的，是在我面前表现还是怎么着？我也问很多人，当时是什么情况。一直到最后，他快死的时候，那时候我的孙子就说，瘫痪病人晚上才清醒，白天就迷迷糊糊的，他说晚上爷爷醒的时候，咱们（把他的话）给录下来，后来给我那么一个小小的录音机。后（来）有一天晚上，我就跟他谈，谈了很多，我忘了怎么谈的。最后这么一个问题了，我为什么跟他谈呢？我就觉得怕他是两面派，因为解放以后，几次运动……

问：到2003年、2005年的时候，您还觉得他是两面派？

陈：不是那个两面派。就是解放以后吧，他历次运动都挨整。平反了以后，他的三级（工资）也没恢复。我说会不会他内心深处有对共产党不满，不说出来？在我面前都不说出来？我怕有那个东西，所以引导他说这个问题。最后他好像说，他那个支部书记，就是韩生义，那个科长，他说他信任他了。我就补充一句，我说不但他信任你，共产党也信任你。从那时候，我才放心。

问：您担心什么呢？

陈：担心他心里有那个疙瘩，带着怨恨走。他是怎么回事？是真的是假的？因为后来变得很好了，过去他是不大关心别人的，后来真的（关心人），在宿舍住以后，（大家）管他叫活雷锋了。群众管我们俩叫活雷锋。就说他出去买菜，（遇到）老年人，他就替人家拿回来，人家就管他叫活雷锋。当然我觉得也不是那么了不起，他这个人过去比较自私，旧社会意识比较重，现在变成这样了，是真的是假的？对共产党是不是真心的？他有没有心里头有一种疙瘩？

问：您担心他没解开？后来他说他解开了，是吗？

陈：怎么谈现在记不起来了。他那时有时候糊涂，晚上起来，他一起来要求穿衣服。我说干吗？他说你给我穿衣服，等着我安全值班呢。

问：瘫痪了还想回到工作岗位去？

陈：嗯，他还想值班。他说这个话，我放心了。

问：没有疙瘩了，不记恨谁，也不记恨组织……

陈：对共产党是真心的，而不是他里头还有什么。虽然他恢复三级工资没解决。

十、“中电三厂”的电影创作

问：咱们接着说1948年底到1949年初，“中电三厂”的情况。

陈：护厂运动很多的。

问：护厂运动，您说这个，包括您参加职业青年联盟。

陈：从张家口回来以后，我就不在技术部了，回到车间，到录音部门去了。那时候是怎么着呢，一个沈浮导演拍《圣城记》，一个屠光启导演的《黑夜到天明》。这时候就让“华影”留下的崔晓山，发行公司来一个放映的叫牛兰瑞，也到录音车间当助理。上海华联不是来一组人吗，那时候是石剑鸣、林秉诚。国民党以后，上海又来一组人，就是蔡军，蔡军没有助手，还有一个做机器的潘鋆鼎，他来给做一个前机什么的。我就跟着石剑鸣。

问：您当时是他的助手？

陈：他的助手。石剑鸣在“华影”的时候就来了，因为在“华影”的时候我没有独立工作，所以还不属于录音师，还是助手。那时候（学）上海的关系，就是录音师、第一助理、第二助理，第二助理就是摆话筒。装片子，也管整个组的情况，那叫第一助理。

问：您跟石剑鸣算第一助理吗？

陈：我算第一助理。我开始还是随便帮一下，然后我就管机器了。所以那时候我就是按部就班，反正让我干嘛就干嘛。我的动力是什么？在“华影”的时候我不是讲过，来的时候。（有人）说我们女的干吗？这时没有人说，因为我已经在那儿过来了。可是没人说是没人说，反正女的就我一个，如果搞不好，就不如男的了。这个比，我是有的，我不比你们差，你们干什么我就干什么。那时候，拍的内容我也不关心，也觉得不好玩。因为从前我喜欢电影，就喜欢抒情的。为什么“华影”的时候，刘国权拍《恋爱与阴谋》，我觉得有戏，有情感？（此时拍的）这戏我也没有看剧本，也没有什么剧本，或者只有一个剧本（不给我们看）怎么样，也不知道。也没拍过戏，也没跟他讨论过，也没什么情感，另外加上我也没有想深入进去，不感动我，所以就没有什么意思，就觉得挺没劲的。我就干我的活就完了，一点没兴趣。

问：当时那个组是同期录音吗？

陈：同期录音，都是同期录音。过去，我跟你说，有声电影以来，上海一直是同期录音的。一直等到什么时候才不同期录音呢？一直等到1956年的时候，新北影成立，拍彩色片，那时候外景需要碳精灯，碳精灯有发电机，那时候又没有无声发电机，碳精灯本身也很响，所以外景不同期录音。就是从1956年以后，外景不同期录音了，内景还同期录音。

问：当年拍《黑夜到天明》外景也要发电，发电机不也响吗？

陈：我跟你说，过去外景很少。过去上海（电影），基本都是室内剧，外景很少。因为（拍外景）钱也花得多，设备也比较简单，外景顶多来几个空镜头，就这样的。可是《黑夜到天明》明显有外景的，那也是把机器都搬出去的。开始我是跟崔晓山，就拍了一场戏，为什么呢？上海机器。上海机器是什么样呢？就是录音车跟摄影机是拿一个线，拿一个很粗的同步线——不叫同步线，就是连锁吧，就是有一个线把摄影的马达和录音马达连锁起来。连锁起来就要好多线。好多线以后，拿白纱绳给绕起来，很粗的一根线，由录音那儿给电池、电瓶，完了以后给电，电到摄影那儿，插到摄影马达上。这样的话，录音开机器，摄影一块连锁起来了。那时候，“华影”只有一台机器，这台机器是固定式的。什么叫固定式的呢？就是外头是一条那么大，这个扩大器是立柜式的，从里头焊，录音车是交流三相的，不是携带式的。没有机器。于是崔晓山和我们就想，崔晓山也不懂，虽然比我早去一年吧，当时大家都不钻研这个业务，理论上不是特别明白，包括牛兰瑞也是。同步跟连锁，这个马达多少转，谁都不知道。怎么办呢？说这个既然让咱们弄，咱们就把它给分解了，把立柜式的都给弄开，一个一个箱子，把线都弄好，一个个分出箱子。录音车怎么办呢？换马达，换跟摄影连锁的马达，换上以后用电瓶。这样拍一场戏，口型完全不对，为什么呢？你知道同步马达，一个是1500转，一个是1440转，一个同步跟连锁。[①] 结果你换了马达，转数不对，所以出来口型完全不对。这样，口型不对，事就大了，崔晓山就引咎辞职。他也生气，他就走了，不干了，辞职了。

问：离开了“中电三厂”？

陈：离开了。那个机器也没有什么用，因为这个用法也不行，还得恢复原来的样。因为什么？连混录机也没有，这是混合录音用的，全恢复原样就完了。

问：然后您跟着石剑鸣是吗？

---

① 陈燕嬉批注：同步、连锁，两个概念，我说错了。同步机，1500转；连锁机，1440转。

陈：嗯，牛兰瑞跟我们算，我们三个人都没想到1500转和1440转速不同的问题，有这么一个过程。完了以后又跟石剑鸣一组了。

问：拍《黑夜到天明》？

陈：因为《黑夜到天明》后来因为男主角项堃病了，就停下来，先拍《天字第一号》，先抢一个《天字第一号》。

问：《天字第一号》也是您录音的？

陈：《天字第一号》不是我，《天字第一号》是蔡军他们录的。

问：《天字第一号》当时是最火的片子。

陈：所以他们讲着有意思，原来是为了垫戏，结果《天字第一号》卖得比那个火得多。项堃说我是病对了，我病了反倒得着机遇了，他们就赚钱了，还有这么说笑话。

问：《天字第一号》您没参加录音是吧？

陈：《天字第一号》不是我，是蔡军。后来是《郎才女貌》，还有什么？《白山黑水血溅红》，好像也不是。

问：对，《白山黑水血溅红》，有《追》《天桥》《甦凤记》，《甦凤记》是您录音的，是吧？

陈：《甦凤记》就是我跟组。

问：《甦凤记》《郎才女貌》，后面是《满庭芳》《花落水流红》《粉墨筝琶》。

陈：《粉墨筝琶》是我跟林秉诚俩人联合录音的，就是让我们俩录。

问：《粉墨筝琶》，您就做录音师了？联合录音？

陈：联合录音了。当然他比我有经验，所以还是他动手的，我就在旁边，跟他在一块儿。即使这样，后来我想，我也没什么兴奋不兴奋。录音就录音，我也没有认真想我怎么录好。后来我一个人录音，我都没有想过如何录好。因为什么呢？一方面我没有事业心，也没有什么兴趣。另外，更主要原因，它不能让你投入进去，也没有一个集体创作，也没有谈剧本，一块儿研究，什么都没有，反正来就拍。所以我觉得……

问：您就是做技术活就完了？

陈：哎。所以没有什么感觉。为什么解放以后，故事片就完全不一样？因为你整个投入进去，对它了解了。这个，一方面就是说，解放前我自己不认真，我也没这个兴趣，觉得内容怎么特别好，都没有。反正我后来知道，其实《追》是比较进步的。就是沈浮拍那个，最后《追》到解放区去了。可是我也没看过，也没看过剧本，什么都不知道。反正我参加几个，没有比较感兴趣的内容。

问：后面《深闺疑云》《青梅竹马》《碧血春秋》这些片子呢？

陈燕嬉在混录工作

陈： 没有。《粉墨筝琶》以后，我就录那个……陈燕燕演的，就是写特务的。整个在嘴边，叫什么？[①] 也是垫戏，临时抓的。不对不对，这个片子是美其名曰，是集体凑股来拍的，就是全厂的每个职工都入股，是属于给职工拍的。

问： 盈利了以后再分红？

陈： 分红。每个人有股份。这样来安稳群众，（让我们）留下来，就是这么一个问题。想不起来叫什么名字，就在嘴边上，就是陈燕燕演川岛芳子。这个完全是临时出来的，剧本也没有，到现场一边拍着，一边他告诉说什么就说什么，什么都没有。

问： 您也参加这个片子的录音了，是吗？

陈： 我单独录音。很奇怪，我自己没有觉得特紧张，怎么录，录坏了怎么办？什么都没想过。让我录，我就录，我也没想过我怎么样才能给录好，跟我解放后录的片子感觉完全不一样。我真没想过，我也没紧张过，让我录就录吧。没有想过如何录好，我怎么样录，录坏了怎么办？都没想过。

没有什么技术熟练不熟练的问题，反正我来了就录。我不知道。我跟你说，最有意思就是什么？我想来想去，不管是我参加的片子，还是我录的片子，我从来没看过拷贝，所以我觉得（“中电三厂”好像）没有放映室。

问： 肯定是应该有放映室吧？

陈： 可能是有放映室。可是我的记忆就是没有去看过（片子），别人也证明，很少看。看也就是几个主要人看，一般群众根本看不见。所以这些片子，我没有一个完整看过。有些知道一点，有些也不知道。我就觉得奇怪，怎么会不看呢？

问： 那几年您也忙，工作也忙，另外家里也忙，两个小孩。

陈： 是，时间挺紧的。可是也不是别人看我不看。我跟你说，我所以

① 这部影片当是徐昌霖导演的《深闺疑云》，陈燕燕、谢添主演，“中电三厂”1948年出品。

那么紧张，绝不会因为我家的事耽误工作，没有。休病假是休病假，是另外的问题。反正也有人吧，那时候又招了几个人，一些练习生什么的。

录音、洗印都招了练习生来。唐关宁、张世明，[1] 后来是地下党。反正也有人就可以顶上去，不至于工作不了。可是我为什么，当时我脑子什么活动，我不记得了。从前不觉得，我好像说名、利不太在乎，可是跟林秉诚联合录音的时候，在字幕上，我好像提过（意见）。虽然是他为主——因为他动手——可是我觉得我们名字怎么横排、竖排（都应该并列才对）。这时候，我有点私心杂念，不能够（让人觉得）我比他差，起码看起来，字幕（上）是一样。所谓名、利，我记得就这么一次，后来我就什么都没有再想了。

问： 这是名。利呢？如果单独录音，薪水或者报酬上有差异吗？

陈： 没有。利，我从来没考虑过，解放以后也没有。（解放后）有一段有报酬过，分镜头也有酬劳了，也有那么一段，可是后来也就没了。

问： “中电三厂”肯定是没有，只拿薪水？

陈： 只拿薪水。

问： 那怎么能鼓舞激情，三个录音师？

陈： 好像也没这个。反正竞争也（不怎么激烈），因为戏也挺多，没怎么闲着。

问： 互相竞争？

陈： 竞争。就这点我记得。可是别的还没看到有什么矛盾或者怎么样的。我看他们关系也不见得太好，无所谓，反正各人跟各组在一块。石剑鸣跟林秉诚说过，好像觉得我是大学生什么的，好像挺佩服我的。所以跟他在一块录，我也没什么毛病，也没什么好处，我工作一点不出色，一般。没有什么可说的，反正我按部就班，没出过什么差错——我记得有一次装片子差点出事还是怎么着，有那么一事。那时候在外头都拿黑口袋装片子什么的，有一件什么事挺悬的，别的好像没记住什么。

---

① 陈燕嬉批注：唐关宁：洗印；张世明：录音。

十一、解放前夕的“中电三厂”

问：到了一九四八年底的时候，政治气氛及人心状态有什么？

陈：我想想。（一九）四八年前后，金山当时接管长春电影制片厂，后来他又成立清华电影公司。那时候他就带着清华电影公司的人到“三厂”来了，住在报恩寺一个大屋里，而且演员都带来了。他在这儿拍一个什么戏——拍没拍成我不知道，反正后来我参加的——叫《飞红巾》，[①]莽一萍当演员，是内蒙古的（故事）——要拍这个的时候，让我当录音。我记得王绍曾，“（中电）三厂”时候进来这么一个，他是辅仁大学物理系毕业的，在我们那儿当助手，就在我们这组。那时候护厂运动，全停了。据说拍《飞红巾》他们也有个想法，就是留住人，留住机器。那时候不是有南迁之说吗？那时候要拍《大江东去》，就想从……因为我后来在护厂的时候也反对南迁，他们是利用这个名字，把机器和人留住，后来没成。当时徐昂千要南迁，把机器弄走，（许多人）是反对的；他要遣散工人，他觉得经费不多了。他说总厂不寄来钱，所以解散工人；大家就不干，反解散。

问：反解散？职员也反解散吗？

陈：全体的。那时候地下党什么组织起来，反解散。后来就提出了好像要多少袋面，你要给这个面的话，就可以解散。可是那面他给不起的，所以跟他讨价还价，把徐昂千弄到一个大屋里头，大伙儿在底下坐着，没完没了，你不答应，大伙儿都不吃饭。那时候梅阡是一个“三厂”导演，出来调和。我也都跟他们在一起（参加）这些活动。有一次是到徐昂千家，那时候刘迺中在秘书科，是徐昂千的秘书，他实际上跟地下党另外一条线有关系。所以他写过，徐昂千从总部借多少钱什么的，他都知道，都偷偷告诉群众：他有钱了，咱们怎么要钱分什么的。开始我都跟他们在一起，反正一起干，别人怎么着我就怎么着。就有一次，说上徐昂千家，逼徐昂千吧，他们就想让我敲门，门一开马上挤着门，我就可以进去了。结果我敲着，门开了以后，就给我推出来了，就关上门了，所以没成功。具

① 陈燕嬉批注：《飞红巾》的导演是吴永刚。

体后来怎么着，我记不清楚了。可是我那时候心里难受，因为过去大家都很信任，都在一起，可是那回人家觉得，都是你吧，你不挤开进去，好像我是有点不坚决，就觉得大家对我有点不信任的样子。所以我就很委屈。那时候我真是觉得，你看，倒霉，群众也不信任我。所以，那时候真想，我走了算了，离开这儿，或者是跟老郑回乡下，我上那儿教书去，我反正有想躲开这个（地方的念头），曾经有过一瞬间的思想。当然了，这个很肯定的，因为郑学玄的（身份）问题，别人不信任我是应该的，因为我跟他的关系。

另外，这里头，我再插一句。我刚才落了，就是我从结婚以后，我知道侯瑞霞可能是地下党，侯瑞霞也知道我的情况，就是我跟地下党有关系的情况她也知道。所以我回来以后，有一次侯瑞霞跟我谈，安慰我，说你不要消极，还是积极起来。有那么一次谈话。我就觉得挺温暖，我跟她关系还是保持着，她还是信任我的。可是我就记得有一次，快护厂的时候，也不知说起什么事来，说到半截，她就叹气，不说了。我就觉得她挺难受的，不能够说了，再说的话，就我的位置也应该（需要警惕）什么，我就有种感觉，我就觉得她挺为难的。

问：为难并不是不信任你，而是因为您是郑先生的太太。

陈：不。是很难，她那时候很难，那时候不能不划清界线，因为郑先生不管怎么样，他是那儿的头。这样的话，能保证我不泄密吗？所以她很为难，话到嘴边就不能再往下说了，她就觉得很为难。

问：当时您理解她的为难吗？

陈：我感觉到了，我感觉到她很不得已，真是。反正无法说下去，我感觉到的，这个我记得很清楚。就是那次我进不去以后，我曾经有过那消极的想法，后来就过去了，没事了。不过，当然，他们怎么藏机器什么的，都没有我，我也没参加，他们晚上把机器藏起来。

问：护厂的时候把机器藏起来？

陈：就在录音车间。

问：不让徐昂千带走，不让南迁……

陈：是，给封存起来，就怕他拿走。

问：您在护厂运动当中不是最核心的成员？

陈：对。而且有时候他们值班，晚上干什么的，（我）不是核心的。反正我都参加了，这些活动我都参加了。

问：郑先生当时是什么态度？他是明确地跟着徐昂千厂长走？

陈：那时候没那么明确哪个堡垒。大家就攻徐昂千，也不攻他们几个，就是攻击徐昂千。

问：我知道，因为他是厂长，郑先生他自己参加反对徐昂千的活动吗？他不参加是吗？他参加过大家逼迫徐昂千、不让他吃饭的行动吗？

陈：我不记得参加不参加。他可能有时候参加有时候不参加，反正他挺为难的。

问：对。假如他不参加这个活动，而且特别同情徐昂千厂长的话，他回家去跟您谈论过，或者反对您参加吗？

陈：那没有。他是肯定不走的。那是没问题，他肯定不会走的。

问：不会离开“三厂”？

陈：解放以后跟他们一块南迁，不会的。

问：南迁到广州，然后从广州到台湾，不会的？

陈：那不会的。

问：您觉得他不会的原因是什么呢？假如说“三厂”有一部分人真的走了，跟着“中电”走了，然后到广州或者到台湾……

陈：我们俩没谈到那么具体。他也没问过我这些事。我觉得……我自己始终这么想，他肯定知道我绝不会走。

问：这是一个最重要的原因。

陈：即使他想走，也不会跟我说，要说的话就是拜拜了。可是他也没说过，反正我感觉他不会走的。

问：他也不打算走。

陈：后来连叶炯都没走。就在这个过程里头，反正拉来拉去，好像徐昂千态度转变一点了还是怎么着，我也不记得了。那时候要成立“应变委员会”。“应变委员会”本身应该说是国民党的东西，它就是应付时局变化的那么一个组织。可是当时地下党觉得徐昂千可能态度还比较好吧，就把这个应变委员会改变性质了，把徐昂千拉进去，是应变委员的负责人还是怎么着，反正是负责人之一。[①]这些革命群众也是在里头占主要地位。这样的话，就弄得他更好办一些，反正得听大伙儿的，所以就更好一些。最后的结论就是说，觉得徐昂千还是配合的，把东西保护起来，没有南迁。所以对他的态度，还是承认他护厂，就是保护“三厂”他没起坏作用，起了好作用。所以（后来）跟他说，有两条道路，一条你留下，我们热烈欢迎；你走，我们欢送。

---

① 这段叙述有点问题。据《北京电影制片厂编年纪事》载，“应变委员会”是徐昂千本人策划成立的，徐昂千是委员会主任，地下党组织巧妙打入该委员会。即，并不是地下党组织这个委员会，拉徐昂千加入。

问：就是来去自由。

陈：对，来去自由。你留下，我们也给你工作。可是后来，徐昂千跟童震就决定走了。决定走这时候，起码是四五月份，因为什么呢？

问：1948年四五月份，还是1949年？

陈：丢拷贝是1949年，1949年，毛主席（莅平）。

问：……大阅兵，当年就出来了。

陈：一本，纪录片，毛主席是（1949年）3月25号（到的）。

问：在西苑机场检阅部队。

陈：那时候就是抢拍，摄影队去拍了。拿回来以后，就在（北影）建厂以前，军管开始，建厂以前是田方……汪洋还没来，好像是。[①]

问：李百万他们来了，就是军管会那些人……

陈：军管会是军管，那个时候什么条件都没有，因为我看我们《北影四十年》，也没剪辑台，就拿被褥、磨砂玻璃等等。反正录音车间，谁下的命令让我录，我不记得了。可能是军管小组还是侯瑞霞，反正就是让我负责录这个片子。等到4月初，因为是3月25号（拍摄的）。

问：一个星期左右。

陈：很快，赶快赶出来。因为这是一个很重要的片子，为什么呢？

问：咱们现在先不说这个片子，咱们刚才说徐昂千走不走那个问题。

陈：因为这个片子赶出来的，赶出来以后……

问：徐昂千那时候在香港，是吧？

陈：没有，他在北京，没走。

问：1949年三四月份的时候还没走？

陈：他还在北京。不是说来去自由？他还在。

问：那时候已经解放了。

陈：当然解放了。他那时候没走，我就说明他带走那片子。他怎么带走？人家说郑学玄偷了给他，他带到香港去嘛。这时候，4月初，这个拷贝出来以后，有一个拷贝深了，需要减薄，郑学玄是负责看光的，也要管这个片子。

问：郑先生是负责洗印看光的，是吧？不是摄影看光的，是吧？

陈：不是。摄影没看光，就是洗印看光。看光就跟摄影有交流，你这个怎么样，用光怎么样，有一个交流。他就发现印出一个拷贝深了，深了

---

① 陈燕嬉批注：肯定是田方下的命令（但要听地下党的反映），田方和我说很长的话，让我展开群众活动。

可以减薄，完了看能不能用。

问：减薄是什么意思？

陈：比如深了以后，他用化学药品漂一下，看能不能浅一点，准备要做这个实验。经他的手，他就应该把这个片子，就是印深的片子，交给谁，谁负责给他弄。他现在说不清。因为他急急忙忙地赶到“华大”[①]去学习，一边交代（把片子减薄的事）。后来就发现说香港有了毛主席阅兵这个镜头，他们就推理，肯定是郑学玄把这个印深的片子偷来给了徐昂千，徐昂千带到香港去了。所以说明，4月初的时候，徐昂千好像还没走。

问：徐昂千还没走，OK，但徐昂千和童震还是走了。

陈：还是走了。

问：其他人呢？当时在1948年至1949年的时候，“中电三厂”其他人的表现呢？

陈：我跟你说，对比国民党接管，共产党接管完全不一样。共产党来了以后，没有说把谁抓起来，或者把谁轰走了。没有。全都是大伙儿一致的。我记得，可能是开一个成立大会吧，那时候军管会、文管会，那时候马彦祥他们来，[②]开全厂大会。没有开除一个人，也没有抓任何一个人。

问：您先说说，您参加职业青年联盟的情况。

陈：这是一回事。我不是在参加护厂运动吗？他们有些活动我没参加，可是还是一块走的。这时候形势越好了，侯瑞霞就跟我讲，说现在没关系，咱们好多话都可以说了，现在形势基本……

问：……明朗化了。

陈：完了就吸收我加入职业青年联盟。

问：是侯瑞霞本人介绍的？

陈：本人介绍的。而且很快，没多长时间，她就想发展我入党。

问：她介绍加入职业青年联盟的手续是什么？

陈：没什么手续。

问：不要您提申请吗？口头申请有没有？

陈：没有。就是她批准了就行。她的上级可能就是沈波。

问：沈波不是“中电三厂”的，是吧？

陈：他不是，他是北京市委的。最近我写那个口述历史，我才知道。

---

① “华大”，即华北革命大学，解放初期华北地区培训干部的短训班。

② 马彦祥是当年北平军管会所属文化管理委员会下的电影处处长。

沈波原来是育英中学，后来考燕京大学的。就是太平洋战争以后，那年他到燕大的时候正好关门了，他就跑到北大工学院去了。他是北大工学院的，好像是。

问：后来是北大工学院毕业的？

陈：毕业的，他那时候就搞地下工作。

问：搞职业革命。咱们再回到职业青年联盟，后来她说要介绍您入党。

陈：那也是在那什么……在那个镇反运动以前吧。

问：镇反运动以前？职业青年联盟是在1949年以前还是1949年以后？

陈：1949年以前——不对，我想想。

问：应该是在北平和平解放以前？

陈：对，在这儿以前。

问：解放以后没必要，职业青年联盟就是共青团或者共产党了。

陈：现在就说那个。

问：青年团。

陈：那个时候，我记得侯瑞霞跟我谈，是这样：说现在一切都稳定了，不怕了，让我参加这个了。以后就是入党的问题。[①] 当时我可能有些顾虑，我当时思想有这个（顾虑）。好像因为郑学玄的问题还是我的问题，就觉得好像（应该）等一等，我（思想）曾经活动过。在军管以后吧，那时候侯瑞霞嘛——军管以后当然是找侯瑞霞，这时候刘锐他们就有些不满意。这时候我跟侯瑞霞干吗呢，在一起搞歌咏队、政治学习，让大家活跃起来。我记得那时候田方，田方是军管小组的头儿吧，文管组的头儿。[②] 他跟我谈过，了解情况，就是过去"三厂"什么情况。我记得三八节……

问：1949年3月8日？

陈：三八节。这时候怎么决定我不知道，反正侯瑞霞、李百万他们都

---

① 在审读书稿的时候，陈老师曾提出，要对地下党领导人侯瑞霞与她的关系重新讲述，否则就无法解释侯瑞霞为何如此信任她。编者在2013年8月7日与陈老师讨论书稿时，并不觉得这是一个问题，地下党领导人对一个人的了解有许多办法，包括直接观察、群众调查，以及建立专门档案等。陈老师强调，侯瑞霞对她的了解和信任，应该是通过城工部系统的鉴定和介绍。陈老师希望编者一定要把这一点说清楚。

② 田方当时是北平军管会所属文管会下面的电影处副处长，代表军管会所属文管会主管电影厂工作。

同意了，就开一个小的批判会，小斗争会那样。批判谁呢？陈方千，陈方千当时是一个导演吧。为什么三八节要开他的会？他年轻的时候，他的爱人供他上学，爱人工作（供他上学）什么，反正对他有恩的，把他培养起来的。结果他独立工作以后，他也不知跟一个什么女演员有点关系，当时我们就觉得他忘恩负义，是对不起他爱人什么的。所以开一个会就有点批判他那样。

问：生活会是吧？

陈：生活会。

问：批评与自我批评？

陈：我记得在四合院这个小屋里头。后来刘锐他们可能也没参加，就是觉得不太同意我们这个（做法）。他们同意什么，我不知道，反正他们在大屋里也不说什么。后来我想了以后，我觉得这个是错的，因为这种事情现在……解放初期可以不用提的，究竟还是一个生活问题，那时候大的问题你不抓……

问：那时候生活会专管这个问题不是吗，专管道德、修养、个人生活都得管。

陈：不是，就三八节那天作为一个活动，搞一个小批判会。

问：女生过三八节要维护女生的立场、利益，所以要批判男人的见异思迁，忘恩负义。

陈：按说也没错。可是问题在哪儿？你别忘了那是解放初期，大家发动群众的时候，主要问题你不抓，抓这个，那不是自己找毛病吗？

问：这是您自己当时挑头吗，还是您跟着侯瑞霞她们一起？

陈：不是我。我跟侯瑞霞那几个妇女一块儿干的。可是我后来想起来（有点不对），当时不觉得不对。好像刘锐他们是比较反对的，他们在后头一个大屋子里也不知开什么会，反正不太同意这个做法。

问：当时并没有觉得这个是不对的事情？

陈：当时没觉得，是我现在认识……我觉得是不对的。

问：侵犯个人生活权利？

陈：不是侵犯个人生活的问题——我觉得可以的，三八节可以这样做，因为它也不是太斗争得了不得，就是批判，让你提高认识。可（问题）是什么时候？在解放初期的时候发动群众，让大家都起来。

问：是应该团结群众的时候？

陈：团结群众，发动群众的时候，你应该抓大的问题。你怎么会制造这个矛盾呢？我觉得是不利的，不聪明的。我现在这么觉得。她们就这么决定了。

问： 关于职业青年联盟以及后来入党……

陈： 这个期间我的心情是什么呢？我的心情是很浪漫的，实际上当时应该说很复杂的。国民党撤走以后，国民党特务还留守。我当时就觉得解放以后什么都好了，所以我记得那时候上侯瑞霞家开会，就是“职青联”的人去开会。她住在灵境胡同那边。反正我那时候走在路上，就觉得特别没有压力，觉得解放以后什么都没有了。

问： 解放区的天是蓝蓝的天？

陈： 什么都没有了，坏人也没有了，贼也没有了，什么都没有了，就觉得很自由，什么都不会怕，就是这种感觉。实际上不懂事，其实那时候多复杂。

问： 对，那时候特务还很多。

陈： 这时候我就去侯瑞霞家，王诚也去开会。有一天我们在那儿开上会了，王诚去得比较晚，脑袋被打流血了。她在哪儿被打呢？在小拐把（胡同）吧，是一个宿舍里边。

问： 小拐棒胡同，是吗？

陈： 小拐棒还是什么，反正是那一带。

问： 被谁打了？

陈： 被一个男的，不知道是谁。

问： 为什么要打她呢？

陈： 就是头给打破了。去了以后大家就分析——当时给她缠上纱布什么的——就分析谁打的。

十二、 2009年11月4日的补充

问：今天要补充的内容是什么？

陈：就是小片段。说一开始，就说（1935年）“一二·九”的时候，咱们说过志成（中学）是国民党蓝衣社（掌控）的。我现在补充一下，他那个校长是叫吴宝三，是蓝衣社的成员。“一二·九”运动里头，他们志成中学的学生有很多三青团员，他们就跟着一块捣乱，就在队伍里头打学生，跟国民党镇压人员在一块捣乱的。所以那时候大家都觉得他们是国民党蓝衣社的，对他们有一些看法。

我记得你问过我，在慕贞中学的时候，她们的学生跟教会学校的学生——因为都是女校——跟我们有什么不同？现在想起来，就是她们有点像小姐似的，衣着打扮各方面的……

问：贵族一点？

陈：贵族一点。我们当时接近的，有两个同学是东北来的，她们也很朴实，我们一起读书什么的，比较融洽。当时在那个学校里头，有一个化学老师姓杨，跟我中学初三时候的数学老师似的，（说）她喜欢我，还是我喜欢她。她觉得好像比较喜欢我。

问：杨老师是男老师还是女老师？

陈：女老师。可能是广东人还是什么，我不记得了。当时这个老师跟高三的学生住一个楼里。新年大伙儿一起玩儿，我就曾经到她们那个楼里去，她就给我介绍一个同学，高三的学生，是贝满中学校长的女儿。对我也挺好的。我除了跟东北同学在一起学习以外，生活里头，那时候慕贞中学有一个大姐姐、小妹妹（结对的习俗），不知是抓阄还是怎么着，反正高中是大姐姐，初中是小妹妹。我一抓，是个初三的，姓王，大概是校长什么亲戚吧，是农村的，反正不是北京的，也比较朴实。她应该是我小妹妹吧，结果她比我大，所以生活也挺照顾我的。我在慕贞，好多人对我还是挺好的，还是跟从前我在别的学校那时候一样。我走的时候，跟她们校长说，她就挽留我，说能不能不走？留下得了。后来我也不知说什么理由。这段我补充一点。

回到女二中以后，我们国文教员跟班主任王鸿逵的事，我就有一个细节（要补充）。临走的时候，我们毕业班开一个大会。我们高三毕业班做了一面锦旗送给学校，锦旗四个字写什么我不记得了。这个主意是我出的，还是大伙儿一块出的，我就不记得了。接旗的是王鸿逵，我们由这边上去送给他，我们全班同学站在送旗的后面唱歌，就唱《魂断蓝桥》那个。

问：《友谊地久天长》？

陈：对，《友谊地久天长》。我不记得词改没改，反正一边唱一边走，送去了。我当时挺激动的，我记得我自己含眼泪。下来以后，这个老师就跟我说，说你们谁出的馊主意？说我在那儿都要流眼泪了，就是开玩笑说。说明我们那个班临走的时候，对学校还是挺（有感情）什么的。另外在高三的时候，虽然那时候已经是敌伪时候，我们还唱《流亡三部曲》。没有感觉到日本人对我们（奴化），除了两次游行，没办法，也不是学校（要求）什么，看不出是甘心情愿当汉奸。没有那样感觉。但是没人反抗，情况是这样的。

在北大，我补充一点。我不是从来不记得钱数吗，我真是不记得钱数，到现在为止赚多少钱，不知道。我问了那个电影票，是我们一个同学告诉我的，五毛六毛，早场两毛什么的。我就想起一个，这个是我自己记得，很具体，我们当时吃饭，在北大校门对过有一个小饭铺，大家就在那儿吃饭。我记得挺清楚的，素炒饼、素炒面、素炒片、揪片。还有是肉丝的、素的，大概素的是一毛一还是一毛二，肉丝的一毛三左右。还有一个是熬白菜加豆腐，要加豆腐大概是一毛六，要是炒一个菜就两毛多钱，比较贵。我们谁都不会吃那个炒的菜，除非有特殊情况。就是几毛钱，我记得这个非常清楚。

国民党怎么接管，我现在还没有弄清楚。可能是这样的，我们当时有具体的事，就是把东西封存起来，开始上班也没事。（后来）有一个人告诉我，他说我记得当时我去那儿没事，在办公室里睡觉，说明他有一段时间还在那儿。后来怎么就走了，不知道，没有什么（记忆）。

下边就是我去张家口。去张家口的时候，我记得很清楚，就是化装，把头发扎起来坐着马车，也没有什么事。可是回来的时候，我记得好像没化装，因为跟我一起去的王锦初留下了。她留下说明什么呢？当时我去的时候，他们就跟我说，让我一定要回来，电影厂需要人。可是王锦初不是电影厂的，她是教书的吧，她要求留下就留下了。所以当时我要坚决留下，也可能留下了。我自己认为，我回来是有点宿命论吧，命该如此。回来的时候我不记得化装，就是我跟王诚、老郑三个人，好像没化装。可是过封锁线的时候确实出事了，跟去的时候不一样，有国民党的（人），拿枪了没有我不记得了，反正是国民党管事的，（把）我们截住了。截住了

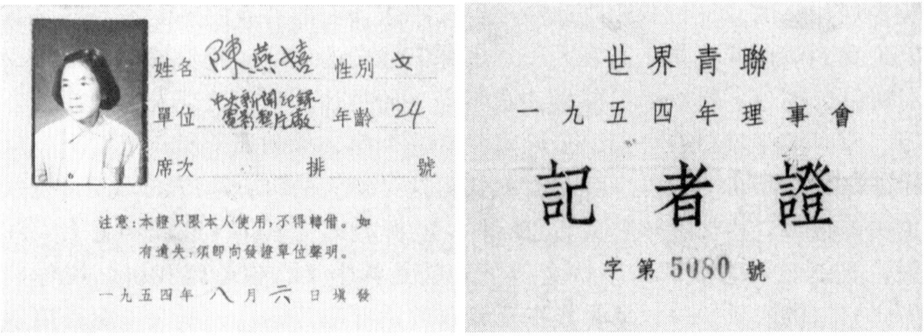

陈燕嬉记者证

要检查还是盘问，不知道。那时候郑学玄就往前边去，跟他们谈话去了。谈话出来掏出来一个什么看，待一会儿就让我们过去了。当时我就问他，他说没什么，就是我们摄影的记者证。是不是真的，不知道，他说记者证就是记者证吧，是国民党（发的）那种。还说一句，说我跟他们上那边了解了解情况，他跟我是这么说的。这件事情，在运动以后，镇压反革命，怀疑他这儿那儿的时候，我也曾经怀疑。就想过，他是不是有问题？这个可能我也写过汇报，我什么事，什么想法都汇报。

问：向组织汇报？他有什么问题呢？他本来就是一个记者，本来就有记者证，他来北平是采访十一战区受降仪式的。

陈：这个问题，我不知道。我跟你说，好多事情，我不是像现在警觉性那么高，什么都追到水落石出。我也不知道他拿的是什么东西，我当时也相信了，就过去了。后来我就有点怀疑他了。这是一个。

还有去张家口的时间，我当时也找不着（具体日期），反正就在张家口那里的时候，王若飞飞机失事，在那儿开了一个追悼会，我们都参加了。可是那是几月份我没找着。①

还有一个，在张家口的时候，郑学玄去以前，我们俩哪儿也不出去。他们去以后，赶快组织人招待我们。招待我们的人当时我记得是这样的，那个头儿是晋察冀军区政治部画报社一个叫石少华，另一个叫什么忘了，他们都是画报社里头的负责人，是不是曾经请过我们吃饭我不记得了，反正是他们出头接见。完了以后他们就派了一个人，姓什么我记不起来，20岁左右出头的小年轻，陪着我们。就是对我们另眼相看，不是跟大伙儿一

① 王若飞的飞机失事发生在1946年4月8日。追悼会的时间，应该在4月底之前。

块参观什么的，又请我们吃冰激凌，又吃饭什么的。我的感觉不太舒服，因为我到解放区不是（当客人）。不是旧社会的生活，我觉得这个东西我无所谓，不怎么喜欢。另外最让我不高兴的是什么呢？这个人带我们去公园，那时候张家口有公园，公园里头有一个鹿，他动那个鹿，把那个鹿角掰下来了，掰折了一点，我当时就觉得这是挺大的事，他应该马上到公园里头汇报或者检讨，该赔或者怎么样，可是他若无其事。我就不怎么太舒服，我就觉得怎么那么不认真。另外就是韩生义，他就跟我讲，说你们去张家口的时候——他那时候在晋察冀政治部唱片剧社，里头可能是搞放映——他就听说了有这么一个郑学玄去了，没见着。当时可能这么一个人到那儿去，还挺轰动的吧。他说后来解放以后，她来厂里头一看，就是洗印车间的，说这就是郑学玄？[①] 当时是这么个情况。

我们回来以后，（在张家口）陪我们的小年轻，跟郑学玄留下了通信处的，到北京以后，他曾经去找过郑学玄，郑学玄帮他联系给解放区买胶片。反正他们俩联系过，我们没联系。后来，我跟那个韩生义说这个事，他说是可能的，因为那时候解放区缺胶片。这是一个事。

完了以后就“（中电）三厂”，“三厂”就没有什么了。那就接着护厂。护厂运动还得说。你不说我怎么经过吗？所有这些活动我都记得，他不是要遣散工人吗？先给遣散费。不行就每个人发十几袋米面。完了以后就所谓饿饭，就说你别走，我们也陪着你（饿），咱们谁也不吃，看谁干得过谁。这叫饿饭。完了以后呢，后来我记得有一个梅阡，梅阡是导演，当时是话剧界的。他作为第三者吧，他来说，我给大家担保好不好？我担保徐昂千怎么怎么，完了以后再考虑你们的意见，让他吃饭，他这么下了台阶。

问：您当时也在场，是吧？

陈：在场。

问：也在那儿饿着是吧？

陈：也没有很长时间，反正就围困他不（让）走。我们自由活动，怎么出去都可以，就是围着徐昂千别走。这时候郑学玄去没去，我不记得了。我记得有一点点印象，有一次他进去了，待会儿就出来了，不知道他干吗。回来好像也说了，是不是他们想给徐昂千送吃的？我记不清楚了。

---

① 在审读书稿时，陈老师对这一段记忆难以肯定。原始抄本中提及一个女士，上面的话是女士说的，但陈老师说她无论如何也想不起这位女士了；韩生义是否在场，她也没有把握，说是要找韩先生求证。在她向韩先生求证之前，只能是按照上述说法作审读修订。

反正他进去又出来了，当时别人也无所谓，反正集中目标就是徐昂千，大概童震跟叶炯他们可能是不会去的，我这么想着。后来徐昂千就软化了。这件事我看材料以后，我不是说“应变委员会”吗，确实是徐昂千提出来的。可是当时，侯瑞霞、刘锐他们利用此机会，将计就计，“应变委员会”的主任就是你，可是下面的人都是进步的人，都是各个头儿，还有一些工人。你总得经过表决会吧？大多数人完全否决你，根本没法治，是这么个情况。结论是说，这个徐昂千还是识大体，还可以吧。那时候就是按党的政策，来去自由，经上级批准，他愿意走就走。他们俩就回香港了。那时候大概是四五月份，这样的情况。还有就是当时护厂运动的时候，因为徐昂千他们借口说要拍《大江东去》，好像是部队要拍，他支援《大江东去》，他们支援人，支援机器，要往南迁，结果被大家阻止了。那时候一方面白天跟徐昂千斗争，一方面有些同志晚上把器材，比如摄影机的镜头拆了，你拿走摄影机也没用，类似这样的。有些藏起来，有些就封存起来，保护起来。还有也组织护厂，没有武装，没有枪什么的，也是站岗，怕破坏。传说是宪兵队什么之类的，要武装来厂里，镇压这些群众，说徐昂千婉拒了。说他不愿意把矛盾扩大，就没有来。反正那时候传说赛球什么的，好像有这种情况。

问：赛球？

陈：赛篮球。就是他们宪兵队还是什么，是不是他们想办法进来，我有那么点记忆。还有快解放的时候，群众准备武装起来，万一进来人怎么跟他们（斗争），做好站岗什么的，这就是护厂的情况。这段时间是这样，昨天说了，反正在护厂运动中吧，侯瑞霞找我谈话，说现在大局完全定了，完全没有顾虑；她说从前我没办法，因为你跟郑学玄的关系，我们不能不提高警惕。所以就吸收我加入“职青联”。后来我们去“职青联”开会，在侯瑞霞家开会的路上，王诚被打。当时到会场以后，我们几个人都在那儿。工人都在那儿，大家就分析，就怀疑是厂里的人干的，有这么一个情况。确实这两方面很矛盾。我当时想得很简单，我就觉得他们不应该这样，不好。我现在明白了，可能就是因为军管进厂以后，侯瑞霞地下党这些人，（对他们）可能有点冷落，我估计，所以他也不服气。是不是有这个原因？很可能。当时我就想，开小型批判会什么的，他们大屋不知开什么会，反正就老顶着，有这么个情况。

可是滑稽的是什么呢？“文革”中把我隔离起来了，有一次工宣队找我谈话，问王诚怎么被打？怀疑我打王诚。当时可能也就是问一下吧。实际上我就在侯瑞霞家呢，可能他们就捕风捉影吧？因为他们确实对我什么材料都没有。可能是这样。就是在侯瑞霞家开会，刘迺中去写东西，就是年终总结，可能是（19）49年底吧。当时接管单位，一个是“东影”来的，田方他们是从延安去的，还有一个华北（电影）队的，还有地下的，反正接管的头儿比较多，所以互相之间好像意见也不完全统一。这是当时的感觉，可是我现在想不起来了。侯瑞霞做总结，那时候写什么总结我不知道，是全厂还是地下党（的总结），我就不记得了。那时候谁参加了呢？我，还有史林，昨天没说史林，史林也是参加“职青联”的。这儿还有一个错的，就是《北影四十年》写职工什么青年联盟，是“职业青年联盟”，不是“职工青年联盟”。反正她说的不太对，她也是“职青联”的，还有王有和和工人什么的，他们年龄比较大了。可是后来，新民主主义青年团公开的时候，“职青联”都要转团，年龄适合的就转为新民主义青年团，那时候我26岁，比青年团的岁数多一岁。当时是这个政策，因为刚解放，放宽两岁，所以我正好没过那个线，所以我是青年团员。像史林、王有和他们是团友，（因为）超龄了。后来办离休的时候，因为这个职业青年联盟，他说是很早就有什么“学联”，我所知道好像是后来侯瑞霞的上级，就是北京市委叫沈波的，还有卫生部的部长，他们两个组建职业青年联盟，不是很早，比“民青”、“民先”都晚。当时说，离休的条件里头有“民青”、“民先”，没有“职青联”，我们就找沈波，是李百万跟我，还有当时地下党的党小组组长张世明，我们仨人去找的沈波。沈波当时是北京市的市委常委。我们说办不成，他说不对，说好多职业青年联盟（成员）人家办得挺顺利的，都是离休。我说我们这就不行了，不通过。他说那好，我赶快解决。他就又找什么人，所以又重新拟定了，说“职青联”可以算，可是加了两个条件，一个条件就是，“职青联”立即转为青年团员的可以算，一个就是说你是工人，你解放以后立即转为干部的可以算。所以后来（新影）张长锁他们都不行，他们又去找，因为张长锁后来是他们行政部门什么安全的头儿，所以他就带头跟人事科说，结果就成了。可是跟他们一样的，北影就没解决。

北平解放以后吧，那时候就是军管会里头的文管会，那时候叫电影处吧，那个处长是马彦祥，副处长是田方，另外这个电影处工作的翟强，翟强是华北队的。他们仨人也参加工作。他们仨人来三厂接管，开了一个全厂大会，宣布接管“北影”。李百万他们是文管会，跟大家宣布留下六个人作为联络员，我们当时就以为是军管小组，就管（它）叫军管小组，实际他们是文管会的联络员，就是反映群众情况。

李百万是组长，还有五个人，这五个人有一个叫张什么，我不完全知道，反正有一个王澍、张济美，还有谁，反正一共六个人。[1]我记得当时田方是文管会的代表，他是文管（会电影）处的副处长，他也在军管小组那儿待的时间比较长，了解情况。我记得他找我谈过话。完了以后就是（1949年）4月20号。4月20号是这样，军管会要结束军管，把北影厂交给华北什么政治部——不是，是国家吧，就是交给国家的。[2]

我不知道我参没参加，也许我没参加也没准。因为3月25日《毛主席莅平》来，我们什么时候录音？录完音以后什么时候上干训班？我好像也不记得参没参加这个大会。这个就是军管情况。

① 担任“中电三厂”接收联络组执行具体接收工作的，除李百万、王澍、张济美外，还有张万才、索新忠、那雷、王志初等。

② 1949年4月20日，北平电影制片厂正式成立，根据中共中央决定，田方任厂长，汪洋任副厂长，与此同时，华北电影队全体人员携带所有设备，进入北平进行整编，摄制人员及机器设备，并入“北影”。当时北平电影制片厂隶属中共中央宣传部，承担新闻片、故事片、科教片制作。

十三、录《毛主席莅平》[1]是我的分水岭

问：先说《毛主席莅平》，您是到现场录音吗？还是回来配音？

陈：配音。那时候新闻片都是这样拍的，没有同期录音。

问：您接到任务是什么时候？

陈：很快，反正是建厂以前。

问：4月20号以前，是吧？

陈：那时候没有什么组织，汪洋厂长什么（还没有）。

问：那谁交给你这个任务呢？

陈：只有两个可能，一个是侯瑞霞，一个是军管小组，李百万或者田方之类的，不知道谁。反正任务给我的时候，我记得非常清，我当时的感受，第一个当然是我觉得很光荣。这么一个任务，那是"北影"第一部片子，而且是毛主席莅平，意义很重大，我完全知道，我就很光荣。第二，很害怕，那时候很后悔，我说我干吗这么多年都白过去了？我不知道应该怎么样录才录得好，我就不知道。从前让我录我就录了，我一点都不在乎，可是我现在怎么才能录好呢？真后悔没有好好学。在这种情况下，只好硬着头皮来吧，所以只能加强准备，我把机器检查又检查，做了多次检查吧。当时录音情况是什么样呢？"三厂"（从"华影"）一直到国民党一直没动过，国民党没有任何建树，就是在一（个摄影）棚的边上有一个录音室，录音室里边就是一台机器，调音台，调音台有四路，有两个话筒输入，声音输入；一个机械室。这个录音台，一个大磨砂玻璃，两层玻璃，从这儿可以斜着看见画面，那个画面是在前面，这个画面隔着两层磨砂玻璃，通摄影棚，在摄影棚那儿可以看见画面，所以乐队就在摄影棚里面，指挥就看着画面来指挥。我不记得国民党也好，那个什么（华北厂）也好，没怎么在那儿录音乐，我没什么印象。过去很简单，就是配点音

---

① 陈老师所说的《毛主席莅平》，是指《毛主席朱总司令莅平阅兵》，新闻片（黑白）。影片记录毛泽东主席、朱德总司令和中央其他领导人1949年3月25日在西苑机场检阅人民解放军步兵、炮兵和坦克部队，以及民主党派、无党派民主人士张澜、李济深、黄炎培、马叙伦、李德全、郭沫若等和工人、农民、青年、妇女等各界代表热烈欢迎毛泽东等领导人的场面。北平电影制片厂出品，摄影：徐肖冰、苏河清、刘德源、石益民，编辑：高维进。

乐，配的很少。因为有什么限制呢？就是胶片的限制，没有那么多胶片。你想想三十年代，比如《大路》什么的，不是每个效果都有的。所以我们现在重新看的时候，我觉得他们很用功的，为什么呢？你选择哪些，很少地方有，这点正好很重要的，对内容什么都很好，要选择这种，所以都是零零碎碎，不是全都有的。一方面是还音机的问题，一方面不是像现在一本一本接好以后录，不是那样的。一段一段，有音乐剪下来录一段，完了接上去，那样的。当时就是乐队，是铜管乐队，就是罗浪指挥的。我那时候应该没认识罗浪，后来认识的，那时候我不会认识他。后来在新中国成立，开国大典，我们俩认识，也住一块——他就看这个指挥，对着画面，他们演奏，这是我说一个大玻璃里头一个屋子，屋子那边是磨砂玻璃，这里头坐着解说员，就在棚里面，解说员看着画面说话。我们也可以看着解说员，比如解说员来了，给他一个暗语，他就说话了。解说员是史宽。史宽在之前演过不少戏，他的声音比较好，会演戏，我就记得当时让他当解说员。有没有效果？可能没效果。因为没人给我们用，我不记得。

问：那个片子原始的状况是没有声音的吗？

陈：当然没有声音了。

问：当时比如说谁向毛主席报告，说请检阅，那些声音都没有？

陈：没有。我跟你说那个是虚构的，没有那么回事。

问：《建国大业》那是虚构的？

陈：虚构的。可是很感人，我看了也觉得很感人。毛主席跟群众接触，这么大全景，这么大的场面……

问：根本听不见？

陈：不是听不见，当时那片子，就是《毛主席莅平》的片子都是很近的，毛主席在车上看着大伙儿，大伙儿在欢呼着，都是近极了。所以当时我非常激动的，因为这么近看见毛主席，好像自己跑进去一样。不像现在《建国大业》，毛主席那么远。报告那个人是挺激动的，见着毛主席，可是我当时录音的时候就是因为我看见毛主席了，毛主席就好像跟我对着。所以说，我现在得出一个结论，大场面也不一定就感动，你要描写情绪、心情的话，你还得近的，是不是？我是这么感觉。

问：当时现场的录音一点都没有，是吧？

陈：没有，从来没有过的，国民党也好，新闻片没有什么声音。

问：录音工作就是把解说员的声音和音乐的声音两个声音加上去？

陈：加上去。

问：效果什么就不管了？

陈：效果我记得没有。我上哪儿找群众声音去？没有。

问：群众的声音，汽车开动的声音……

陈：没有。新闻纪录片，包括《百万雄师》，所有新闻纪录片都不管。

问：都不管声音效果？

陈：那都是故事片才有的。当然不应该，可是条件就这样。那时候新闻纪录片没有音效的，所以《百万雄师下江南》那是第一次配动作效果。

问：《毛主席莅平》录音过程顺利吗？

陈：是很顺利。我跟你说，这个东西是我的分水岭，就是我在电影厂对我的录音工作（态度）的一个分水岭。过去，我说了，我很平庸，你让我干吗就干吗，没有兴趣，也没有觉得我是一辈子干录音。我真是那么想的。我也没有想过将来怎么着，也可能离开电影厂，真是没有想过。那时候就觉得，解放以后什么都好了，可是具体没有想过什么东西。当然是解放以后马上让我录音，我那时候想了，根本不可能让我干别的，还是让我录音。我就后悔了：为什么没好好学习？就是因为我录这次以后，我才懂得什么叫（录音），怎么样做一个录音师。为什么这么说？当时我也是很紧张的，对着画面，那时候音乐来了，解说来了，我所谓调，这不是有两个钮吗，根据镜头来调。我过去只是那样，对话来了，你别让音乐压对话，音乐情绪高了，你给抬上去，只能这样而已，可是别的没有想。可是录这个的时候，因为那个情绪，我的心情是这样，因为过去我虽然对共产党没有更多了解，我知道毛主席，可是没有怎么见过他，相片好像都没见过。这个那么近，等于在我眼前，所以当时我自己都不由自主地（有激动）情绪，忘了我自己该干吗了。我好像就跑到群众队伍中，跟毛主席对面似的。我真是这样，我什么都忘了，我不知道怎么做的。那个推、推的，已经不是我现在最主要的东西。这样很顺利就录完了。录完了，我现在就想不起来（录音效果究竟怎么样），我昨天说了，那时候你根本看不见，必须印出拷贝以后才能看得见。好像我连看都没看过拷贝似的，也许我后来就到干部训练班学习了，反正我不记得我自己看的效果如何。

问：后来看过吗？

陈：后来恐怕看过吧，我就不记得了。当时我就不知道（效果如何），当时录完，我挺顺利的，谁导演我忘了，就是很顺利，一次就成了，说我录得好的。是高敏，就是华北电影队从“满映”过来的录音师，他跟我说：我们在石家庄不（知）是哪儿看你这个片子，我们觉得很好。

问：他觉得录音很好。

陈：说声音，觉得情绪最好，所以他给我肯定了。

问：那是行家、专业人士的肯定。

陈：我觉得他是从录音角度来肯定的。我自己不知道好坏。从那儿以后，我知道我怎么样努力，我必须自己投入进去。投入进去是什么呢？首先我得感动。我不感动，那就不是什么（艺术创作了）。后来解放以后，虽然是有什么自己创作，也挺重视录音的，可是当时对录音的认识（很不足），包括很有名的导演，他们都想不太到，用录音这个手段来丰富创作。最好的导演都不这么想。所以那时候也没提什么要求，有声就得，该有动画、声音、画面、音乐就行了。对音乐还比较重视，音乐可以陪衬情绪。哪年不记得了，就是史东山说过一句话，我觉得很到位，他说一个好的片子录音以后，我作为观众，对于音乐什么时候进来了，什么时候大了，什么时候小了，这个是什么声音我都不知道，就是觉得非常舒服（那才好）。我就觉得跟我感觉是一样的，我觉得他说得很到位。如果你是有意识的，忽然间跳出来一个音乐来（，那就不好了）。

问：吓人一跳的音乐不是好的录音效果，是吧？

陈：不是。你除非成心要这个忽然的效果，就是一个音乐伴奏吧，你就应该不知道音乐从何而来，该强的时候你也不觉得是成心提高音乐，而是跟我情绪很吻合。他说这样的话他不知道，这个声音效果是哪来的，干吗，都不知道，他觉得舒服。这就是说什么？就说明录音师所要加给观众的感受完全到位了，你的想法达到那个效果，他接受了。你这个想法让他接受，你首先自己得有感觉。简单说，这儿有乌鸦，给加个乌鸦声，那儿有什么（，你自己得有感觉才好）。现在出来很多片子，有些用的效果（不是很好），随便说一个，比如他想描写旧的北京，北京的叫卖声什么的，我一下听出来，可是这个叫卖声音场景中能听得见听不见？好像是《梅兰芳》还是什么，那么一个深闺大院，那么一个屋里他能听到外面叫卖声吗？另外叫卖声是叫卖声，你的叫卖声也要结合剧情，你是卖什么呢？是卖肉还是卖菜？你必须正好，符合你演员的心情，应该这样才行。可是现在不太讲究这个。还有商业片什么的，就是迎合观众的需要，观众想这个了，给你弄个，就是满足于感受吧，高兴，看见以后哈哈大笑。

问：感官娱乐。

陈：感官娱乐。这就太低了。我们不反对娱乐片，对我自己来说，娱乐片让人高兴是好的，让人心情很舒畅。可是你让人高兴不是简简单单地满足他的观感，而是说你有很深的东西以后，让他高兴，让他心是有所接受，不能就笑笑而已，完了就完了，出了电影院什么都忘了，我觉得这不是好电影，也不是我们的目标。现在不太想这个问题，商业片只要票房，你（应）要一个更高的，不高不行。

问：《毛主席莅平》录完以后，您就去了华北干部训练班，是吧？

陈：对。

问：当时是什么情况？跟您一起去的有多少人？

陈：当时是这么（个）情况，那个干部训练班应该是培训地下党员的。后来放宽了，那些个青年团（员也可以去了）。反正跟我一起去的。另外就是一些积极工人，（如）王有和。也有一个预备党员，反正有党员，有预备党员。我们就算“职青联”的，就算团员，就是这样。没有几个人。在一起就是听课吧，讨论什么的。

问：多长时间？听了一些什么课？校址在什么地方？谁给你们上课？

陈：团中央那边，这个我不记得了，请什么邓拓那几个有名的人来讲……不记得了。另外有一件事。就是外头好像有些什么人来捣乱。我记得当时怀疑，就是打小鼓、打小洋锣卖旧衣裳，发现一些人老在我们跟前转。当时他们就传，说可能要破坏什么的，所以就提前结束了。

问：提前多长时间？本来要多长时间？后来您学了多长时间？

陈：反正是几个月，一两个月，没完成，就提前结业了。

问：学习的课程和体会，您讲一下。

陈：我不记得了。当然了，这是一步步政治学习，反正是有所提高吧。

问：《毛主席莅平》丢失拷贝的问题，牵扯到郑先生。

陈：不牵扯我，就是牵扯他。

问：这个拷贝什么时候发现被丢失？什么个情况？

陈：是这么个情况，什么时候发现丢失，我不知道。我昨天可能说过了，因为是郑学玄经手的，他又是副科长。郑老师解放以后就是副科长，洗印科的副科长。那时候刘新是搞行政，他是搞业务。拷贝印成了，也在他手里头，这个拷贝交给谁了，他应该清楚，（可是）他记不清了。因为他匆匆忙忙上华大。交接什么的他记不清了。这个东西什么时候发现？我不知道，不过就是“肃反”的时候。

问：事情起来应该是“镇反”的时候，是吧？

陈：镇压反革命的时候。我怎么知道这个片子的问题呢？罗矛是当时人事科负责人，就找我谈话，说郑学玄的问题……是在哪里。因为《毛主席莅平》这个拷贝的镜头在香港看到了，就是被人用了。这样一分析起来，肯定就是郑学玄把印成的拷贝拿给徐昂千了，徐昂千带到香港去，才有（香港出现《毛主席莅平》电影镜头）这个现象。这么（分析似乎）合理的。他说，我们就是根据这个。

问：推测是郑老师的问题，没有证据？

陈：没有证据。那个镜头很难说，因为你要在北京放映，你拍下来拿过去也可以。最近唐关宁跟我说，说他后来跟那个什么部门（交涉），他们就说没有证据；这是一个，另外即使是真的，就是郑学玄拿给徐昂千的话，这也构不成反革命罪、破坏国家纪律。

问：当然构不成。

陈：本身你是宣传的，那个带出去没坏处，是这么个情况。可是当时没这么想。

问：当时是反革命罪，是吧？

陈：哎。当时你有这个行为，不叫反革命，按盗窃罪，“三反五反”可以；这个（镇压反革命的时候），就是按反革命罪。到“三反五反”的时候，怎么定的我不知道，反正还是这件事，就又变成“三反五反”（对象）了。

问：人事科的罗矛跟您谈话，是（19）50年的时候，是吧？

陈：是在“镇反”的时候。我当时的感觉，是罗矛信任我，把我当自己人，否则不会把底告诉我，我是那么想的。

问：您对郑老师呢？

陈：我是这样，我没有发现他有什么反革命言行或者活动。我不能随随便便就说他怎么样。我（不）记得是不是这次，我记得一个细节，很清楚，我不是算青年团员吗？我到厂以后，跟洗印车间副科长刘新，都在团委工作，搞团的活动，学交谊舞什么的，我们俩非常熟。这个印象清楚，有一个礼拜天，好像“镇反”，郑学玄就被隔离起来了……

问：隔离了？

陈：可能不在家了，我们那时候经常隔离。我记得一个礼拜天，我到厂里，可能刘新找我去的还是什么，我不记得了。在一个院里，刘新和我说，一会儿我们要斗争批判郑学玄，你发言吧。他（对我）说你先把发言想一想，你把发言内容跟我说一说。那时候我也挺为难，我发什么（言）？我也不知道他这些事，我按什么主旨（发言）呢？他（在）解放前，我自己对他的认识，好像有点自私，就是一般的缺点吧，可是没往政治上拉，我没看他政治上有什么问题。后来我就跟刘新说，我预备怎么说。刘新当然就觉得扯不上，现在专打反革命，内容又合不上，说你别发（言）了，这个我记得很清楚。

问：您当时其实也不愿意发言，只不过组织上让您发言，您不能不发言？

陈：不是。我不是不愿意。我说我发什么（言）呢，我只能说对他的，觉得哪些不足、缺点，我只能这么说。

问：那您很明确地不愿意往政治上说，因为政治上您也不知道？

陈：因为我根本不知道，而且我觉得我自己没有真正认识，我不会胡说八道。包括我后来写大字报，我也不是捕风捉影，我觉得该怎么着就怎么着，我是这么（个）想法。

问：所以您在会上没发言，是吧？

陈：我就没参加那个会，他也没让我参加那个会。这个记得很清楚，我想这个肯定是“镇反”运动的，因为什么呢？因为“三反”的时候我是另外一个打虎队的。

问：郑老师被隔离了多长时间？他回家以后您怎么跟他谈这个问题？

陈：我跟你讲，我昨天回想半天，第三者总认为，你们除了在工作上（交流），回家你们还得说好多话。

问：回家不说话？

陈：我跟你说，运动是什么情况我记不清了。工作期间哪有机会说话？我们老加班，晚上半夜才回来，根本就没有时间。

问：可是有一个“反革命”的帽子扣在那儿……

陈：那个情况怎么样，我就不记得了。他回家又怎么着？“三反”又进去了。因为我生小儿子他不在家，那个保姆完全是为我服务，这个我记得很清楚。可是什么时候他进去，什么时候出来，我一点都不清楚，包括后来“文革”中……

问：您记不得就算了。当时是扣了帽子吗？您还记得吗？

陈：我不记得了。要不然，他怎么给你放出来？反正得放出来。要不然怎么又“三反”了呢？我就记不得了。我也查不出来，“三反”跟镇压反革命中间多长时间，我记不清了，反正不长。我那时候干什么呢？你不是问我为什么《一贯害人道》是两个录音师吗？

问：那个还早……

陈：不是，跟这个有关系。为什么有关系？时间上有关系因为2月22号生老三，生他以前，我就拍《一贯害人道》，同声录音。运动里头，可能是“三反”，工作停下来了，停下来我到打虎队。我生了孩子没办法，蔡军替我做后期工作。所以这个时间肯定，就是在“三反”以前，我就是拍《一贯害人道》。如果我拍戏，就很少有见面时间。而且我们俩之间关系不是挺（密切），谈谈、聊聊心？没有，很简单。

问：但是“反革命”是重大的事情，一个家庭要共同承担。

陈：还有一个问题，当时政治上的关系，他即使“镇反”以后，也不是说你没问题了，也不是那样。

问：还留个小尾巴？

陈：所以我也不可能批判他对不对。给他提溜起来，不可能的。我对他也不是百分之百信任，不是那么样的。我跟他怎么谈？我也不知道谈什么好，我也不能告诉他罗矛告诉我这事。

问：怎么不能告诉呢？

陈：那怎么能告诉？那不是泄密吗？

问：可是您和郑老师是夫妻……

陈：夫妻是夫妻，政治问题不行。

问：至少您应该打听一下，到底是不是你把那个片子……

陈：那当然会说。他不承认，他说没有。他说我当时就因为急着去"华大"学习，他说印深了我也不知道。我哪知道他们洗印车间哪个拷贝印深了？回来告诉我印深了，我们准备减薄，后来我真忘了交给谁了，我急急忙忙。这都是他告诉我的。

问：他告诉您的是事实真相，因为他不会骗您的……

陈：那也难说。问题是这样，起码我知道为什么给他关起来，听他怎么说。冤枉是肯定的，因为后来彻底平反了，所谓彻底平反，不是说怀疑还没有解决，彻底全部平反。

问：因为徐昂千要得到这个拷贝太容易了，因为发行了很多拷贝。

陈：就是，他可以随便。另外还一个问题，徐昂千不是那样的人。我差点忘一个更正，这个插进来。

问：没关系，您说。

陈：我从前跟你们那么说的，我也一直这么认为的，就是说郑学玄跟童震拍十一战区受降典礼来这儿以后，发现有一个三厂，[①]让回来，他们不让，现在看起来不是。当时这个事情是国民党的中宣部有个叫张明纬的，他来北平视察，就是看接管情况。到这儿一看有一个电影厂，于是乎就告诉"中电"。当时徐昂千也不是总务科的，他是会计科科长，于是乎就派他们来。还有一个罗学濂。张明纬是中宣部的，他把这个命令下给罗学濂，罗学濂是当时电影部门的负责人，罗学濂让徐昂千他们来。

问：罗学濂是"中电"总厂的厂长。

陈：总厂长，除了总厂长以外还是电影处，反正就是他们中宣部里负责电影的。我说那个，就是听郑学玄说的，看起来张明纬他们更准确一点。

问：北平有个电影厂都不知道？

陈：不知道。我听郑学玄说不知道，张明纬也不知道。

问：两种说法我们都记录下来。您的说法是来源于郑老师？

陈：对。反正是后来，他们赶快急忙组织起来接管。

---

① 此处表述有误，当时没有"三厂"，只有华北电影公司，接管后才有"中电三厂"。

十四、新中国开国大典的现场录音

问：您被选派去为第一届政治协商会议录音，是什么情况？

陈：这是这么个情况，那时候是华北电影局已经来了，有个叫唐晋的。唐晋后来是峨眉厂厂长吧？他是四川人，他是录音车间主任——不叫车间，反正科长之类的，是负责人。他大概也当过录音师吧，所以他组织三个人，他是录音，我是机械员，[①]张世明是党小组长，（张是）国民党的时候考的练习生，是地下党。

问：您是机械员？

陈：因为工作，一个管录，一个管收，机械员管片子，就叫机械员吧，反正就是管片子的。我们三个人一个小组。

问：张世明呢？

陈：他是管话筒和现场的。他现在还活着，好多事情我都找他问。

问：录政协会的时候，他的工作是什么？

陈：管话筒，因为管话筒很重要。比如说10月1号，他就得在毛主席他们旁边录，因为话筒在那儿，就是R.C.A那个话筒是我们的。所以前头都是他在那儿，我们就在（稍远的地方），比如政协，（我们）不在现场，有时候有一个玻璃屋子，我们在玻璃屋子里，有时候不是。有一次我记忆比较清楚，那次我特别高兴，一个什么会，好像讨论政策，反正很随便说话的。当时没有（专供录音的玻璃）屋子，是一个大屋，他们坐那儿，我们机器、摄影机、录音机都摆在这边，比如这边开会，我们在这边，完全看得见他们。当时摄影机、录音机都已经摆好了，都进去了，进去以后临时决定（不录音），因为最高会议是怎么着。

问：最高国务会议？

陈：最高国务会议。也不许拍也不许（录）什么，我们因为进去不能动，可高兴了。因为我每次录音很紧张，特别我搞机器，机器录坏一点就

---

① 在审读书稿的时候，陈老师提供了一个新的信息，当年选拔天安门开国大典录音工作人员，曾进行过严格的政治审查，其中大部分录音师都没有通过政治审查。这就解释了为什么让她这个录音师降级为机械员的问题。是因为通过政治审查的人手不够，所以不得不让她以录音师的身份来当机械员。

糟了，所以紧张。那时候不怎么太能够听。这次没有任务，很轻松。

问：后来录音效果就把那个去掉了？

陈：不是录音效果，拷贝，就是声带出来以后，印拷贝的时候，印制声带或者印制拷贝的时候，我就是想办法让他那点涂黑了，就没有声音了。你完成的时候总有噪声，噪声可能稍微跳一点吧，反正也比咳嗽强。我记得我费了半天劲，记得这个细节。这个最高国务会议，这次最高兴。

问：不录像、不录音，怎么也不能出去了？

陈：因为临时决定的，我们都摆好，人都在那儿，这个会就要开了。

问：出去的时间还是有的。

陈：我们要搬多少东西。

问：把东西留在那儿，人出去呢？

陈：没让我们出去，所以很好，我那回特别高兴。

问：中共最高级干部您都见着了，那次？

陈：见着。政协会议经常见的。

问：咱们先谈政协会，这次会议期间您还有哪些记忆？

陈：没有，我就记得刘宁一。

问：一共做了多长时间？

陈：一直到10月1号。

问：一个多月，一直跟着吗？

陈：一直到10月1号，10月1号是什么情况呢？就是我们刚来中南海政协会议那儿，完了以后第二天，那时候可能是……

问：还是这三个人，唐晋、您和张世明？

陈：就我们摄制组，这三个人就是一个小组，就一直下去了。我记得好像是华北队，带了一个三相的录音车，就是录音机，那个机器，上海叫录音车，也叫录音机。有两种，有直流的跟交流的，还有单相的，还有三相的，三相电源和单相电源。要单相电源，就是单相变三相。可是那个机器是三相电源的，平常我们在政协会就用那个，只是搬一些平常的电池而已。就是小灯用的电池也挺沉的，在工作中有那么一点，我们不是搬机器吗？有时候通知晚了，所以我们下了车以后连搬带跑那么走。当时值班警卫，我记得穿着白衣服，看见我就觉得很同情我，因为我一个女的，搬那么多东西还跑。说（过些）什么，反正比较肯定我的话。1949年10月1号前夜，那天晚上开完会，说第二天上天安门。天安门上头没有三相电，没三相电，机器就不能走，怎么办？决定改成直流，摄影机也改成直流，录音机也改成直流。

问：带电瓶？

陈：带电池的。所谓电池是什么？汽车电瓶。这些电瓶都是上海旧的电影厂拿来的，都旧极了，硫酸都弄得乱七八糟，你碰一下就会烧的。这样的话，除了外泄硫酸以外，肯定短路，电流也是会受影响的。它是几个串联起来，接成四十几伏，串联起来。两个电池之间带夹子，两个夹子。那个上面有铝的夹上，这头夹一个，那头夹一个，就连接起来了。当连接起来，录音车旁边有一个速度表，这儿有一个电位器，电位器就是调整电阻的，速度表比如一秒钟24格，如果觉得慢了，赶快加电阻，或者没格了，你赶快拔下来，赶快加另外的。这都是不科学的。你要给拿起来，再加上，而且那个都锈了，所以很悬。你拍故事片没关系，正好没说话的时候停一停，慢一慢都没关系，可是天安门录音，你要怎么办？所以就紧张极了。那天晚上也不是那个原因，反正就是整备室一夜在录音车间里头检修机器，怕明天不行。我们也跟着，我跟张世明——因为唐晋当时身体不好，所以我们不怎么敢用他——我们俩就一直盯着。

问：1949年9月30号，一夜没睡？

陈：一夜没睡。10月1号就我们仨人能够上去，因为那时候工作证很紧张。10月1号上天安门城楼，唐晋当时身体不好，我们不让他搬机器，只有我和张世明。

问：您是什么时候上城楼的？

陈：下午开会，上午去。设备在当天早晨就运到天安门。——我们从前不睡觉是经常的，《东方红》七天七夜没睡——去搬，当然我们俩搬，也挺沉的，一个电池，多高，后来就组里什么人说不行，赶快联系，联系厂里头决定再加一个人，叫王忠善，是青年团员。他临时去帮帮忙，帮我们抬器材，抬完就走。他是录音行业的人，后来一直在“新影”。抬上去了，我很紧张，为什么紧张呢？我跟你说操作，是挺难的。

问：设备简陋？

陈：简陋，而且不科学，现拔线，而且电池都是过期的。所以非常非常紧张。所以，在这之前，就在正式录音以前，快要开会了，我什么都听不见，什么都看不见，外头我也不看，百分之百精神集中在那儿。我根本想不到（去听），我就是管这个的。

问：您是上午上城楼，中午一直等着？在哪儿吃午饭？

陈：这就记不得了。反正下午开会，我们上哪儿吃？我就不记得了。可能是发给我们吃的吧，不会再出来了，可能是发给我们。反正那时候顶多有面包，因为不可能出来（吃）。

问：您现在不记得了？

陈：不记得了。

问：那时候毛主席、朱老总、张澜那些人上天安门，您也没有注意？

陈：因为我们用的直流电源的，直流电源只能摆哪儿呢？就那根马达线，就说那个。这个叫连锁。那么长的连锁就把电源和摄影机连在一块儿，连锁线有好多条，好多连锁线拿白纱带缠起来，这么粗一个，这么一条长线。摄影机跟录音机只能距离这根长线这么远，所以主席台到犄角，到西南角，就是这么远，我们就在西南角那儿。

问：在栏杆底下，是吗？是蹲着还是坐着？

陈：是蹲还是什么，我记不得了。反正那时候我特别紧张。当时他们上来，就开始放《东方红》，怎么上来我根本看不见。怎么走我也看不见。另外我也不敢看，我那时候紧张得要命。所以录音以前，我根本等于空白，我自己只能这么说。

问：高度紧张，高度投入？

陈：高度紧张，高度集中。那时候为什么不能录很长呢？那个话筒位置，只能摆那个话筒，不能摆别的，还有就是胶片的问题。

问：没有胶片？

陈：不是，那时候胶片很少。

问：开国大典的胶片也不够？

陈：一样，就是声带要很节约才行。因为录效果就没准了，又不是录话，录杂音，你知道什么时候开、什么时候关？声音也不能拿那个拍，拿那个小机器拍。计划就是录这几句话……

问：就录“中华人民共和国成立了”这句话？

陈：就毛主席说完话就完。毛主席的话都给录下来，录完以后就完了。为什么这样？当时我也不知道。可是现在分析，就这么个情况，还没完呢，你录杂音的话，费那么多胶片。那时候也是工作习惯，新闻片里头基本没什么效果，下面群众的喊声什么的，都没有，因为没小机器录。

问：除了您这组以外，其他广场还有别的录音组吗？

陈：没有，没有录音机。我们没机器，那时候小机器没有，大机器没有，什么都没有。过几年才有一个这么大的机器，所以他们在底下可以录效果，还录脚步声了。开始什么都没有。

问：现在听到毛主席的声音，“中……华……”抖啊抖的，为什么？

陈：那个为什么呢？几个原因——后来电台也问过这个事，当时我也不太清楚。后来我就找新影的人，他们解决一点，现在好点了——有两个原因，先说第一个，毛主席在那个地方，回音很长，就是这个声音出得很远，完了又回来声音，就是回响时间很长的。

问：对，有高音喇叭……

陈：一个大屋子，一个小屋子，（回声）不一样，一个大屋子觉得很深远，它是很长的。为什么直流的机器不录音乐？因为稳定度跟胶片不一样，你稍微有一点抖动的话，声音就抖。（当时的）录音机是直流电的，另外声音很长，这是一个因素，你开始录的话，肯定有一点抖，这是一个。也可能我有责任，我不记得，我跟得不准或者怎么样……

问：我纯粹是向您请教，不是追究责任……

陈：不是。我自己后来想，有没有可能（我也有责任）。因为他们也问，为什么声音这样？我记得一开始不是这样的，后来我问来问去，终究明白了（除了上面讲的回声很长以外），另外一个（原因是）后来翻拍的时候，声带很小，完全波形，你印一次，你知道，清晰度就要差（一些），一次印完了以后再翻一次、再翻一次，清晰度差好多，所以本身也会发生变化。所以以后我就跟他们说，后来重新换底片，把底片印好一些，现在要更好一些。有一个录音工作站，可以把噪音修复，另外可以增加一些回声什么的，让它声音很好听，所以现在比较好。

问：头几次听到声音抖得很厉害……

陈：就是那阵子，我记得很清楚，好像是电影频道采访我的时候问，为什么声音那样？我说当时还不是那样。我分析可能有这个因素，后来我马上问新影的人，张世明不是在新影吗，他就去问，问了后来他们就把底片重新印了，好一些。

问：把毛主席话录完以后，可以看大人物了？

陈：不是大人物的问题。那时候我没有兴趣看某个人，那个心情真是……为什么？我站起来，当然看主席台，也看毛主席，看下面群众，看群众欢呼激动的声音，再看五星红旗。那时候我心里非常激动，一个激动是，中国人民站起来了——好像没有这句话。我当时就想，中国人民从此站起来了。最激动我的是什么？我记得我小时候一直有一个印象，是“中国人与狗不许入内”。

问：那是上海一个公园门口的牌子……

陈：上海租界公园，我觉得那个耻辱很重很重。当然抗日，日本侵略中国也有这样的（印象），这个印象很深。当时我就觉得，从今天起，不是这样了。这是一个感受比较深的。特别看了五星红旗。另外一个，就是想到，今天这个片子，毛主席这个声音传遍了全世界，海外的华侨也好，进步人士也好，都看到中华人民共和国成立了，毛主席说话，这个作用多大啊。

问：特别有自豪感。

陈：这么重要的工作，有我一份力量，我很自豪。所以除了录《毛主席莅平》，我觉得（明白了应该）怎么样做一个录音师，而且我觉得这是很崇高的一个任务，就是在工作方法、艺术那种感觉崇高。这次呢，这次政治上，我的工作可以在政治上起的作用。所以这两个加在一块，就坚定了我对我的录音工作（认识和信念），在政治上和艺术上，就是无怨无悔吧，全身心投入。

问：有方向，而且有决心要做得更好？

陈：所以那个感觉，我觉得真是难以忘记，看五星红旗。

问：看五星红旗能看多长时间？

陈：当然不是（看红旗的动作），就是我心情……

问：想看五星红旗，看群众……

陈：我看三个点，一个就是看毛主席台，（一个是看）群众——我跟你说群众那个情绪绝对不是假装出来的，欢歌跳跃，哪看过那么大场面？你想，过去自己生活里真没见过那么多人，（天安门广场）全是满满的；再（就是）看五星红旗，我的感觉就是这样。当时没想那么多，就是这两个想得最多。

问：后来《开国大典》，这次《建国大业》《天安门》，这些反映1949年10月1号那天的电影，有哪些您觉得不太靠谱、不太真实？有吗？

陈：没有，它用实际的东西拍的。不实之词好像……

问：《天安门》您还没看过，是吧？叶挺的孙子叶大鹰，拍了《天安门》。

陈：好像看过，就说……

问：修天安门。

陈：哎，那个看过，有些虚构的。

问：对，是有虚构的，把主人公挤到跟毛主席握手，把60年代毛主席的头像弄到一块。

陈：那个没有什么。我曾经核实过，现在有两种说法，《天安门》里头两个日本人，这可能是真的；可是有一人就说不是。我们电影厂……叫什么？他也是美工的，他说设计是他。

问：两种说法，一种说法是有两个日本人，一种说法是没有日本人？

陈：不是，日本人，还有什么……他是华北什么。

问：华北抗日剧社。

陈：抗日剧社的美工，是他们设计的，这个问过了，肯定是真的。那两个日本人也是真的。可是有一个叫什么……他也是真的，他人死了，那人跟我说，说那个是他设计的，他跟我说得真真的，可是这个我没法求证了。反正华北队问过，那是真的。《天安门》序幕是没问题的。

问：这个是故事片。

陈：没问题。

问：《开国大典》呢？就是李前宽、肖桂云他们拍的《开国大典》？还有《建国大业》，都涉及1949年10月1日在天安门城楼上，以及第一次政协会议上的故事，还有《风雨下钟山》，都拍了这些内容。

陈：《建国大业》我还准备好好看看。

问：您不是看过了吗？

陈：看过了。《建国大业》有很多问题。现在用了很多明星，我这人最不注重谁是什么明星，我没有这个注意（习惯），可是我认识这些人，陈凯歌那些，我看着的时候，陈凯歌、谁谁谁，我虽然不是明星迷，也出戏。可是它的节奏比较快，所以我要再认真看。

问：好像有170个明星……

陈：这个明星效果再好，票房价值肯定高，但是我觉得无论如何都会出戏。又是导演，又是演员，一个戏里头，要是整个情节都很合理的话，已经让观众觉得他就是那个人了，绝对不会想（明星，那才叫好）。可是这个戏，一会儿他，一会儿她，怎么能不想？一想就出戏。

问：是，我看了也出戏，数明星了。

陈：谁谁谁，谁谁谁，就跑了，不是原来的戏了。

问：不是历史人物，而是一个个明星。

陈：这个《建国大业》，张澜还比较像，我最不能认同的是宋庆龄。为什么呢？因为宋庆龄是胖一点，矮一点，就是比较成熟、比较端庄。可是这个演员很年轻，我第一感觉，怎么那么年轻？而且挺漂亮的。我这里核实，我一直觉得她那什么，我记得当时是那么说的……

问：宋庆龄生于1893年，到1949年是56岁。

陈：反正不像那个演员那么年轻。她刚一出现，我当时第一感觉怎么是这样？另外还一个，我记得——可能我记错了——我记得当时说宋庆龄在上海，国民党要轰炸，说不安全，说赶快给接来，就让邓颖超去接的。可是事实是当时就为了让她来，这个会议让她来当副主席，请她来的，她当时不愿意来。我觉得《建国大业》里头是先说的让邓颖超去，为了安全，所以我觉得降低了宋庆龄。

问：邓颖超也是说，要她来参加会议。

陈：那是后来，好像。我说我要重新看，可是第一印象说，为了她的安全，我说不对。她不愿来北京，她也不愿搞政治。可是后来说服她。另外还有一个，我觉得不合适的，就是她早晨起来，一个人出去以后，看见……

问：……兵在那儿，太夸张了？

陈：我的感觉是什么？我就觉得她早知道共产党好。

问：电影有点做作？

陈：另外还有一个，她的身份不可能，早晨一下来就（看到）这种情况，而且她在屋里看着就行……

问：关于1949年10月1号前后，您还有要补充的吗？任何细节，包括您穿的什么衣服，记得吗？有特别的着装要求吗？

陈：你说这个，好玩。参加这个会的时候，我那时候没有列宁服，什么都没有。你猜我穿什么？唐晋有一个蓝的制服，穿他那个。

问：唐晋是个男士，您怎么穿他的衣服呢？

陈：我没有衣服可穿。工作场合应该穿中山装、列宁服，都是那样的。所以我们这组以后就给我做衣服了，列宁服，还有什么……

问：您自己的衣服不能穿到那种场合去？

陈：要有工作服的。后来我就不搞新闻了，我记得还交了，是咖啡色的。什么国际青年联谊会，什么妇女会，都得穿那样的衣服，出去都不一样的。可是一开始，没衣服，就穿唐晋的衣服，挺有意思的。

问：10月1号您穿的是唐晋先生的衣服去？

陈：可能10月1号是。反正我那时候在政协就穿这个，是不是10月1号，我记不清了，可能也是。

问：10月1号上天安门城楼，对工作人员服装有什么要求吗？

陈：同样没要求。就是检查比较厉害。

问：没什么要求？

陈：记得没什么，反正我记得在政协那儿说的，要列宁服。

问：您当年上天安门城楼，60年前上天安门城楼的工作证，现在还留着吗？

陈：没有。

问：那可是文物。

陈：还有好多，青年联谊会什么的都有，天安门有没有，不记得了。

问：肯定要有工作证件，不然怎么放您上去？

陈：那个好像没有。妇女会、青年会还记得，这个为什么不保留？不知道。还有一个记忆跟这个没关系，我说一下。就是伊文思，他拍了一个——大概庆祝妇女什么大会——《五支歌》。[①] 那时候伊文思是总导

---

① 1956年，伊文思应“世界民主妇联”之邀请，到巴西、中国、法国、意大利和苏联拍摄了一部反映各国妇女生活的纪录片《五支歌》。中国部分的编剧是李思杰，摄影师是吴国英。

演，完了以后，伊文思送给我们一个签名的册子，是纪念册还是照片，我忘了。签名以后，苏河清说你要这个干吗？给我吧。我就给了他了。

问：您没有收藏？这可是难得的纪念品。

陈：那个我舍不得，可是他要。说你留这个干吗？（你又）不是搞新闻的，就给他了。（参加开国大典的证件）我不记得了，我记得我有青年什么大会的证，可是“十一”真不记得了。政协（会）我留着一些后来发的笔记本什么的，我记得留着，现在有没有，不记得了。我没舍得用，就是白本上印着那个东西，还有会徽。

问：白本上印着什么？

陈：会徽。我记得我那时候留了那个。

十五、《百万雄师下江南》及其他

问：《百万雄师下江南》是什么情况？[①]

陈：《百万雄师下江南》是“十一”以前，（1949年）4月20号，4月20号国民党不签字，于是“百万雄师下江南”，就是（给）解放军下命令。

问：毛主席发表《将革命进行到底》？

陈：下命令。那也是纪录片，没有什么录音。这个时候高敏也到录音车间来了，他也是录音师。当时唐晋他们给他一个任务，就让他偏重于效果，让他负责效果室。所以《百万雄师下江南》的样片，是跟高敏一起说效果的问题，他提出一个（动作效果问题），因为过去没有配动作效果，纪录片没有的。说咱们是不是配一点？（这个建议）是我提出来的，还是他提出来的，就不记得了。反正我们俩有共同商定，在哪个地方配呢？就是上海，就是藏机器那时候，有些动作配（动作效果）的。另外就是渡江，那时候，有些小的小划子，可能连木盆都有，[②]就是群众在划，一边小划子，一边拿手这么划，这样镜头很近的地方都配的划水声。

问：这是第一个配效果的纪录片？

陈：配效果的。什么枪炮声是有的，那个可以配。这是第一部有动作效果的。所以说藏机器那个，我没什么感觉。

问：藏机器？

陈：解放以前怕国民党破坏，有些工厂把机器给藏了起来。那个配了一些效果。这个录音时候感觉不太大。可是就是群众（渡江），离得很近，那个效果出来以后，我又有录《毛主席莅平》的感觉，自己亲身进去的感觉。

问：如临其境，是吧？

陈：对，因为效果还是比音乐（更具体生动）。所以就那个感觉，真

---

①《百万雄师下江南》，纪录片，黑白，北平电影制片厂1949年摄制。记录中国人民解放军1949年4月渡江作战，一举解放南京、上海、杭州。摄影：吴本立、吴梦滨、郝玉生，编辑：钱筱璋。

② 小划子，指南方的小船，主要靠船桨，少用风帆和舵。这是渡江时最小的船，应该没有木盆之类。

的，我也在那儿划水似的。

问：这个是一本？

陈：好几本，那个是短纪录片。那个定时间的，要赶快出来。

问：百万雄师下江南是4月份，二十几号渡江，您做后期是什么时候？

陈：那我不记得了。

问：但肯定是10月1号以前，是吧？

陈：应该是，不会那么长，好像是钱筱璋导演。[①]可能是他导演。就这一点效果。反正那时候我录新闻片，片子完成的时候我没参加，可能我已经拍那什么了。

问：拍《民主青年进行曲》吗？

陈：可能。

问：您说哪个片子完成您没参加？政协会那个？

陈：那个中国人民……新中国成立，叫什么名字我忘了，不记得了。[②]整个后期我没参加，什么原因我不知道。

问：肯定是做工作去了？

陈：可能是做工作，要不然不可能不让我做。

问：对，您在现场，什么都了解，情况都了解，肯定是让您来做。

陈：反正是"民青"……

问：就是《民主青年进行曲》？

陈：已经开始了。

问：《百万雄师下江南》录制过程，还有什么您记得的？

陈：我跟你说，新闻纪录片随时来，随时录。我搞故事片也是这样，有空就录。录得也比较简单，音乐、解说什么的。

问：我想插一个问题，当时"中电三厂"的人员和华北电影队的人员，和比如各个部队、各个军区调来的人员，关系会有隔阂吗？

陈：我们录音走了不少，就是石剑鸣、李秉诚他们，是在护厂运动的时候，他们回上海了。上海走了一部分人。剩下蔡军什么的，反正录音部门没什么不协调。

问：我问直一点，当时比如说华北电影队的人，或者从军队来的，是不是有些牛气哄哄的，觉得自己是老革命？

陈：这个没有。

---

① 钱筱璋是《百万雄师下江南》的编辑，是不是担任配音录制的导演，待查。

② 应该是指纪录片《新中国的诞生》（即"开国大典"），录音师是唐晋、陈燕嬉。

问：让很多留下来的人觉得低人一等，您没感觉吗？

陈：两次接管，我最大的感受，国民党接管的时候冷眼相对，所以觉得好像你就是（低一等），我来接管你，我是高高在上，有点那个感觉，我让你走就走，也甭交接。至于留多少人，我不记得了，反正上海（来的）是全留了。我记得有一个人，我问的时候，他说一共留14个人。那14个人是不是都是“华影”的，我就不知道了。这个不准确，因为他是那么说的。反正人很少，留下来的“华影”的人不多。所以当时感觉到被接管，那时候确实不是很心服的。可是共产党接管，一个都没不要。

问：全部留下？

陈：也没有抓谁，除非你走了。所以感觉不一样。而且军管小组或者是包括马彦祥跟大家开会，都没有歧视。没有觉得（受歧视）。

问：您本人在后来的工作当中，跟解放区来的人，跟华北电影队来的人，有没有因为你是留在老北平的，我是八路军出来的，有什么……

陈：没有，没有。

问：没遇到这样的情况，是吧？

陈：没有，我们关系都很好……

问：别的人有吗？

陈：蔡军怎么样我不知道。（我们）互相之间，一点隔阂没有。可能大家对他有一点，后来又怀疑他，用我们的话筒，把一个胶布贴铝带上，这个问题没解决，谁会这样做呢？

问：把胶布贴到什么上？

陈：话筒打开以后，是一个很薄很薄的铝带，有一个胶布粘在上面。那就影响录音效果，甚至还可能弄坏了。可是这个发现以后，这个没解决（为什么要贴胶布呢），当时就说，是不是他？不是说偷偷怀疑的，当时就直接问（他），是不是他？有这么个情况。可是后来也没有造成一个什么运动，没有。

问：凭什么说他？说他是录音师搞破坏？

陈：不是，就好像旧社会来的，那什么吧。

问：其实还是有点歧视。郑先生遇到的遭遇也是有点歧视，就是因为他是跟国民党接收大员一起来的，丢了拷贝就怨他。

陈：不是，他不是跟国民党来的，他跟蔡军不一样。

问：他跟徐昂千关系好。

陈：不是关系好的问题。他虽然是小人物，可是他是四个接收大员之一，人家说你过去干吗的？怎么回事？你是接收大员？而且你跟徐昂千是那样的关系。

问：您确认自己没有遇到过解放区来的人对“中电三厂”的老人有歧视？

陈：没有。

问：“文化大革命”除外？

陈：“文化大革命”也不是老区跟新区的问题。这个真是没有。因为当时，我记得跟他们关系都很好。另外娜雷——说错了，不是娜雷，龚涟。

问：龚涟也是华北电影队、抗日剧社的。

陈：是华北电影队美工吧。

问：对，她是美工组的。

陈：后来好像在那儿，我们俩一起搞工会也不（知）什么，我也忘了什么，我们团结得很好，关系都挺好，没有任何（矛盾隔阂）。跟刘新，刘新当然不是老区来的，是东北来的，没有任何（隔阂的）感觉。那时候唐晋特别依靠我，这个问题也不奇怪，唐晋也是旧社会来的，（经历的）东西多一些，具体怎么情况我就不大知道。所以他跟我关系（很好）。反正我没有觉得谁对我有歧视。按说也应该，我跟郑学玄是夫妻，在运动以后，应该有所歧视的。可是好像……我真不记得什么了。后来，多少年以后，在北影的时候，刘士达他们几个人跟我说过那么一句话——我可能跟你说过——你看你每个运动都整你，你还说共产党好。那就说明，她对我还是有一定看法，跟郑学玄的关系，还是有一定看法。比如说跟郑学玄的关系，等他病了以后，我不是在他床边（照顾他）吗？王紫非——就是吴印咸的爱人，她是我们厂的党委书记——她就跟我说，我们俩那时候有些来往，说你年轻的时候他照顾你，现在他病了你照顾他，这也是应该的。可是我到新影宿舍，就是这些老婆吧——那些也不见得是工作人员，也可能是家属——当时那些洗印车间人的老婆，就跟我说，你看你一直受郑学玄的牵连，你看你老这样，都觉得屈得慌，觉得我受他的牵连。

问：但是您自己没这种感觉？

陈：我没有这样的感觉。

问：您心地好。

陈：就是两种不同看法，别人没怎么说过。

问：《民主青年进行曲》从接受任务到整个摄制过程，以及您在录故事片和录新闻片的时候有哪些差异，包括您自己的心态、技术有哪些变化，有哪些收获等等……

陈：（我要）补充一点。

问：您补充。

陈：就是跟作曲的关系。当然故事片更是这样，新闻片也是这样。因为我的音乐修养不是很高。

问：您集中听音乐还是在“华影”整理唱片的时候。

陈：音乐欣赏力什么的……不是很好。在北大的时候，有两架钢琴，交点费，可以练钢琴。就是《拜耳练习曲》，可是我没记得老师怎么来。

问：没有什么？

陈：没有老师。弹的人我知道，是王青漪，我们同一个班的，（还）有几个人，我也知道。

问：您当时也在那儿弹《拜耳练习曲》，是吧？

陈：嗯，可是就没有音乐的那个（欣赏力），修养不高。可是我喜欢音乐，喜欢抒情音乐，喜欢唱。在“华影”那段，是偏泛的，对我有好处，因为我对各个交响乐，基本的旋律能背下来，这样就有好处，欣赏力能提高。可是我并不是很强。甭管是纪录片也好，新闻片也好，我对音乐总是尊重作曲人、音乐人的意见。我就先问你——当时纪录片肯定没有，故事片有（音乐）——你有什么要求？你的意图是什么？我录音的时候需要注意哪些事情？这是一个问。另外录的过程，听的过程，我要征求他们意见——因为他是作曲的，是搞音乐的——哪些东西不对？我是这种态度。纪录片里头，我跟他们音乐没什么交流。

问：纪录片不会有专门作曲吧，像《百万雄师下江南》和《毛主席莅平》，就是选唱片，用现成的音乐来配吧？

陈：那个是选唱片的。

问：不会专门找人来作曲。

陈：不会，而且那时候没条件。

问：不见得选唱片，但是您刚才提到《毛主席莅平》的时候，还有一个铜管乐队在旁边。

陈：不是，等于配音乐。所谓配音乐，不是唱片，是真的。

问：真的有乐团在那儿现场演奏，录下来，是吧？

陈：一块儿录，那边就是指挥看（画面）。不是唱片，是真的。我跟他们作曲的关系很好，有一个比较特殊的，我记得比较清楚，一个叫阎飞的。

问：他是哪个片子的作曲？

陈：名字都不记得什么了。细节我记得，那个纪录片好像是新疆的什么纪录片，一排人在那儿弹冬不拉，一排人都弹奏乐器。画面里头（音乐）突然间停了，一下又起来，他不让（停），他选的音乐没有这个忽停。怎么办？我想没关系，试试看，到要停的时候马上把音道拉下来，赶快又推上去，这样就等于做停了，挺好，所以他特别佩服，跟我关系特别好，说真棒。其实也简单，就是一个手快。

问：动脑子，解决一个问题。

陈：就是你手快就行了。

问：换一个带子。

陈：……刚才我说罗矛说那个事，我想想不对。是这样情况，可能是镇压反革命以后，基本结论是（郑学玄）没问题了。因为我记得罗矛找我，跟我说现在既然是思想问题，那就好办，思想慢慢改造，只要不是政治问题就行。他说这句话，我想只能是“镇反”，“三反”也不是那样，“肃反”也不是那样，罗矛也不在那里，我也不跟他关系好。另外我告诉没告诉郑学玄这个？

问：如果他说这个话，应该可以告诉吧，思想问题，宽慰他。

陈：还有一个问题，即使罗矛不告诉我的话，他问题解决了，那么我就可以告诉他。因为什么呢？

问：有助于他思想改造，是吧？

陈：不是。我自己想，告诉他有什么好处呢？你别侥幸过关，人家已经抓着事实了，人家在香港看见，你不承认有什么用？如果你真的拿了的话，不应该不说的，这是一个事。还有什么？

问：还有刚才龚涟，您说她当时跟您也提到郑先生什么事？

陈：这是很后了，她快离休的时候。

问：她离休，是在文化部机关党委副书记。

陈：对，机关党委。郑学玄的处分，撤销没撤销？

问：肯定撤销了。

陈：我不记得了。龚涟带的信是什么呢？这是我听郑学玄说的，不是跟我接触的。龚涟说你的问题要想解决，就说改正、更正、翻案子，赶快来找我。

问：龚涟让郑老师来找她？

陈：嗯，说你赶快，如果需要的话，你赶快来找我，因为我不久要离开这个工作岗位，就不好办了，我没法帮你忙了。可是据郑学玄说，他没去找她。

问：为什么呢？没必要？

陈：忘了，反正他说他没去。他觉得人家龚涟还是好心的，就这么说。可是解决三级（工资）的问题，还是解决什么问题，我不记得了。反正是他的问题。她过去不是管过这事吗？说可以找她。

问：我补充提一个问题，（19）49年到50年代初期，一般的工作干部都是供给制，“三厂”那些人到北影厂以后，是供给制还是薪金制？领工资吗？还是跟大家一样都是供给制？

陈：当然领工资，不会是供给制。这个问题，“三厂”人还是发薪金，（其他人）供给制还是供给制，这是肯定的。我们在摄制组里，摄制组都是一样的，待遇就是大灶、中灶和小灶。我跟唐晋都属于中灶。可是当时我们有几种思想，唐晋来了以后，他们管他叫唐科长，我就觉得不舒服。我说解放以后，大家都是同志，分等级那么厉害干吗？我就觉得不舒服。

问：您是对唐科长称呼不舒服？

陈：因为我这个极左思想。解放以后咱们都是同志，多亲切？为什么还要叫科长？这是一个觉得不太舒服的。（另）一个就是大灶、中灶、小灶问题，我说干吗分等级？

问：中灶要什么级别以上的……

陈：不是。我就觉得不应该分等级。绝对平均主义。那时候思想就这么简单，我就觉得都应该一样。有什么不一样的？因为我所羡慕的也是……

问：大家都一样，是吧？

陈：大家都应该一样，一律平等。

问：您那时候拿的工资，是按照当时“中电三厂”定下来的薪金，还是后来又给您重定了薪金？工资是多少？

陈：那不记得，我真不记得。反正我知道中不溜，就是他们告诉我的，解放以后他们说薪金反正是有技师、技士（音）、技工。反正他们说郑学玄开始是什么，反正后来是副技师。

问：他是副技师，您是技士还是技师？

陈：我是不是技士不知道，我估计可能就是技士，中间。反正我就记得新北影成立以后，就是五六年以后，吕宪昌回来以后，我们是轮流做科长，他就提出来我们薪金太低，所以就给我提了一级。给我们所有的人，原来在新影一些人，都提了一级。

问：提了以后是多少呢？

陈：我不记得了。我跟你说这样吧，评薪、提薪怎么样，我什么都待过。我现在是文艺五级，离休以前可能是提一级吧，原来是文艺六级。文艺七级我也待过。反正几次评薪。有一次，我记得，那时候史平是搞人事吧。不是有名额吗？那时候还有左山什么的。史平跟我说，这次该你了，你该提级了。反正我那时候是车间支部书记，左山是科长。反正我就觉得，我们俩比较起来的话，应该他提，我就没提，所以我就让左山提了。

后来史平就说，你看你，谁让你让的？就这么说。可是具体怎么样，反正后来我觉得好像一样，后来怎么又补，退下来又补什么的，我不记得了，我记不住。

问：反正解放初期您是薪金制，不是供给制。

陈：对，还有一个可说的，在“中电三厂”郑学玄薪金肯定比我高，解放以后肯定我比他高。

问：他是降了三级以后，您才比他高的？

陈：那就不记得了。

问：初期他肯定比您高，因为他是副科长……

陈：科长倒不见得是什么级别——我不知道——因为是相当的，比如文艺级相当于多少多少，不太知道。

十六、《民主青年进行曲》①

问： 接着说拍片子的事，我刚才问到《民主青年进行曲》接受任务的情况，关于创作过程，摄制组，以及您一再提到了在解放以后，大家一起参加创作会议，包括录音部门，各个部门都要提出自己的创作设想。

陈： 对。

问： 是在《民主青年进行曲》就开始了吗？

陈： 对，当然一开始，那时候等于是那种命令。

问： 作为一种工作方式？

陈： 工作方式。就说，必须集体创作。集体创作，我马上感觉太不一样了。因为从前——我补充一下，昨天不是想不起来吗？就是《神出鬼没》。

问： 是说"中电三厂"那个片子叫《神出鬼没》？

陈： 我独立工作的那个。为什么你找不着那个名字？因为它不属于厂里头发行公司那个范围，是集资拍的。

问： 集资拍的，发行就没有算在"中电三厂"的名下？

陈： 恐怕是这样。叫《神出鬼没》，是川岛芳子的故事。从前我自己工作，或者俩人一块儿工作，从来没有讨论剧本，研究这个、研究那个，没有过。来了就拍。所以说，除非自己觉得有兴趣，比如说从前刘国权的《恋爱与阴谋》，我看见他们排戏，感觉有兴趣了，如果要拍这个戏的话，我可能还想一想。这个（《神出鬼没》），根本没有机会对整个片子有所了解，而且觉得没有太多兴趣，也许拍片我就不这样了，也没准。所以觉得自己跟这个片子没关系。你干你的就行了，还有什么想的？可是解放以后，《民主青年进行曲》就有一个集体讨论，叫作集体创作。导演要把他的想法说一说，首先发你剧本，你要好好读剧本。完了以后导演说了，每个部门还要想出你的计划，你如何完成这个任务？当然那时候，不

①《民主青年进行曲》，故事片，黑白，10本，北京电影制片厂1950年摄制。改编：贾克、赵寻；导演：王逸；摄影：连城；布景设计：刘锐；作曲：黄准、雷振邦；录音：陈燕嬉；主演：孙道临、姚向黎、桑夫、谢添等。

一定是（水平）很高的创作，（但）分镜头也在一起，找演员或者是看外景，什么都集体做。这样的话，对这个组就很有感情，对这个戏很熟。更大的原因，还是自信心，不单是一个熟的问题。

（对此有）两种看法，包括我们的吕宪昌——是高级的录音师，他是工程师兼录音师——他就不是这种看法。他认为，分镜头跟录音有什么关系？我有时间看看书去。所以各人与各人不同。我觉得，作为录音师，这是不对的。因为他特殊，又当工程师又当录音师，不太可能，总有一个偏重。我觉得，在分镜头的过程中，正是一个很好构思的过程。因为什么呢？就等于把剧本里头（的戏）搬到镜头里面去，你就可以想象。

问：想象那个声音是什么样？

陈：先是画面什么样，演员是什么动作，怎么表演，这样你才想到我应该用什么声音。通过这个，可以想象出镜头的情况，你就熟悉了，就可以有想法。当然最后，整个样片（完成）以后，仔细琢磨，那是另外的。我觉得，参与得越多越好。因为集体创作以后，你必须得想。当时《民主青年进行曲》什么条件，你知道吗？那时候刚解放，还是“中电三厂”跟“华影”那时候的机器。我刚才说机器什么样，就是有四路。所谓四路，两个话筒进来，那两个就是还音机，就是效果什么的。效果是两个联动的，就是双联，也没有什么连锁那种，都没有。放映机跟效果还音机都有一个闸，“一二三”，一块合。

问：人工同步？

陈：人工同步。这种不科学，你想，起步什么都不见得一样，所以要求很准确。过去效果比较少。另外，没有机器——除了“三五”的大录音机以外，没有小机器可以录音。完了以后，到混合录音的时候是什么样子呢？不是一本重录的，而是一段一段，比如这儿有音乐，剪下来，录了以后，接上声音，这边有效果接上，就凑到一块儿。所以说，混合录音是难度非常大的。而且那时候同声录音不是一个机器，叫什么？就收音那部分……就是录音的头，由电学变成光学，感光到胶片上，那个转录的。这个东西有几种形式，有的是浓淡式的，浓淡式是分镜头前面，用在声带前头；另一个面积式（音）的，就是格鲁兰式（发光二极管）的，声音大。混合录音的录音车是双面的，同声录音车是单面的，接在一块儿，所以条件是非常差的。而且调音台音质也都不一样，条件比较差。（我）有一个想法，当时很初步——我还得补充一点，解放以后非常重视学习，政治学习、业务学习。这时候就调来一个搞音响的工程师，音响专家吧，叫刘连庆，后来他设计了放映室，还调到局里头了，让他组织业务学习。技术方面他讲课，他口齿不太好就把他的提纲什么的跟我说一下，我再讲，这样对我来说是很好的。

说良心话，那些录音的构造应该跟我（业务）学习很紧密。我是学物理的，声学、光学、电学都有关系。可是在这之前，我根本没有想过，我要把我学的跟那个结合在一块儿，没有一个事业心，没有说我一定要钻研下去，特别是声学，（只是）把话筒摆上。可是他来以后，就讲课，我替他讲，这样对我也是一个提高。另外，对我也是一种打击，让我自己反省，我为什么过去一点都不重视？这是技术方面的。除了技术方面，（还有）艺术方面，当时翻译很多苏联的书，他很热心，也给买回来，卖给我们。

问：等会儿，买回来卖给你们？

陈：他是一个普通工作人员，他替我们买。创作方面的业务书籍，大厚本，谁送得起？他也没必要送，他就一个普通职工，就替我们买。我记得我不是看了很多，就一本，是导演什么导论，挺厚的一本，里头讲了好多电影问题。有一段，就是一个女的在窗户里头，听到外头的声音——比如她心里正很愁，听见声音是什么样的；她心里高兴，听声音又变样。这个我记得很清楚。启发我，声音不单纯就是声音而已，其实是活的。

问：跟人的情绪、情感有关，跟心理有关。

陈：跟你主观的心理有关。你自己听了同样一个东西，因为你情绪不一样，就是主观的声音。那时候我开始明白，录音效果必须得好好想，不是简单地配。这些都是慢慢、慢慢实践以后，慢慢加深认识。在《民主青年进行曲》的时候，因为是讲一个学生运动（的故事），有时候他们在屋里头弄大字报，唱歌什么的，我就想，这歌声该多好？传到外头，外头又怎么样？那时候也没有条件，不可能单录。我记得我有机会的时候录长调，比如这个镜头，我可能让摄影机先停一停，多录一点，拖到外面。仅此而已，没有更多的。另外拍北大红场，就是谢添一个比较长的讲话。那时候是夏天，鸟叫很厉害，树也挺多，要拿竹竿（赶鸟）。借了好几个竹竿，好多人，快要正式拍了，把树一打，鸟就不叫。这件事我是那么做的，没人批判我。蔡军也这样做，那什么运动，就是“拔白旗”……（有人）就给蔡军贴大字报，说浪费，说怕鸟叫，弄那么多人打……可是没有人批我。批判吕宪昌，就说他白专。

还有一个，因为磁带的问题。录完不行（的话），大小可以随便变一变。它是光学，不经过混合。什么叫不经过混合？混合录音可以调，小了可以变大，接，都可以。现在不经过混合，你录什么样，就是什么样，这个难度很大，一锤定音，录什么的时候，该多大，比如说咱俩吵架，由小声变大，你怎么定？你先录，录到最大的时候，你定多少。从前怎么录也不知道，从前（好像）也没这些事。我自己怎么办呢？我自己多看剧本，我当演员，我自己说，我自己预先定音量，该多大多大。特别是吵架，由小到大，跳拍子的时候，全给设计好。并不是说非得按我这么大音量来，我当时可能也有所区别，（不好）我再改，基本是这个大小音量。那就要求很熟剧本，我跟演员都能够很熟的。有些演员是新演员，我就能够提醒他们，比如说先拍最小声的，中间怎么样，我说你别忘了，底下还有一个大的，你回忆回忆，你刚才应该用什么声？我就可以提醒演员。所以我的剧本里头，一个我设计的，这边是红的或者怎么样；（另一个）是当时录音的，我记录下来，回家再看一看。

问：您的工作做得非常非常细。

陈：因为解放以后，我自己不是从前那么平庸了。所以后来我说，我平淡、平凡，不平庸。任何工作，虽然效果并不见得好，可是我是全力以赴。

问：王逸导演对声音会有要求吗？

陈：我跟你讲，到现在为止，跟我合作的，没有一个导演跟我提过声音有什么要求。没有。大家都以为——有人这么说——你完成导演要求就行了，（其实）导演不提要求。谁也没有提出要求。

问：您自己就是标准？

陈：我自己。我自己弄出来以后，混录的时候，从前不是弄出以后请导演看一看？没有那个。人家也不看。可是那时候那个热情，我必须得努力弄出点什么来，我自己就胡思乱想。我现在想不起来，那个东西也没有了，我写了很厚一本。

问：您自己写的录音工作笔记？哪里去了？

陈：我不知道扔哪儿去了。现在好多东西都找不着，发言什么的，都想不起来放在哪儿。当时光看剧本，胡思乱想，就想，在声音上怎么样做点（创意），我就写了很多很多的想法交上去了，一直没信儿。后来我去问，我说你们看了吗？看了，看了，完了又还给我了，写了一个阅字。

问：什么意见没有？同意呢，还是赞赏呢？

陈：没有，什么都没有。可能连看都没看。我说这个，并不是责备导演。甭管你多大导演，别看崔嵬讲故事时候绘声绘色的，可是他不提（声音方面的）要求，也不知道怎么好。有一次他跟我说一句话，《天山的红花》完成拷贝以后，他跟我说："人家都说咱们的片子声音不一样，是不一样。"说了那么句话。

问：那实际上就是赞赏《天山的红花》声音效果好。

陈：他注意声音了。他从来没提过声音怎么样，他这句话给我的感觉

（是）肯定。他开始知道了你们录音还是有点事可干，还有想象的东西，我觉得是这样的。

问：咱们再回到原来的话题。《民主青年进行曲》作曲有两个，黄准、雷振邦，是怎么回事？

陈：不奇怪。那时候反正片子也不多，表示重视吧。因为黄准是解放区来的，雷振邦可能不是解放区来的，我估计有这个问题，两个人合作好些。可能在交响乐上各方面，可能雷振邦……

问：业务雷振邦好一点，政治上黄准可靠一点？

陈：我这么想的，当时我不知道。我觉得两个合作对我没关系，我反正同样尊重他们。

问：您当时听谁的呢？

陈：没有人说不。很可怜，录音跟作曲的接触……

问：不是直接打交道，是吗？

陈：嗯。特别后来更不什么了。我跟作曲打交道最多的，只有一个《小白兔》，因为那是音乐剧。那时候始终跟导演在一起，所有东西都在一起交流什么的。所以我说，没有一个导演主动地想利用声音这个创作手段来丰富他的创作，没有。[①] 只是有些导演听的时候，好像还注意一些——我现在就说吧——也没有任何导演跟我讲过，你的声音哪儿好、哪儿（不）好，怎么样，没有说过。以后，就是《我只流三次泪》那会儿……没有任何人说你这个好或者怎么样。只有《祝福》的导演桑弧。桑弧在《祝福》中没说什么，后来我拍完《风暴》，正好有录音录《风暴》，他来了，上我这儿找我，他肯定我《风暴》的录音。他说那效果……他讲的跟我设想的一样，就是利用声音来衔接，他说非常好。只有这么一个人，他是从录音的角度、导演的角度来肯定录音，而且分析了为什么好的原因，那个，我挺激动的。

问：真正的懂行。

陈：可是《祝福》，他没有这些想法。后来他来了找我，谈这个事，我非常感动。另外一个就是《我只流三次泪》的高娃导演——在《知音》时好像是跟谢铁骊当副导演的，她（19）85年找我，她说我有一个要求，我希望你能跟我合作。说我觉得你的效果那么认真，那么细致，我觉得非

---

① 在对陈燕嬉老师的访谈中，她多次提及这个观点，即没有一个导演主动想利用声音这个创作手段来丰富他的创作。在文稿编辑过程中，陈老师给编者打电话时，对此作了解释：她并不是说导演完全不重视声音，而是说，导演只重视对白、旁白、音乐及必要的音效；没有一个导演主动提出进一步利用声音手段丰富自己的创作、提升作品的艺术品质。

常好。她说后来我跟某某人合作，我跟他提要求，他就不理我，说做不到，所以我非常想跟你合作一部。那我当然挺高兴的，因为有导演想跟我合作。结果跟她合作——这也是（我的）最后一部戏了，确实是我最愉快的一部。不是别的问题，不是说她尊重我怎么样，当时她也尊重我，摄影师还有作曲，他们都挺尊重我，我那时候都那么大年纪了。看完剧本以后，我们就谈，有一个地方，就是主角走进一个排练厅，《让世界充满爱》那个曲子是在那里头表演的。他出来以后，自己一个人在路上走，走到一个孩子的游乐场里。我一看（觉得）《让世界充满爱》那个旋律非常好，所以我就提出来，我说不要换音乐，他出来以后，主观的声音一直在回荡，在路上那些杂音都不要，因为他主观就是听那个声音的。群众场面、小孩游乐场、那些车（的声音效果）什么的全不要，只保留孩子们的欢笑声，这个跟导演没谈。我就谈音乐不要换，接着用这个音乐下来。这时候导演也没有反对我，作曲说我觉得换换好，当然他愿意作曲。因为没有声音、没有对白，什么都没有，完全描写孩子情绪，他说想换个写的曲子。[1] 导演也不表态，她就说可以；最后我这么说，她也没反对，可是（暗示），换换音乐也好。

问：换换音乐也好？

陈：就是从那儿变成音乐，现作曲的，也好。可是，我也坚持，最后还是听我的了。这个确实效果好，我觉得非常好，因为那个词也好、音乐也好，出来的时候，我觉得非常感动。就这点，我是别出心裁的，路上可以完全不要声音；到了游戏场里头，你要小孩的笑声，不要（机器）转动的杂音，什么（声音）都不要。我这么做了以后，有一个男副导演，（说）这像什么话？怎么光有笑，其他声音没有呢？包括我们录音组一个人（说）：唉！人家说你落了，忘了配了。我说不。后来我说服他，（解释）为什么。他服没服，我不知道。因为（这部片子）它也没演出，外头没放，（因为）越南战争问题没演出，[2] 有什么反映我不知道。这个做法，陈怀皑肯定的，他能接受。导演也通过了。我记得我跟他们说我的想法，跟他们说清楚了。把画面延长一些，让这个曲子（一直延续）下来。

问：黄准和雷振邦在《民主青年进行曲》中谁写的音乐多？

陈：这部片子我记得不很清楚。因为音乐——对了，我说了半截，岔出

---

① 这句话的意思是：作曲说，他本人觉得，最好是能换一段创作的音乐。

② 所谓“越南战争问题”，是说这部片子中涉及对越自卫反击战，有关领导部门觉得不宜再讲述这次战争的故事，所以就没有批准《我只流三次泪》这部影片公映。

去了——那时候录音跟作曲的关系，没有机会让他们很好地来交流。导演就找作曲谈，完了以后作曲（去写）。那时候有一个乐团，在录音以前，乐团整个演奏一遍，整个听一遍，录音也参加，导演也参加，作曲也参加。这时候可以各提意见，录音也可以发表意见。觉得哪段不合适什么的，有这么一个过程。我觉得很好。

问：《民主青年进行曲》有吗？

陈：《民主青年进行曲》可能没有。总而言之，导演认为录音跟作曲不必交流很多，也不必听录音的意见。

问：咱们尽量细，一个个来。

陈：我记不清楚。就是这样。

问：《走向新中国》更厉害了，[①] 有四个作曲，您还记得吗？

陈：这个不奇怪。

问：《走向新中国》作曲有马可、瞿希贤、刘炽和张文纲。

陈：对。这是怎么回事呢？这是属于他们中央乐团的问题了。因为他们几个作曲的，反正我觉得他们作曲的，张文纲好像新一点。

问：《走向新中国》的创作过程，您还记得哪些？

陈：那时候真是没有什么。我对《走向新中国》记忆也不是很多。当时就知道比较费劲的……我想想，那时候我们同声录音，外景就是拍炼钢炉，真是炼钢厂里拍。外景就要等天气好了，天晴了，马上把机器搬下去，是搬车里头还是搬船里头，反正来回折腾挺多的。

问：外景地在哪儿？就在北京附近吗？

陈：在天津。开始在天津，（开始的时候）是住的老乡家，后来吴天就找到招待所或者是旅馆，反正比较高级一点，回来还受批评了。

问：是他自己一个人住？

陈：不是，大伙儿都住。

问：大伙儿都住招待所，觉得费用有点贵了、有点浪费了？

陈：有点高，对。

问：这个信息也挺好玩的，有那个年代的特色。

陈：那时候，就是赶片子的时候，你到年底非得交这个片子才能发出薪，要不然没钱。跟发行公司什么关系，不知道。反正《走向新中

---

① 《走向新中国》，故事片，黑白，10本，北京电影制片厂1951年摄制。编剧、导演：吴天；摄影：连城；布景设计：刘锐；美术：王玉全；作曲：马可、瞿希贤、刘炽、张文纲；录音：陈燕嬉；主演：蓝马、桑夫、张勤箴、陈方千等。

国》没完成任务，就要拖大伙儿发不出薪金来。有那么个茬，反正当时也挺紧张。

问：后来完成了吗？

陈：后来也不（知道）算完成了还是怎么着，反正过了年又接着。

问：没有影响发薪金，是吧？

陈：好像没影响。

问：这条信息挺重要，也挺好。

陈：那时候发薪金也是一个压力，非得赶完不可。怎么办？就压后期。在国外，同声录音或者现场的东西都可以，越快越好，因为牵扯到演员（的时间和费用），牵扯摄制费。后期工作花的时间很长，可以慢慢做，因为钱少，你可以慢慢修改都可以。到咱们这儿相反，拍戏的时候磨、磨、磨，到后期赶时间了。赶献礼片什么日子，五一、十一、三八，反正什么都有理由。你就必须把后期压得紧紧的，所以后期老连轴转，其实最累。

问：而且这也伤害作品的艺术质量。

陈：质量，因为最需要你慢慢磨。后来不是有还音机了吗，这么几台，那么多效果，你搁不进去，一条还音机得搁好多东西。又有大炮，又有小虫子叫，又有什么，音量、音质都不一样，因为那资料也都这样。所以你每条都要费劲调来调去。当时我就有一个梦想，我说如果事先把这些东西都弄好，整个混录的时候多舒服？那时候真是觉得紧张得很，这个梦想后来全都实现了。

问：《走向新中国》就是这样。您刚才提到《一贯害人道》两个录音师，就是您和蔡军，因为您生孩子，他去做您的后期……①

陈：混录。正好中间我生孩子，正好是“三反、五反”时。

问：行，咱们把“三反、五反”提前说，还是后面说？

陈：“三反、五反”，现在主要是时间问题，你说。

问：还按照提纲这个来说吧。《一贯害人道》那个作曲李凝和导演李恩杰、王光彦的合作情况，您还记得吗？

陈：这个我记得。李恩杰有意思，这个导演很好玩，他老是去给演员示范。我记得那个女主角从床上摔地下，他不定自己摔多少次。

---

①《一贯害人道》，故事片，黑白，12本，北京电影制片厂1952年摄制。编剧：颜一烟、夏幼虹；导演：李恩杰、王光彦；摄影：高洪涛、钱渝；布景设计：李恩杰、张振宗；作曲：李凝；录音：陈燕嬉、蔡军；主演：姚向黎、杨静、白铭等。

问：李恩杰导演自己去摔？

陈：自己去摔。告诉你怎么摔，我记得很清楚，我说这个李导演挺有意思的。

问：李恩杰执行导演多一点？

陈：对。这个，我也没跟蔡军怎么交代，因为说迷信的东西不明显，没有很多的嚼头儿，有很多细节。

问：您喜欢《一贯害人道》这个影片吗？

陈：反正我记得没什么嚼头儿。也推论，如果是很多的话，我应该跟蔡军有所交接，我把我的设计跟他（说明）。也许我那时候还（谈）不到设计，正好我生孩子的时候，停机器，就是全厂停产。反正我跟蔡军没交流，我没有嘱咐他怎么着。所以说很简单。我也没觉得这个戏我花了很多心思。

十七、《龙须沟》的创作

问：下一个戏是《龙须沟》[①]。

陈：《龙须沟》是有想象力的。《龙须沟》（的导演）冼群，当时是根据“人艺”那个《龙须沟》（改编的）。可是那个话剧我没看过，他们看没看我不知道，反正就是（看）电影剧本。除了《龙须沟》（所在地）那个效果以外，我觉得有好多地方可以有效果发挥作用。我先不说这个，我先从龙须沟开始，龙须沟边上穷人在大杂院里住，大杂院里一发水，哪儿都是水。

问：淹？

陈：那时候没有想到，就觉得什么东西应该同声录音，没觉得效果如果不好，是不是可以改一改。后配比较简单，那时候没这个想法，什么都同期录音。那个很难弄。为什么呢？那个大杂院里有顶，小屋子里头，外头要下雨——要做效果的下雨，下雨、打闪都有——我们摆话筒位置很难。另外，外头雨声很难衔接，这里是一个水龙头，那里是两个水龙头，距离关系，所以雨声很难接。

问：雨是人工下的，是吧？

陈：人工做的。录声音是录了，到混合录音的时候（就麻烦了）。我那时候就没有这个想法：录音肯定外头很难接，里头话也不多，应该可以配。没有想过，就是死心眼同期录音。混录的时候就要调节，要把话说清楚了，可是又要把雨的声音衔接（起来），雨的声音是高音、中音，就弄声音。还有一个条件——《龙须沟》是哪年的？

问：1952年。

陈：可能是由于拍戏的原因，新影刚安装一个新的大调音台，就是R.C.A的——不是——是G.B.K的，大的调音台。

问：拍《龙须沟》的时候有新影吗？那时新影应该还没成立，还是叫

---

① 《龙须沟》，故事片，黑白，11本，北京电影制片厂1952年摄制。根据老舍同名话剧改编。改编、导演：冼群；摄影：高洪涛；布景设计：俞翼如；作曲：苏民、朱践耳；录音：陈燕嬉。主演：于是之、叶子、张伐、于蓝等。

北京电影制片厂新闻处吧？

陈：新闻处。可是那时候，新闻处有新闻大楼。

问：准备成立新影了，是吗？

陈：1953年正式分家。那时候有新影（新闻处），可是两个合在一块，没分家。新闻大楼有了，新闻大楼里头有大的录音棚，调音台，录音棚跟混录棚是兼用的。应该讲究的是，混合录音是混合录音，音乐录音是音乐录音，那时候是统一的。每个音乐棚，就是每个大录音棚，监听的特性，你最好越熟越好。现在我想不起来，因为《龙须沟》我一直拍戏，所以他们组装起来以后，试声音、试机器什么，我都没参加过。

问：那时您事比较多，又要运动，又要生孩子。

陈：不对，《一贯害人道》不可能跟《龙须沟》一块儿拍。《一贯害人道》完了以后，我才参加《龙须沟》。那就是（19）52年2月，（19）52年下半年或者什么时候拍。反正混合录音的时候，我第一次到混合录音棚，听声音，一点都不熟悉——后来北影成立以后，两个录音师，比如这个事根本不是我，可是把我名字写上了，就是说老的带新的；另外一个就复杂，我可以请你咱俩一块干，也有。[①]——我进混合录音的时候，因为雨声接不接，我也不熟，就调得很不好，声音不正常。我应该有这经验，可是我没有想到，音质补偿是有限度的，不能太怪。当时就觉得这不行，不行就有点怪了；因为对监听不熟悉，也就习惯这种声音了。下雨的场面，一直录下去，录一本也不（知）几本，录完以后出去的时候，声音不好，返工了，重弄。所以当时我可能还受点处分。

问：重录是指？

陈：这本重来。

问：整个现场又重演一遍？

陈：不是重演，重混录一遍。

问：重混录一遍，那不是很正常的事情吗？干吗要受处分？

陈：不是。可能是出拷贝还是怎么着，我就不记得了。反正我受处分了，记一个小过。

问：记一次过？

---

①“北影成立以后……”一段，似乎是与主题不相干的插话。实际上是解释，为什么《一贯害人道》有两个录音师，即陈燕嬉、蔡军。为了保持口述历史的现场感，在编辑的时候，这一段仍然保留。

陈：也可能印拷贝了怎么着，我录了很多，记不太清。反正是这个原因，因为我不掌握监听，既然头一次不正常，底下就按那个拷（片）了，所以声音不好。什么时候发现的，我都不记得了。所以说犯错误了。现在想起来，我们根本不应该那么将就，我应该……应该配。（配效果）多容易，效果统一，都挺好的。可是这个（现场同期声）也有这个好处，因为同声录音还是自然。

问：有一部分要配一下也没关系。

陈：当然没关系。我是这样看的，这个戏不是需要很重（的声音效果），就是说咱俩就是普通的交谈都可以，可是戏的内心活动很多。

问：要现场感？

陈：配的肯定不行，不可能有那个激情，只能一次，是不可重复的。再重复一次，看画面重复一次，怎么可能（有真实感）？又没有动作配合，你站在话筒前头，不行。可是现在不是了，现在好莱坞什么的就提倡这个。因为有一个A.D.R，有一个装置，可以现场全都录下来，录下来以后，机器放出来，有画面可以戴耳机听声音，听声音就可以配，所以容易。现在又提倡那个。要不要同声录音的问题，其实是两回事。它那个……

问：有技术保障？

陈：不是，它是为了省钱。可是我觉得应该（同期录音），不能后期配音的。必须同声录音，后期配音绝对出不来效果。如果是一般的说话，没什么关系的话，那你可以不同时录音，可以省好多钱。

问：对这个组，您还有什么印象？包括导演冼群，作曲苏民、朱践耳，有什么印象和记忆？

陈：那就是我有想法的问题了，比如说有一个程疯子，他是……

问：于是之演的那个？

陈：于是之，（在戏里）叫程疯子。程疯子过去受恶霸的打，以前他是弹三弦的，挺有名的一个人。有一个镜头，他在那儿坐着，回忆起从前，他自己在那儿弹唱，因为他不肯上恶霸那儿唱堂会，于是一群人就把他打了，打得脸满是血，躺在地上了……以后慢慢从那儿又回复到他自己讲。这时候，我就觉得，这个（声音）如何出去、如何回来？这有学问。就是怎么样让声音比较虚，怎么从想象的画面一直到真实画面出现以后。另外，他回到现实以后，画外音有个叫卖，他就醒了，听到叫卖声。这个叫卖声音，一方面做虚，那个要做好；一方面叫卖声应该又是《龙须沟》的特点，又是结合他的心情。因为我那时候住在新街口小胡同里头，我曾经晚上听见过卖“半空”的，就是瘪的花生，“有半空卖……”，还有什么，我就想录这个效果，因为我觉得“半空”……

问：与主人公的精神状态也有关联……

陈：……别人不重视他，就把他当成一个（疯子）；现在已经没人再捧他，觉得他是很落魄的，那么想的。我记得那时候，晚上带我女儿去——郑晓春还是小孩——在几个胡同转，怎么也找不着。后来《龙须沟》演大妈的……叫什么？[①] 演大妈的角色……就由她来模拟这个声音："收旧衣裳、破烂……”就是那个声音。当然这个也很确切，“旧衣裳破烂”（的效果也很好）。其实《龙须沟》话剧，可能有“破烂卖……有旧衣裳卖……”（这个画外效果）。

问：这个是后期配的，是吧？

陈：不用配，就是把它录下来，我给接上，就搁到（画面）外头。我现在看，那时候缺点是什么？就是《龙须沟》外边那些声音，在大杂院里头，好像太少了，本地的气氛不够。当时配的，在龙须沟那条街旁边有干这个、干那个的。可是到大杂院以后，外头的东西不多，有些叫卖。

问：音响效果没有做到位是吧？

陈：我现在的认识，当然也不见得（一定对），你要老有的话，倒突出不了这个特点。大杂院里头的效果不多，如果效果太多的话，你想突出它，都突出不来。这个地方是我自己觉得比较好的。《龙须沟》先说到这儿。

问：《五支歌》是个什么样的作品？

陈：《五支歌》是伊文思……他要拍妇女主题，有五个国家，一人拍一段，这五个，加一块叫《五支歌》。

问：《五支歌》并不全是中国的故事，是吧？

陈：五分之一，每个国家有一段。

问：导演都是有伊文思？

陈：总导演是他，具体的歌，有具体的（导演），《五支歌》（的中国）导演也是冼群跟吴国英导演，新影厂的吴国英，他们俩联合的。

问：内容是什么呢？

陈：内容就是一个妇女干部，是生产队长还是什么，反正就是妇女，她克服了很多困难，把工作做好，就是这么表现。

问：是个农村片，是吧？

陈：表现陈秀华这个妇女干部怎么样刻苦，怎么样斗争，完了以后就

---

① 《龙须沟》电影中有两个大妈，黎频扮演王大妈，黄素影扮演孟大妈。

变成模范还是怎么，这么一个故事。

问：有多长？

陈：顶多两本吧，一共十本，顶多一本到两本。

问：录音上您有什么记忆吗？

陈：录音上没什么特别的。在拍外景那时候，那个导演，因为我们《龙须沟》合作也很愉快，摄影师好像也是高洪涛吧，反正我们在一起遛弯儿——那时候冼群有病，脖子长什么东西，我还记得给他换药——我们就瞎聊，冼群就说，我将来就走了，我就上那边去了，就是他死了的意思；说将来在那边，咱们继续合作，好不好？咱们这几个人合作，就这么聊天。那两本里，有什么特点呢？我想想，好像没有什么太多特别吧。我不说了，万一说错不好，一个外景是用G.B.K直流发电机，带的发电机，跟我们一起出外景。

问：您不确切，是吧？

陈：不确切，不说了。反正就是比较新奇吧，用那个完了以后发电，左山也在起作用。

问：下一个《赵小兰》[①]，这个是纪录片吗？

陈：说舞台剧（纪录片）什么的，实际上我没感觉，当时我都不知道是舞台剧改编的，它就是故事片那么拍。

问：《赵小兰》是故事片？

陈：不是纪录片。

问：不是纪录片？不是在舞台上演戏，您在旁边录音？

陈：不是，那个故事可能是舞台剧。

问：是舞台剧改编的？

陈：当时我不知道。

问：剧本是舞台剧，这个肯定没问题。

陈：没有原声原味用他们的人，都是电影厂的演员。

问：就是故事片一样拍的，不是舞台上的？

陈：不是，那个男主角是阎增和吧，女主角是一个新人，[②]反正都是电影演员，不是舞台剧（演员）。

问：这个戏，录音上面的设想……

---

① 《赵小兰》舞台剧纪录片，黑白，6本，北京电影制片厂1953年摄制。编导：林扬；摄影：聂晶；美工：张振宗；作曲：张林漪；录音：陈燕嬉。主演：林汝为、阎增和、管宗祥、熊塞声等。

② 该剧的女主角赵小兰，由林汝为扮演。

陈：这个戏，没有什么太特殊的。反正每个片子到后期工作的时候，分成本以后，我从来是跟剪辑一块儿干的。剪辑分本，他做效果什么的，我都跟他一起。一方面我要求可以准确一点，另外我也熟悉一下。因为是先后，什么时候先，什么时候后，我都在一起套的……咱们现在说什么？

问：说《赵小兰》。

陈：《赵小兰》。我平常工作就是这样，到后期的时候，分完本以后，我要想这个片子声音怎么弄、音乐怎么弄、效果怎么弄，我有一个总的想法。每部片子都有一个过程，混录的时候准备怎么做，有比较特殊的，一般没有什么特殊的。特殊的，我还记得起来，那儿用什么效果，比如《龙须沟》和后来的《风暴》，都记得比较清楚。这个（片子）就是一般的。一般的，也不是来了就录，不是那样。有可能录音以前我自己想过，可是没有更多新鲜的东西，创作性的东西，或者比较特殊的，没有。

问：没有特别想的，比如要找卖“半空”的人？

陈：好像没有什么。也许我记不得了。当时有没有？我不知道。我能记下来的，就是比较特殊一点的。

问：一定是非常宝贵的经验。今天就到这里。

十八、记不清和说不明的政治历史

问：我们要说说政治运动，从“三反”、“五反”到“肃反”。

陈：是按时间来说？

问：大体按照年头来。看您方便，政治运动……

陈：也无所谓。因为运动里头，对我也无所谓，因为我没有什么刺激，虽然运动牵扯到老郑，我没什么负担。

问：那就好，比较客观一点。

陈：跟我关系不大，也对我没怎么样，可是“肃反”就不一样了。

问：……

陈：我先补充一下，说这个张家口，晋察冀政治部的那个画报社。我说的一个人，我忘了当时说哪个，现在那两个人都知道了，一个是石少华，一个叫沙千里。我说过那个韩生义，他那个时候在剧社。另外苏河清，就是新影摄影师苏河清，他也跟我说，虽然他那个时候不在，他可能是拍什么，不在张家口，可是他也知道，回来也听说（郑学玄）这个人。所以我就合理地推想：为什么几次运动没有提过、正面商量张家口的问题？怀疑他这个，怀疑他那个，按说张家口（的问题）应该也可以怀疑。没有提过策反，那就是因为他在张家口那一段，好多人都知道，电影界的人也知道，大家都挺清楚的，而且后来还跟他买过胶片，所以他这点还不被怀疑，一直没沾那边。[①]

---

① 这一段若不加注释，读者可能完全无法理解。“先补充一下”，是陈燕嬉老师的习惯。每次采访结束之后，她都会习惯性地把自己所说的内容回想一遍，若觉得哪些地方没有说清楚，就会在下一次采访开始的时候加以补充。实际上，每一次她都要先补充前面的遗漏，然后再接着说后面的故事。

她丈夫郑学玄在新中国初期不断遭遇怀疑、处分、批判和关押，是陈燕嬉老师的一个挥之不去的梦魇。她虽然说自己不在意这些、不关心这些，实际上，如何能够不关心、不在意？她所谓不关心，其实不过是压抑自己的情感，从而使之变成潜意识。口述历史采访搅动了她的记忆和思绪，长期被压抑的潜意识浮上心头，纠结不已。理解了这一点，才能真正理解这一段话，第一，她是要为解放前郑学玄去张家口解放区找到确实的证明人；第二，她要解释，为什么解放后怀疑郑学玄这个、那个，但却从来没有提及张家口的经历中可能有问题。第三，她之所以被这个问题所纠结，证明她关心丈夫郑学玄，而郑学玄当年去过张家口这件事肯定也曾令她长期悬心，不把这个问题说清楚，就无法释怀。

我还要补充，昨天我没想起来叫什么，就是那架录音车是上海的录音车，或者我们叫录音机，就是收录片的胶片，大的。那个叫调幅器，调节的调，幅度的幅，或者叫录音头。这个就是我昨天说的特种设备。[①]

另外，我还没说过的，是日本人秦彦为这个立一大功。这是怎么回事？我昨天说是两种，一个是反光镜的，一个是发光二极管，就是说浓淡式的，（另）一个面积式；他现在还有一种，就是两个青铜丝的，这个原理就是，咱们说话不是振动空气吗。声带振动空气，变成振动波形，到了话筒那儿，到了麦克风那儿，麦克风那儿通过，就变成电流。电流跑得快，气就推动喇叭，大家听见了；不是听见的话，是把这个放大电流送到录音机——就是调幅器这儿，带动一个很薄的片，它可以带这个反光镜来跳动。那个丝的跳动，是光翻来翻去，把它变成光的变化，光强弱的变化跟光面积的变化，然后就录在声带上。声带是很细，你看你拷贝的时候，右边很细的那一条，这边都是画面，那一片那个条是录音准备的。现在都用光学。后来有立体摄影，铜丝也有，基本是光学的。

这调幅器很重要，跟摄影机镜头一样，非常重要。当时“满映”用的是两个青铜丝这样的，青铜丝很薄很薄，弹性很好的。不过要是声音太大，就容易断。那时候，他们公司很少的，后来就没有了。他们厂里有一个日本人叫作高岛，他录音是比较高级一点，在世界上也是非常好的，他就出了一个主意，好像是变压器的什么线，那个线拿来给砸扁了，他磨薄来代替这个。可是因为青铜丝线柔软性差得多，弹性差得多，非常容易断。所以他们在录音的时候，傅英杰，就是我们厂的录音师，也是吕宪昌的爱人，他那时候是机械员，他就负责磨——赶快准备着，那边现场说断了，就赶快送去，就是这样。秦彦他们这儿也是自个儿弄，挺重要的。新中国开始的时候，就是用这个。

还有一个，是什么呢？你不是昨天说，在新中国，（为什么会）因为住招待所、住旅店（挨批评）？这儿有一个整个的说法。开始的时候，解放初期那时候出外景，是自个儿扛着自个儿的行李，背着行李住在老乡家，还得交饭费。后来慢慢地就变成不用带行李了，可以住在招待所，吃饭有时候还得交点钱。慢慢发展，不但吃饭不要钱，而且还发补助费。甚至我记得摄制组有个方法，就是剧组跟着你一块作弊，就是他们可以当群

① 这一段话不难理解。只是，陈老师所说的“昨天”，不见得就是“昨天”，而是指“以前”。这里所补充的内容，是针对开国大典的录音工作而言。参见《新中国开国大典的现场录音》一章。

众演员，有群众演员费的。于是乎每个人凑一下，随便选几个名字，选那么多群众演员，把群众演员费拿来分给大伙儿。所以整个来说，是由开始背着行李住老乡家、花钱（吃饭，新中国刚开始的时候摄制组住招待所的事很少），所以那个时候还是批评过。

现在说郑学玄的问题，就过去了。大概是（19）51年底或者是（19）52年初，我记得很清楚，就是我生我小儿子的时候，是（19）52年2月22日，往前推吧。镇压反革命[1]，郑学玄是不是也隔离起来了，我不记得了。“三反”以后，肯定就被抓起来了。那时候我参加过我们车间的打老虎，就是一个录音室的，叫王绍曾的，还有一个牛兰瑞，就说他们怎么样，就是录音车间的喇叭都偷去卖了。当时他们就承认，就说是他们偷的。当时我就觉得挺奇怪，我说怎么可能？这么一个大喇叭，怎么拿出去？我有这个想法。参加这个，并不是很多。后来也不知道怎么着，让我们参加打虎队。打虎队就是（揪）大老虎，大老虎就是供应科，就是资源、仓库物资的那个，叫供应科。那个就是一个大老虎。那时候汪洋当厂长了，有收获，他就高兴。我参加大会，我又记得很清楚，当时我怎么想呢，我的思想活动是这样，他们真承认我拿多少钱，我说这也奇怪，他干嘛不自己说，非得打他才说？当时我这么想，当时我不同意打。我觉得这样不好。可是你不打，他不说。

问：没想到是逼供信？没想到扛不住打、才会乱招？

陈：没想到是这样的问题。我就觉得，他（干嘛不）早说？干嘛非得这样？我就说有两处矛盾：一方面我不同意打，我觉得根本不对，不应该这样；一方面，你不打，他还不说出来。所以自个儿说服自己，不得不打，最后说出来了。

就在这个期间，我要生孩子。那时候老郑不在家，可能心情不好了，或者怎么的。反正我家的保姆，我们管他叫杨大娘[2]，年纪大一点，她很好，跟我说，厂里人去外调，晚上（找她）提供情况。她没有说我们不好的，也没有不好的地方，她说：“我什么也没说”。另外她说，说你别给我钱了，别给我工钱了，反正郑学玄也没有钱，将来再说。

问：郑先生工资给停发了？

陈：好像是，要不然她为什么说这话呢？保姆跟我说，说你看他也没

---

① 镇反运动，即镇压反革命运动。从1950年12月至1951年10月在全国范围内进行的清查和镇压反革命分子的运动。与抗美援朝、土地改革并称为解放初期的三大运动。

② 在审读书稿时，陈燕嬉老师再次强调说，这个杨大娘是她要记忆一辈子、感恩一辈子的人。

有钱，你甭给我薪金了，就这么说的。

问： 还继续干活？

陈： 还在我家干活。

问： 继续在您家干活，不要薪金了？

陈： 不要薪金。

问： 郑老师“三反”中的问题主要是什么？

陈： 还是这个，就是一个问题。这个问题我现在捋来捋去，为什么“三反”解决，后来又来一个“肃反”，还是这个问题呢？现在想起来，当时“肃反”的时候，加了一个内容，就是国民党签名问题。因为什么呢？因为在“肃反”的时候有王诚，把她带去；因为他也（可能）是隔离……[1]反正也是（有问题）。我印象中，《祝福》他是剪接，我们两个人好像都是没结束。所以我估计是“三反”“五反”的时候，还是按物资（的问题），“三反”，偷东西、搞经济方面的（问题处理）一些。后来“三反”完了以后，1953年放春节假的时候，郑学玄回老家，把他外甥女接来。肯定那时候……就没事了。没事才让他回去探亲，这我是记得的。当时我好像跟他谈了谈，为什么呢？因为他离开自个儿家8年，一直没有让回家。

问： 一直到1953年过春节的时候才回家？

陈： 对。所以我想，就是说“三反”肯定认为他没有什么问题。所以说是，人民内部矛盾问题，思想作风问题，可以慢慢改，只要不是政治问题就行。那肯定就是“三反”的结果，否则的话，不会让他回去探亲。他回家探亲以后，我那个老阿姨，不是我们辞退她或者怎么样，因为她后来跟我们关系很好。她的爱人、她的女儿都上我们这儿来，说有什么事来带她回去。可是她一回去，我们家没有人看着我的小儿子。所以老郑借回家的时候，把他的外甥女带过来，这个就合上了，就对了。这个是我最近问外甥女，她哪年来的，她的妈妈怎么样。我问这个，才捋清楚。（19）53年初她就来了，以后那（个）阿姨就走了。

以后，这个外甥女回老家，把老郑的妈妈接来。把他妈妈接来的时候，肯定“肃反”还没开始。你想如果“肃反”，他抓起来以后，他不会让他妈妈探亲。来了以后，什么时候，就开始“肃反”了。“肃反”还是

---

① 陈燕嬉批注：郑在重庆（申请）集体加入国民党时，名单发表时没有他。他不生气，也不敢问，自认是因为自己曾当过小伙计、出身卑微而没有被接受。所以（在北平）再次签名集体加入国民党。

这个问题。

问：“肃反”又被隔离起来，又被抓起来了，是吧?

陈：嗯，“三反”以后不是说，是人民内部矛盾了?后来才是“肃反”。我估计就是说“三反”的时候，是以经济为主，那时候也没想那么多。当肃清反革命的时候，政治很强的。我就记着一个事情，是比较特别的，我上回说过，国民党记着谁要加入国民党；他们说有一个布告，写自愿加入国民党，这里头有郑学玄的名字、也有王诚的名字。果然王诚后来也挨整了，她可能自个儿不知道为什么挨整，其实就是这个问题。

问：签名加入国民党的问题?

陈：这我记得很清楚。汪洋做报告，说太不可思议了，白纸黑字，底稿在这儿，几十人签了名，没有一个人承认，都矢口否认，这怎么回事?就觉得这是有阴谋诡计。正好郑学玄也有签名问题，我这么想。所以两个账一块算吧。所以在肃反（运动）里，比较厉害。为什么比较厉害呢?从前“三反”，镇压反革命，我都是自由的，没有碰到我，就是问我、谈一谈。刘新让我发言，这些是没有接触到我的。可是当时我（申请）入党，是有问题的，因为什么?因为唐晋就说了，说共产党不吸收一个没有斗争性的、没有原则的人参加。

问：就是说您没有划清界线?

陈：完全是这意思。

问：划清界线怎么划呢?离婚吗?

陈：不是，我没揭发。刚开始是这个意思。我记得，因为唐晋跟我关系挺好的，他就那么说。后来又来一个副科长，正式的副科长，他也不了解情况。他说你这个情况，看来只有等着群众推荐吧，是这么说的。

问：群众推荐入党?

陈：就觉得我有问题，还是这个问题，跟郑学玄划清界线（的问题）。后来，跟我们组的助手好像跟我说过这个事。这时候就是“肃反”。那个时候，可能没有什么工作还是怎么着，我工作停下来了。就集中起来了。怎么着呢?并不是不允许回家，就是白天上班，给我搁那么一个小屋里头，有两个人，两头都是作曲的，都是搞音乐的，他们两个人陪着我，看着我。谈什么呢?我不记得谈什么，随便谈。我就记得一个细节，他们让我读报。那个报纸发表一个什么，反正是比较有些激进的文章吧，他们让我念。我就若无其事地念，因为那篇文章好像还有点激情，念完了他们就说，念得还可以，就觉得我心比较坦然。就是我心里还是没有顾虑。也许跟“三反”有关系，也没准，还念出情绪来了，我记得当时他们是这么评价的。反正也没有说什么别的，就是瞎聊天，没有说更多的事。我不记得他们逼我、让我说什么，好像也没有。就是两个人看着我。

问：您被两个人看着，您的问题是什么？

陈：我就是郑学玄的问题。所以他们也没有（整我），就让我谈谈话，随便聊聊什么。问我郑学玄什么的，我就不记得了。反正是没有什么问题，也没有针对你要什么，并不是让我交代什么问题。是让我交代跟郑学玄的关系，就是要揭发郑学玄。好像也没有逼过我，我就记得一个细节，就是读报。

我是这样推论的，我哪儿知道“肃反”有什么问题？我不知道。我现在推论两个。一个就是王诚什么都不记得，这个还记得，听报告这件事，跟我合上了。另外是什么呢？就是我曾经听汪洋作报告，说白纸黑字为什么没有人承认？

问：在“肃反”之前，您知道郑老师的签名吗？

陈：我跟你说，实际上，包括他们两个人，大家都不太重视。为什么没人承认？绝对不是有组织，说保密、谁都不承认，是没怎么当回事，可能是淡忘了，当时签名很多人，我不是跟你说过吗？万古蟾跟我说过，说现在都得参加（国民党），不参加就得开除。有些人是怕丢饭碗，可能就签了。他们俩怎么回事，他们俩也不知道。郑学玄说，我那时候为什么会签名呢？他都这样说，郑学玄说我不会。可是他们就签了。

问：肯定有郑老师签名？

陈：肯定他们签了，抓他们，就是因为签了。他有底的，哪能他没签，就说签了呢。

问：那个布告，怎么会留下来呢？

陈：得留底吧？签了半天名，没底，你发展谁啊？肯定有底。是不是原底，还是他们自己胡闹，不知道。反正汪洋是这么说的：“大家清清楚楚签名了，现在没有人承认，这是什么问题？”是这样的。所以我就想，郑学玄除了《毛主席莅平》的拷贝丢失以外，又加上这一条。

问：他降工资是什么时候？

陈：这不知道。我现在还找不出来。

问：降工资是在“三反”和“五反”之间？

陈：不是。肯定（在）“三反”“五反”结束。因为回家了，没问题了。可是你到干校以后也没有到运动，从干校回来他就上供应科，没有运动的话，怎么给他降级定案呢？所以肯定是在“肃反”时定案的。定案是哪一年，定案以后是不是就到干校去了还是怎么样，[1] 我就不知

① 后面删除一大段，陈老师又说到“文革”下干校前后去了，且与后面的内容重复。

道了。我将来还得找一下证明，找一下知道的人——谁都不知道，问了几个人谁都不知道。

问：您肯定他工资降了三级？

陈：这肯定没问题。因为什么没问题呢？他平反以后——是一下全撤销，不留尾巴，全撤销——提回三级了。原来降三级的时候，正好工资改革，普遍都提三级，他没提，就等于差六级；恢复三级，还比别人差三级，你知道这个意思吗？就是给他做结论处分的时候，降三级降下来了，与此同时差不多时间，全厂工资改革，就是电影界、文化部工资改革，改革以后，普遍全都提三级。他没涨。现在落实政策，人家降三级，我给你提三级，提三级还比人差三级。为什么我那么清楚呢？那时候我没有掺和他这些事，（后来）我就去找电影局或者是什么（单位），我忘记了，就是（为了）这个。反正很难，接待我的那人说，其实他自己本身有这个问题，就是工资有什么问题。

问：也被降过级，是吧？

陈：就是这处理挺难的。我又去韩生义那儿了，他说反正是有难度。这个事我比较清楚。我也一直怕他在这个（事情上）耿耿于怀。后来怎么样，我也比较清楚。那个时候是自作结论，也肯定他是干校回来以后，才进了供应科。

问：“肃反”的结论是什么？您记得吗？

陈：不知道。我不知道这个问题。反正降三级我知道了，做什么结论，不知道。反正后来就是把这些结论全推掉了。

问：“肃反”他被隔离多长时间？

陈：不知道，这我不知道。去干校以前……他什么时候回来的……

问：去干校是“文革”以后，我说“肃反”的时候隔离了多长时间？

陈：不知道。“肃反”以后，这件事我知道的，就是新北影成立，我当时是参加了《祝福》摄制组。《祝福》摄制组里头有我，有王诚，我们两个都是被人看着的。什么时候不看，我也记不清楚。那时候郑学玄回没回来，我就不记得了。现在我就想找人（询问），就找不着人，“肃反”什么时候结束的，什么时候做结论的。如果那时候作结论的话，应该就是调离供应科了，可是为什么也没调呢？我是找供应科的负责人问过了，可是他也不知道。

问：那个后面再说……

陈：我都说过了。我这证明什么呢？就证明他受处分，肯定是在去干校以前。干校回来就进供应科，干校里没事，干校里又没运动，什么都没有。干校回来上供应科，那么这供应科是上干校以前——“肃反”结束是什么时候？

问：1955年。[①]

陈：我当时思想就是这样的，因为什么呢？我没有什么问题，可是两个人看着我，王诚也有两个人看着。王诚因为什么事我不知道，我当时没想起来，现在我推论就是因为签名问题，她自然也不知道。可是我印象很清楚，就是我们两人都被看着。我说汪洋胆子可真大，怎么就弄我们两个人（来参加《祝福》摄制组）？反正郑学玄已经作了结论，是什么时候结论，不知道。另外，作结论以后，他还在新影厂里待着，不知道是不是。

问：没问题，就在车间。

陈：可是从干校回来就降到供应科。

问：从干校回来是整个重新调。新影的洗印车间是办办、停停的，后来新影厂洗印一部分合并到洗印厂去。

陈：那是北影，那不是新影。

问：干校回来，新影是新影吧。

陈：1956年以后，新影、北影分家了。一开始，王雄就是我们洗印车间（的），还跟新影的洗印在一个车间里头，可是两头不同工作。

问：咱们是把"肃反"和干校回来搞混了，我说干校回来以后……

陈：我跟你说在干校回来以前，北影的洗印车间分开了。

问：对，1956年就分开了。

陈：因为王雄已经到洗印厂了，好像在洗印厂洗片子了。就说明什么？就是新影不可能做完以后，停下来不可能，洗印车间停下来，没有什么可能。

问："文革"期间什么都停了。

陈：没"文革"，这不是"肃反"以后吗？

问：您刚才说干校。

陈：不是，咱们捋一下。

问：这不用捋了吧？

陈：不是，非得捋，因为什么呢？咱们现在肯定了，就是在上干校。

问：咱们说的是"肃反"，离干校还有14年。

陈：那么长的时间，郑学玄在干嘛吗？

问：他在洗印厂在洗印车间。

---

① 这里采访人犯了一个知识性错误。"肃反"运动即肃清暗藏的反革命分子运动，开始于1955年7月，但并不是1955年内结束的，而是到1957年底才结束。

陈：就是他那个结论（还没下），没有调离。为什么他干校回来就马上调离呢？

问：干校回来，“文革”期间，新影厂停了以后，洗印车间也停了，中间一度把洗印业务弄到洗印厂去。新洗印厂先恢复，新影厂那儿就没有洗印了。有一段时间，就是“文革”以后，新影厂的洗印车间已经没有了，所以他（郑老师）从干校回来以后，得分配工作。那跟政治运动没关系的，重新分配。有的是自愿可以选的，有的是分配的。

陈：也就是这个，去了三个，都是受审查。

问：对，那是“文革”当中又搅出来的问题，这一码归一码。

陈：“文革”没有在……

问：“文革”搅出来的，大多是原来的老问题，再搅一遍，就是这样的。这个问题应该比较清楚，时间的问题比较清楚。

陈：在“文革”里，还有处理问题的时候。

问：“文革”中也是清理阶级队伍，公安六条都是在“文革”当中发表的。

陈：就是要交代历史、清理阶级队伍。可是没有形成运动，我的意思是说，有没有可能学玄的处分在“文革”中？

问：给了处分了？

陈：就是降三级，结论会在“文革”之中作吗？也有可能，不讲这个问题。

问：这要问您了，“文革”时也有可能……

陈：我觉得为什么呢？如果说那些年，就是（19）56年、（19）57年就已经结论了，一直到“文革”中。

问：“文革”时又翻出来了，因为郑老师他肯定是国民党员。

陈：我不是讲这个。他做结论以后，没有调离洗印车间……

问：那不一定，那像王诚老师，只要把问题查清楚了，只是有过签名，签名其实不算多大的罪过，因为那个时候集体加入国民党，在1948年到1949年，非常普遍。很多大学、很多中学整个班都加入国民党、三青团，后来都查出来。在五十年代，还比较理性的，那个时候处理得比较理性。“文革”时候才非理性，觉得只要你参加过国民党，你就是历史反革命。“文革”才把他翻出来了……

陈：翻出来的时候，再做研究的？

问：现在需要您的记忆，不需要推论。

陈：我就是因为记忆（不清）……

问：没有记忆就算了。这个可以去查档案。

陈：因为我是很清楚的，我的个人感觉，很清楚郑学玄调离洗印车间到供应科，肯定是受过处分。因为那三个人都是历史的问题，在“肃反”的时候，我是这么想。

问：但是您不要推论，我们是要记忆，不要推论。

陈：这也不是记忆，这也是推论。我就觉得他调工作这个历史问题，历史问题就是“肃反”最后的结果。可是你要说那个时候的结论，那个时候好几年都没调，突然之间就调了，那就不对，所以我就搞不清楚这个问题。

问：干校回来是重新分配，大错位的时代，干校回来很多人都不在原岗位了。

陈：可是他就不是。为什么不是呢？你想到供应科的人，不是说偶尔间有几个分来了，恰恰是两个人都是在洗印车间，都是历史问题，那个人也是历史问题。

问：这跟处分不一定有关系，是重新分配工作，有的地方要，有的地方不要。

陈：为什么这么巧？他们三个人都是历史问题，那很可能别人也有。[①]

问：咱们不要推论这个。我想要知道，郑老师（19）55年被隔离多长时间？（19）52年隔离多长时间？（19）51年隔离多长时间？您不知道，不要推论。为什么两个人去看着您？您自己没有问题，对吧？

陈：我自己没有问题。我自己有什么问题？就是“文革”以后，江青什么……我觉得……怀疑我是……那时候说什么呢？

问：“文革”先别说。“文革”人人都有问题，只要是有技术的人或者是有成就的人都有问题，黑干将、黑线。

陈：这个历史问题就是清查。那时候郑学玄问题已经退出二线了，不是我的问题，我本来跟他没关系的。

问：“肃反”的过程当中，您跟郑老师有过交流吗？

陈：没有。我曾经想过，我跟他谈没谈过，不记得了。

问：1950年批判《武训传》，您还有印象吗？

陈：我知道是知道。

问：但是没有参加？

---

① 陈燕嬉批注：（当年）受审查的人，如果审查结束，没有任何问题，就应调回原单位。除非自己不愿回，要求调动。受审查的人如果不许回原单位，就是问题没有解决，也就是还有问题。重新分配和受审查落实政策的人不一样！

陈：书记连续到我们厂里批判谁什么的，不太清楚。后来，受批判的也是剧团的演员，还有编导室的人。技术工作人员，一般的摄制组的人，一般牵涉不大。所以我没记得。我知道我身边的人，好像受过批判什么的。批判《武训传》的时候，因为我自己也有思想，觉得好像又似对非对的，在没有批判以前，当时挺感动的，觉得他好像为了什么，那种刻苦，苦自己的（让人感动）。后来批判也对，为什么乞讨求饶，也是挺不好的。反正自个儿有那么一个（想法）。不像现在，有时候我看问题，我就很固执。那时候好像对这个有点不了解。包括"反右"，我本来想找一个车间的人再问问，录音车间有没有"反右"情况。我记得我参加过一次批判会，对技术部门的柳洪洋，柳洪洋是保卫队的，回到北影来，让我们的部门开会，我记得那时候王紫非好像主持的，我参加了。我就有印象，他一点都不赖，他就觉得那算什么？我不记得内容怎么样，反正就说他好像不服从党的领导还是什么，就是这个意思。反正他说得挺有理的，我就这么感觉。当时对他我也挺佩服的，也没有觉得他不对，也没觉得是批判得太过。不过那时候，我有听说过，当时做青年工作的，是团委的，他自己说我才没问题，我还有什么问题？根本不可能的。结果他随便一说，马上就被打成"右派"了，我记得有这么一个事儿。另外我记得有说那什么的，就是名额，分配，你哪个单位必须找出多少人来，所以我就说根本不够。所以有一个人，好像是运动负责什么，他说没有把我算上去，就是觉得那个时候很混乱。

问：1955年还批判胡风反革命集团，您有印象吗？

陈：这些会基本都是剧团、编辑部（开），胡风好像更远一些。听说过，好像没有什么活动，因为那时候是在工作，拍戏，也没时间。

问："反右"的期间，除了那个以外，您还有别的记忆吗？

陈：都是听说别人的，哪个剧团、谁是"右派"，有一些。

问：但是没有更深的记忆？

陈：没有什么感觉，因为我身边没有这个。

问：1958年"大跃进"时您有哪些经历？包括炼钢铁，十三陵水库、人民大会堂、十大建筑，参加劳动的情况，是一个什么情况？

陈："大跃进"？那时候，我们也不拍什么戏。那时候我就是大炼钢铁，大炼钢铁具体到我身上来说，我们家有皮箱子，有两个铁环，就上我们家去……

问：谁上你们家去？

陈：所谓的积极分子，动物园的那些妇女。来了就要把所有的钢铁都收起来，包括箱子的环跟拉扣，都给摘下来。摘下来，不就成了空的？

问：把箱子的铁环给摘下了？

陈：不是我自己（动手），谁动手，我可不记得了。我自己是这么想的，大炼钢铁，我并没有反对，就觉得应该大伙儿都起来，众人拾柴，我觉得这不错。可是我觉得幼稚，钢铁怎么能用小玩意一炼就行？我是这么觉得的，就是太缺乏知识了，不科学。

问：对，您正好是学物理的。

陈：我觉得人一哄起来，运动情绪可以，但实际上不会解决问题。我参加过什么？参加过打麻雀、除四害。麻雀是吃粮食什么的，需要蔬菜，我记得就拿一个竹竿，拴一个红的布条，爬到房顶上去吓唬麻雀。那时候倒没有什么感觉，我也同意它是吃粮食，是四害。当然我觉得这样做的话，就是说人民战争，这么做也许就行了，对打麻雀没什么反感。那时候说高产什么的，我怀疑。

问：对农村的放卫星也怀疑？

陈：就是人有多大胆，地有多大产。我那时候是真有点怀疑，我说不太可能。那时候我觉得有点玄，我对政治并不是特别关心的。可是在这里头，我们厂做的那些事情，厂里录音车间搞的什么？

问：也放小卫星？

陈：不是，就是吹什么的活。

问：气球？

陈：不是气球，我们车间在搞，就是砸得挺扁，很细的，吹气的。有一天我们回到车间去了，我们的车间主任就跟我们说，你干嘛？你们怎么不积极，也不回来做这个？我说你不知道我们天天拍戏吗？我记得我这么跟他说，有这么一件事。“大跃进”的时候……

问：放卫星吗？厂里面放卫星吗？比如说要节约成本……

陈：“少慢差费”，这有几个滑稽事。赵子岳，是一个演员，他说话本来就慢条斯理。那时候要（反）少慢差费，要多快好省，不能浪费胶片，一说话他就越紧张，“我怎么又忘了？”“我该说什么？”他拍的时候就说。你这不是更浪费吗？我记得大伙儿都觉得可笑，他越紧张越忘。

问：越忘词？

陈：还有，那时候水华就是“少慢差费”的典型。我们倒没有什么。放卫星干过，好像最高的是101到108个镜头，放卫星拍戏，片子放声带，就是用一个放映机给放出来，然后做一个记号，到那个记号那儿，一跳，就拿一个灯，那个灯摄影机拍进去了，就等于打板一样。我们组里倒是挺积极的，不是要抢时间吗？每个组准备工作都做得特别细，而且在现场里不分彼此，美工师秦威什么的，平常他们不太动手，那时候都抢什么东西。我们就做了两套，这套完了以后，就赶快换那套，反正都做好了准备，所以很快，并没有影响质量。我放过两次（卫星），时间不知道对不对，反正肯定放过一次。那时候已经困难了。

问： 1959年？

陈： 困难时候又放卫星。那个时候就拍，拍完以后，老是做夜点，就特别优待。做什么夜点？吃什么东西？馄饨。反正特殊的，那些东西很少。我记得那个时候优待我们放卫星，让我们吃夜点，吃得挺好的，这个我记得。两次放卫星，我们都没影响质量。这里头，积极因素是什么？大家都铆足劲，都把准备工作做好。现在想起来，如果是拍故事片，就可能会失败，因为演员太紧张了，战战兢兢地能表演得好吗？我们正好都是拍戏曲片，可能影响不大。

问： 1958年开始的“拔白旗”运动，您还有印象吗？

陈： 好像说“少慢差费”，批判那个，恐怕也差不多。

问： 也批判了一些电影。

陈： 对。

问： 一些“落后”的电影。

陈： 对，说到白旗，我想说哪部片子是白旗……

问： 《祝福》也挨批了，“拔白旗”，《人民日报》点了一批电影名。

陈： 这个我好像知道，可是不太清楚。我就记得上午说的“反右倾”的时候，批判蔡军为同步录音，完了打鸟什么的，就是同步录音，旁边有一棵大树，用竹竿好多人一块打鸟，觉得它是浪费；是追求质量，不顾成本。另外批判吕宪昌，白专道路吧。另外说他什么，反正就是批判。我不记得什么时候牵扯到我，我真不记得了。

问： 有牵扯到您吗？

陈： 不是，我不记得大字报的那种，我好像没感觉谁说过。

问： “反右倾”跟您没什么具体的关系，是吧？

陈： 没什么具体的关系。

十九、三年困难时期的记忆

问： 紧接着就是三年困难。

陈： 三年困难的时候，我自己讲我自己，先从定量开始。那时候党委书记叫陈昭，是（19）59年？

问：（19）59年到（19）61年。

陈：（19）59年我入党。那时候陈昭是党委书记，跟我谈的就是他。我们当时就有一些意见，他不了解摄制组的劳动情况，他主观地把录音定成……脑力劳动。摄制组里头，录音部门不是拉线，（就是）搬机，也挺重的，所以我们就觉得他不了解情况，就这么定了。定了就定了，没什么多大情况。我当时是（每月）27斤吧。很少的。我记得每顿饭顶多是三两、二两一个馒头，还有半个，买馒头只能买两个。所以我老顺一半，这一半吃的时候，老想着再啃一口，晚上就少了。我就记得特别想再吃一点，是比较饿的。我们家其实也没什么，就是老太太，（郑学玄）他妈妈，可能是营养低还是怎么着。家里边，他们倒没什么病，大家都吃饱了，我们家没有像别人家那样，蒸着吃什么的。

不是在厂里吃？不知道。反正就是一个半馒头，我记得很清楚。老郑浮肿，我也知道。（干部有）级别，豆、蛋、奶什么的，我是享受那个的；郑学玄什么也没有，大概，我就搁在一块儿。那时候是非常饿，什么时候都想吃东西，我走在街上，看一个白菜帮子，绝对得捡起来，就是那样。那时候，我们住在小关，小关厂里边有很多空地，大家都在那儿种地。我记得当时跟几个人种红薯，结果我的地可能太贫瘠了，光出秧子不出果子，白薯秧子也吃。我记得我大儿子肺不好。那时候我在厂里拍片，成立新影以后我在厂里住过，他身体不好，就上我那儿住。（厂里）好像给了什么，奖一个小兔，长大了，可以吃兔肉。反正是养兔的，这个我记得。你说怎么样饿得了不得，那也不是，可是也还是挺紧张的。我就这么说吧，我从来没觉得过钱多么有用，我也没想过我多点钱多好，只有在困难时期。刚刚已经稍微好一点了，那时候有什么高级点心、高级菜，有钱你就可以买到一些的时候，那时候我就想，我要有钱该多好。有这个想法。那个时候，我姐姐不是在法国吗？就没有什么更多的东西，她给我妈妈寄钱还是什么，不记得了。另外我们的二集体有一个办事员，[1]那天他就问我，说你是不是从前有过什么病？我说没有，没有什么病。他说你要是有这个病的话，我们就可以申请给你牛奶。我说我没有病，我就没有申请。后来胡其明，就是我们那个主任，他说你可真傻，你有病你干嘛不说？干嘛不享受这个？我没要。

问：他这样说？

陈：不是，这是后来说真话的。因为办事员就问我，你曾经是不是有病，我说我没有，他才跟我说的那个。他要先跟我说，我也不会说，因为我确实……我是不想说瞎话的人，没有道理的。我不知道为什么，反正我就觉得也不是，病还没好的时候，我病现在好了，我就这样想。怎么解决？反正我们家没争执，也没有互相谦让，比如说，妈不吃，给这个（孩子），好像也没有。我忘记怎么过了。反正没有什么特殊的问题。我那时候住在厂里头，我儿子是肺不好。

问：郑源，是吧？

陈：郑源肺不好，在我那儿住，厂里奖一个小兔，这个我记得。在我那儿是不是有奶喝，我也不记得了。

问：困难时期出外景，有额外补贴吗？

陈：那时候好像没有出外景。

问：《暴风骤雨》……

陈：《暴风骤雨》？不是，那是两个戏，一个是《暴风骤雨》，还有一个什么戏。这两个戏我同时拍，因为出外景两次都上北大荒，结果都不是我去，别人替我去的，一个是傅英杰替我去的，一个是孙秀云替我去的。我一直在拍内景。在外景地传说，就是吃，带什么东西回来。

问：而且还喝酒，我听说过……

陈：北大荒挺富的。

问：您恰好这个时候没出外景。

陈：反正在外头可以吃饱，而且带回北京来，我也知道，听说过。回来怎么样，也知道。我没出外景。

问：其他也没有什么？

陈：没什么。我记得，稍微好一点（的时候），我记得买过椰子酱，

---

① 1959年，北京电影制片厂成立四个创作集体。上述“二集体”是第二创作集体的简称，第二创作集体的成员包括：崔嵬、胡其明、张起、陈怀皑、许珂、聂晶、吴生汉、秦威、葛琴、曹硕龙、陈燕嬉、孙鸿魁等人。

觉得特别好吃，我们家觉得好吃极了。

问：椰子酱？

陈：就是小罐的。（生活）好了以后，再去买，就不太爱吃了，当时觉得特别好吃。

问：（19）62年以后就好了。七千人大会以后就好了。（19）63年就更好了。

陈：（19）63、（19）64年，那就快什么了……

问：“四清”，然后快“文革”了。

陈：快“文革”，假整风开始。

问：对，假整风就是（19）64年，四清也跟您没关系？

陈：我跟你说，我没去过。我看，也是看材料，那时候好多人下去“四清”，包括傅英杰都下去了。我跟吕宪昌都没有下去，聂晶也没有下过；秦威下去过，崔嵬也下去过。在（19）59年我入党的时候，跟胡其明提，我说我一次也没下去过，什么下乡劳动、下“四清”，我应该受这个锻炼。我提这个问题，心里是打鼓的，因为我知道“土改”什么的，我心软，要看见哪个地主求饶，我就心软。我就想着，我说，正好得锻炼自个儿，就是那时候（想改变）小资产阶级（情感）。

二十、加入中国共产党

问：我们想把入党和先进生产者，放到政治这一栏说。您入党的经过是什么样的？为什么十年才入党？在这个过程当中，自己怎么想的？（19）59年怎么做到，入党又当先进生产者？

陈：1959年以后，凡是工作（我都积极），先进生产者什么，还有标兵什么的，所有奖励都有我。可是我也不是太重视，先从入党开始。我加入“职青联”以后，侯瑞霞给我提到过，要我写入党申请书。当时我不太积极，因为什么呢？因为我要写的时候，就是郑学玄的问题，不是太容易写清楚。所以不是那么非常着急的，有这个想法。可并不是拒绝，不是不想入党。（只是）不是那么迫切。也许我再急点，也可能加入得了，因为当时很需要人才。

可是新中国成立以后，唐晋不是我们车间主任吗？好像我跟他说过，我不记得了。镇压反革命以后，唐晋跟我谈话，说共产党是不需要一个没有斗争性、没有原则性的人。

问：对您没有揭发批判郑老师、没跟他划清界线，很不满意？

陈：就是说不符合一个共产党人的标准。他也不是明着那么说。就是说你在这个问题上，表现得没有原则性、没有斗争性，这样的话，就不能做共产党员，那就等于我不符合条件。过一段时间，来一个科长，徐莎，她是政工干部。徐大姐跟我说，听过你好像在这个问题上，还有点儿着急，还有想法，是吧？她说我是这样觉得，说像你这样的情况——就是跟老郑关系的这个情况——你需要群众推荐，就是说让别人都肯定我了……

问：组织上就好说了。

陈：不是，就好像说你有污点，你跟郑先生什么的。大家都觉得你可以，觉得你好的时候，那时候才够资格，我有那个感觉。

问：您觉得她这么说，是安慰您，还是提携你？

陈：是说你入党挺难的，光你自己提不行，你必须得有群众来推荐。就是群众批准，因为你有这个问题。我感觉我（离入党）更远一些。比唐晋跟我说话（时）好像更远了一点。我当时也不奇怪，因为我觉得她刚来，什么都不了解，只能这么感觉。既然不行，我也没有说因为入不了党，就急得了不得。那时候认识并不是那么（强烈），因为我对共产

证　书

陳燕嬉 同志：

为了表彰您为发展我国文化艺术事业做出的突出贡献，特决定从……年十月起发给政府特殊津贴并颁发证书。

国务院

荣誉证书

陈燕嬉同志：

被评为二〇〇六年度先进个人

北京市导引养生委员会

2007年2月

陈燕嬉获得的荣誉证书（部分）

党的认识一直（跟）从前（一样），（觉得）是一个很正确的东西；可是我已经跟共产党有接触了，也没有很强烈的（决心），说我必须得（马上加入），我来参加这个斗争、解放全人类，那心不是很强烈。跟我事业心一样。当然解放以后，在业务上我稍微好了一些，可是我觉得我克服（困难）、钻研的东西还是不够。对我自己来说，要认真，刻苦学习的话，别人都看好，说你刻苦。当时工作是认认真真的，不是马马虎虎的。入党也是这么一个情况。

问：您经常当先进生产者吗？

陈：经常。为什么，我也不知道。我工作就是认认真真，什么都有份。（19）59年那时候，是向党献礼。

问：建国十周年献礼。

陈：那时候，就二集体是一个先进集体。二集体拍的《青春之歌》《风暴》了不起。都算是二集体的，所以我现在也搞不清楚。分集体是（19）59年的年初，是司徒慧敏他们到欧洲，到南斯拉夫去考察；回来以后，学了他们的做法，就是成立集体。所以回来就成立创作集体了。应该是（19）59年一月份成立的，可是我记得，就是（19）59年以前，就开始决定要拍《青春之歌》《风暴》，那时候好像还没有成立集体。

问：创作集体是1959年九月份成立的。

陈：可是1959年开始拍的时候，也很明确，（19）59年九月份，可能十一献礼。我们的支部书记，后来当北影厂长，汪洋以后的那个……

问：胡其明，是吧？

陈：胡其明当时是没有集体。[1]那时候还有四个摄制组，（其中）有一个青年摄制组，还有四个集体。那个很明确，胡其明说，这两个片子都是咱们负责，让我接两部片子。我当时觉得不可能，可是他就决定了。

问：您加入第二集体，是自己选的，还是组织分配的？

陈：组织分配的。就是胡其明分配的，胡其明是我们的头。

问：他们可能早一步知道要成立集体？

陈：成立集体不是自愿的，是上边整个分的。我印象中，我跟秦威、胡其明早就是一块的，所以分配的时候，胡其明也是这样说，这两个都是我们的任务，你们俩兼着。那时候，有三个独立摄制组，还有一个青年摄制组，这个我还搞得清楚。反正肯定，就是在成立以前，已经明确是这样的关系了。可是后来根本不可能，后来他分配让王泽民（上），可是王泽民刚第一部戏，所以把蔡军请来。那时候，（19）59年，不是（拍）献礼片吗？两部戏都是献礼片，二集体是先进集体；先进集体那些主要人，就是先进个人。就是《风暴》跟《青春之歌》是主创人员（大多是先进个人），《风暴》摄影师是朱今明，他是第一创作集体的，他也是先进生产者。

问：录音方面就是您？

陈：就是我，您上回问这四个创作集体的录音是谁？再说一下吧。第一创作集体的是蔡军，第二集体就是我，三集体就是傅英杰，四集体是吕宪昌。后来“文革”时，（不是揪）四大师，四大帅吗？就是黑师黑帅……

问：您入党还没谈完……

陈：我再说一下，我不记得上次说的，还是重新说的。就是群英会里头，我在会场上碰到两个人，一个是张玉寿，我的数学老师；一个是我的同班同学，王青漪，北大的同班同学。他们两个都是教育系的，我们都是教育系的。

问：群英会的教育系统？

陈：不是文教卫生吗？教育系的，他们俩都是女附中的老师，模范老师。一个是我老师，一个是我大学同班同学，那时候我碰见了，见了面。好多年没见过的。当时会怎么开的，我一点也没有印象了。可是有一个，先进生产者每月有补贴，每月要发补贴。那时候不算太多，后来我才知道，一直到现在还有，不过不是太多。

---

① 陈老师记忆不确切。在创作集体成立时，胡其明属于第二创作集体。

问：发了五十年？

陈：我也不知道，什么时候发、什么时候不发。

问：奖金和奖状……

陈：奖状好像都没有。

问：回过头来说入党的事情……

陈：到北影以后，我不是转完团吗？就一直跟刘新他们在一起搞团委工作。这时候，陈昭就是党委书记。他肯定跟我谈过话，最初入党问题，是他提出来的，还是胡其明跟我说的，就不记得了。就记得陈昭说，现在党内也很需要你们这些技术人员来参加，可以共同地来搞事业，是这种说法吧。我还记得，当时王紫非也是做党的工作，她就跟我说，说他们不发展你，我们发展你。[①]

问：王紫非说？

陈：就这么说的。王紫非好像比较欣赏我的，我那时候当然觉得好，我觉得像我姐似的那种。我是那样的，人家讲话，也不问书记，就是挺快地记录。我不是把大意记上，我是把原话记上的，当然也不是很全。我记得，让我听什么（报告）、回来让我传达那个报告，基本上传达得比较全，因为我那个时候写字比较快。可是现在看起来好多都不认识。她跟我说过那个话。

后来出布告可能是1961年，因为肯定是转正以后再出，就是吸收我了以后，就出了一个布告。

问：出布告应该预备党员吧？

陈：我忘记是预备党员还是什么，反正出布告的时候说我怎么样入党。当时我的感觉就是，我从来也没有看见过这样的布告，那个布告有点什么呢？当时怎么想的呢？陈昭也跟我谈话，说需要这些技术人员，需要我们去增加党内的量。那么多技术人员，我那时候没有入党，是不是就是说派个先例，让我带个头。我说我不够条件，觉得党需要我们这些人，所以我也要求，就把我入党了，希望我带动那些人，就有点那种感觉。我说不够条件，胡其明说，让别人感觉到，你好像被拉入党似的。

问：就自我作践，是吧？

陈：就是说我是不够条件的，可是当时党委发展我，说明当时党委眼睛是向知识分子的，也是“右倾”，是那个意思。可是他们就理解说，感觉到我好像是被拉入共产党。那是胡其明他们说，以后我们聊天

---

① 陈燕嬉批注：所谓“他们”是指新影厂，即中央新闻纪录电影制片厂。

的时候说的。

问：当年是要让您来做技术人员的带头人？

陈：不是，我分析是这样。因为什么？没听说谁入党还贴一个布告，说这人入党了，内容什么词，我不记得了，反正不是一两句话，不是光说我一个人入党。不是那样，而是我怎么样，反正是有一些其他词的。所以我当时感觉也是……

问：您看了布告，感觉是什么？

陈：感觉就是，因为领导跟我谈话，说希望吸收我们这种有技术的人，就是知识分子，一些技术人来补充党的力量，党这方面比较缺，他是这么说的。当时我理解没什么，后来“文革”，我就觉得“右倾”，是面向知识分子的那样想法。所以我的大字报，说明我不够条件，因为现在黑的已经揪出来了，当然我不够条件。

问：转正宣誓，您还记得吗？转正要有一个宣誓仪式吧？

陈：我记不清楚，我真记不清这事了。是不是有几个人一块儿？应该是有几个人一起。我转正的时候，这个很巧，（不知道）当时是不是他们有意识安排我，很感激的。就是批准我入党，给我转正那天，同样一天。

问：毛主席生日那天：1959年12月26日和1960年12月26日？

陈：对，我说这个安排很巧。我很感激他们的安排者照顾我。

问：入党宣誓仪式都喜欢安排在节庆的日子。

陈：当预备党员、批准我转正，对我挺好的。因为什么呢？他得安排整个厂里的工作，怎么就考虑到应该是同一天呢？我那么想着，反正我心里想着是很温暖，我觉得很感激。

问：您入党以后……

陈：在我转正之前，在《暴风骤雨》拍摄的晚上现场，在换镜头的时候，汪洋去了，到现场去了。那时候光学要磁化，光学生产变成磁性磁带。可是那磁性就看不见波形的，那光学的波形容易剪，可是那时候，听磁带还不是很熟悉，原来就是说磁带转成声正，[①]所谓声正就是说不要印拷贝了，可以省一个胶片，就可以直接拷片的，那时候叫改革全磁化。所谓全磁化是什么呢？ 生产底片，就不印正片，就直接剪成底片，推行这个政策。我觉得，在剪接也不是很熟悉的时候，你把磁带剪来剪去，不就剪坏了吗？声音就不好了。所以我觉得，应该有一个过渡，让他熟悉了以后（再剪），大概是这样。汪洋他也不是太认可，听了应该成全磁化，他

---

① 声正，即声片的正片。

就主张那样，后来我就跟他讲，他就生气了，怎么吵起来的，我不记得了。他说你就是不让党审查你最初的（效果），你还要转来转去；我就不同意，后来我就跟他吵，他怎么说，我不记得了，反正他吵我也吵，我们俩吵得挺厉害。

问：是在您入党转正之前？

陈：在以前，在工作的晚上。我们后来也就不欢而散。这后来也就没事了。中间还有一个片段，我记得很清楚，就是那时候我们食堂有一个二楼，就是卖稍微高级一点的（食品），也可以叫菜。有一天，我跟崔嵬、陈怀皑一起吃饭，汪洋也过来，也跟他们在一块走。也不知道崔嵬怎么说起来了，什么事，他说我脾气好，从来不跟人吵；汪洋旁边加了一句，那也不见得吧？所以就证明，他们后来也没接着查下去，证明了汪洋还是记得那件事，他要是真生气了，他不会说的。（说了）就说明他不在乎了，我就这么感觉。我们关系也没有不一样，还是一样的。

问：也没有影响入党转正？

陈：在讨论我入党转正的时候，有人就提出来了，说一个预备党员在预备期就对领导这样不尊重，就吵，这人能入党吗？能转正吗？可他虽然提意见，我照转正，那就说明汪洋根本不在乎。当事人要是没有提，当然可以转正，没有别人附和他，就这么一个过程。

问：您入党以后，对郑老师的处境有没有好的影响？

陈：我跟你说，到北影以后，好像是政治气氛没有那么浓。我就这么觉得，没有提到，谁也没有跟我讲他的事。所以在那个（时候）也没有什么，跟郑学玄也没有什么。好像是成立集体以后，我们就搬到小关去了，那时候号召，集体的人都搬到小关去，住一块，谈问题的时候方便。二集体也是住在一块了。没有什么特别的。

问：好。

二十一、录音工作谈：台词、音乐、音效

问： 现在您选择，我们继续一直谈到“文革”，还是我们回过头来，把“文革”前的业务先谈一谈，然后再谈“文革”？

陈： 这都可以，要谈业务的话，我就要多谈一点，我对我的录音工作……比较长一点，你看怎么好？

问： 那没关系。

陈： 就要从头接起了，就是我重新（说）。有一些，是因为你问的有一些重复，咱们先把它放下来。在我接受故事片以前，我录了《毛主席莅平》《百万英雄下江南》，是吧？还有很多片子，就不管它了。我那个时候，只是明确什么呢？明确我从此热爱我的工作，我的录音工作不是可有可无的，而是很崇高的，因为它是用感情去做的工作，是去感动观众的。这是我的录音兴致，在录《毛主席莅平》以后就感受到了。另外通过十一（现场录音），我觉得（有）政治意义，就是我可以宣传。

我怎么工作？也是通过学习。录音工作，特别是故事片，有三种声音，一个是对白——故事片就是演员的讲话，纪录片就是解说——音乐是作曲，还有效果。效果创作就应该是录音师（要考虑的），就是你用什么效果。除非配动作效果，画面有声源的东西那不算创作，因为什么呢？因为同录音一样，就是有什么用什么。以外加什么效果，那个创作就成功了。我现在觉得，对白是演员的，演员当然是很重要的，演员对白再重要，是演员的创作，是演员自己的，录音只是把他的创作记录下来。这个记录要求怎么记录呢？就是要按记录条件，它不会失真，在所有记录条件，包括距离感、环境感，那些东西你都要如实地把它记录下来，不失真地记录下来。另外，虽然是演员在创作，要通过你的录，才能够让别人听到。看起来音量大小无所谓，可是（实际上）很重要，因为什么？演员的情绪变化，也是包含他用声音，轻还是重，用什么（来表现）情绪。举一个简单的例子来说，两个演员在演戏，他们俩在谈情说爱，说得很轻、很柔、很抒情的，你录音师给他录得跟平常说话一样，甚至打起架来，这不是破坏了吗？所以说，录音师虽然是记录演员的创作，可是他可以破坏它，也可以帮助它，有时候可以加重（效果）。比如喊一声，需要很强烈的，可是因为录音的调幅器是有限度的，它那个范围就是那么大，根据胶

片的情况，就是说胶带范围以内，你要想强调他这个声音最大，你就必须在之前安排一个强烈对比，比如说是某个无声的，完全是静的，这也是一个方法。或者是安排效果，有一个很小的（声音效果），反正就是更静。如果是更静的话，一下子喊出来，就觉得很强烈，这样是可以帮助他提高声音，对比它。所以说，录音师可以帮助他更提高一些。另外，对技术方面不太适应或者什么的，可以帮助他，让他衔接，上回说过一些。比如说两个人在吵，他跳拍的，你得帮助他记忆。所以说你录音可以，你不能代替他创作，创作是他的，比如说不好的，可以给他弄好。录音要想录好它，要想为演员很好服务的话，你必须跟演员一样熟悉剧本。剧本它是怎么说的，你自己理解是什么样，你到现场可以认真准备。另外，最特别的是什么？刚刚开始是光学什么的，录了以后，就不能变的。特别是那时候，不是说录完以后接在一块儿，你再混合重新调一下，也没有。有音乐的地方，把它剪下来，把它跟音乐的地方接上，就是一锤定音。你路数多大，就是多大，不能动。这个音量范围是一定的，噪声就很大，因为什么呢？话筒的噪声、机器的噪声、胶片的噪声，加上放映机噪声，噪声很大。你要是一开始就录小的话，层层加码，到后头放声的时候，噪声就很大了。有条件的时候，原始录音可以录大一点，完了需要再加上，那是最好的，噪音也是这样的。可是一开始不可能……

问：一开始为什么不能把声音录大一点？

陈：因为是一锤定音，你录的多大就是多大，不能动，它是光学的，而且是不混录，不经过再调节一次，直接跟画面一块去印拷贝了，你没办法。

问：早期录音都是这么干的？

陈：因为那时候条件只能这样，它没有混合录音的设备，另外也没有那么多钱，那么多胶片，哪儿有，加上去就完了。还原都不能还原，你给它弄坏了，它明明这么大，你给它弄小了，或者这么小，你给弄大了，这不是破坏了吗？你怎么样才能不破坏呢？能跟它一样，你就必须熟悉剧本，感情都差不多，当然不可能完全一样，在实拍的时候，就是在录的时候，你可以校正。你自己设计是错的，演员是正确的，那可以修改，我就按现在的来做。如果这演员跟我想象的不一样，比如说觉得差太多，我觉得是这样的情绪，他是那样的情绪，而且觉得我自个儿正确的话，你不能跟演员直接要求，我自己认为是这样的，不应该直接去跟演员说，你这样说不可能。我如果觉得太差的话，跟导演反映，他认为你的正确的话，我觉得他也不能强制，他只能给演员排排戏，或者给他说说戏，应该可以提出一些建议，艺术是没有强迫的，强迫就不好。

可是现在，我看有些比较有名的录音师，他们叫录音总监什么的。他们的口气就是，我让演员说话应该怎么说，应该用什么话说，或者什么语言。我觉得不对。我觉得演员绝对不能用他（人的想法）的来代替，我是这样觉得。当时我就觉得，我只有很熟悉剧本，跟演员一样熟悉台词什么的，你才能够录得好。我记得在（录）《民主青年进行曲》的时候，孙道临是主演，我跟他谈话，我们俩就聊天，反正都是挺年轻的。我就说我是第一部（故事片录音），我没有经验，我希望能够很好地配合。他说他也是第一次。后来人家说孙道临在上海已经拍过戏了，当然他可能也是跟我经历一样，他觉得也是新演员那个意思。我们谈得也挺投机的，互相帮助，我是第一次，你也是第一次，跟他合作很和谐的。所以我就采取那个办法，就是我有时间就读剧本。我后来觉得是笨办法，我都给设计一下。我的语言高低怎么设计呢？我就给它音量写出来，这句话应该多大，以后，这是红笔，这是蓝笔，就写它实拍的。以后我对一下，我看看有区（别没有）。跟着磁线录音以后，就整个一本、一本混合，我就没再做正面详细的东西，只是我自己熟读剧本就行了。他们上海人怎么样呢？我记得跟蔡军好像聊过，他们是什么情况呢？他是这么样的，他把电位器固定一点，如果是这个演员，他说话声音小，我就电位器固定住，他大点、你小点，他小点、你大点，就是这样来解决。是不是这个办法，我也不知道，反正他跟我说过这个。这是跟演员的合作关系。

陈燕嬉工作中

另外就是跟作曲，我觉得作曲跟演员一样，就是说完全是作曲的创作，录音就是把作曲的音乐录下来，不失真的，完全符合技术条件，能很好地还原出来，录出来。这里头，电影录音跟普通的音乐录音也有所不同，音乐录音他演奏整个（曲子），你录好了就是它，不会有什么变化。可是电影不是，电影的音乐，不是说一个管弦乐队，一个作品，一个什么曲子就可以由头到尾，它要跟着剧情来变的。有的时候，对话在这儿，你就要（把音乐的声音）压小的。它就跟平常不一样，这样的话，（就需要）录音跟作曲很好地沟通。按理说，一般整个管弦（乐队）跟录音，它的编制都是很正常的，可是根据剧本需要，可能是某个片段，它主要突出小号或者突出什么。因为剧情需要，甚至把它作为一个演员的形象也没有什么，这样的话，录音必须得给作曲（沟通）。也没有什么特殊要求，除了正常的管弦跟录音方法以外，也没有什么不一样的。另外，录音是应该跟音乐作曲沟通，电影的重要性，你要提醒他，这点效果很多，你怎么样，别打架。或者我说，第一这个效果多，你怎么给我（让）开。或者这个时候对话很多，（音乐）要很小，你怎么样解决，这些都应该提醒。我想应该如此，当然应该尊重别人。实际上很少（与作曲沟通），这跟导演不重视录音有关系。什么有关系？他跟作曲联系，并不是让录音跟他一起联系，所以沟通很少。

另外，我自个儿是觉得，我自己音乐修养并不高，可是还是有一定的欣赏力，辨别还是不行，有一定的辨别能力而已。

问：您讲的是音乐欣赏和辨别，是吧？

陈：录音乐的时候，对音乐越熟越好，你耳朵也记好，能听出来，哪个位置强，因为那时候录音乐不是一个话筒。从前也有过一个话筒，一个话筒更难。因为什么呢？你需要听，比如说是小号大了，要往后推点，或者是圆号怎么着，完全用位子来调节。后来就变成多话筒录音了。这样的话，越搞越细，就可以把它提前弄好。你的耳朵修养、音乐修养比较强了，你就容易判断。吕宪昌，音乐他录得最好，我录得不好。关于我自个儿，觉得我自己是很差的，所以唯一的办法就是什么呢？一方面事先征求他们的意见，另外在现场录音的时候，他在旁边，我一定请他听，哪点不会，我都尊重他们，我觉得这没有错。可是沟通没有机会，因为时间也不够，我觉得跟作曲的关系应该是这样的。可是整个工作方法（不是这么回事），一开始的时候，导演是跟作曲谈过，肯定谈过的，好像跟录音一块很少。谈完以后，他们就作了，作曲以后，最后合一遍，就是演奏一遍，这时候录音是参加了。参加以后，导演什么意见，作曲有什么意见，录音有什么意见，也可以提。

问：在录音之前要合练一遍，乐团合练一遍？

陈：这样的话，起码在录音乐以前，你知道曲子什么情况，可以准备。我觉得是好的。后来慢慢人力越来越紧张，也没有认识，根本没有（太多相互沟通的时间）。录音不变，还得录，事先就没法准备了。当然如果有特殊情况的话，有个别的（例外），一般都不会。所以，应该做的，实际都能做到。我自己知道，我音乐录得不是很好，因为我自己的辨别能力各方面（有不足）。

问：评价音乐录得好和不好的专业标准是什么？

陈：你要能鉴别的话，可以评判说录得好坏，要没有音乐修养的话，你评判不出来，除非是录得太差了，根本都不平衡。比如说小提琴都出了那么多，还跟不上，大概也不可能，因为录音还有作曲也都在。专业人可以挑的。我跟你说，包括作曲本人，耳感并不是那么好，他不见得听那么清楚，他只是作曲很明白，耳感不是很清楚。所以说沟通是（重要的），录音跟作曲，沟通越多越好，可实际上并没有这样做。

问：录音的三项任务，台词和演员，音乐和作曲，现在是音效，是环境音效和自己创作音效……

陈：在音乐上再补充一点，当时专业乐团指挥的李德伦，那是最有名的指挥了，他指挥，王酩作曲。有一点什么地方，王酩说那点怎么了，对他整个的处理有什么意见，他就跟我说："你去跟他说吧"。我说你为什么不去？（他说）他听你的。所以我就替他去说了。因为新中国成立以后，凡是纪录片，都是我（和李德伦）就在一起合作。挺有趣的，音乐就这样。

我是说到《小白兔》再说还是……

问：你刚才说了台词、音乐，还有效果……

陈：对，那就是效果。效果是这样的，分有声源的和没有声源的。比如说动作效果，画面里头有这个在动……

问：有个闹钟……

陈：……嘀嗒在响。这个，有什么你配什么。一般的故事片，除了特殊情况以外，没有什么创作不创作的问题，就是你录上就行，对吧？可是那个录上，你得麻烦一点，（要考虑）画面镜头带着不带着？远了近了？这个声音最好是一次录下来，录长一点，比如说可以拖过去怎么样。要不然的话，跳一下远的、近的，还有反打、没有（效果声）了。除此以外，就是所谓没有声源的，画面没出现的，哪些话音的、哪个效果要录音，那时候录音创作，你深入进去以后，发挥创作能力最强的。为什么这样做？你自己按什么就是什么了，别人没有（提示或要求）。你效果应该用什么样的效果呢？无非一个是时代感，你认识什么时代的，而这个声音处理一听就有时代的感觉，出现的（声效）又必须真实。时代有了，你跟这个环境（还要协调），（若）不可能出现的那个，不行。（还有）一个是心情，直观心情。正好这个声音又符合时代，又符合这个真实的，正好（表现）他那种心情，这样用的话，就可以加重效果。

问：既符合那时代，又有真实性，又跟主人公的遭遇和状况、心情相关。

陈：对。另外就是有些主观想法，那就是变化了。明明是一个闹钟，可是他主观（感觉有差异），这闹钟（的声音）可能特别大，或者特别小，或者是没有。你可以按照他主观的东西来处理，这些都属于录音创作，录音应该做这个工作。这些工作，你要录环境感，你在这个地方拍完以后，换一个地方， 哪儿有流水，哪儿有鸟叫，你应该把它如实地录出来，让人一听就是那环境。所以说为什么我后来反对说，不让录音出外景就不行呢？这东西不是那么容易的，一开始的时候，我没有机器，不能拿着那么多的电瓶，把摄影机放那儿一立、一开，杂音都把人轰走了，都听不见了，还听见什么？所以很难。直至后来，有一个磁性录音，或者小型录音机以后，才有可能。我就记得我很苦恼，一个环境挺好，流水声什么的，我录不下来，为什么？噪声。话筒的敏感度又不是那么高，将来光有噪声，那响声根本听不着。那时候我就想，如果有一个清晰度很高、杂音很低的，能把它录下来，多好。那时候我就觉得，（不）只是说社会问题、话筒问题、胶片问题。后来我就在一个买菜的自由市场，那时候已经有机器，背着，藏起来，我在里头录，录完以后声音不小，市场杂音很大，出来一片乱七八糟，买菜的层次没有，我就又傻了。我说这怎么还不成呢？后来我想，为什么？那个环境声音，它不单纯是一个大小的问题，它有一个人耳朵听声音的（问题）。

问：空间感？

陈：耳膜，再加上感觉。所以一个话筒绝对弄不出来环境距离感什么的。那时候才明白，需要很多话筒，这样子，才可以假定造出那个（环境声）来。话筒有时候还有单方向的、双方向的，后来有模拟的一个东西在那儿。这都是我自个儿亲身（体验），觉得遗憾得很，（效果）出不来，只能就是凑合。比如说到外头鸟叫单录一条，风声单录一条，水声单录一条。

问：再一合？

陈：这样才可能有一点（效果），只能这么来。后来，我离开工作岗位以后，现在有些录的效果也是好几条声带。另外，话筒里也是各种的，可以调节空间感的机器也有，所以可以做出来。从前是做不出来的。

问：而且还缺声带胶片，是吧？时间还紧张，不敢太浪费……

陈：磁性录音好一些，光学的还是不能瞎费的，不过还是磁性好一些。所以那时候，效果资料是很重要的，有些有的话，是必存无误。还有，就是说你这个环境感，在剧本里头，你知道历史哪年的事？地方哪儿？是安徽的，你在里头有什么？当地是什么情况？当年是什么情况？那个地方有什么特点？当时的原汁原味，地方特点的那些歌、舞、剧，唱、跳，还有哪些特点的东西，你不知道。如果剧本给你提供最好，没有提供，只有你自个儿摸索。假如有这个可能的话，你尽量跑一跑，上一些资料馆，打听打听，问一问。比如说，有一些剧种能不能别人替他唱，我们都做过。有的时候就是找一些会唱的，模拟那手法。要花工夫，不是一到这儿就可以取得来的，你能找多少是多少。这样说的话，录音还是有事可干的。可是一般的人认为，叫“有声就得”，这是录音部门一个话语。就是说，很简单，有时导演也是这样想，画面有什么你给录什么，有一些效果，你觉得有的就搁那儿，多简单。

问：没有把录音当成一种创作。

陈：反正是很难，难度很大。还不会引起别人重视，你弄了半天，人家一下子就会了，也没有觉得你这个有多大难度。我觉得，录音应该是有趣味的。

问：做音效的人归录音师管？

陈：录音车间里有效果组，效果组光配效果的，比如说脚步声，那都是配动作效果，假如是资料的话，他不管的。

问：归录音师管吗？

陈：当然归录音师管。音效归录音师管。你自个儿用什么，那时候也有资料室，特别新影（资料）有很多的，积累的，我们也是录什么东西，最后都送给它，完了以后他会存起来。

问：下次再用的时候，就省了？

陈：甚至于我们比八一厂（资料还多），用大炮、机关枪用得比较多，或者到地方（上录）来的，厂里也可以准备。这三个声音，对白跟音乐，你不是主要创作者，还是别人，（录音师要）保证创作能够还原，正确地还原。

问：音效是录音师与效果组……

陈：你可以要求音效给你做的像或者怎么样，你可以听，是这样，（效果是）作为录音工作的一部分。可是现在，紧着向国际靠近，也是很好的事情，我觉得这是将来的一个方向。音效，这是很难的，当时是什么情况，来模拟各种情况，很难，难度很高，而且创作性很大的。比如说模拟声音，不见得真的是皮鞋就是皮鞋，他可以用很多，很轻巧就可以很好，这是一门学问。

现在我知道，在国际上认为，他们有一个什么呢？在公司上。你可以提要求，要求什么景观，他就可以给你做出来。

问：好莱坞就是这样。

陈：就是这样。我觉得这个，我们真应该学习、借鉴过来。因为什么？因为每一个录音师动这脑筋，很费劲的。咱们没有专门的公司。

问：现在开始有了，北四环的录音公司、音效公司。

陈：音效公司也可能就是那些人，比较低的。

问：水平怎么样我不知道。

陈：不是水平问题，我觉得就是一个方向问题。我不知道这个音效公司，我看我们的北影，这个那个，乱七八糟的，我伤心得很。就是这个什么学院，那什么学校，又什么培训班，把自个儿提得那么高，能教什么东西？我觉得这个东西，你要是不干……

问：这些问题，后面再说？

陈：到这儿还再说一句，对白、音乐、效果，都做好了，还有很重要的一个任务，谁来指挥演奏很重要，指挥不好，就全错了。这个录音师，他又是作曲、又是指挥者，混合录音他就是指挥。那个时候，你全弄好了以后，处理不对的话，那就出不来效果。可是任何人不管，分镜头也好，不太重视，就随随便便，有音乐来了，我就按部就班；对白来了，我不压对白，效果不压音乐，我就按一般程序这么做，很冷静的，就是按部就班做。为什么我觉得史东山那个评价是有学问的？你弄好，观众就感觉很舒服，觉得全融进去了；要是不好的话，当然人家也不会提。说录音里音乐（声）怎么那么大？很少提的。（虽然）没走歪，（但）要有声音、画面谐和的艺术，达不到，声音不能跟画面……因为你指挥不了节奏，还有，这个曲子必须得跟画面配合，画面里头有演员演戏，摄影师的镜头剪接的

陈燕嬉与其他工作人员

什么，曲子必须得跟他一致，可以起到相互作用的效果。否则的话，就不会出最好的效果，我是这样觉得。当然这方面，也没有任何导演要求过，应该怎么样；我作为录音师，我觉得应该是这样。

《龙须沟》有一点补充。

问：您说。

陈：片子里面他们庆祝解放，我记得是那几个年轻的孩子就扭秧歌。我就记得，感觉上画面中他们是往天上走，那个扭秧歌的身影跳上去，应该也是越来越空的，反正我就感觉到，等于让他们往天空上飘，这当时是做了一些（效果），可是怎么样，我不记得了。另外，这以后就唱歌了，这音乐最有意思。作曲的是苏民和朱践耳。还有一点，我记得好像是这样，那些积极分子，还有街道的——不是下雨吗？下雨有一些小房子都要塌了，所以动员大伙儿都出来，到一个洞里集合，到那儿大家暖和，喝点水什么的，这场戏挺长的，有一个老太太她不肯走，他们又去动员她，好不容易说（通），刚刚走出了不远，后头房子就塌了。我记得好像不是画面拍的，而是录音，当时就是……

问：就是里面没有出现房子塌的那个画面？

陈：是声音。我觉得挺黑的，也可能有画面，我不记得。反正这点是强调（房屋倒）塌的声音，这点是要做的。我怎么做的（怎么）注意这个事，我不记得了。就是他们在那儿挺高兴的，都有一些（记忆），不是很清楚，就不说了。《龙须沟》完了就该什么了？

问：接着就该《小白兔》，因为《龙须沟》后边的《五支歌》和《赵小兰》这两个你昨天说了。

二十二、《小白兔》及孙维世印象

陈： 该什么了？

问：《小白兔》。[1]

陈：《小白兔》，是孙维世导演，孙维世就是总理的干女儿，她那时候是儿艺的演员……[2]

问： 她应该是一个青年艺术剧院导演。

陈： 我忘了，好像不是儿艺。作曲的是王云阶，它是一个音乐剧。当时跟王云阶一起谈的时候，是孙维世找我，我们三个人一起谈的。王云阶从前没接触这个东西，就是谈演员，演员的唱、音色，应该怎么样安排，选演员什么的，这都混到一块了。就是按声音需要来选的演员，《小白兔》应该是这样的。还有一个，《小白兔》演员不见得会唱，可是有很多配唱的演员，也要跟小白兔的声音比较接近，这个都是我们三个一起去做的——对不起，选演员的问题，我一会儿再继续补充一下情况。

问： 没问题。

陈： 那时候摄制组里头，各个组不是做计划吗？是强制的还是什么，反正录音应该有这个：比如这个演员，什么样声音合适原声的？这个声音应该是沙哑的，或者应该是高音的，好像有人设计。

问： 就是选一个演员，除了副导演，看他的形象，包括他的动作，表演能力怎么样以外，声音、录音也得符合标准？

陈： 就是录音要设计，这个演员声音应该是沙哑的，还是低音的。就是那个，选演员的参考。

问： 声音的特点？

---

①《小白兔》，童话故事片，黑白，8本。北京电影制片厂1954年摄制。根据苏联谢·米哈尔柯夫的小说《神气活现的小白兔》改编。改编、导演：孙维世；摄影：连城；美工设计：秦威、陆阳春；作曲：王云阶、马永田；录音：陈燕嬉；主演：王燕熙、史美明、刘恩泰、徐小慧等。

② 陈老师记忆有误。孙维世（1921－1968），是孙炳文烈士之女，1950年后历任中国青年艺术剧院导演兼副院长，中央戏剧学院导演干部训练班主任，中央实验话剧院总导演兼副院长。“文革”中被迫害致死，享年47岁。

陈：应该也是。

问：这是一个很好的规定。

陈：就是你可以设想，选演员的时候你可以参考，按声音选演员真的没有，可是我有一次。因为它配唱演员也是主要的，要用声音来鉴别。有一次我们经过安徽，我们厂的导演把我找去了，让我选演员，好像有一次。为什么让我选，我不记得了，反正就是让我帮着选。我就不做，因为我觉得不太实际，这个完了。再接着说《小白兔》。

问：对，作曲和导演三个人一起去谈，一起去选小演员，还选配唱演员。

陈：配唱演员。至于曲子，我记得好像谈得不多，可能也谈一些。可能他自个儿也说，我用什么来表现狐狸，用什么表现小白兔，他可能说过，这也可能。反正我们谈的时间比较长，因为我记得有一小细节，跟那个（音乐、录音）没关系，就是那时候我支气管不好，老咳嗽。我不是说上初三的时候，我咳嗽吗？我一直有气管炎，所以我们工作过程中我就咳嗽。王云阶就去给我拿甘草片，现在甘草片在街上是最简单的药，可是当时没有，当时是进口的，所以觉得是好东西。他也不知道从哪儿得来的，就给我吃，这我记得挺清楚。

问：王云阶老师给您甘草片……

陈：他从上海带的。反正我现在老用甘草片，不用别的，因为可以治我咳嗽。

问：创作过程和其他的记忆呢？

陈：没有什么了。这是跟音乐（作曲），反正都在一起商量，录音也没有什么特别的。我提过什么意见，我不知道，她的副导演，[1]我们在一起谈什么，镜头处理还是什么。

问：你也跟着去外景吗？

陈：那时候是内景。

问：都是内景，是吧？

陈：都是现场拍的。

问：是在舞台上拍的？

陈：不是，光布景。

问：都是布景？

陈：布景，应该说还是舞台戏。

---

①《小白兔》的副导演是汪岁寒。

问：孙维世这个人，您对她的印象是什么？

陈：我就说那个。有一次，没有（谈）音乐了，我提什么意见，有一些东西她不接受，好像没有什么表态。那个副导演就说，这是我提的，怎么样？她就一笑，做了一个表情，说你刚才提的意见我都接受了，不一定（全都要）按我的做。（意思是）很多我已经接受了，这个你非得让我接受不可，这是一个小片段。

问：合作愉快，是吧？

陈：挺愉快的。我们就合作了一部，后来《风暴》看片，她去了。

问：是探班，还是去……

陈：不是，混合录音以后，放片子的时候她去了。下来就跟我说，她说你的效果完全按情节来，音乐不行。

问：说《风暴》的音乐不行？

陈：为什么不行呢？她说你看它多纤细。当时我觉得她的想法不对，《风暴》（录音时我）跟作曲有很多沟通或者商量，可是她知道群众喊口号喊得很热烈的时候，它的音乐是什么样的；往前冲、往前跑的时候，它的音乐是像号角一样，飘在上头，很高，为什么要这样做？作曲知道这有很多群众声音，很厚的在下边，她这么做是正确的。是不是孙维世指示的？我不知道。她就说纤细。如果它这么厚重的话，那不就打架了。我的效果，我自己的想法，我不能完全脱离了音乐。因为《风暴》中的工人运动，必须得有群众声音，所以有人去打，打得挺厉害。

问：您当时不见得同意孙维世对《风暴》音乐的批评？

陈：因为我觉得有点委屈了。那时候它要不是那种号角式的话，要是重基音，我怎么处理？反倒不好了。反正我自个儿觉得有点委屈。可是也说明什么呢？说明我们没有沟通，有时间沟通的话，那都可以解决，可以合作得更好。只是说她因为看剧本，或者看样片，知道这时候肯定有人声，很厉害的，她自个儿都觉得，那是错的。回来《小白兔》，好像就没什么补充了。

二十三、《祝福》的录音工作

问：那咱们说《祝福》。[1]首先问您一个问题，为什么会去上影请桑弧来导演？北影那么多导演，还有导演没活干，为什么不用自己人？

陈：那没什么奇怪的。谁的主意，我不知道。那时候新北影成立，实际也很大，北影要做成一个经典标杆。所以它第一部戏一定是很讲究的，因为什么呢？在此之前，好像还（准备）拍一个什么（戏），名字我忘了。

这时候，也不（知）是谁送了一台立柜式的大盘录音机，磁带，也不知道从哪儿借的话筒，铝带式话筒。调音台是什么来着，反正什么都没有，录音车就没。怎么办呢？因为MEZ—6是一个稳速录音机。就是说要在一定的电压底下，它速度永远维持不变，录多长放多长，如果摄影机也是同步摄影机的话，就可以合得上。可是同步摄影机，也要电压稳定，它才能合得上。只有那么一个录音机。工艺上是这么样的，我们当时非常不理解，领导也没有跟我们讲。当时是彩色片，就决定外景，（需要录）参考声带。参考声带，也跟拍戏一样，口型对得上，作为参考，配音的时候，可以用参考声带来对口型什么的，这种技术。可是怎么执行呢？我们在外景录完以后，等着回来转成光学，剪接在外景已经给剪了。参考声带主要的作用是什么呢？就是做完以后，拿着参考声带套在画面上，有声音了。杂音不能用，可是也有了，剪接就可以根据声音来剪，没有声音剪是不准确的。当时决定这个，我自己也是糊里糊涂就用这个工艺了，没有整个想。包括有些去学习的（也没有想明白）。我们就是很听话，你不是让我们做什么吗：录好声带，我就都录下来。我上次好像说过的，就是我们拿着那么大的一个机器，很重的机器，四个人抬，过那个田埂，不好走的……

问：四人抬一个机器，录参考声带？

---

①《祝福》，故事片，黑白，10本，北京电影制片厂1956年摄制。根据鲁迅同名小说改编。改编：夏衍；导演：桑弧；摄影：钱江；美术：池宁；作曲：刘如曾；录音：陈燕嬉；主演：白杨、魏鹤龄、李景波等。

陈：参考声带。也不管那个声音重要不重要、词多不多，当时“阿毛——”（这句台词是）在山顶上录的，俩字，你说干嘛录？还得录。我也不知道，就是盲目地录，可是歪打正着，我上回讲，我忘了是不是录过音。没录过，我们当时开一盘磁带，那个片基比较薄，压在一块的时候有复音效果。特别是当时我们去外景的地方比较潮湿，我们压的时间比较长，回来转录的时候，就是复音效果多，这是“阿毛”，转一圈在复音的地方，感觉离他挺远，又一个“阿毛”，就变成那样。这样的话，原来我是设想，我做几个声带错开，错开就是回声效果。可是回来一听，自然就是那样的。所以就歪打正着，本来我们去外边录三小时，只是这点用上了，别的都没用上。

开始的时候，也有一个发电机，不是发电车，是一个大方柜子似的。可以离摄影机灯光远一点，那个时候，摄影看能不能用，就尽量拉得远一点。开始挺费劲地录一点，后来还是录上了。这是录效果的问题。内景那也是纯收音的。现在反过来讲，当时考虑片子是不周到的，就是做得不够。

问：哪些考虑得不够？

陈：比如说在绍兴祠堂的那个（声音），当地应该有很多特效，就是当地特殊的效果声音，应该多收集，可是没有。我当时去了，也没有（录），不知道为什么。当时可能……

问：您觉得《祝福》中，音响效果中对当时的环境声……

陈：不够。没有去设想这个。当时可能就觉得，它的整个结构比较简练，我别破坏。可能有那么一点想法，我不知道，导演也没有这样要求，现在看，这个是不足的。

问：导演重视这方面吗？

陈：当时他没有什么要求，也没有不重视。后来《风暴》完了以后，他去给我讲话的时候，我就特别感觉到他重视。他是什么时候开始转变的？还是一直就是这样？《祝福》他有没有想过，我就不知道了。因为他说的不是一般人感觉，而是说真正从（录音的角度来说话的），所以我觉得他很重视（录音）。可是当时《祝福》，我没有这种感觉。

问：他对您的要求不太多？

陈：没有提过太多的要求。

问：那有两种情况，一种是他觉得您干活他放心，不用多啰嗦。

陈：我觉得不是那意思。我不是跟你说吗？所有导演，没有主动的，除了画面久的，有一段，说你这个地方加一个什么效果，（否则）没有任何人主动说录音的问题。

问：再说他是上影人到北影来……

陈：不是。我跟你说，这可能一直是历史习惯。所有的导演都有这个习惯，他没有把声音作为他创作上的利用（手段）。利用录音手段来加强我的效果，导演没有使用这个（手段），我觉得是这样。相反的，我觉得三十年代的时候，导演对声音的创作有想法。为什么我觉得他们有想法呢？就是条件所限，不能所有的都用上，原声不可能都用，他就挑一个，很少出现一点，当时觉得不满足。为什么这样？后来我自个儿合计，觉得他有他的难处，不能全用，他要挑什么用的话，那挑很有意义。总而言之，是重视声音艺术作用（不够），不是很强烈的，越后来越什么。

问：影片作曲刘如曾……

陈：刘如曾这个有意思，他录过两次音，第一次管弦乐队的。

问：《祝福》录过两次？

陈：两次音乐，整个录完管弦乐队以后，我忘了是桑弧还是谁，听了以后，觉得管弦乐队跟（影片）整个的风格不搭，所以用民乐从头来。这个是谁出的主意我不知道，反正我想一定是夏衍、桑弧、汪洋他们几个。整个看起来还是对的，因为风格还是比较好的。

问：不仅是中国的，而且是江南的，所以要用管弦乐队。

陈：说良心话，我没有什么贡献。如果是我现在录的话，我会比这个录得好。我觉得，即使那个很清新的风格，它很单纯，跟素描一样，那种中国画一样，你可以不要有太多的想法，这是可以的；适当加一点（音效）应该好。我觉得，我做得不够。我也想过，砸门槛子以后，她一边走，[①]我记得也有过想法，因为她是带着情绪喊的，我现在记不清。反正没有什么特殊的贡献。

问：您刚才说了清新，不加太多的效果，也是一种风格。

陈：这是对的，这没错。也许当时也是因为这个，我没有更多的想法。可是我觉得如果适当地在不影响这种清新的……

问：……格调，可以再适当加一点？现在您对《祝福》的录音和声音系统评价是什么？在当年肯定是做到位了，现在觉得还不太满意？

陈：我跟你讲，你知道电影是遗憾的艺术。

问：那当然。

陈：每个人总是觉得不够满意，这个还差一点，那个还差一点，那

---

① 陈老师所说，是《祝福》中的一段情节，是主人公祥林嫂发现捐门槛给寺庙不能解决自己的精神危机，于是愤怒地跑到寺庙去“砸门槛”，然后离开。

样更好，都有，包括导演也是。可是我没有觉得我已经做得很好了。那时候，自个儿也不是说有想法，说良心话，我是水平不高，真的水平不高，我没有认真总结过哪点不够或者怎么样的。大的毛病没有，如果大的毛病有的话，我自个儿可能就感觉到了。比如说《龙须沟》的那个雨声的问题，如果配，会更好一些。

问：这个《祝福》肯定比《龙须沟》满意度要高多了？

陈：毛病很大。

问：可以做得更完美？

陈：当然除了这以外——这是设计——除了这以外，当时的环境感什么的，用现在的办法的话……

问：现在的技术手段比当年要先进多少倍了。

陈：我指的不足，是我自己应该能够做到的东西没做到。也有些别的，我是想做做不到的。

问：一个题外的问题，《祝福》组里上海人很多，上海人好处吗？

陈：那时候上海人，早的多，“三厂”刚开始的时候……

问：……也有上海人。

陈：上海人多，所以上海人是主要的。

问：《祝福》您还有什么补充吗？

陈：没有了。

二十四、中法合作的《风筝》

问：下边是《风筝》①。《风筝》是一个中法合拍的片子，上午郑晓春老师②还说她去过这个剧组。

陈：不是《风筝》，她是（与）《龙须沟》的“买半空”（有关）。

问：不是。买半空是您带着她去找小贩。她说她去过《风筝》剧组，《山里的人》《青春之歌》和《水上春秋》剧组她都去了，而且还在两个片子里面做过群众演员。

陈：她还当群众演员？那我不知道。

问：您不知道？是您带她去的，您不记得了？

陈：《水上春秋》又不是我（录音）。

问：《水上春秋》不是您带她去，可能是剧组找她去做跳水表演场景的观众。前面的几次肯定都跟您有关，《山里的人》《风筝》。

陈：《风筝》也许有可能，因为什么？都是小孩儿戏，也可能看着玩，那也没准。

问：《山里的人》她还演了一个角色，一个群众，一个小孩儿。

陈：《山里的人》，说良心话，我记得很模糊。

问：没关系，您现在说《风筝》，郑晓春老师说肯定您带她去过。

陈：挺有意思的就是最近，我的一个亲戚，回来了，说她见着《风筝》里头的男演员，说他还记得我。

问：是中方的男演员？

陈：可能是主角还是什么，反正是重要角色。他还记得我在《风筝》组跟他们的关系，我当他们是小孩，我跟他关系还不错，是这样。这片子

---

①《风筝》，故事片，彩色，10本，北京电影制片厂、法国加朗斯艺术制片公司，1958年联合摄制。编剧、导演：王家乙、罗歇・比果；艺术顾问：比埃尔・普莱凡；总摄影师：亨利・阿尔康；摄影：吴生汉、爱米勒・维莱尔勃；美术：俞翼如；配曲：段时俊；录音：陈燕嬉；主演：派特里克・特. 巴尔地纳、茜尔维也娜・罗森堡、钱立・齐曼斯基、谢添、张春华、袁迪旺等。

② 郑晓春是陈燕嬉老师的女儿，曾长期在中国儿童电影制片厂、中国少年儿童电影学会任职。在采访陈燕嬉老师之前和之后，采访人都曾咨询、采访过郑晓春老师，了解陈燕嬉老师的情况。

是什么情况呢？这是真实参考声带。拍摄的情况是什么样？它跟《祝福》不一样，《祝福》的发电机离得很远，噪声根本不会压对白。它这个是在景山拍……

问：这盘带子还剩几十秒时间，咱们别展开这个话题。您现在还想不起来，带着女儿去的？

陈：不是，带着女儿，我觉得《风筝》很可能的，因为好玩，都是小孩儿。（只是）我不怎么记得，如果是需要演员的话，那可能。《风筝》里头，他们有一个副导演，法国的副导演，他就光说《祝福》。当时我真不知道《祝福》的英文名字是什么，他就问我，我傻了，我说是不是《祝福》？他就跟我说《祝福》的事，说《祝福》怎么样。今天到时候了？

问：到时候了。五点了。您还要把《风筝》说完吗？有两种方法，一种就是到这一盘，今天就结束；另外就是先让您……

陈：没什么说完的。还有，明天还可以讲。你提问音乐的问题、配曲的问题，明天再说，现在告诉你也成。

问：明天说，现在别说了。

陈：音乐不是在那儿录的。

问：配曲那个不是在这儿录？

陈：它在法国，我记得很清楚。

问：咱们要说完吗？

陈：不要说完，明天再说没有关系。

问：明天？郑老师说她要让您休息一天。

陈：你们看吧。

问：不是我们看，是您看，我们跟着您走。

陈：如果你们不拍，我可以做工作，我往下做准备工作。因为什么？你一个一个下去的话，我正好更多地想一想。

问：那就明天咱们暂停，到下星期一再继续。

陈：可以。

问：说《风筝》。①

陈：《风筝》我从头说起，合作的人，各是什么性质（性格）。摄

---

① 编者对《风筝》的这一段进行了调整。从上面的对话可知，2009年11月7日下午5点，结束了第5次访问，陈老师的女儿郑晓春老师要求休息一天，到下周一，也就是11月9日再接着采访。9日的采访，也不是一开始就接着说《风筝》，而是按照陈燕嬉老师的惯例，每次采访开头都要对前次乃至前几次的采访陈述进行补充和修正。编者把陈老师补充修正的内容单独作为一个专题，把《风筝》的话题合并在一起。

制组的（法方人员中）有一个年轻一点的，年轻一点的有点矮，爱嚷嚷什么的，真的无所谓。摄制组他们所有法国来的工作人员，就他一个人有点矮。

问：是法国的摄影师，是吧？

陈：不是，我还没说摄影，就说这个副导演。[①]只有他一个人比较各色。那时候，放烟儿为了环境效果。我们这儿有一个工人，盘底下烧东西放烟，让摄影机后景都放烟儿，那样出来的时候，比较有成色深度。这个副导演有时候就觉得那个人好像太慢了，或者说不对。他也跟着嚷嚷，结果他自个儿去了，反倒更不行，大伙儿就笑他，这个我记得比较清楚。就是他，曾经问过我《祝福》的情况。可是他因为说英文，到现在我知道（《祝福》的英文意思）就等于是新年，过年这种性质的，这名字不叫《祝福》。我没懂。我愣了半天，后来我才说清楚。有这么一段记忆，这只是记忆而已，它不是重要的。

摄影师的工作是，摄影师是摄影师，把机器是另外一个人。这个把机器的人技术纯熟。光、什么角度，这些问题都由摄影师决定，那个摄影师年纪比较大。这个具体的摄影师是执行摄影，他的技术确实纯熟极了。打板，比如说近景，就在眼睛前头打，这样的话，就影响了演员的情绪——那时候打板不是用粉笔写吗？所以是一个挺难避免的缺点。他怎么着呢？比如说他是特写，他把板搁在脚底下，这摄影师（机）对着板，拍完以后，板一响，正好，特写就是这么弄的。所以他的技术很纯熟。他（是）专业化的。

汪洋从苏联学习回来就强调这点，就是专业化。比如说录音，从前咱们录音师不是渐进式。第二助理，第一助理，就升上去。他说苏联提倡专业制，你话筒就是话筒，一辈子就是话筒专家，这个在《风筝》里头看得很清楚。

另外就是，剪接跟场记两个都是老太太，挺老的老太太，反正比我大得多，头发都白了。其中有一个是共产党员，所以她们生活作风上平易近人。演员里头有三个（法国）演员，那两个演员大概都是比较有钱、出身比较好的；就是演小坏蛋的那个孩子比较贫穷，在摄制组里面，对他不像对他们（另外两个）那么照顾，可是这两个老太太对这个孩子特别好，就专门对那个（孩子好）。可能是因为跟共产党有关系吧。他们认真到什么程度呢？场记我不知道，因为跟我不算太熟，她有什么特点我不知道，反

---

①《风筝》的法方副导演，名叫爱德华·朗兹。

正就是很认真地记，就是剪接太难了。比如拍《祝福》有一个发电机，不是发电车，而是一个大方箱子，要离摄影机比较远，要拉线什么的，还不那么吵。在《风筝》里头，（用的也）是一个发电机，这个发电机搁在哪儿呢？就是有两个大的卡车，卡车还是平板，摄影机搁一个卡车上，灯光发电机搁另外一个卡车上，这两个卡车离得很近。

我不是说过汪洋他们回来，说《祝福》要录参考声带，外景不是有杂音不能用吗？（对）参考声带，我们知其然不知其所以然，只知道说可以参考加配音什么的，对剪接我们还不是太清楚，也不知道什么情况，所以根本就没有用。这个也是参考声带。《祝福》因为离得很远，对话清清楚楚，我们开始还想用上，很清楚的。这个就不是了，因为发电机跟摄影机离得那么近，吵得一塌糊涂，所以录成参考声带以后，声音听不清。录是录了，可是听不清。这时候怎么办呢？剪接，是老太太，把演员都找来，在录音室里头，让这演员念剧本，就是对台词，整个对一遍，录下来；配音的声音跟参考声带声套起来，套好的声带就是口型直对的，跟画面合起来，完了以后剪片子。当然，如果有条件，像现在EDR什么的，可以放，就是你配对白的时候，放给演员听，现在最新的就是那样，可以带耳机的，参考声音跟画面一块儿的，演员就听这个当时就行了。现在方便多了，又主张配音了。

当时在中国，在我们这儿，什么条件都没有。因为什么呢？你即使声带弄好了，剪好了，配音的时候没法给它循环地放出来，也没法让演员听。所以后头半截就没用。《祝福》不是也没用吗？这个也还是没用。剪接费的工夫太大了，她剪得准确，还要先对色，因为有声、没声不一样。这镜头跟那个镜头话音什么的，完全要跟那个声带来做的，她就为这个来划（分）镜头。所以我觉得在她们身上，看出来很大的敬业精神。

有一件事情，在我整个搞录音（工作生涯中），导演对我要求，我没有完成的，这是一个最大的（一次）。在《风筝》里头是最大的一项。他要求我录出环境声，他说早上来现场，（那时候）什么人都没有，什么东西都没有的时候，风声、鸟声或者是远远的一些声音，就是环境声。当时也不算太懂，但是也知道他的要求，可是没办法完成。我没机器。我们的机器是发电机或者是电瓶，到那儿去以后，那机器一响，声音挺大的。

问：所有的声音都盖掉了，是吧？

陈：机器那么大声音的话，比空气的声音要大得多。没有可能（录下环境声），没有完成。当时怎么说的，我不记得，当然他可能觉得，你们好像这也录不出来。人家也没有不满意，也没有说怎么样，反正我们没有录出来。现在看起来，也没有什么弥补办法。这是最难的，完不成的。

后来只有一次，就是录《茶馆》的时候，我觉得我们在《茶馆》录的效果……

问：《茶馆》是八十年代的电影……

陈：那是以后，我顺便提一下。因为（也是）导演要求，我没有完成的。我们一开始都已经考虑得很周到了，那天不知道为什么，哪一场戏我不记得了，可能是在茶馆里头，谢添忽然就提出来，这里加一个那个声音多好，你加一个声音。我说我上哪儿去找这个声音？虽然说很普通，比如就是一个夹板声，很普通，我上哪儿给你找去？当时我这么想。如果他这么说出来了，这声音为什么要在这儿用？这又有什么特点？如果说确实（需要）我承担的话，他在混录中提出来，也许咱们跟领导说说，咱们再想法找去。（当时）我觉得没有必要，一个普通的声音，这个声音很普遍，非得搁在这儿干嘛？他反正就说了一句话，这声音你们都没有？他就觉得，好像是我们有好多资料，不是那么简单的，就这点没有完成的。

还有一次就是什么？这不算没完成，就是录《野猪林》的时候，崔嵬说不要你们的条条框框，什么超调幅过荷？要录大点！大点怕什么？我说好，你说大点怕什么的，我跟他讲道理也没用。所以有一次我在试的时候，我听直音，环音录的时候开得挺大，就是超调幅过荷，完了以后，我再给他放出来。我说崔导你听，这是我按你那个开大了录，你说能不能录？我就拿事实来教育他。就这三次，跟导演的（合作）关系，没有按他想法做的。

还说咱们《风筝》。《风筝》的音乐，在这儿录过一段。哪段我记不清，可能是一个中国民乐配的东西，不算很大一段。这一段录的时候，因为也没有录音棚，就到八一厂去录。八一厂（的录音棚）那时候也比较紧张，就在一个很小的录音棚里头，让我们去录。那时候中国民乐队也挺大的，就挤在一块，效果我自个儿觉得不是太满意，就这一段。它的后期工作是在法国做的，它的音乐是在法国做的。

问：混录您没参加，是吧？

陈：混录在法国做的。我现在都奇怪，完成片来了以后，我看了，什么结果我不太记得了，起码就是说没有什么让我觉得太精辟的地方。可能是这样，我没有什么记忆，反正再也看不着了。当时我就记得，在摄影棚里边，拿着这么小的，微型的录音机，他戴着耳机的，就放这个音乐旋律，好像让我听了一点。

问：他指的是谁？是作曲？

陈：不，导演[1]。导演有一天在摄影棚拿微型的小录音机，戴耳机听。我在旁边，可能让我听。他说这就是旋律，他就说听听看合适不合适。（后期）整个是在法国制作的。我们关系处得挺好，特别是剪接跟场记什么的。我记得我们临别的时候，互相之间送点礼物，他们送我们什么，也不记得了，反正小的纪念品，小的东西，别针之类的。我们送她，（也是）简单的，反正关系挺好的。还有，最后他们走了，我们去送她，那个时候我从来不上闹钟的，我自己想什么时候醒、什么时候起来，准时就醒来的，自信很强，恰恰那天就误事了。最后睡过了。后来听他们（中国同事）跟我讲，他就编瞎话，说我是病了还是怎么，所以没去送她。

问：给你遮掩过去了？

陈：原来我想什么时候醒，准对，我也不用闹钟，我自个儿相信，可是这个是大错了。还有一个，剧情中有个小男孩儿做梦，梦见孙悟空来，这个镜头应该是特技拍。在他的回忆里也说，他也说这是他拍的，有一部分是他[2]拍的。当时因为要求特技，他们做不到。结果法国摄影师就想了一个办法，拍出那个做梦的效果。这个我记得，他们还是挺专业的。不是有咱们中国的摄影吗？没有起很多作用，他们也不需要拍。

问：那中方导演是干嘛的？

陈：中方导演是王家乙，他跟编剧什么在一起。他们可能直接交流如何处理这个镜头。

问：现场指导基本上都是法方导演？

陈：他也在场，导演部门还是比较平均的，因为什么呢？都是中国孩子，在中国拍戏。而且编剧好像也有他，他们两人[3]一块编剧的。摄影方面就没有什么，没有起更多的作用。

问：录音就是中方录音，法方没有录音？

陈：就是中方。那时候我跟一个挺年轻的新助手，他不知道怎么做，也没有什么搁话筒录音什么的。《风筝》完了。

---

① 陈老师这里所说的导演，应该是指法方导演罗歇·比果。《风筝》的中方导演是王家乙。
② 这里的“他”，应是指法方导演罗歇·比果先生。
③ 这里所说的“他们两人”，是指中方编剧、导演王家乙先生，和法方编剧、导演比果先生。

二十五、录音工作漫谈及相关杂忆

问：您要补充录音技艺的三个方面？

陈：录音师的职责是干什么，这个问题，我回去想了想，我怕我说得不完整。这个问题好像有不同的看法。现在回想起来，解放以后，录音整个发展、录音师的团队，并没有什么问题；可是有一个很大缺点，就是没有共同来研究讨论这些问题。比如说这个片子出了以后，咱们大家看一看，议论一下，录音师讲一讲，我是怎么做的，是什么样的情况，大伙儿提一下意见；或者是说先看完（剧本）以后，大伙儿发表意见，才开始做……这都是系统里没有的，互相间也不提什么意见，也不说你怎么样，也不评论这个片子出来以后的好坏。

问：没有同行之间的互相交流。

陈：录音师之间，或者录音部门之间，互相交流、接触的，根本没

在怀柔中影数字基地与年轻录音师在一起，左为来启箴，右为吴凌

有。记得后来，有一次好像大伙儿曾经讲过。

问：咱们没有录音师协会吗？

陈：没有，那时候什么都没有。各个组的录音师，没有什么来往。不拍戏的时候，在一起聊一聊或者怎么样，那是很后来的。我记得有一次，仅有一次，片子不是什么原创的，可能新一点或者青年一点的（录音师），我觉得真是要讨论这个，恐怕不会讨论出什么。大家也没有说很多意见，只是说说特别不舒服或者什么地方，个别说一说，反正没有认真的。我觉得这是一个很大的（遗憾）。实际上，确实还有不同的看法。过去有些导演重视一点录音，有的不太重视。所谓重视，就是觉得这个比较重要，也没有说过更多的什么要求或者怎么样，或者没有提过；完了以后，（议论录音）好坏，这些也不太多。那时候，有些导演重视，可是都不是想如何利用录音的艺术手段来充实他的创作，他创作里头没有这个项目加进去。那时候，学术气氛不浓。

那时候，有三种不同的看法，三种录音师自己提议的。录音算是技术部门，摄影也算技术部门，摄影当然更是创作部门。说明什么？就是跟技术的关系很重。你拍摄东西也好，你录出来的东西也好，整个来说，你必须通过技术设备——技术设备还是高科技的——来表现，所以属于技术部门。所以录音师再好的想法，再好的设计，音乐感怎么好，必须通过机器，通过录音机来表现。既然是要通过（录音机），它如何使用（就很重要），因为使用也不是简简单单一开机就完，（机器使用）越来越复杂。（录音师必须考虑）如何使用，如何掌握，更重要的是如何发挥设备的特长。当然设备有一些基本的理论，什么声学理论、光学理论、电学理论，摄影也是，摄影光学。

除了那些基本知识以外，你还要知道，特别是录音的，因为那个录音是电子高科技，跟摄影还不太一样，摄影顶多是逐渐在进步，比从前更宽容，表现得更好，光线怎么样，就是逐步在提高。（而且）基本上是在原基础之上（提高），就是你摄影好，现在看还是好，只是说也许能更好。录音就不同。录音因为是电子的高科技，发展非常快，它的设备不断更新。而更新，不是逐步的、比之前好一点，而是说跳跃式的，它的机器、设备，是更新换代的，这台淘汰，就（用）另外一个，根本不一样的。所以作为一个录音师，必须得有一个（不断学习的精神），除了基础科学理论以外，对使用机器也还得不断地熟悉，不断地知道。你说我不管机器，是不行的，因为你没法录出好声音。就是说你会了这个，你的技术很好，你对机器很了解，你应该知道它怎么发挥作用。你如何使用它？你怎么样来表现它？那还是得录音师自己理解、自己感受。

问：您刚才提到三种不同的录音……

陈：我现在就说这个。有一种人偏重于录音，如何把声音录得在技术条件上来说不失真，合乎技术规范，对演员的说话、音乐和声音（效果），你能如实地反映过来。你要是掌握不好的话（就不行）。在音量上不失真，可以调幅，因为范围很小，只有几十分贝。你要录大的话，就失真了，失真得很厉害。如果说音响，你把它录下来了，你要补正一下。我昨天举例子说《龙须沟》，我给它补得不好，给它补偏了，那就声音变了，就不好听了。

问：一种意见是录下即可？

陈：如实录下，不失真的，调节都很好的话，当然这技术也包括远近这些东西，那你就完成任务了。至于别的，反正剧本已经决定了，导演也是主要的，当时导演通过了，你就按导演说的做就没错，别的都是次要的。你有时间应该钻研一下机器，这是一种。这种人还是想法好的。

问：重视技术，不要太多参与艺术创作？

陈：觉得艺术，好像就是说不实际，是虚的。另外有一种，这是最不可取的，有声就得。什么叫"有声就得"呢？反正画面、演员说话有声音了，音乐也有声音，效果画面有（声音），什么都有了，有声就得。

问：甭管艺术效果好不好？

陈：导演没有要求，反正全有就行了。就是很平庸的，我把这个录下来，我的责任就完了。

问：这不是一个好录音师……

陈：可常常有些人找借口，（说）因为创作是虚的，你有没有，别人看到（也不能）怎么样；技术，就是对机器了解（才是重要的）。

问：行家一看、一听就知道。

陈：是，行家看的，就是说声音好不好，那是一个科学的东西。你可以判断这个不好、失真什么，当技术指标来说，你没达到，这可以看得出来。要是理论上说，机器要懂它的特性。另外，你说声学环境这些东西，要了解得更多的话，当然对你是有好处。可是他不很认真对待工作的话，他就觉得这些东西好像难，（实际上）也没有什么了不起。它又不直接跟摄影有什么影响，反正我也能录下来。不管会不会用机器，你告诉我怎么用，怎么开怎么关，我会就得了。于是就逃避，他用借口不在于机器，而是搞创作的，录音是搞创作的，"创作"把自己抬起来。可是你真是认认真真去创作了？你用什么来创作？你没有基本条件，你怎么创作？这些是不可取的。也使得这一种人（让人）看不上，觉得你们空喊创作的人，是没有实际本事的，就是这种情况。

比较正确的，就是你对这机器要了解。除了基本的一些理论以外，你对机器整个功能、整个构造（及如何）发挥作用，了解得越多越好。而且，想到用这个机器来如何进行创作，认识到录音不单纯是把声音录下来，（不单纯是）技术问题，而是说通过技术来……来进行创作的，我觉得这种是正确的。

我昨天回去想，我自个儿说的有没有偏斜？就觉得，还是强调录音师是一个创作干部，我不是那个意思。三种人不管是哪种人，不管你如何认识自己的职责，你的工作性质决定的。不管你愿意不愿意，不管你承认不承认，你总是把你的审美观点，你自己的情感全都带到里边。为什么说每一个人不一样，为什么觉得（有些作品录音）怎么这么舒服？就看你是否把握得好。你自己的想法打动了观众，观众跟你共鸣了，这时候就好了。（若）你什么想法都没有，录完以后，顶多能（避免）不舒服，而且每个人的特点（还在其中）。

比如说在录纪录片的时候，我们这儿有一个刘钊，新影的一个录音师，他是比较好的。我们俩有一个看法不一样，纪录片（录音特点）是什么？就是解说跟音乐的关系，包括解说跟效果的关系。他的看法就是，解说一来，让你感觉音乐一下（停止）；解说完以后，再一上（音乐），他是这样看的，他就愿意那样，他说这样正好。我跟他是相反的，我觉得任何情况，不管音乐也好、效果也好，你也应该让感觉是上去得舒服，下来得舒服，不是在跳，而是觉得跟着情绪走。我们两个看法不一样，个人的审美观点也不一样。我上次说，怕人家误解，说你就是在争取录音属于创作的，不是那样，工作性质决定的。

问：以技术特长来参与创作，应该是这样的。

陈：你要懂那些，越多越好。为什么说（技术和艺术）不可两全呢？因为究竟是两种。所以我也很庆幸，我虽然是学理科的，可是我理科不怎么样。人家都当老师，我觉得我自己上大学以后不好，中学的时候我觉得我自个儿还可以，到大学的时候我觉得自己跟不上，不是跟不上，是不够（做）一个学者真钻研下去那种。你到大学应该专业，看钱学森，人家就是研究下去了。我没有这种火候，我喜欢艺术，我喜欢文学，喜欢音乐，但没有专业兴趣，就是觉得喜欢而已，也不专业。这两个加在一块，什么都不算，我正好这两个都需要，我自个儿说想玩。

问：三种不同的观点您都说了，还有补充吗？

陈：没有什么补充的。我觉得，因为不可以（两）全，这些懂得越多越好，最好能达到、超过这个水准。我觉得这个太难了，所以我觉得并不需要非得这样。像吕宪昌，他就是工程师兼录音师。所以说他是很难得的。可是他的观点，就是不应该浪费时间。我们北影的一个特点，我记忆中比较清楚的，上影有一个摄制组在我们这儿后期工作，他在那儿看着我们工作。我忘了是帮他还是我自己，反正一般的我们自个儿去接线，接好多的插口。有些人就是自个儿接，有些人就不管，他就找工程师给他接。他在旁边看见我们在接的时候，他自个发感慨，也不是对着我们说，好像跟他们上影的（同事）说，说你看人家做这个，人家是怎么做的。我当时的感觉，听到他们说，我觉得他们上影也是，录音师不动手，让别人接，我是这么感觉的。所以我想，这是比较普遍的事情。

问：就是录音师、工程师给分开？

陈：分开是肯定分开，因为职责不一样。工程师是什么呢？他是维护机器、检修机器，发生什么事情，测量机器什么的，他主要是保证技术设备的。

问：纯粹技术部门。

陈：纯粹技术部门，录音师是技术……

问：……技术和艺术结合的部门？

陈：加在一块儿。特别是录音特点，更新换代，不一样。为什么我说别人要写出一点经验，我说没什么可说的？因为你们现在说得天花乱坠，如果是现在条件的话，比（你说的）那个好得多。

问：您的方法也能给后人留下来。

陈：可是技术评不出一个好坏。比如说我介绍这段，我觉得挺得意的。

问：只能是在当时的技术条件下来评价它的高低，现在的技术条件比那个时候要好多了，不能这么比……

陈：不是比的问题。比如说按什么方法，现在延时器、回响器早就有了，我们一直都没有，我们那时候做回响怎么做呢？就是拿一个还原机，放大部分，然后拿着大喇叭，在我们的录音楼里，楼上楼下，到哪些角度，那边拿出麦克风听一听，话筒听一听这个效果比较好，上下乱找，找到一个，觉得这个比较好，就是这么样的。完全是笨办法来做。后来人家延时器都有。就是说那时候做出的效果，肯定不如后来，特别是现在。现在有一个工作站，那简直什么都可以达到的。你要举例来说，你看我们那时候，我用那个声音，我是这么样想的，可以飘在天空一样。可是一听没什么，跟现在比差远了。所以要从效果检查的话，没什么可说的。

问：我们谈的是历史，历史还是有话说的，结合当时的技术条件。

陈：只能说是这样。只能说我当时是怎么想的、怎么做的。要拿出来说，拿出来别人看，是不是这个效果，人家没法决定。要是现在，算什么？所以我说好像可以说方法，就是你怎么样认识、怎么样做，你要真拿出来东西说得很详细的话，没什么用处。这就补充这样。

完了以后就是“大跃进”。“大跃进”我也更改一点东西。当时我说我们放卫星，我是故事片（组），回去一想，时间也不对。正好，昨天找一个当时在一起工作的人——她那个时候搞话筒，是一个女同志——她说放卫星的时候，《山里的人》一天一夜，一天也不用。具体的，我不记得，反正一天就是72个镜头。她记得很对，是72（个镜头）不是101（个镜头）。我上回不是说的101（个镜头）吗？不，101个镜头是《杨门女将》，戏曲片。这个是说《山里的人》，是故事片。

问：故事片，一天24小时拍72个镜头？

陈：在放卫星。这个时候，当时我的感受，就是大家很紧张，大伙儿整个高度集中。平常那些美工师一般不动手，（这时候）不管是美工师也好，全都下去动手，热情很高的。每个部门都在做好准备，下边都做好了，这也是有好处的。我当时说这个话的时候，只是想到演员，演员是很紧张的。那个当时搞话筒的人就跟我说，那次给我累死了。因为我们（要爬到）屋架（上），要上得高一点，很长的，上下左右那么爬，每天要爬。那段我就爬不上去了，我就让另外一个助手爬上去，确实太累了。录音是那样，摄影搬机器，那个工作人员是特别累的。这演员确实是压力太大了，因为每个演员的创作习惯不一样，另外我觉得也允许他考虑、喘气，（让他想一想）这个片子、那个片子。我只想说（紧张），忘了那个（细节），这个人补充，因为她在前头，补充得更具体一点。她说可能少一点，全都扮好了，预备开始，一打板，那板一响，“哎呀，我忘了”，就这样。完了大家说，既然是他怕打板，打板太紧张了，咱不打板了，可是不打板，跟他说没说，我就不知道。（可能）没说这个，反正就是后打板——也可以后打板，（镜头序号）都记好就行。以后就没打板，大家说，怎么板声也没有？又不行了。

问：有板也不行，没板也不行，高度紧张。

陈：就是高度紧张。就是说，确实艺术创作不能这样搞。虽然有个好处，大家很热心，很早都准备。我想起后来放声音，戏曲片不是放声音吗？那个确实准备了好多，两套磁带，这个得跟着镜头，进去拍成四句必须定好了，这是这个镜头（用的），下边那个镜头换过来，记什么都弄好，这样就很快。所以这个准备工作是不错的。

另外补充一个，不是我录音的，可是我去帮忙的。就是《十三陵水库畅想曲》，金山导演的。正好昨天这个同事又给我补充一点，我想起来了。我那时候只记得我跟他们剪接，去分音乐段什么的。她说我还帮助录音乐，这个我记得不太清。她说很具体的，突然我说那个唱歌的声音怎么不对？后来就发现，唱歌的人是坐着的，应该是站着唱歌，他坐着，他说我太累了，站不住，就说明人是很累的。这有联想，不是放卫星，在八九十年代，就是《为了六十一个阶级弟兄》，[1]也是赶的，日夜赶的。我只记得，我去帮他们录音乐。

问：录哪个音乐？

陈：《为了六十一个阶级弟兄》，那时候，一边等着编剧作一段，作一段，乐队在那儿等着录一段，是这样的。

问：《为了六十一个阶级弟兄》的录音师不是您，您是帮忙，是吧？

陈：好几个都去帮忙，（录音）是张家克。乐队没有录的时候，就在那儿（休息）。（曲子来了）以后，全起来了，就录了一段，那个时候就是那么赶法。那时候《十三陵水库畅想曲》，我正好是从《山里的人》出外景回来，因为不是全程出外景，就是到那儿（待一段时间），那天下午我回来了。回来的时候，我不太记得，可能是帮他们录点音乐吧。我记得，有好几个剪接，一个人报剧本，我记得杨雪明，就是谢添的爱人，也是剪接之一。我就记得跟她在一起，我给他们分节，就是分成音乐段落，写成什么东西，完了按在那儿等等。我就记得，我明白应该放在什么地方，什么都跟她说好了。剪接傻了，愣了半天，她就不知道搁哪儿，不知道对不对。我也不知道为什么，反正不详细，我当时就觉得没辙了，她转不过来了。后来我说你放心，我决不会错，你就按我这个来，接吧。中间是不是跟他们合作，我不记得。我想不会合作太多，只是他太疲倦的时候，我们会替他分。这次以后，就是上次我说过那个，是什么呢？就是混合录音……

问：是《十三陵水库畅想曲》？

陈：混合录音，也有可能，重新说吧，我也不知道我说没说过。那时候我们北影还没有自己的录音创作（室），是（到）新影录，新影（录音棚）分不开的，就跑八一厂去弄，不是混合录音。到八一厂录，他们俩[2]太困了，没辙，就让他们俩休息，他们找地方睡觉去了。我跟一个搞话筒的人，我们俩一块来合作。可是我们不熟，对镜头全不熟。金山就在我们这儿坐着，看着前头，到时候该输什么了，比如说该输火车声了，拿着扇子一扇，说（应该输入）什么，他就在那儿指挥。另外，当时全组人都喝酒，是提神的，我们就这么录音的。你说，这能够感情充沛？什么创作，

---

① 陈燕嬉老师记忆有误，《为了六十一个阶级弟兄》是北京电影制片厂1960年出品的，根据《人民日报》《山西日报》《中国青年报》《北京晚报》《平陆小报》的通讯、报道改编。集体创作，谢添、陈方千执笔；谢添、陈方千导演，高洪涛摄影，张家克录音。

② “他们俩”应该是指《十三陵水库畅想曲》的录音师吕宪昌、王泽民。见下文。

根本达不到。

问：不能精神饱满？

陈：不可能的，不可能投入。整个内容还不熟，也不知道，有事就那么办，只能这样。我就记得很清楚。导演一上来拿着扇子，就那么指挥。底下录完了，录完以后，他们两人就找两个地方睡觉去。王泽民、吕宪昌睡哪儿，反正也是解说室什么（地方）。王泽民肯定是副手，两个人合作，合作也有正副。录完以后，可能也是磁性要转成光学的，应该叫准入，那时候大家管它叫再生。我就记得去叫王泽民——为什么不叫吕宪昌，（而）叫王泽民？（因为）王泽民可以了——我就说：王泽民起来，再生了，我们录完了。他说“我不生了”，就是这样。

问：以为是生孩子，是吧？

陈：他就是什么，人困极了。“不生了，我要睡觉”，这个记得很清楚。

问：真是累到极点了。

陈：真是累到极点了。

问：有点荒唐。

陈：我觉得，也不是一个方向，干嘛放卫星，走形式。那是“大跃进”。

顺便补充一个事，就是我昨天在电话跟你说那个，我女儿说到《山里的人》现场去，后来我就问她，什么情况呢？她说可能是家里没人（照顾她，她才到摄制现场）去。我现在想想，也不是，就是家里没人，我不会把孩子搁到现场去的。可以找我家人，找我亲戚什么的，我决不会这样做的。后来一想，陈怀皑说话，在我脑筋里有。是我直接听的，还是他们随口一说，我不记得。我现在想，只有一个可能，我女儿找我去，问我要什么东西，或者给我送什么东西；比如说问我拿钥匙，或者送钥匙，跟我随便交代一件事，这时候陈怀皑看见她，就跟她说，是这样的。我怎么想也想不出来，在摄影棚里头，工作不是玩，你把孩子搁在你旁边，算怎么的？而且我们经常也挪来挪去的，也不会空下来。①

---

① 这一段补充，颇能说明陈燕嬉老师的个性，对任何细节都希望能搞清楚。即使不能从记忆中梳理出来，也要从事理逻辑上解释清楚。带孩子到拍摄现场，当年很少见，陈燕嬉老师这个工作认真的人就更不会那样做。所以，她一定要问清楚、想清楚、说清楚，才能安心。《山里的人》是北京电影制片厂1958年出品，由陈怀皑导演，聂晶摄影，陈燕嬉录音。陈燕嬉的女儿郑晓春说她在这部影片中充任群众演员，应该不会错。陈燕嬉老师说她记得导演陈怀皑说话，内容或许与找她担任群众演员有关。

问：就是您肯定不会带她去玩的。

陈：绝对不会的，后来不是说《风筝》吗？她那个说得是合情合理的，就是老郑带她的弟弟去。

问：去看热闹，跟您没关系，不是您的工作。

陈：而且也不会去找我交流什么。不会。我就那么想的，就补充这点。

二十六、《探亲记》及歌舞片和杂技片

问：下面说《探亲记》？[①]

陈：《探亲记》是这样，正好他们拍摄完，没做后期工作。（这部影片的）录音是傅英杰，他是第三集体的录音师。（拍摄完成以后，厂长汪洋带领）他们一大批去下放，不是“四清”，下放（劳动）。所以（录音工作）由我接过来。（这部影片的创作）有一个过程，原来故事不是那样的，原来故事是说一个人忘恩负义。后来一审查，觉得不行，就扭过来了。好像是（说）他儿子牺牲了，另外一个人冒充儿子的名义来寄钱。

问：对，给他寄钱写信。

陈：改成正面的。所以说很多戏重拍的，我就跟那个组。

问：前期拍摄您没参加，是吧？

陈：参加了，我就不记得，（是）改了以后，（还）是重改以后，好像也不见得是从头（改），就是说它又改了，本身已经拍了……我就记不清楚从头拍的还是从半截拍的。

问：北影怎么做这种事？创作搞到一半就下放呢？至少要等到这个作品做完了以后吧？

陈：这个说明一个问题，说明对录音的重视程度（不够），我觉得是说明这个问题。（若）是摄影师，演员当然不行了，不接戏了。为什么我们俩人（录音）？就是这样去的。这个戏没有什么太多特别的。

问：导演就是谢添、桑夫，怎么会两个导演呢？[②]

陈：桑夫是演员，就是比较主要的演员之一。

问：但是他也署名是导演。

陈：他后来也想当导演大概是。

问：这部片子桑夫没导演？

---

①《探亲记》，故事片，黑白，10本，北京电影制片厂1958年摄制。编剧：杨润身；导演：谢添、桑夫；摄影：高洪涛、陈国梁；美术：田世珍、张先得；作曲：时乐濛；录音：陈燕嬉；主演：魏鹤龄、里坡、张平、王人美等。

②《探亲记》一片有两个导演、两个摄影、两个美术师：两个录音师，是否与上面所说下放有关？待考。

陈： 后来桑夫也当过导演，可是一直没怎么出来。

问：《探亲记》您还有什么别的记忆吗？

陈： 好像没有。

问： 您刚才说《风暴》要留到下次再谈，是吧？

陈： 最好是这样。

问： 后边是《百凤朝阳》，歌舞片。

陈：《风暴》是什么时候？

问：《风暴》是（19）59年。

陈：（19）59年的时候，那时候《欢天喜地》《百凤朝阳》。

问： 对，《欢天喜地》，都是这一年。

陈： 都是（19）59年的。

问： 您可以先说。

陈：《百凤朝阳》都比较简单，先说《百凤朝阳》跟《欢天喜地》吧，好不好？

问： 好的。

陈： 我也觉得奇怪，那年拍那么多东西。

问： "大跃进"。所以（19）59年您入党，又是先进生产者、参加群英会，那年做的事确实特别多。

陈： 那可不一定，那得搞得开（才行），（否则就是）我愿意做也不行。好像我那时候想跟什么搭着的……我明白了，大概这边跟陈怀皑接着录音，崔嵬在这儿拍戏，完了以后，等拍戏他又回来……只能合理（推测），记不太清楚了。

问： 咱们先说《百凤朝阳》？

陈：《百凤朝阳》是一个纪录片。[1]

问： 舞台纪录片，是吗？

陈： 就是说片段，一个一个舞蹈接在一块，不是就等于舞台纪录片吗？

---

①《百凤朝阳》（歌舞），北京电影制片厂1959年出品。彩色，11本。陈怀皑导演，朱今明、聂晶摄影，秦威美工，陈燕嬉录音。本片介绍了11个兄弟民族向国庆10周年献礼的16个歌舞节目，包括：中央歌舞团的《孔雀舞》、四川省歌舞团的《快乐的罗索》，贵州省歌舞团的《欢乐的苗家》，中央实验歌剧院的《长绸舞》、内蒙古自治区歌舞团的《挤奶舞》、中央民族歌舞团的《三月三》、宁夏回族自治区歌舞团的《晏席曲》、新疆维吾尔自治区歌舞团的《摘葡萄》、江西省歌舞团的《丰收乐》、吉林省延边朝鲜族自治州歌舞团的《顶水舞》、云南省歌舞团的《小卜少》、广西壮族自治区歌舞团的《滥水河情歌》、北京舞蹈学校的《春江花月夜》、福建省歌舞团的《走雨》和西藏自治区歌舞团的《丰收之夜》等。

问：是在舞台上拍吗？

陈：不是舞台上，那倒不是。我还记得就是，现成的，一段一段的节目。

问：歌舞集锦，但不是舞台表演实录？

陈：没有，就是歌舞片。这么说，比故事片简单多了。它好像没有新的构思，（没有新）编辑什么东西，情节没有那么多，它就是翻原样。

问：也没有什么影像效果，就是音乐？

陈：那是个别的，比如说舞蹈里头（有音乐效果），舞蹈本身。

问：声音就是音乐一部分了？

陈：舞蹈这部分，它的动作。

问：动作还出声音吗？

陈：舞蹈不是有动作声音吗？比如说跳舞，脚铃子什么的，都有的。有的该出来的（就）出来，没有什么画外（效果）给它强调。

问：跟故事片和戏曲片录音方面主要的不一样是什么？

陈：作为录音来说，主要不一样，就是你把它录好就行了。戏曲片还有一些（问题），因为它长，是一个故事那样的，现代的故事。但这个，是一个一个的节目凑到一块，这里没有什么曲子是（需要）重新编的，没有什么情节，（相互间）没有什么联系，就是一段一段的音乐，只要你把音乐录好了就行了。这块儿工作还挺多，（当时）咱们新闻片那块也弄过，新疆的这些。反正怎么（设法）错开的。是（19）59年（出品）吧，那时候有很多片子，不知道怎么弄的，像陈怀皑他们都是错（开时间）的，反正时间错来错去。杂技那个……

问：《欢天喜地》。[①]

陈：《欢天喜地》音乐都不是满的，因为有好多变戏法的。

问：不需要音乐。

陈：就是有一些特别一点的音乐，（音乐）录音不是特别多。所以我跟他们这个组好像没有很多的印象，反正来了我就来了，我自个儿感觉。（录音）肯定是要录的，不过比较少。反正就是工作不是太多。那时候谢

---

①《欢天喜地》，杂技，北京电影制片厂1959年出品，谢添导演，高洪涛、陈国梁、张庆华摄影，秦威美术，作曲：陈方千，录音：陈燕嬉。演出单位：中国杂技团、战士杂技艺术团、战友文工团杂技曲艺团、总政文工团技艺队、重庆杂技团艺术团、中国铁路文工团杂技团、北京宣武区摔跤组。为庆祝新中国成立10周年，本片通过简单情节，将上述团队在全国各地演出的杂技节目串连起来。节目包括《空竹》《耍坛子》《蹬伞》《小武术》《中幡》《飞车走壁》《空中飞人》《蹦床》《飞杠》《双爬杆》和《驯兽》等。

添导演的。

问：《百凤朝阳》是谁导演的？

陈：《百凤朝阳》是陈怀皑导演的。

问：《欢天喜地》是谢添导演的……

陈：写的是谢添等，我也不知道，可能是几个组一块儿拍的，摄影师好像有几个。

问：导演干什么呢？

陈：当然（需要）导演了，你选什么节目？银幕怎么接？就是这些。

问：排序，包括选择？

陈：就给你（分配）任务。《百凤朝阳》歌舞，你选哪个？你要选的话就去看看，怎么样。

问：是到各个团去选，然后拍成一个集锦？杂技呢？《欢天喜地》也是吗？

陈：《欢天喜地》也是，杂技，有的飞起来，是在空中的。

问：空中飞人？

陈：不知道是不是一个，没准，反正是各种各样的。你这个（没有）导演不行，哪个戏、多长、多短（都要导演决定）。（不过）费的劲不是那么大，跟故事片还不一样。

问：录音工作多少时间？比较短一点？

陈：差不多，比如说《百凤朝阳》，那肯定是一个一个录的，录完以后，也就是没有什么更多的补充。混合（录音），你当然也得知道这个片子，可能准备效果（也需要）有一些，这个也简单。

问：就是比录故事片和戏曲片要简单多了，是吧？

陈：比较单纯，没有情节的东西。没有对白，没有说话，就省事多了。

问：旁白什么东西也没有？最费事的应该是音效吧？

陈：不是，这没问题，（关于录音）这个问题我再说一说吧。

问：待会儿说吧，这盘带子到了时间。

陈：如果不说《风暴》可能来不及了，没有东西可说了。

问：还有好多东西呢，《杨门女将》《暴风骤雨》《北大荒人》《山里的人》《野猪林》《穆桂英大战洪州》。

陈：那都是后头的。

问：这不影响，接着说就行了。咱们补充的不也是吗？

陈：按顺序是（19）59年。

二十七、录音工作杂说与杂忆

问：咱们往后说，到时候再找一个专门时间（补充）……[①]

陈：我说一下。录音的机器，我上回说了，解放初期的时候，就是拍《民主青年进行曲》的时候，是最困难的时候，还没有混合录音机。过去是“中电”也就一台四路，两个话筒。也没有说是一本一本录，不可能。就是一段一段录，那天我说了，两个机器型号不一样，就是录音头、调幅器，形状也不一样，有的是双面，有的是单面。还忘了说一个，就是音量表，我们的音量表有两种，一种是平均值的，一种是峰值的。

问：峰值是什么意思？山峰的峰？

陈：对，峰值就是说表飘着，就是瞬间表现出来挺大的，飘过去了。平均值不是，它是跟你这个话差不多平均的，它跳得比较稳定一点。你要混合录音，应该是平均值的。我记得当时先期录音跟混合录音的表都不一样。可是要求（很高），不是一锤的买卖吗？要求你同时录音多大，你混合录音也能大，嫁接起来是统一的，表不一样。（要靠）咱们的记忆，帮助脑子记忆——除了耳朵以外，音量也是这么些的，是正二或者是零什么的，不一样。

问：如果平均值和峰值……

陈：两者不一样，所以挺困难的，就是这么一个情况。那时候除了没有机器以外，（胶片上）也没有地方，顶多两条，两条还得连在一块转，一块合着，不可能太准。所以也没有出外景、录效果的。这是那个困难阶段。后来进了GBK的机器，就是一个大台子，录的时候也比较多，是八路还是几路。那个就是四个还音机，就是可以放四个声带，那时候就好多了。随着录音的意识提高，声音的效果比较多，除了外加的效果，就是环境效果，表现的历史特点，你自己有意识的，那个比较多了。那个资料就比较少。拿的（资料也）不是很统一的，有的声音特大，有的声音特小，

① 在口述历史采访中，经常要遇到这样的情况：本来应该是按年代顺序、作品顺序进行历史记忆的陈述，但受访人的思维有时候会“信天游”，想到别的问题上去了。对这种“叙述走失”情况，不能完全顺着对方，更不能贸然打断对方，只能根据对方的情况，与对方商量。若对方坚持，就只能顺其自然。以下段落即是。

有的声音不好，有的声音杂等等。所以这个效果都多了，（声道）就是四条，一条音乐，一条对白，基本占平了。

问：还剩两条……

陈：音乐没有的时候，只好（把效果）加进去。（声道）就剩两条，那么多效果，常常是一条（中），还原以后，有炮声，又有小虫子叫，又有什么鸟的，就是各种各样的，甚至把它搁在音乐里头。这样的话，在混合录音的时候，就添了很多麻烦，因为各种各样（的效果）还不能一致，你也得变。

问：小虫子跟炮声肯定是不一样的。

陈：另外你资料不见得是好的，还得补很多。所以音质要不断变，音量也在不断变，你还得清楚（所有的变化），所以负担很重的。我那时候是这样，就是到混合录音的时候，我跟剪接一起套，套片子、套效果、套音乐、套什么。有些录音师不去跟剪接一块，剪接送给你的表，在一声带里头有什么东西，这条有什么，他很简单地写着。那时候互相帮助，帮助别人混（录），一看那东西，虽然也写（了），但是什么也不知道。我跟他们一起，就一条一条写得清清楚楚，把内容写出来以后，这个声音是写这儿开始，话差不多。这样，等到混录的时候，这一条有什么东西，我就拿一个小条写在旁边。这样的话，就可以提醒我。可是有些同志，他就不去（事先与剪接一起准备），剪接拿来，按那个来，就比较困难了。我那个办法也是很费劲的。那时候没有磁性录音，录的光学（录音），有了混合录音机以后，也是直接录声带，不是录上磁带上。直接录在声带有什么坏处呢？一次录不好……

问：……就是它了。

陈：就是它了，就是作废了。可以翻一面，一个光学声带能录两次。

问：不像磁带，可以洗了再录。

陈：这样的话，压力很大。

问：压力是指什么？成本吗？

陈：不是，不但节约成本。那个时候把片子拿下来，用摇片机，现在可能没有见过，底下有比较沉的一个盘，要拿手扶着。你摇着那个，手都够酸，你想这四条声带，你试一遍，十分钟过去了。多累？这是一个很大的压力。两次就得回一条光学声带，这是人力的压力、经济的压力、时间的压力，你没事还得要等待。当时就觉得，真是痛苦，花了很多精力在这上头。我记得，一个放映的人，他就说怪话，就说这满脑子官司，能做得好吗？能不那么费劲吗？老弄不好，试一遍又试一遍，我记得有这么一个事。就是闲话，就是说你怎么那么少慢差费？你怎么那么费劲呢？你能接受这个东西吗？接受这个东西，你能用得很顺利吗？是这个话。

问：听了这话，你应该觉得委屈？

陈：当然，增加自己更多的压力，对不对？我挺自觉的，也挺累，怕浪费胶片，这也是。更大的痛苦是，我无法集中精力来投入进去。我第一次做《毛主席莅平》那个，我知道了这个（重要）性质，自己应该投入进去，感觉这样是非常舒服的，录音是非常舒服的。可是那么多的东西，我无法完全投入到那上头去。我只能在什么时候能感觉到舒服呢？在我记忆里头有两次。我帮别人工作，《青春之歌》不是我录音，它混合的时候，我去帮忙。

问：《青春之歌》您也帮过忙？①

陈：好多片子，二集体在一块（互相帮助）。另外一句话，就是有些年轻的，他需要你去帮他把关，对白什么的。有的是那样，不是年轻的……

问：忙不过来？

陈：我说的就是忙不过来。你说有一个人，单给你管一个效果什么的，你不是减轻点吗？所以很多……

问：《青春之歌》是去做什么？

陈：《青春之歌》，到那儿去的时候，给我比较轻，让我管音乐跟对白，是不是整个，我不记得。简单，为什么呢？合音效麻烦，因为那么多（效果），乱七八糟的，你这个对白是没问题的。

问：对白有时候还有旁白，是吧？

陈：旁白简单。那个就是话筒。反正是有一点舆论，有几个人，他们就觉得吕宪昌是录音乐做得最好的，我是对白（最好的）。因为我比较快，我就先判断这缺哪个部分，就补，我的手比较快，跟得比较快。我记得有一回，“文革”以后，有一个摄制组，它那个录音曾经是我的助手，他们去拍过外景，管话筒的人是一个新手，还有实景拍摄。我们要在摄影棚里头，布景是有隔音设备的，贴着麻布什么的，反射不是那么强。实景就不一样了，你别看咱们在屋里说话没问题，通过话筒使你的回声大，那就根本不清楚。咱们现在，你要是离话筒不是那么近的话，稍微远一点，话筒就会有回声。那个是实景拍摄，这个话筒要弄不好，所有的声音没法听。后来他们找我去。我记得那导演是傅杰，那场戏基本上就是实景同录音了。我就要一个字一个字地变，他第一句话说出来了，换一个镜头，马上变了。为什么呢？换一个位置，话筒没有跟过去。因为是一个方向的问题，只能在音质上来补的。所以说音质、音量来补，音量完了，赶快变别

---

①《青春之歌》的职员表上，录音师的署名是：蔡军、王泽民。

的。这次非常费劲，这本录完以后，导演就说了，他说你知道我们这场戏是怎么录出来的吗？是录音师一个字一个字改出来的。他也感动了。因为（当初的录音）听的时候太不像话，因为什么？它全是错的，跳得没法（听）。为什么不重配，我也不知道。按理说，你重配音不就完了吗？混录的时候就把我找去，做这个工作。

问：《青春之歌》也是？

陈：《青春之歌》不是录这个。我的意思是说，当时在音乐（录音）上，他们反映就是（吕宪昌最好）……

问：您的台词录得好……

陈：不是说台词现场录得好或者配得好，是混合录音的时候。

问：做得好，是变声做得比较到位？

陈：有些就是让我去给他们弄台词，虽然（声带）是两条，可是最不简单，台词只是一条声带，其实，就是对白不好弄。音乐也是，要不插别的（就不难）。正是两条效果才乱，一会儿这个，一会儿那个。所以就让我管的（是台词），很简单，是不是从头（开始），我也不知道。

问：《青春之歌》您刚才提到是什么？

陈：我还没说。我说什么呢？是不是从头到尾录，我不记得。我有印象是什么？就是他们在一块儿唱“九一八”的那个。

问：同学聚会？

陈：这场戏我记得很清楚，我就是把对白，弄成一条声带，因为音乐无所谓。我就说这场戏，别的不知道。因为比较简单，学生的生活我也有，所以很容易就被它吸引。他们那个镜头是这个人唱、那个人唱，所以我负担不太重，我在这种情况之下，就跟录《毛主席莅平》（相似），我觉得（自己）好像跟他们几个同学在一起。

问：情感共鸣，投入？

陈：这段戏可能是一个片子尾巴，不是片子尾巴，就是一本的尾巴。反正录完以后，我自己很激动，我眼泪含着。平常录完以后，说好，或者怎么样，我说行了，都很高兴或者怎么样，动弹起来；可是这段戏完了以后，正好是一本结束，安静极了，谁也没说话。

问：所有人都没说话？

陈：就说明什么呢？都激动了。那是它本身感人，对白感人，演员演得好。因为我投入进去，觉得我的处理能感觉到舒服，能感觉到我自个儿的感情。我觉得他们都感动了。所以等了半天，才说好。那个片子过去了，这是一次。这次的感觉就跟《毛主席莅平》那个一样。

还有一次是《小兵张嘎》。[1]

问：《小兵张嘎》您也是去帮忙，是吗？

陈：《小兵张嘎》也去帮忙，我们经常乱七八糟什么都帮忙。也是让我管音乐跟对白，我也就是录一场戏，别的也不知道。（我录的）就是老奶奶牺牲的时候，那时候我也是非常激动，也是比较简单，就是一些话音，一些嘎子跑来跑去（的声音）。老奶奶英勇地抱起那个炸弹，还有地下工作者，我也是很受感动的。我录的时候也一样，完全投入进去了，特别静。这两次的感觉，是跟我录《毛主席莅平》一样的。

问：符合您（的）录音美学、录音观念，全力投入、技术也处理好？

陈：不是，就是你技术处理好，你自己必须得有自己的手段。所谓投入进去，就是你也感动了。不久以前有一个比较老的老先生，他的观点我非常同意，他说你自己不感动，怎么感动别人？

问：您对《青春之歌》有什么样的看法？

陈：整个是挺好的，也挺感动人的。

问：真实程度觉得怎么样？

陈：只能这样。后来有些人（有）说法，包括日本人也反映，就是摄影，它拍得特别漂亮。

问：专找美的角度拍？

陈：特别漂亮。感觉到。当时《风暴》不是跟它在一块吗？我当时弄《风暴》，我当时就感觉《风暴》不知道为什么是那个调子，他们说是灰调，反正就是那个光的气氛什么的，是一种非常沉重的（调子）。我觉得《青春之歌》画面拍得都挺漂亮，可是我觉得太亮了，就是说光美、挺漂亮，（是否能反映）那个时代？当时什么样？另外，林道静是一个学生运动（参与）者，我觉得太漂亮了，别的都没有什么。

问：咱们再说《杨门女将》，再回到您的创作历史？

陈：我就说遗憾，要分析我很多的经历，我自己已经来不及了。最大的遗憾就是，我不可能（找）出这些东西，我集中精力去把它弄起来。那时候我就幻想，如果有一天，这些东西都可以再一点点地做，一部分一部分地都把录音的基本调（子找）好以后，混合录音的时候，一下你就处理这三样东西，那时候该多（好）。我那时候那么想的。当然后来已经实现了——怎么又说这个了？

问：说到《百凤朝阳》和《欢天喜地》。我不太了解您在《青春之歌》和《小兵张嘎》中也做过工作，这段非常重要。

---

①《小兵张嘎》的署名录音师，是王韵华。

二十八、《杨门女将》与《野猪林》

问： 现在再说《杨门女将》，[①] 一批戏曲电影。

陈： 《杨门女将》，这就要回想我从前。小时候，我喜欢像他们玩乐器，我哥弹古琴，我妈妈打扬琴、箫，我都不会。特别是京剧里头锣鼓点太吵，我受不了，不是受不了，不爱听。我就记得带我一起去看的京剧，因为我不了解那戏，我不懂得说什么东西，锣鼓点一响，拿手捂着，我不听，因为挺躁的，要等到清音上来以后，才挺好听的。后来有点改变，我的小哥哥，他拉二胡——不是二胡，是京胡，我小嫂子唱。他们有时候在矿业学院，去那儿开（联欢）会的时候，他们家上（台）去，他爱人，他的儿女都唱京剧，他给伴奏。他有时候回家的时候，也伴奏，让我唱。稍微好一点，不是锣鼓点，就是音乐，胡琴跟唱的伴奏，过门什么的，我好像知道一点，也哼两句，可是基本对京剧是不懂的。

一下接了这个任务，那时候已经有磁带了，可以把现场同步录音来听。我既然对京剧那么生，那我怎么办？我得补课。因为什么呢？那些所谓"锣鼓经"，它中间怎么接，什么时候开口，你听那个音乐。我就只好一遍一遍听，熟悉它。还有，在这之前，我们看过演出，觉得这个戏，我懂了，因为它是讲故事的，这个故事挺感人的。跟从前我看京剧的时候不一样。觉得很好，因为它也是现代（人）编剧，故事讲得很吸引人，情感也都很充分的，所以我也喜欢这个戏，我就一遍一遍听。听熟了以后，（虽然）锣鼓经不懂，可是什么时候该张嘴、什么时候该唱，都知道了。这时候，我有一个助手，他是业余京剧爱好者，是打鼓的——他跟他们一块，就是业余玩的时候，他就打鼓——当然他也很熟的。

问： 他是专门为《杨门女将》配给您的助手呢，还是本来就是您助手？

陈： 他本来就是我的助手。

---

①《杨门女将》，京剧，彩色，15本，北京电影制片厂1960年摄制。编剧：范钧宏、吕端明；导演：崔嵬、陈怀皑；摄影：聂晶；美工：秦威；录音：陈燕嬉；主演：王晶华、杨秋玲、梁幼莲等。

问：他恰好会锣鼓经？

陈：他人很聪明。

问：他叫什么？

陈：魏学义。他应该是解放初期来的。后来我考虑，我虽然是已经听了，我已经能够掌握了，可是我觉得他很有经验，另外他跟演员特别熟，打成一片；所以我觉得如果要是他来执行具体的录（音），我在旁边，我觉得效果会好。当然这里头（还有另一层考虑），将来他们都要（独立）录音的，如果这个东西正好他熟悉的话，能够表现得更好一些，也有这个因素在内。就是说他录会比我效果好，从效果说。我也没有给他那么说，我就跟制片主任、跟导演提出来，我说由他来操作，进录音的时候，我在旁边，责任我完全负，不管是好是坏我完全负责任。他们也同意了，同意就执行了。执行就有一个问题，后来我才发现这个问题，不止一次了，采访的时候，我提到这个问题：我觉得我对不起魏学义的这一件事情，是什么呢？（他的工作）一直都很好，那时候，先期录音的时候，都是公开的，就在录音室里头，演员也都进，别人都看见的，所以我觉得没有什么隐瞒的，并不是说偷偷地让他录，完了以后，我夺取他的成果，大家都看，不用问的。为什么这样说呢？就是说等到后期工作的时候，后期工作因为混合，还有很多事情要做，正挺忙的时候，胡其明，就是当时的制片主任，说我告诉你一件事情，说字幕拍完了，我们一看（没有署上魏学义的名字）。既然是他同声录的，就应该有他的名字。（胡其明）说字幕拍了，他们忘了，没有魏学义的名字。我说那不行，我说重拍吧？一个浪费，一个是来不及了。（他说）算了，没关系的，我跟他谈。我当时就没有坚决地，一定要重拍，我没有这样想。因为我自己就没有觉得（名字上）字幕多么重要。我跟你说，在国民党的时候，那时候我跟李秉忠联合的时候，在意了一点，不能让我比他（前），在字幕上。

问：老是在他后面？

陈：不是后面，反正感觉到曾经有过那么一件事情。我从来没想过字幕什么问题。

问：那您怎么对不起魏学义呢？

陈：是，我没责任，可是我要坚持重拍字幕。

问：这又不是您让别人把他给下掉了，是他们拍漏了，跟您没有任何关系。

陈：不是，我是录音师，我要是跟制片主任说，我绝对不同意，不行，无论是说你浪费也好，重拍，我想也可以吧？我没有说过。我只是跟胡其明争了一下，我说重拍，（否则）不好，人家也工作。他说我跟他谈，就是这样。因为当时是很忙。

问：五六十年代的人，好像对自己署名不署名比较淡泊。

陈：我比较淡泊，所以也没有觉得什么。

问：一般的人都比较淡泊吧。

陈：也不见得，还是有些关系的。

问：有些人比较重视？

陈：比如说什么吧，我随便说一个吧，突然想起一个（事，不说）我就忘了。你比如说拍《野猪林》的时候，李少春是编剧，他是花了很大的力气的。后来要拍电影的时候，导演也提一下意见，光提了一下意见。最后拍字幕的时候，导演就坚决要把（自己）编剧的名字写上。那时候觉得不好弄，就找汪洋。汪洋就找到他，汪洋想到一个主意。说你看你跟他是合作关系，你要加的话，编剧（的署名），把他搁在前头，还是把你搁在前头？他（是）主要的（编剧），把你搁在后头，好吗？就这一句话。另外，汪洋说，反正将来咱们发那稿酬，编剧是有稿酬的，他说给你就完了。

问：结果呢？

陈：结果他就同意了。

问：就没有署名编剧，是吧？

陈：编剧就是李少春，他是导演，所以还是在乎的，不是不在乎。

问：《杨门女将》有特别背景吗？为什么那时候拍一部古装戏？

陈：不知道。我还说完那个吧。这件事以后，我当时也没有觉得内心会有什么。可是最近，不久以前，我才知道……

问：他没去跟魏学义谈？

陈：没谈。另外还有一个什么片子，同样性质，也是一个新手被带下去。

问：也是您的助手？

陈：也是这种方法。实际上，他们没有想过。反正有些名人思想，不是很关怀这新手的力量。没有想到他们的情况。我是到很久以后，一两年前，有一个采访，我忽然觉得，谈到那个时候，我觉得我自个儿错了。所以我说，我应当向魏学义道歉，我当时没坚持。当然也没影响到他后来，他后来不也是录音了吗？当录音师了。虽然没有，可是我觉得在这件事情上不对，我跟他谈一下，（向他）道歉。

至于当时为什么要拍《杨门女将》，是这么一个情况。二集体，还不止二集体，那时候拍了好多戏曲片。有这么一个原因，就是那时候左的思潮，要拍现实生活的时候，不太好弄，但求政治无过、不求艺术有功，就是这样一个情况。你要拍戏，躲开这（现实）生活的话，很容易拍，有这个情绪。你看二集体拍一个这样的电影，另外当时也跟香港有合拍的关系。另外还有一个（原因），崔嵬跟陈怀皑，他们两个对戏曲特别有研究。

问：他们俩谁更厉害，现场谁在那儿指挥？

陈：这个我可以告诉你。是这么一个情况。崔嵬是戏曲（通），他本来就（懂戏）。他的感情戏很浪漫，完全从感情出发，他不会冷冷的，什么时候都带着情绪。说故事也好、分镜头也好，而且他过去对地方戏很熟，就是这样。陈怀皑（除了）他的熟以外，（还）因为他很聪明，记忆力特别强。

问：陈怀皑很聪明。

陈：他对电影非常熟悉，（对）电影那些手法非常熟悉，京剧他也很熟。怎么分工呢？再说一个，过去拍戏曲片的时候，因为戏曲跟音乐片都不能同时录音，为什么呢？因为它连续下来了，它的音乐是连接的，分镜头没有办法，一个镜头怎么接？所以音乐片也好、戏曲片也好，在唱段上必须先期录音，把它连起来。对白，就是戏曲片道白，可以不录音，也可以后期配音。

问：《杨门女将》不是完整的舞台记录，是分镜头拍摄？

陈：我跟你讲，《杨门女将》可不是分镜头拍。

问：《杨门女将》不是整本地演下来，拍下来。

陈：当然不是。

问：还有分镜头，是吧？

陈：为什么叫戏曲艺术片？

问：不是舞台纪录片。

陈：崔嵬他们提的名字是戏曲艺术片，不是纪录片。

问：也有一些外景，有实景吗？

陈：没有实景，都是搭景。就是舞台纪录片，包括从前梅兰芳那些东西，那都是舞台纪录片，它是稍微改一改。就是舞台还是舞台，有些改动。这个不是，这个就是该外景的时候，他搭外景，就这么一个完整的故事片。

问：所以他要分镜头，是吧？

陈：拍什么东西都要分镜头的，纪录片也要分镜头。纪录片分镜头，我说是《梅兰芳》，[①]《梅兰芳》那种舞台纪录片，那也分镜头。拍的时

---

① 所说《梅兰芳》，是指《梅兰芳的舞台艺术》，北京电影制片厂出品，分上集（1955年）和下集（1956年）。导演：吴祖光，总摄影：吴蔚云，摄影：王德成、张沼滨，美工：韩尚义，作曲：王震亚，录音：王绍曾。

候一直下来，那叫什么事？一直从头到尾拍下来，那就不叫电影了。分镜头还是有的。

问： 您说陈怀皑跟崔嵬的现场指挥……

陈： 我先说对白。可以后期配音，也可以录音。后期配音有什么问题？跟同时录音都有什么问题呢？同时录音的话，口型对上了，京剧不可能到对白的时候，音乐没了，那个锣鼓点肯定要连下来，连到一定程度的话，什么都起来了。所以说如果你同步录音的话，在摄影棚里头也有锣鼓点。这样的话，摄影棚的音响环境跟录音棚完全不一样，他换一下时间，都不一样，特性也不一样，所以锣鼓点跟它接、跳。后期配音也一样，后期配音你除非分两块，在棚里头配对白，跟他说话；完了以后再打锣鼓点，除非是这样。

问： 现场录音好还是后期录音好？

陈： 下面我就说这个。曾经有一回，拍《梅兰芳的舞台艺术》时候，那时候是一个苏联专家来，摄影、录音都由那个专家来指挥。那时候支配主意是谁提的，我不知道。录音是王绍曾，王绍曾就是王瑶卿[①]的孙女。是她的主意，还是苏联那个人的主意，不知道，把那个唱的跟锣鼓点伴奏分在两个位子上，演员戴着耳机在听那个声音。二胡也听着唱。我估计这可能是苏联（专家）提的，这个太不符合京剧的习惯，看着他演什么的……

问： 但它符合电影特点。

陈： 我觉得，要是中国录音提（这个主意），演员可能不答应，因为这违反他们的习惯。他们就实施这个办法，两个屋子分开，有什么好处呢？不打架。

问： 录音比较好做。

陈： 因为什么呢？一会儿我再说。我后来拍《野猪林》的时候才知道。打鼓的这个人，就是管音乐那人跟我说的，（戏曲音乐）跟那个唱歌的伴唱不一样。唱歌的伴奏基本是在唱后边衬着一点，他说京剧不行，京剧的胡琴、打鼓的那个东西，跟唱是在同一条线上。必须这样才够味。为什么呢？说你有时候唱不上去了，那胡琴是替你上去了。所以他们必须都在第一位上的。如果你把音乐放在后头，就不是京剧味了。拍《野猪林》的时候，管打鼓的这个人，是音乐指挥。他说《野猪林》，录得也不错，

---

① 王瑶卿（1881－1954），京剧表演艺术家、教育家。在梨园界被尊奉为“通天教主”，原名瑞臻，字稚庭，号菊痴，晚号瑶青，斋名“古瑁轩”。祖籍江苏清江（今江苏淮安）。

可是这个声音不对我当然尊重他的意见，因为有他的道理，而且是他们京剧的（艺术特点）。如果是这样想，可是在一条线（也有困难），有什么困难呢？因为胡琴音很高的，它容易干扰唱腔，在一个屋子里头，它不可能分离开，所以比较难弄。又会出现问题。如果是两个屋子，打架的情况也少了。所以他们两个屋子有一个好处，就是声音可以保证不打架。不好的，就是太不习惯了。可是我们平常谁也不敢这样做，因为什么呢？

问：尊重京剧的规律？

陈：别的戏曲片都是后配，或者是同时录。同时录跟后配都有一个问题，就是那个音乐跟它打架，跟那个不接。

问：您还没回答在现场谁指挥？

陈：因为陈怀皑很熟悉，特别熟，他脑袋比较好使。我们俩就研究。他说，我们要是连对白也先一块都录下，那多好？我说对，这很好，因为情绪也接，声音也接，都很好。可是问题是，看演员受（得）了受不了，因为演员的唱，你给他放出来，得对着口型，咱们得征求演员的意见。征求哪些演员呢？就是演那小丑的，因为小丑说话很自由的。我们就找他们问，能不能适应我们放出来的对白，先录音行不行？你猜他们怎么说？当然没问题！你们没看我们随便说话？我们都有心板。

问：心灵的板？

陈：心板，就是说心里有数。他说我们都有心板，完全没问题。所以在我们这个组，就全部先期录音，连对白带什么的（都先期录）。除了武打，武打不行，因为武打来回来去，跳来跳去，那个得配，其他全是先期录音。只有我们这样做，而且我们觉得挺好。这样问题在哪里？这样的话，有一个非常难度，必须有一个人（现场把握），他熟得不能再熟了，而且脑子很好。你先录音，锣鼓点、对白都录了，可演员在表演的时候，不是死的，他在活动，你这个锣鼓点够不够？要算（音乐时间有）多长。这样就怎么着呢？把美工画出来地盘图，就是我们的布景有多大，把白线画出来，在摄影棚里面画出来；画了以后，演员就在白线里走戏，根据镜头——镜头也分了——来走戏。陈怀皑掐着（时间），就是说，这个镜头，这个演员走到那儿，回去到那儿，时间全掐好。就跟指挥的、打鼓的（说好），这段音乐必须多长。这个不简单，你（必须）计算得非常清楚才行。要没有陈怀皑，别的导演基本不敢。

问：做不了，是吧？

陈：好像是没人这样做，因为太难了。我觉得是太难了。你弄错的话，全错。就是他有这个特点，所以他才做。这个有没有错呢？只发生一次错的，就是《杨门女将》里头，当她知道杨宗保在外头死了，寿堂变成灵堂的时候，她要去给那些伯伯磕头。这个时候，音乐就短了，没有她跪着磕头的时间，就改成作揖了，就是这么一次，错的这么一次，别的基本都没错。所以说就因为陈怀皑有这个概念，演员有这个心板，他就完全可以适应，所以我们就都是先期录音。

问：咱们是把《杨门女将》，把三部京剧一起说完，然后再回头说一些其他的故事片，好吗？这样会不会好一点？还是您按照严格的时间来说？

陈：时间没关系。

问：我是说按照创作的时间。

陈：这个比较长，《野猪林》就挺长的。

问：对，咱们接着说，《杨门女将》还有什么要补充的吗？

陈：《杨门女将》好像没什么了。

问：那就接着说《野猪林》。①

陈：《野猪林》，当时为什么拍这个？原来不知道要拍什么，反正没拍成，就决定拍李少春这个。可是李少春那时候不能演出，因为他声带长一个小疖，所以他不能上台演戏。他只能小声唱，不能大声唱。这时候当然也是因为，还是对声音不太重视，所以就答应，虽然他声音唱不出来，咱们还是决定拍。应该说，他都不能唱了，应该不拍的，（但）还是拍。拍的时候，他们那个京剧团的人，怎么决定呢？说咱们找一个唱得好的替他唱。

问：但是唱出来的调，行家听出来不是他的声音……

陈：不是他的声音。他也认了，说明对声音不是那么100%（重视）。

问：京剧不就是听声音？

陈：是，他说我找一个唱得好的，找一个嗓子很好的。要不怎么办？解决不了他不能唱（的问题）。这个时候，这个问题挡在我们这儿的时候，我们几个，就是汪洋、导演、我们一块讨论。他们就说，再好的唱，那个味可能也出不来，我也同意，我就是这个想法。他所以好，（是因为）他有他的韵味、有他的特点，你换了人，唱得再好……

问：……不是李少春。

---

①《野猪林》，京剧，北京电影制片厂、香港大鹏影业公司联合摄制，1962年出品，彩色，14本。编剧：李少春；导演：崔嵬、陈怀皑；摄影：聂晶；美术：秦威、程荣远；音乐设计：赓金群；录音：陈燕嬉；主演：李少春、袁世海、杜近芳等。

陈：我是这么想。可是作为录音来说，一个唱得好的，一个先期录音。我省事多了。我录出来以后，唱得也好，人家也觉得录得不错，可是要换一个（人唱）。李少春的嗓子坏了，虽然他能唱，唱出来的味对一点，可是声音不好；声音不好的话，观众一看，人家不说李少春唱得不好，人家说你录音不好。当然有（思想）活动，我们脑子里面也想到了，可是我还是觉得应该让他自个儿唱。我们组全都一样，汪洋他们、导演都同意（由李少春本人唱）。于是把这个球推到我身上：看你了，我们都觉得应该让他录音，你敢不敢承担？我说我现在也没听过他唱，我怎么能马上就答应呢？我说我可以，因为我也同意这种做法，我只说我尽量去，我试试看，录录看，如果只要有一点可能，我就用了，我只能答应到这儿，因为我没听过他唱。所以后来就决定让他录。试的结果，他嗓子还是可以的，不过声音很小，（跟）杜近芳和袁世海他们比起来的话，音量是小好多。（好在）最起码能唱，没什么问题。那么点小声，就给他话筒近一点。当时因为是几个人对唱，所以就摆两个话筒或者三个话筒，李少春一个，他们一个，或者他们两人一个，反正是李少春单人一个话筒。录出来，我就记得杜近芳、袁世海跟我开玩笑，说你有偏心，你看我们在现场录的时候，我们声音比他高了那么一大截，结果录完出来以后，你看差不多，一定是你给他特殊好的话筒。人家说你偏心，就开玩笑。我说好，你用那个话筒吧，没关系，就换，有那么一个事。这样的话，我就录下来了。录下以后，因为磁性没听出什么问题。后来有一次，当我转录的时候，就是原磁带转成样片的时候，怎么都不好。这次录不行的话，就换一次，换好了。不是每次都成功的。于是也就开始警惕了，我说不对，说明什么呢？这个声音经不住考验。

问：靠话筒硬调出来的声音经不住考验，您讲的是这个意思吗？

陈：就是录一段……我怎么发现呢？因为看样片都没有什么问题，因为是磁性的，而且又那么近，也没有觉得什么。有一次我录的时候，突然间，也不知道是磁带还是什么问题，反正一次不行，搞完以后再来，又一次，就好了，就是不稳定。我想着，为什么呢？这就是说你的声音比较脆弱。

问：薄，脆。

陈：条件好的时候，高音出来的时候才能亮。你高音因为很容易出不来，磁性稍微偏一点或者怎么样，高音是最难保持的，那一定是太单薄了，我就觉悟是这个问题。如何解决？碰巧了，那时候，有一个南京大学的录音专家教授来，有几个人来参观。我们正好录什么，他就跟我们聊天，他说五十毫秒以内，你有四个反射声，就是这个声音听起来以后，声音跟听原声一样，非常顺、非常好听，他就跟我们讲这个。我就记住这事了。我觉得这个（声音）比较单薄，（原因）是什么？说明反射声不够。他光有直接声的话，很脆弱的，挺单薄的，这个高音要是出不来的话，（韵味就）出不来了。如果你反射声多，就是这个东西比较厚实的，它就没有这个问题。所以一联想，我就觉得，可以解决这个问题，所以我就做实验。怎么试呢？就是四条声带，我就完全可以用，就是五十毫秒以内，五十毫秒正好是一个小格，就是错开几个齿孔，有时错一个齿孔，有时候两个齿孔，这样把几条声带错开，就等于人工做了反射声，这样混合在一块，就等于声音厚了。可是这时候，机械员费事，因为连锁，锁上以后再起动，它还有点晃，一两根还是晃荡，可是你现在插一个次孔，磁孔不能要晃。现在那么严格，就必须得先锁上，锁完以后再把胶片、磁带拿下来重新装，按那记号——我那个记号就是插在里头——画好记号重新装，这样就是麻烦点。他们也都配合我做实验。那个就是说四条声带都到混录台上来，我可以调节哪个大点、哪个小点，哪个音质有什么变化，这样变的声音好。当时我很奇怪，一听，不但唱，换对白也是，就觉得非常非常好听，就是他说的那样，我真是觉得好。这时候你要错多少格、音量多少，就得定。

问：要严格计算。

陈：因为（在拍摄）现场，这是一个全景，或者是近景，你这四个（声道）的关系就不一样了，就得根据（景别情况）有所变化，音质、音量都要有所变化，要调到最好。所以我觉得效果最好。反正我当时一听，觉得特别有效果。所以也做一场戏，有一些效果出来，就是白虎节堂百虎那场戏，那不是在屋里头吗？高俅坐得挺高挺远，那边是林冲，在地上，显得瘦小什么的，那有一个很大的、很深度的，就是会堂的那个声音。我也没有用回响录——就是用自个儿做的人工回响——没有用那个办法，就是把这四条声带错得离开一点，一开始有一点点回声，用那个错开。我一会儿再说。不能用真的声音原样。当时听得还可以，可是后来印成拷贝，我曾经看过，觉得效果还是不够，整个大屋厅的效果还是不够。

问：就是白虎节堂那场戏的效果还不够？

陈：就是说大厅的效果不够。故事片跟戏曲片不一样，（戏曲片）不要求真实，只能神似而不是形似。我刚才落说了，拍戏的（时候），崔嵬跟我们大家提出来要求，戏曲片就是戏曲片，把戏曲变成电影，首先它是戏曲，你不能违反戏曲的规律，如果那样的话就失败了。当时上影拍了好多（戏曲片），实景就出来了。比如说《徐策跑城》，他坐在那儿扫的动作，搭了一个台阶的，他没法表演。真马上场，拉着真马来，马动起来（人物无法按照戏曲的要求表演），所以坚决不能够（不顾戏曲的特点），就是说完全要按照京剧原汁原味的那些规律来搞。另外，京剧习惯是三面布景，所以在拍戏曲片的时候，一定要遵守那规定，不能够实的。你布景也好，不能实。

问：要虚拟的那种，就是戏曲化的效果。

陈：对，可是后来就是说在《野猪林》，他怎么搭呢？就是大远处都是贴片，可近处需要演戏的时候，个别的地方是写实的。

问：换一个带子。您要休息吗？

陈：不休息……挺严格的，一定要做到这个。

问：做到什么？

陈：做到就是虚实的这个（结合）。

问：就是尊重、遵守戏曲规律。

陈：他是那样要求，当然效果也更是那样。因为很多是模拟动作，如果你真配真的话，那反而不灵了。

问：真的反而不灵了？

陈：所以基本的原则是不配真的效果。可是，我做的里头有一个实的。只有这么一个。是哪个呢？在《野猪林》里头，那两个衙差抬起刀来要杀林冲的时候，鲁智深来了，用他那个大禅杖把刀给挑了。这是一个特写，这时候，我就配真的了。

问：配真的金属相磕的声音？

陈：当然那种处理方法实际上也是跳出了京剧舞台的东西，电影化比较厉害一点，我可以来真的。可是我真地配得不够好，我现在觉得挺遗憾的，那时候既然是配的，你就应该夸张，那个声音放大，不但是大了，让他感觉到有一种力量什么的，不单纯是一声。所以我觉得那个做得不好。

问：但做真实的音效没错？

陈：没错，因为那个镜头……问题就是说那个镜头已经超出（戏曲特点），不是舞台的，是两个特写。所以我觉得配，应该可以用夸张的。

问：那个时候，在录音方面，包括像《野猪林》里边，仿真的那种音效，全由您自己来决定，是吗？

陈：对。

问：没有谁来要求您？

陈：我跟你说，甭管哪个导演，没有具体要求过你声音要怎么样，很少。

问：就是您自己来做出决定的。

陈：我就决定就那样录，没人管。我好像跟陈怀皑都没有商量过，因为向来如此。只有后来拍《边城》的时候，跟导演联系更多一些，这些东西都没有什么。我说那实跟虚的问题，也有一个地方，不是崔嵬说不要实吗？就是林冲跟他娘子分别的时候，是近景。近景的时候，崔嵬让他们点眼药水，就是眼睛有点眼泪。杜近芳听他的话，点了；李少春就认为不符合京剧的（规则），太实了，他没点。完了以后，看拷贝以后，他跟我聊天的时候，他说我错了，我还不如听老崔的，那时候你看杜近芳就觉得好像，他们两人一点就挺感人的，我那个时候就没同意。所以我的意思是说，那么近的时候，（崔嵬要求）点眼药水是对的，可是不符合那个戏曲（的特点）。

问：因为电影化了。

陈：电影化。

问：戏曲也没有什么特写。

陈：也没有特写，也不许你哭。

问：而且也隔得老远。

陈：表情而已。就是这些戏个别地方。所以后来李少春的儿子什么人，好像有点感激我了，包括李少春在内，如果不是我的话……

问：那没法录了，这声音就是别人的了？

陈：就是别人的了。所以他觉得我还是什么的。后来他们采访的时候，袁世海说，李少春那样，他怎么唱那么高，能上得去吗？崔嵬说你放心，你甭管了，我们有录音师就行了。他是这么说的。另外说上得去上不去的问题，这有一段，就是拍李少春在城隍庙的时候……他说不好，声音尖得很高，上不去，怎么弄他也上不去。

问：本人唱不上去？

陈：唱不上去。太高了，怎么也上不去。大概录了一次也不行，第二天，反正就是下午，他们吃完饭来了。后来一录，上去了，上去，大伙儿都高兴的，我真是自己要哭了。就是那样，就觉得大伙儿蹦起来，过去了。那时候为什么上去的呢？就是他们吃那个涮羊肉，吃完以后就上去了。说明当时的心情，演员也好，剧组也好，所有人都一样，他过那一关，大家都特别高兴。当时这个片子，我费了比较大的劲。就是说能够完成了，我自己也觉得挺高兴的。李少春唱确实非常（好），那音调非常感动人，山神庙什么的，那是他重新编的词，都觉得挺好。那时候自己有点，心里有点滋味，我是花力气……

问：有成就感？

陈：不是。就是说他本来不能录的，很可能要是不答应的话，就要换人录。他那个很好的（唱腔）就保证不下来了。因此我就觉得，我办这个好事，我觉得应该是……

问：这应该是您的一个成就。

陈：我觉得个人……就是说，我使得他的艺术保留下来了。所以他以后很尊重我，他的儿子、他的媳妇儿也特别尊重我。很久以后，给我掐点花（送来）什么的。反正我就觉得那种情绪还是很好的，就到这儿吧。

问：那就说《大战洪州》？

陈：我刚才说了吧，说了一点。就是《杨门女将》不是录了吗？录了以后，大家的评价都是不错的，声音不错，他们剧团也很满意。就是后来，我刚才说了一点，再把它说详细一点。

问：是什么？

陈：到《野猪林》开始录音的时候，打鼓老师——他那时候在这里算是管音乐的——他就跟我说，他说这个声音不错，唯一的缺点就是不在一条线上。所谓一条线就是话筒离得比较近，不能离得太远了。从前我们都没有注意，离得远一点，就等于距离感自然就产生了，也不是打架。可是这也不行，所以离得比较近。这样的话，唱一来的话，伴奏要不赶快拉下来的话，就打架打得厉害。这时候，我已经对锣鼓经比较熟了，所以我按照锣鼓经来，知道它快出来的时候，我就压下来了，跟那个人学，就是管音乐的那个人。

问：叫什么？

陈：耿金群，现在也是一个有名的打鼓老师，金子的金，群众的群。他就说真怪了，说你又不会唱，怎么到了看你手就下来，那怎么你不会唱？真怪了，邪了，他觉得莫名其妙。我就笑了，我想，我不会唱，我还不会哼哼？我是那样想的。当时拍《杨门女将》，我就注意自个儿熟悉那唱，当然《野猪林》也一样。我虽然已经熟悉一点，可是还是听一遍（又）一遍，因为锣鼓经也比较熟一些了，他唱的情况我不是很熟悉，但是我自个儿会拉下来，也没有什么奇怪。

问：解决了在一条线互不干扰的技术问题？

陈：就是，难是很难，难度我解决了。可是还是一样，虽然拉下来了。他唱的声音，比如声音差点，高音不够，你得补高音，你一补高音，那个京胡，打击乐器肯定上去了。所以这是一个比较难的（技术问题）。

问：您拍完《杨门女将》以后，对京剧基本就熟了，是不是这样？

陈：我是那样。所谓熟是什么呢？最大的一个，不管《杨门女将》《野猪林》，我也同意内容是比较感人的，我就喜欢上京剧了。另外就是锣鼓经，我录来录去的，也比较熟，开始喜欢京剧。当然你说有什么难度，也不是一定有多大的难度。

问：接着《穆桂英大战洪州》。[①]

陈：就没什么特别了。

问：已经熟练了，而且基本上技术问题都解决了。

陈：《大战洪州》整个来说，跟《野猪林》不好比，就是它的情节什么的也不错。

问：它没有《野猪林》那么经典和吸引人？

陈：对，它这里当然有一些比较喜剧性，夫妻两个逗着玩，轻松一点，内容不是那么特别感动人。反正我觉得那个不太一样。我现在不记得，就是跳来跳去，在帐篷里边，我当时是有一些想法，那时候作曲有一些想法，现在我记不太清楚了。

问：我没听明白。

陈：就是说穆桂英一会儿从外头到帐篷里头来，又从帐篷里头跳出去，反正有些……

问：那个声音难处理？

陈：挺活泼的笑。我当时是有想法的，可是现在想不太清楚了。反正没有什么特点，没有什么特别的。只是在《杨门女将》的时候，有一场戏叫葫芦谷，我补充刚才，葫芦谷的镜头怎么拍的？葫芦谷，就是一个很深的谷。

问：又说《杨门女将》？

陈：《杨门女将》。刚才我没说。因为什么？你可能在资料里头看……葫芦谷的镜头是这样的，先是空镜头，就是画面里头，（画外音）听见穆桂英在唱，慢慢就进到这里来。这时候也是很电影化了，它没有拍葫芦谷的情况，可是葫芦谷是很深的一个谷，所以在那个时候我就用了回响。那个回响不是四条声带的，而是真正是用把子来做的，所以就用了回响器。这个东西，就是电影化了。

问：回响器，就是制造回声的那个？

陈：回声不到回声程度的时候，远声的，很远，而且是山谷。这个回声跟那个区别是哪儿？就是五十毫秒以内跟五十毫秒以外，以外就是回声，因为两个声音，听出来了。你要是不超过五十毫秒，是一个声音，可是你感觉到很远，有回音。

---

①《穆桂英大战洪州》，京剧，北京电影制片厂、香港繁华影业公司联合摄制，1963年出品，彩色，13本。改编：崔嵬；导演：崔嵬、陈怀皑；摄影：黄心一；美术：秦威；音乐设计：黄金路、杨津亭；录音：陈燕嬉；主演：刘秀荣、张春孝、朱秉谦、王梦云等。

问：回响。

陈：反正那用了。这应该是说（用得不错），又是这个画面，弯弯曲曲的，就是这个地方……《大战洪州》也没有什么。

问：摄制组还是原班人马，是吧？都富有经验了？

陈：1959年成立二集体以后，基本是崔嵬、陈怀皑、聂晶、秦威、我，摄制组就没有什么，别人的戏就很少，反正就主要（是崔嵬、陈怀皑）这两个人，好在一起。

二十九、《暴风骤雨》《北大荒人》和《天山的红花》

问：回过头来再说故事片吧。行吗？

陈：好。

问：后面就是《暴风骤雨》[①]……

陈：《暴风骤雨》，当时是有一些想法，现在我不记得了。反正不是太特殊，我没有很多（故事）。我记得我的想法就是，赵玉林牺牲在很高的树底下，觉得很崇高，我当时用什么效果，我也不记得，反正是想过。还有一个群众斗争（场景），有一些群众声音，当时也有一个想法，可是不是太（清晰了）……

问：《暴风骤雨》您去了外景地吗？

陈：这很有意思，《暴风骤雨》和《北大荒人》[②]，这两个戏一块儿拍的，这两个戏都是我录音。这两个（戏的）外景都是别人替我去的，一个是傅英杰，一个是孙秀云，就是我昨天说跟话筒的那个，所以我外景哪个都没去。

问：就是拿话筒的那个？

陈：孙秀云，秀丽的秀，云彩的云。可能《北大荒人》是傅英杰去的，那个《暴风骤雨》是孙秀云去的。

问：为什么您自己不去呢？

陈：我在那儿拍戏呢。我两个戏一块拍，他外景我内景，所以是倒开的，我不可能分心，（现在）看起来，这种安排都是不科学的。可是那时候，反正一个集体，两个错开就能做，（就）两个错开。

问：这两个片子的作曲，包括《暴风骤雨》的李焕之，《北大荒人》的瞿希贤、张文纲、罗忠熔三个人，跟他们之间的交道有什么特别

---

①《暴风骤雨》，故事片，黑白，12本，北京电影制片厂1961年摄制。根据周立波同名小说改编。改编：林兰；导演：谢铁骊；摄影：吴生汉；美术：程荣远；作曲：李焕之；录音：陈燕嬉；主演：于洋、高保成、鲁非、李百万、赵子岳等。

②《北大荒人》，故事片，彩色，11本，北京电影制片厂1961年摄制。根据同名话剧改编。改编：牡丹江农垦局文工团，集体创作，小范执笔；导演：崔嵬、陈怀皑；摄影：聂晶；美术：秦威；作曲：瞿希贤、张文纲、罗忠熔；录音：陈燕嬉；主演：张平、崔嵬、于绍康等。

的记忆吗？

陈：没有什么接触。反正我知道《暴风骤雨》的李焕之。

问：对，作曲。

陈：作曲比较有特点，没什么接触，没有个别谈一谈。

问：《暴风骤雨》这个片子挺好的？

陈：是挺好的，后来又拍《早春二月》。

问：插一句，当时传说北影全厂怕汪洋、汪洋怕崔嵬，有这种说法吗？

陈：有这种说法。

问：真有这种说法？

陈：是这么一个问题，因为崔嵬这个人特别直，有什么就说什么，另外他大概也是觉得自个儿……反正我是老的什么的。

问：资格也好，级别也高？

陈：他还是部长什么的。

问：中南文化局局长、中南人民艺术剧院院长。

陈：所以说他也是（老资格）。另外主要是性格，记得拍《天山上的红花》，在外景地，有一个老导演，是福建人，特别讲究，就喝那个功夫茶，费了半天劲，让我们跟他一块座谈会，他请我们喝茶。当时崔嵬跟聂晶两个人还没来，为什么呢？他们打球去了，他们喜欢打篮球，崔嵬也喜欢打篮球，把他们等来了，把茶弄好了，进门就说赶快给我弄凉开水，进来就驴饮。完了以后，这个主人那么讲究，简直是没法……

问：个性不一样。

陈：就是那么一个人。

问：《北大荒人》和《暴风骤雨》没有什么太多特别的记忆，是吧？

陈：没有太多的……我想想。你要说人的话，也不知道是（谁）说的，《北大荒人》不是在北大荒拍吗？那个困难时候……

问：1960年。

陈：困难时候。那边肯定东西供应也多，反正我就听说老聂他们带回了很多的东西，吃的。我那天也说了，另外一个人，他也是在东北那儿出外景，回来也是带了好吃的。《北大荒人》还带了一个演员，那个演员为什么发配到哪儿去？崔嵬又给带回来了，那个演员叫什么来着……不管他了。反正他好像等于是分配的，带到北大荒。

问：是右派发配到北大荒，还是下放到那儿？

陈：不是下放，好像是他……

问：发配的？

陈：等于是那样的。

问：被贬的，只是正常的下放活动，是吧？拍完戏又把他带回来。

陈：内景是在这儿拍，是在厂里拍，把他带来，他好像在北影当演员。

问：他原来不是北影的吗？

陈：原来可能不是，我不记得了。反正就是把他带到北京来了。

问：您《山里的人》有些什么样的记忆？录音创作上？[①]

陈：《山里的人》我没有跟他们去拍外景。可是为了外景，录什么效果，我曾经去过，跟一个年轻的助手。正好录完了，结果那天发大水了，根本过不来，两边截着，我们在这边，他们在那边，后来不知道怎么样，费了半天劲，反正就是（记得）这么一个过程。我的性格，我在性格上说一下，我不是跟一个年轻的助手去的吗？这时候因为剧组不跟着我，就我们俩人，我们俩人回来的过程，在上海也不知道在哪儿……

问：《山里的人》会在上海？

陈：不是，我回去经过那儿，我去福建经过那儿，换车。当时因为没人管我们，我本来不会做主的，可是我又比他大（不能不做主），我当时有两个选择，一个在那儿住一天旅店，以后再换车；一个是不住旅店，当时就坐车出来。当时我大概是，就是说我这人太简单化，我就觉得要住旅店花钱花得比较多，不如晚上回来，反正就是这种问题。当然我说了，他就会同意的，所以我觉得我很简单化，就是光考虑到可以省几个钱，那是晚上，当然在火车上没有住旅店舒服，我这么想着，反正当时我就这么决定了，这也说明我这个人……

问：为厂里省钱，是吧？

陈：也应该这么样倒车，这正常。

问：那就是去外景。

陈：就录点效果。不知道录什么效果，把那效果录完就回来了，回来为什么《北大荒人》……

问：这是《山里的人》。

陈：《山里的人》。回来干嘛？为什么急着回来呢？我不记得，真的，为什么我们不跟他们一块出外景？为什么待的时间长？

---

①《山里的人》，故事片，彩色，9本，北京电影制片厂1958年摄制。编剧：梁秀琛；导演：陈怀皑；摄影：聂晶；美术：秦威；作曲：苏民；录音：陈燕嬉；主演：高时英、于中义、高长德、张雁等。需要说明的是，这部影片是1958年摄制的，在这里才提及，是由于采访人准备工作做得不细。对这部影片，采访人并没有提出任何有价值的问题，只是让陈述人自己回忆自己说，效果也很差。

问：是不是后边要拍《野猪林》？[①]

陈：《野猪林》不可能，因为陈怀皑在外头。这个《山里的人》是陈怀皑导演的。

问：那您是不是为别的一些片子帮忙了？

陈：好像是。要不然的话，不可能。你说干嘛我不跟他们在一块回来呢？没有必要，而且我从来认为外景应该去，为什么没去，而是不得不去一趟，这个我记得。

问：但是这个比《北大荒人》《暴风骤雨》好一些，因为《暴风骤雨》《北大荒人》您自己都没去，都是别人替您去的。

陈：对，可是别人去比我待的时间长，我就去了录完就走，什么原因我也不记得了。反正那时候就是看重工作吧。可能"文革"以后——不是"文革"以后，反正跟谢铁骊在一块，拍完以后可以去玩，也不知道上哪儿可以去玩一趟，就是做足准备去玩一趟。可是我没去，当然我也很想去，为什么呢？我还有一个事，也不知道是哪部片子要转录，要重新拷贝也不知道怎么回事，就是生产办公室（在）我走之前他跟我说的那么一件事，我就觉得我赶快回来做这个工作。（摄制组）好像去青岛玩，反正挺好玩的一个地方，结果就没去成。

问：回来工作了？

陈：是我主动没去。也没人让我回来。回来以后，生产办公室那个人找我过来说，你干嘛呢？玩两天没什么关系，非得急着回来？（我是）单纯。反正让我干嘛我就干嘛。

问：实在是典型。

陈：肯定也是工作，什么工作我不记得了。

问：有什么要补充的吗？有关《山里的人》？

陈：没什么特别，我要更正一个问题。就是关于我女儿，我说过了？

问：您曾经说到过。说《山里的人》她怎么能去到那个剧组。

陈：那就是我说过。

问：您说过了。那下面是《天山的红花》[②]。

---

①《山里的人》拍摄于1958年，《野猪林》拍摄于1962年，这两部影片的拍摄时间根本不搭界。采访人提出这样不靠谱的问题，表明搞错了《山里的人》的拍摄时间。否则，也不会到这里才谈这部作品。

②《天山的红花》，故事片，彩色，12本，西安电影制片厂、北京电影制片厂1964年联合摄制。编剧：欧琳；导演：崔嵬、陈怀皑、刘保德；摄影：聂晶、林景；美术：池宁、张井南；作曲：许友夫；录音：陈燕嬉、洪嘉惠；主演：法蒂哈、木特里夫、阿力别克、萨黑妲等。

陈： 我可以说一点。《天山的红花》分镜头没有？也可能是分完镜头去的，就是出外景。作者是一个女的，跟崔嵬还有谁，四个人，就是那老欧一块。也聊过在那儿拍她的剧本什么的，可是没有提到……没有提到什么呢？就是说哈萨克族跟维吾尔族，我们知道能歌善舞，可是在这个剧本里头，没有表现这一点，没有空间来说明这个特点，结合到戏里头。

陈燕嬉在学骑马

问： 就是剧本当中没有的……

陈： 我知道这个，可是没有想那么多。后来他们就谈，也没有谈到这一点，谈什么我不记得了。反正到那儿以后，跟他们少数民族住在一块儿。他们也跟我们一块出外景，这些（少数民族的）演员我老跟他们在一块。录音机有，那时候有机器了。

问： 您那时候已经有可以自己背的那种？

陈： 所以我老背着机器跟他们一起走。我愿意跟他们打成一片，一方面我也了解他们的一些生活习惯，我觉得这里头就有区别。有些在现场拍的，副导演什么的（指导拍摄）。少数民族演员有他特别的点，一方面他们有的人有狐臭，比较臭；另外的话，那时候虱子特别厉害。我记得他们一个作者，一个文学家，穿得西装革履、挺好的，我就看虱子在他脖子上一串，就是这样的情况。所以有些人有点介意，不愿意跟他们走得很近，可是我没有这样。

问： 您不怕虱子吗？

陈： 我觉得是这样，人关系应该很亲密的，既然在一起，应该比较好的。另外当然我也希望，根据他们的活动情况，我也能够了解一些东西。我记得很清楚，就是那时候到城里去看样片，在卡车上，挺冷的。

问： 城里是指乌鲁木齐？

陈： 是乌鲁木齐还是三台海子什么的，反正是外景地。不是乌鲁木齐了，乌鲁木齐就可以看，坐车去的，上三戴海。真漂亮，我跟你说，我这一辈子所到的地方，那是最漂亮的。

问： 最漂亮的是哪里？

陈： 叫三台海子，它有一个南疆北疆，反正我们去的时候是最漂亮的，北疆还是怎么着，反正它们不一样，这个地方真漂亮。我就说不怕虱子问题，在卡车上回来的时候，当时挺冷的，他们很热情，那个男演员，就把他的皮袄披在我身上，他披在我身上的时候，我怎么办？我拒绝的话，人情味太……就没有拒绝。我记得就是这个活动。所以他们跟我挺好的。跟他们相处以后，就真正发现他们能歌善舞，他们生活的地方离开不了唱，到处都是唱，跳舞。于是我觉得要拍那个戏，这个地方的特点必须突出。可是因为剧本也好、分镜头（剧本）也好，没有考虑这个，没有给你表现这个镜头的机会，我没法搁。他没有我怎么搁？后来我就想了一个办法。就把所有能够加声音、背景声音的时候。

问： 加背景音乐？

陈： 就是唱歌，都是他们的生活。我不单录，他们的生活我就录。

问： 并没有找专业的歌舞团？

陈： 没有，他们也是剧团的。

问： 水平也挺高的，但不是歌舞团？

陈： 不是歌舞团。

问： 是话剧团？

陈： 我跟你讲，我觉得不在乎。我那时候就想，不在乎水平高低，只要气氛，就是那个民族的特点，他们的生活就是这样。所以我就把这个，所有能加的地方，只要这个镜头拍的内容，后头可以加声音，就加。

问： 这个导演也不管？

陈： 不管，谁也不管。

问： 导演没有给这个机会来加？

陈： 就是剧本里没有，分镜头也没考虑，没有表现。如果他拍几个镜头，他们在那儿跳舞，那不是全齐了吗？没有。我只能在这些里头能放的就放，我加了很多，好几个地方有一个什么话音，反正我就能加就加。导演都没有提过录音怎么好怎么坏，没怎么评论过，也不讲这个问题。特别是崔嵬，那个时候是这样的，混录的时候，可能配对白什么东西，崔嵬都不参加的。那时候就是不太重视声音，（导演）不参加。另外，我记得是谢铁骊那时候在八一厂拍《今夜星光灿烂》①，谢飞，就是电影学院那个导演，他那时候是在谢铁骊那里是副导演还是来实习不知道，配对白，也是我配。录音师不是我，（我只管）配对白，谢飞导演，我录。谢飞就说这导演也不来这儿，应该怎么处理？他就有点牢

---

①《今夜星光灿烂》是八一电影制片厂1980年出品的影片，谢铁骊导演，李秀明、唐国强主演。

骚。我当时也觉得，你这个导演什么都不管，就这意思。

问：那个年代的导演不太管混录？

陈：我所经过的就是崔嵬不来。

问：其他导演都来，是吧？

陈：因为什么？因为崔嵬跟陈怀皑是联合导演的，联合导演是不太多的。（一般都是）导演、副导演。反正，我没经过导演不参加（混录）的。谢铁骊拍的时候，他也参加了。就是这一次跟谢飞这个，我记得，就是配对白的时候（导演没有参加对白混录）。（只有）我跟谢飞，因为我也不是那个组的，当时那个组也不熟。

问：《天山的红花》还有别的记忆吗？

陈：《天山的红花》还有。不是说崔嵬从来也不说录音好吗？可是这个《天山的红花》以后，他跟我说过那么一句话，我就觉得他也注意声音了："别人说咱们的录音就是不一样，现在看起来，还真不一样。"他说了这么一句话。我觉得指什么呢？就是我增加了很多唱歌声音，就是给气氛，应该增加民族特点；他感觉到了，他感觉到声音了。所以跟我们说过，我就觉得……

问：他感觉到不一样了。

陈：他从来不关心声音什么的。[①]还有就是，这个事我记得很清楚，有一场戏是敌人破坏，就是他偷偷把羊羔的那个屋子窗户打开，天气很冷，结果把它冻坏了。那场戏后来不是制止了吗？那小羊羔那么可怜，拍过了，就给它抱起来温暖它什么的，那个时候小羊羔就叫。这时候王韵华，好像王韵华变成我的助理，反正就是在转录，我当时在外景录了很多小羊羔叫的声音。回来的时候，那时候后期工作也比较忙，我只转效果，旁边有一个人，可能是替我选什么的，他就说：那个羊你随便挑一个不就得了吗？费那劲！（他）觉得我的工作太啰嗦，可是我不是那样想。因为什么呢？那些羊羔被冻得很惨的时候，我录的声音不见得真的是冻成那样，（因为）录的声音也有不一样的，（我必须选择）颤音比较多的小羊羔的声音，可以当成是被冻的，可以选择那样的。可是旁边那个人就觉得你太啰嗦了，这么多羊的声音，不就是羊的声音吗？随便找一个不就得了？选了半天干嘛呢？

问：这是"有声就得"派，就跟您不是一派。

陈：这还不是有声就得的，因为就是说羊的声音，有羊叫就行了。

---

① 陈燕嬉批注：可是他谈剧本、谈戏的时候总是绘声绘色的。

问：他不是“有声就得”派吗？

陈：不是，可是因为这个东西，为什么录羊叫非（得用）那么长时间。

问：对，那不就是有声就得派吗？有羊的声音就得；您是要找到符合那个情景的羊叫声，不是吗？

陈：有声就得的比这个还要差，就是说反正有什么、配什么声音，更简单。这人不是。给提这个意见的人不是那样的人，就是很随便的，很不注意的。因为我对人的认识，所以（感觉他）不是，他应该不是那种的。他这个感觉，就是有声音就行。到现在，有些跟我很近关系的导演，他也还觉得，像你们做出来的效果不是有资料吗？你们干嘛非得去重录呢？我记得我就驳斥他，我说资料是有了，可是每个资料声，很多很多不一样，哪个时候录的年代、地点，各种特点，不能是声音就行。我记得我驳斥他这个，其实这个导演还是挺好的导演，他还挺认真的，就说明对声音的看法……

问：重视不够，认知也不够？

陈：不是，反正就是觉得比较简单。还是有声就得，就是（在需要声音效果的时候）你搁点就（行），特别简单的，不用考虑那么多。

问：没有那么细致和精妙。

陈：没有。总而言之就一句话，包括那时候比较好的导演，比较重视（声音）的导演，他也没有想到（声音创作的重要性），只是希望你们录声音录得更谐和一些，录的声音比较舒服，各方面都比较完整一些，只此而已。而没有想到说，包括史东山说那句话的时候——我觉得挺在行的——可是他也没有想到，他（如何）用声音的艺术手段来完成他的创作。他对录音是有要求的，我记得那时候蔡军是在《新儿女英雄传》摄制组的。那时候摄影师跟录音师有矛盾，因为什么呢？就是涉及噪声，轨道噪声。

不知道史东山为什么（那么喜欢无方向话筒），可能是无方向的，演员可以自由一点，位置稍微错一点都没有关系，他就坚持要用无方向话筒来录对白。所以当时我们也觉得奇怪，他为什么这样做？现在只是说明问题，他对音乐、对声音的吸引力，他有要求，他觉得什么是好（心里有数）。他是对的，因为他自己也很重视听声音的感觉。可是还是不够重视，为什么呢？他（对声音、录音工作）也不是很有研究，为了演员比较方便，他就用这个（无方向话筒）。

问：还不是内行。

陈：不是内行，就是说包括很重视声音的导演（也是如此）。没有想着他自己的创作里头，用摄影、光、什么镜头调节，可以来充实他的创作，实现他的创作（设计）；他就没有想（把）声音作为创作手段之一来丰富他自己，他自己没有想过。没有一个导演说，我想到录音上用什么声音来表现。

问：想到的少，是吧？

陈：少，没有见过这样。只有一个，那是很久以后的，跟拍《边城》的凌子风。我以前没有跟凌子风合作过，只有这个合作过。他跟我抱怨，过去他拍什么片子的时候，说那个录音师不懂，他说我要求那个声音一下振动，那样，他就不听我话，就不那么办。当时我听这话，是什么意思呢？我就觉得，还是属于他们不了解声音。就跟崔嵬要求我声音大一样，当时他们合作，没有很好的研究、交换一下意见。除了声音音量大以外，还可以用别的手段来控制这个声音。他们肯定没有很好的交流。录音师也很认真的，不是有声就得那样，还是挺认真的。所以如果他们很好地相互沟通，也就会好一些。我就说明，凌子风要的声音，他肯定是有想法的，他是想利用声音的，这是唯一我经历过的。

问：《天山的红花》您还有补充的什么东西？

陈：没有什么了。

三十、音乐舞蹈史诗《东方红》

问：下边就是大型歌舞剧《东方红》的创作。[①]

陈：对，倒也简单，可是确实是比较大的。

问：《东方红》演员就有两三千。

陈：就是一个大型的。

问：录音师有多少？那应该很多吧。

陈：就我们两个人，还有吕宪昌。因为录音不是几个组一块儿录，也不是分的。摄影是两组的。为什么是两组呢？就是两个导演，一个李恩杰，八一厂的王苹，也是两组，摄影是两个。北影的摄影组里头。有新影摄影参加的；八一厂的好像没有（摄影），就是新影和北影的。录音只是一组，把声音录完以后往外放的。可是这难度大在哪儿呢？

问：每个现场都是您自己和……

陈：不是现场，这是歌舞纪录片。

问：先录好了以后……

陈：放声音来拍。我们就放声，就把声音放出来拍就行了。就是一个分工，放声音是八一厂管放，剪接也是八一厂的。我们（北影）提供声带。我记得那时候——也不知道为什么那时候要这样——我录完声音，全录下以后，就是拍两节的时候，你得给它转成样片，那时候很紧。因为什么紧呢？你想1964年10月1日演出的，以后决定拍成电影，又得拍戏，又得录音，而且拍戏在大会堂里拍。那个舞台拍不出来（那么）大的，所以要把舞台往外接，拆前头十几排椅子，（把台子）搭出来。完了以后要拍戏，要拉大布景，要录音，就是（时间）很紧的。我记得，我那个时候在八一厂，我早上起来，晚上给他转成样片以后，我骑着车给送到八一厂剪接。那时候骑车多远……

问：从北影到八一厂，挺远的。

①《东方红——音乐舞蹈史诗》（大型歌舞剧），八一电影制片厂、北京电影制片厂、中央新闻纪录电影制片厂联合摄制，彩色，16本。1965年出品。导演：集体；摄影：集体；首都文艺工作者和工人、学生业余合唱团3000多人集体创作并演出。

陈：可是那时候我骑车。那时候也没有汽车，剧务也没管，那时候剧务也是两个厂分着，反正我骑着跑。

问：应该有专车？有专车吗？

陈：不是专车。那时候我们都住一块，集中的。为什么我骑车？我不知道。也可能是我们部门的个人关系，因为所有部门不提出（要用车）就没有（车），谁让你不提？你要提的话，也许就可以了。我不知道这个事。

问：……骑车送带子到八一厂剪接。

陈：后来混录还有好玩的事情，现在就说《东方红》的事，是吧？

问：对。

陈：从开始到拍摄的过程，是这样，电台它也录音，我们也录。可是我们录，只是参考而已。就是决定录声音的时候，难度在哪儿？这么多人。一千多人，将近一千合唱队员，还有几百人乐队。录音乐要在录音棚里录的，哪儿有那么大的录音棚？我们的录音棚算是亚洲最大的、最好的录音棚了，也就是（能容纳）一百来人，唱的，再多就过了，就饱和了。如果这个环境设计的就是一百人，结果你超过这个，有好多人的话，那回响声音就短多了，出来的不但不会增加那个气氛，反倒减少了，就没劲了。那不可能的。所以在哪儿录，没有定好。后来我就想，在大会堂拍的，那我在大会堂录还好一些。为什么决定在大会堂呢？我觉得有两个原因，一个原因是当时就知道了，大会堂有一排摄影效果不是最好的，有一个地方不好。另外更重要的原因是时间那么紧，要搭台，拆台、搭台的时候我们不能录，要录，占地，就不行了，时间也不允许，所以大会堂不能占。那么再补录，这是一个录音的问题。

第二个问题，就是指挥作曲的，指挥就是严良堃他们。作曲的好像没有参加到里头来。他们意见说，为了保证音乐的声音质量，他们建议实录的时候不要这么多演员唱、对白。除了专业演员以外，还有一些大学生或者业余的合唱队，他们的声音、音色都不太一样，不到位的。所以咱们就得用专业的演员，就不要他们（业余的），乐队也是，跟平常的乐队一样。这个时候，录音以演唱为主，我们俩人意见也都比较统一，① 电影跟普通的演奏、演出不一样，因为电影必须得跟画面吻合，如果你画面里头是这么大的环境，几百人将近千人，你只能一百多人（录音的话），情绪

① 这里所说的“我们两人”，是指《东方红》的录音师陈燕嬉、吕宪昌。两人的意见比较统一，是不同意音乐指挥的建议，主张与演出的大场面、大气势相一致。

接不上，和不上。

另外的话，《东方红》所以轰动，是因为气势磅礴。整个剧目来说，表现中国人民磅礴气势的，你拿这个小的，虽然挺精细的、挺好的，和（现场演出的）气势比起来不行，所以我们坚决不同意。这是矛盾的，争来争去。后来他们退了一步——不是退了一步，就是说如果不能录的话，就是用电台的现场（录音）。他们觉得电台现场（录音）还是可以的，因为是有好多话筒。我们就不能同意。为什么呢？当时应该说还不错，因为是现场的，是很多话筒，我记得我们好像没在质量提出意见，可是（提出了现场演出和录音）跟电影不一样，因为你看的时候，电影分镜头，有全景、近景，那么远的声音怎么配？所以说你拿他们现场录音的声带就配不上，在电影画面里头不能用，就得重新录。重新录的时候，可以把它完整地录下来，正常的，你要近的话，我就想法大一点；远的话，声音越来越远，这个可以活动。这两方面不一致，整天吵。

问：仲裁人是谁呢？是王苹导演？

陈：真奇怪，没人仲裁，导演没参加这个。

问：声音应该是由导演来仲裁吧？

陈：应该由导演来仲裁。可是我估计她没参加意见，另外他们也来不及，急于拍戏，赶快拍，没有参加这个。我现在回想起来，我奇怪导演怎么不提意见？当时总导演就是司徒慧敏——原来是电影局的副局长、（后来）文化部副部长，他又是搞录音的，他也不掺和。可能就是《东方红》演出的时候，拍戏的时候（任务）太大了，群众演员，歌手，服装道具（千头万绪）；在演出的时候，非常感人的，演员好多都是这场演完接着那场，他们都是自己换服装，跑来跑去换，不停的。这个非常突出，群众自己创作，每个人发挥了很大的作用，都是超乎想象的。所以，可能把它拍出也是这样的，就是事太多，不允许导演有很好的（创作构想），还进来掺加我们（录音）这个东西。我估计也有这个关系。但是也不能说不是很重要的关系。后来，反正是，争也争不过录音的，指挥的意思好像让你录完咱们再说，比一比看，到时候咱们再说，好像是妥协。反正我们可以录，因为录音还得征求我们（的意见），最后还是我们录。我们这个组上哪儿录，你总得有（个想法或建议），如果没有吕宪昌（作决定），我是不敢（提出建议和）决定的。因为什么？

问：他做了什么决定？

陈：就到北京市各处去找大的场面。包括天坛，就是各个大的屋子都去试。那时候我们请科学院的什么组——声学组，应该是。

问：科学院声学组？

陈：正好我们这里的王韵华，她的爱人就在那儿，关系比较近。另外的话，跟我们联系也比较多。所以就请他们来帮着一起（确定可以录音的地方）。比如我们选择一个地方，选择这个大屋子，他帮助我们测一下这个条件什么的，都可以配（合）。完了以后，比如说完全不行的，就算了；有的地方可以试试、录录什么的。我为什么不敢，你知道，这么多的人……后来我们就决定了（录）大型的，比如最多的时候，就在人民大会堂的宴会厅，宴会厅也挺大的；中型的就是在北京饭店的宴会厅；小型的，解说，就是在北影（录音棚）。为什么我不敢？因为是人民大会堂宴会厅也好，北京饭店也好，不能老在那待着，因为他们还得营业，还得干别的，只能抽出那么一段时间去录，可是录的时候那么多人。

问：调动千军万马。

陈：千军万马。如果你当时稍微有点判断不了，怎么办？你能试多少遍？你也不能大动，你那个时候也不允许（大动）。那时候我后头做的反射板什么的，都有。你弄，下边就需要一个人。当时我们在一起，以他（按指录音师吕宪昌）为主，我们在一起研究，话筒的位置，声音的（质量效果）。后来别人说吕宪昌写那个回忆里头，（说）我们在一起研究一些东西，我都不记得。

问：……今天时间到了。

陈：明天这个讲完再补充《风暴》，行不行？

问：可以。

陈：因为还有一点补充的，《东方红》。还是《东方红》比较多的，那时候我们七天七夜没睡觉。

问：为什么那么长的时间不睡觉？

陈：简单得很，赶时间。不出也得出来，献礼片，为什么？赶着1965年10月1号演出。

《东方红》我没说后期工作的事。[①]先把《东方红》补充完。《东方红》我昨天说了，就是那些争论，我想也可能《东方红》太大了，人太多，事太多了，所以部门之间（都有事），我们录音组里的事，（在整个摄制组来说）就不算太大事。我就不知道，为什么没有人来参加我们这个争论？肯定我们要跟导演谈话，导演可能会同意我们意见的，可是我们没

---

① 从这里开始，以下的内容都是下一次采访时补充说的。由于下一次采访（2009年11月11日下午）开始时并不是直接说《东方红》的事，所以在编辑的时候，不得不对其谈话的内容进行编辑，并适当调整谈话的先后次序，以便读者能够顺畅地阅读。

有拉他站住（细谈）。反正就是听我们的了，他们指挥有保留，他们说要是不同录的话，就用他们实况那个。我们觉得实况不行。我昨天说为什么不行了。可能他们保留这个（意见）：你们录完以后，录不好咱们再用这个。可能是这样，反正妥协，当时还是听录音的。

我就把后期工作再补充一下。因为当时时间很紧，你想想，那么短时间里头，要完成那么大一个东西，所以后期工作非常紧张。这时候一定要完，所以我们就连续工作了，可能是我参加工作最长的一个（连续不间断工作）吧。别的组有没有，我不知道，（我们这次）连续七天七夜。

问：七天七夜，住在棚里面？

陈：不出棚，不停工作。

问：七天七夜不睡觉？

陈：不睡觉。从前，一两天连轴转是正常的。

问：但这是七天……

陈：七天。所以说最后——那时候正好北京快假整风了[①]——新来的领导最后一天带着医务室人去看我们，（问大夫）有什么办法，怎么解决他们（的身体疲劳问题），大夫说没办法，让他们赶快休息。

问：那时候北影厂、八一厂、新影厂那么多录音师，干吗不搞轮班呢？

陈：不可能。为什么不可能呢？不管（录音的事情）再多，你声音是统一的，那么多人有什么用？不能轮着。我昨天说《十三陵水库畅想曲》，那是非常不正常的东西。哪听说录音师来了就录？根本不可能。几个摄制组、几个导演组一块儿弄，当然我们跟着录音，可是最后主要的人还是统一下来，不会分两个组的。可是导演两个组，八一厂是王苹……

问：她是总导演？

陈：也不是总导演，总导演是司徒慧敏。

问：我们现在看《东方红》的回忆，有印象，王苹是总导演……

陈：那说得不太对，那时候所谓总导演，就是总负责人。在演出的时

---

①“假整风”是“文化大革命”以后的说法。文艺界的整风运动，由毛泽东主席于1963年12月12日对文艺工作的批示，和1964年6月27日毛泽东在中宣部《关于全国文联和各协会整风情况的报告》上对文艺工作所作的第二个批示引起。毛泽东对文艺界不满，文艺界于是开始整风，康生在全国京剧现代戏观摩演出大会总结会上公开点名批判《北国江南》《逆风千里》《早春二月》等影片。北京电影制片厂的整风是这样的：安波、吴小佩为整风工作组正、副组长，进驻北影，一切权力归工作组，北影厂开始全面整风。主要工作程序，是工作组主持召开中层干部和群众代表参加的揭发会，矛头对准厂长汪洋及其四个创作集体的主创人员，中宣部副部长周扬到厂作整风报告。此次整风尚未整人，“文革”开始后便说是假整风。

候，总导演是周恩来。拍成电影的时候，总负责人，就是电影部门的负责人，是司徒慧敏，就是当时的电影局副局长、文化部副部长。实际上李恩杰跟王苹是平行的，王苹那组就是八一厂的摄影师——大概就是八一厂的摄影师吧，李恩杰这组是北影摄影师和新影摄影师，摄影师也参加进去，当然主要还是北影摄影师。录音是北影的，剪辑是八一厂，录音组是我们北影的，可是放声——什么叫放声呢？拍摄的时候把声带放出来，他们拍——放声是八一厂的，所以我昨天说早晨起来把磁带送到八一厂去。参加混录的时候是一个导演，就是李恩杰去的，王苹根本不去参加。这里头什么原因，我不知道。过去有的时候两个联合导演，可能主要导演去；有的时候，或者主要导演认为你不去，我去。也许这样吧。开始的时候，崔嵬就不去参加（混录），现在我没想清楚。所以那时候，是李恩杰去的，王苹没有去。这就是联合导演——崔嵬和陈怀皑是联合导演，那时候我自己亲身体会，认为这个制度（并不好）。我自己主观认为，导演构思不可能说两个人合在一块，你有你的想法，我有我的想法，总要听一个人的。这样合在一块，没什么优越性。而且在创作的时候，总有一个人（作为主导才好）。我是这么觉得的。反正就是这样的——司徒慧敏去了，因为它是一个舞台纪录片，歌舞的舞台纪录片。艺术性方面没有大的修改，都已经剪定了，大家都看过了。只是在混录的时候，有两个事情要做的，一个事情就是小修改，这（里或那里）还差点，声音往前点、往后点，或者哪儿不准，应该怎么样，都是这些东西。还有一个就是说录音要练习，因为那时候音乐跟唱是分成两表的，一个原声，一个立体声，所以录音应该怎么调节得更好。录音调节跟剪接和录音的修改，其实主要人（员）不去完全可以。司徒慧敏你知道这个人吧？

问：当然知道。

陈：他过去也当过导演，也当过美工，还当过录音师，以录音师为主。他可去可不去，也可能应该去，因为他是总负责，万一出什么事他得管。可是他不一定盯着，他跟我们待着，（本来）可以找个屋子休息休息，他没有那样。

问：他自始至终都盯着？

陈：他自始至终，就在混录棚。

问：七天七夜他也在盯着？

陈：对。我就觉得虽然我跟他接触不多，这个侧面（值得一说）。这个人可以不来，（但他）来了；来了以后可以休息，偶尔检查一下就行了，解决大问题，（但）他一直坐在录音室里。他不张牙舞爪的，他什么话都不说，就坐在那儿听着、看着，困了打盹，他也没有，就跟着我们那样。后来我们这个剪辑，当时是比较年轻，八一厂的剪辑叫吉星，他比较年轻，而且他思路敏捷。

问：是哪个吉？

陈：吉祥的吉，日月星辰的星。他是有名的脑袋快，眼也快，比较机灵的一个人。他在我们里头是比较年轻的。快接近最后了，大家觉得快了，几遍以后，觉得有一条声带，有一个声音小，应该往前挪20格，结果这位仁兄抱上楼去做了。一做回来一看，不是那么回事，他把两尺变成20格了，记错了。所以，那就重新修改吧。这时候，司徒慧敏就找我聊天。他说他已经观察过了，现在整个组的人，只有两个人还是清醒的，没困，一个是李恩杰，一个是我。当然了，他一说的时候，我很吃惊，也很感动；不是因为他夸我，肯定我，因为我很明白，为什么我不能困呢？因为这都是一些小修改，都跟我们有关。按录音来说，吕宪昌是一把手，虽然我们联合吧，他是一把手，我是二把手，这些事情用不着他管，就是修改情况，也都是由我负责的。这样，我一天有事干，从头到尾，不停地干活，能困吗？所以并没有觉得（司徒慧敏夸我）我有多高兴，而是奇怪，我说这么一个老师，那时候已经50多岁了，他又没事，坐那儿，如果他困了，他没有认真地听跟看这一切过程吧，他不敢那么说。说只有俩人（清醒），你凭什么胡说八道？你要（随便）这么一说的话，也不行。他任何事情不分巨细，只要跟质量有关，他就使劲盯着，我觉得这个敬业精神，我太惊讶了。所以我一直就觉得这个人，我当时不了解他的情况，最近几年，找些资料才了解。他是1933年党设立的电影小组……

问：电影小组的成员之一。

陈：所以我就觉得他从那时候开始，一直到新中国成立以后，他当到副部长这个级别了，工作的时候是如此敬业，如此关心群众。他作风也是，跟群众在一块。我还补充一个，在摄制组拍摄过程中，那时候为了工作方便，就集中一块住，所以能看见他一些活动。他五十多岁一个老头，早晨起来坚持晨练，冬天了也挺冷的，他是不是穿得很少，我不记得，反正我记得他一直坚持晨练，跑步。中午休息的时候，他跟我们摄制组年轻照明员什么的一起去冬泳，大伙儿说说笑笑。这个印象也挺深的，他那么跟群众打成一片，这么要求自己锻炼身体，再加上这次混录，觉得敬业的精神，我真是佩服他。这次看到1933年（他参加党小组），他已经是领导之一，我就知道他从那时候起，30年代完全执行党的正确精神，爱祖国、爱人民、爱群众、深入群众，敬业，对自己负责的工作全心全意，我就觉得他很好。可是好多人都不是这样。这是混录。

后来十一出拷贝了，是演出了。后来因为解说员的问题——解说员还是解说词？主要是解说员，换解说员，所以整个重混。整个重混就王苹来主持了，他们俩人换班子，她来做。她录的时候，司徒在不在，我不记得了。那时候没有几天几夜了，因为那时候没有那么紧张了。大概情况就是这样。

问：换了解说员？为什么换解说员？觉得他声音不好吗？

陈：不是。什么原因我不知道。解说词好像也没怎么改，就换解说员了。也可能对他说的情感不是太准确还是怎么，我不记得了。就是在《东方红》里头，我跟吕宪昌的关系，我的感受就是联合导演、联合录音、联合什么的，这个方法好不好？应该怎么样？

问：是利大于弊，还是弊大于利，您的观点是什么？

陈：不是。因人而异，根据需要。你要是说两个基本差不多的人，搁在一块，那一点益处也没有。因势而异。[①] 因此我在《东方红》那儿，我当然毫无一点怨言，我不是说过吗，他大胆，因为艺高胆大，我是没有别的意见。

问：您现在说到了吕宪昌。

陈：为什么我有共鸣？在《东方红》里头我没有任何别的想法，可是我有过心理不平衡。

问：不平衡是为什么呢？

陈：为什么，现在具体想不起来。因为吕宪昌这个人，你要知道，他是很单纯很简单的人，他不隐瞒自己，什么事都表现出来。举个例子来说，“文革”开始，傅英杰他们都对我的历史问题都不怎么信的，吕宪昌他也不见得信，可是他就挺紧张。我记得有一次，我骑车往那边走，他骑车往这边走——那时候傅英杰跟我们之间还经常往来，不到挺紧张的时候——他看见我，明显地感觉到赶快扭头不看我。

问：是谁？

陈：吕宪昌。他这个人简单，什么事都不瞒，全在脸上表现出来了。在我们合作以后，我一直认为是我很尊重他。这些主意都是他的，我反正不反对他，我跟他一起争就完了。他自己的日记里说的，说我们俩一块儿研究，我都没觉得。我觉得起码我跟他谈得不多，是什么意思呢？我就感觉到我同意他的做法，可是我们俩没有一起平等地来……

① 在这一段后面，陈述人又说到别的话题上去了。为了话题的集中，编者对所说的内容进行了适当的调整。将“走题”的部分进行了适当的归类，放到了后面，而将与《东方红》有关的内容适当集中。

问：研究和交流。

陈：安安静静地交流。咱们这个问题怎么做，这样是不是可以，没有这样的。

问：为什么呢？

陈：这是人的性格问题，是吕宪昌的性格问题。他认为我可以了，我也没有什么。我当时没有太多的感觉，我没有觉得他不跟我征求意见，他跟指挥他们争论完了下来就跟我说。有人就说你看你怎么这样呢？你也是录音师，你们俩联合的，干吗好像什么都听他的？其实是态度比较简单，比如我说什么，这不行，类似这个吧。我就知道别人是这样看的。同时我又想，我跟别人，比如《天山的红花》，跟西安厂的洪嘉惠，也是联合录音，她是录音师，我想我没有瞒着她，我自己弄什么的。至于我是不是能够跟他一块儿研究研究，恐怕我也没主动，因为那时候好像也没有这种风气，录音研究怎么创作，也没有。我做出来以后，肯定我跟她说录音，也没什么反应。是不是我的态度不对？是不是我没有跟人好好说？就不知道了。所以我就觉得，联合是要因人而异的。

你说我为什么觉得《东方红》有委屈情绪？我就记得一个细节，后来我们去录音的时候，不管是人民大会堂也好，还是北京饭店也好，都在营业，给我们时间很短，我们必须在录音以前把准备工作做好。准备工作不简单，因为那时候我们用的调音台没那么多路；我们有好多话筒，就把两个调音台串在一块，记不清多少个话筒了，反正是很多很多话筒，话筒线不够长，因为很远，所以都是买的话筒线，原封不动地焊上。所以在录音以前，你要做很多工作，要把椅子搬开——人民大会堂也好、北京饭店都很多次——收了，完了把线拉出去，把位置都摆好了，这是一个很大的体力劳动。我记得有一次，我第一个去的，我的助理，一个来启箴，一个王大文。我第一个去，就在收椅子的过程（中），突然间我就产生一点委屈情绪。这个细节我为什么记得呢？我就自己哼哼，我要唱支山歌给党听，我心里暗暗地唱这个。我有的时候常常是在情绪（波动的时候哼歌），比如说我累的时候就会唱“下定决心做好人”，就是我自己用哼哼的声音来缓解自己的情绪。我为什么会产生那个呢？倒也不是因为让我劳动，劳动我从来就不怵。后来他们也曾经给我提意见，就是（说）我不放手——过去不是有助理？搬机器、放线都是他们干的，录音师不管，我不，我跟他们一块干。我自己觉得那样好，那时候也受过批判，就说我不放手，连这都得自己弄。因此我就觉得两个（人）合作真要考虑，也有一个反的作用。

三十一、录音学会及专业观点分歧[①]

问： 您今天要补充什么？

陈： 我不说没有电影（录音）学会吗，后来想起来了。

问： 有录音师协会是吧？

陈： 不是录音师协会，叫电影（录音）学会。电影（录音）学会很晚，文革以后很久、很后很后（才成立），中间没有。

问： 电影协会？

陈： 不是协会，是学会，录音学会，不是电影学会。录音学会我没参加，（因为）我对他们有看法。我为什么没参加这事，所以我想说一说。说这情况，就牵扯到录音组的分工、组成的情况。正好应该说一说。一个是敌伪时候，华北电影公司跟国民党的时候；（一个是）新中国成立初期、后期，这个录音部门的组织情况。

在华北电影公司，就是敌伪时期，那时候车间——录音部门人不多，也没提分工或者将来怎么样，就是说谁先干什么后干什么，是不是最后是录音师，都没有谁说明过。这跟上海不一样。（上海）30年代以后，国民党时期，都遵循什么呢，就是说一助理、二助理到录音师，是一个步骤提升（的行业规范）。在日本时候，什么情况不知道，因为"满映"不知道，可是我知道"满映"（电影）养成所技术、艺术什么的都讲课，比如培养怎么听声音。

问： 也有一助理、二助理。

陈： 有吗？

问： 有。有第一助理、第二助理，大助理、小助理。

陈： 那可能。我就知道傅英杰，新中国成立初期的时候，他倒不是养成所的，就是（入）中影成立培训班，一期什么班，二期什么班，训练班。那时候他是（管）录音机，就是录音车。那时候，他是叫什么组？

---

① 这一小节是陈燕嬉老师于2009年11月11日下午的访谈一开始时要求补充的。这一节的内容难以归类，但其中有不少电影史的信息，对口述历史研究或许更为重要。从中可以看到陈述人的思维方式、心理状态和性格特征。编者将其中补充《东方红》的内容前置，补充《风暴》的内容后置，其余内容成此小节。

就是搞机械的，开机械的。他们怎么升（级），我不知道。“华影”的时候，好像只有分工不同，也没有明确怎么（升级规范）。那时候职员、雇员、佣员。拿话筒的那个常常摇晃，那时候大概有一个铁三角架子，比较笨拙，可以摇一摇放映机。因为在“华影”的时候没有特殊的放映室，（放映）就是在录音棚里面，这是录音室吧，上头那个——后面是台阶——那就是放映间。放映间一个放映机，一台双联的还音机，都是一个人在操作。所以这个人，就是这个佣员，又管放映又管话筒，可是他没有上片子。

问：不上名字？

陈：就是在“华影”的时候，我好像没看什么名不名。我都没看见过，一个完成片有什么名字。现在提名字，我根本没有任何印象。他们怎么挂名的，不知道。可是你要说录音是重要的（似乎也说不上），所以（摆话筒的人连）佣员也不是。当时是这样，跟我一起去的，或者比我早一年工学院的毕业生，他们也是搞机械的多，就是搞录音机的多。可是他也没让我搞。是不是觉得我不能搞？还是因为分工？我就是搞音乐那方面，我就不知道了。可是那个新人，我上回说的那个很年轻的，十几二十岁，挺有点傲气的小男孩，那个日本人去了就装片子了。所以（到底什么情况）搞不清楚。上影，长影什么样，我不知道。在国民党时候很清楚，一助、二助，完了提到录音师。

新中国成立初期因为还是那套设备，还是“华影”的设备，人也基本是上海来的，所以基本按照这个（规矩）。也有分工，也有搞话筒的，也有搞机械的，也没有分哪组，也没有明确先搞什么后搞什么。后来逐渐大的混合录音机来了，录音棚、混合棚也都有了，以后就分开了。我记得那时候汪洋他们（从苏联）学习完回来时候，就提倡专业化。搞话筒就是话筒专家，他就是（这个）专业。那时候分开的，有录音组、机械组跟整备组、效果组、放映组，几个部门不一样。那时候他提倡专业。后来合拍《风筝》也可以印证，《风筝》也是专业性（分工）的，他的摄影师绝对专业，剪辑看起来……他们都非常专业。

问：这跟您不参加那个录音学会……

陈：有什么关系呢？来了。这些成员……我上回说了，录音师分几种看法，有说“有声就得”了，有说偏重艺术，（有说）偏重技术。现在，这个问题，我觉得还说得不够完全。因为通过你问我，说导演怎么（不重视录音），那他也属于“有声就得”了，跟现在不太一样。因为这些人里头，我所谓“有声就得”是贬词，就说这个人不认真，什么都是应付，干完就行了，也不求很好。我一想，就跟我新中国成立前在国民党时候跟敌伪时候差不多。可是我比他们强一点，我还有一个动力，我是女的，我不比你们差，仅仅比他们多这么一点而已。所以这种人我觉得是不好的。录音匠是又一种，录音匠就是保守的，我就那一套。

问：但还是把工作做好。

陈：他还是做好，只是说方法就是如此。所以导演重视不重视，是这么个情况，导演有些人可能就……就是完成片以后，他也不注意声音好坏。这也不奇怪，导演看片子的时候不跟平常的观众一样，他要带着很多强烈的自我的东西，他首先看这镜头怎么这样，（这）跟他有关，他就注意那个了，哪个地方不够，就很少注意到声音好不好。当然如果你要说（声音）很坏，他会感觉到，一般的话，就一般而已（也就注意不到）；还有些导演注意点声音，比如我说史东山，他可能比较注意点，觉得（声音）舒服不舒服。可是那时候，没有一个导演拿录音当创作（手段），自己有想法，让录音怎么做，后来看片子他也会注意。这个时候，录音组的人当然注意声音。很多人觉得我应该修理机器，测量机器，看特性怎么样，只此而已。很少有人注意声音好不好，也不听，艺术构想更不了解了，不想知道；声音好坏他都不判断的。一般都是这样。当然这里头（也有例外），你比如说（吕宪昌）从前两个都干过，干过工程师也干过录音师，他就不一样。除他以外，在我接触过（的）整备人员里面，包括"满映"来的秦彦——不是三个人吗，高敏、秦彦、左山——这个秦彦，不发表什么意见，他也不是听声音，说你声音怎么样，也不怎么说这些问题。只有一个非常不同的，就是左山。左山当然也可能是开始学，是从头学起，在"满映"的时候。他后来跟着大家一起做事，到后来基本上是他负责的情况下，他没有一点就觉得录音室太次了、声音不对，他是老老实实的，谁混合录音的时候他都在旁边听。这个，我们就觉得他做得特别好。他关心声音，而且他自己表示过，不看你们我录不了，他是这样。可是这里有一个很特别的，非常典型，基本的整备员（中）这个思想比较多，我现在记不起来都有什么人，（我）反正跟外面也不接触。这个人过去在北影，后来在新影，后来科影，这么一个人，叫李之春。

问：知道的知，是吧？

陈：不，之乎者也的之，春天的春。他当着我们就说，他说录音，我们不录则已，我们一录肯定比你们好，因为你们不懂机器。他就公开这么说的，完全纯技术环节。这时候成立——那时候"文革"已经（结束）很后很后了——要成立录音学会，学习的学，学会。李之春是主持这个的。当然头儿还是吕宪昌，可能是。吕宪昌反正给他弄出来，他就是具体管这个事的。录音学会出来以后，李之春指出这个（观点），他肯定不是研究录音的（艺术）问题。当然我有情绪问题，所以我不参加（这个学会）。

问：你和李先生之间？

陈：没有什么。

问：就是观点不一样？

陈：别看我现在所谓爱憎分明，我现在看什么不容忍，他一说什么我马上觉得不行，或者观点（交锋）怎么样；那时候我不会那么明显，我也没有那么认真去想过，也没有想着一定把问题追究（清楚）什么。可是我有看法。

问：而且您还有姿态，拒不参加录音学会？

陈：那是我自己的问题。要现在的话，李之春那么说，我们不录而已，录肯定比你们好，我准马上跟他理论。并不是说我比你好，可能你这个观点不对，我可能有这种可能（与他论辩）。那时候真的是老老实实，我说不上……就说不愿意露锋芒，我那时候真是。

问：比较平和一点，是吧？

陈：就说不愿意表现得特殊，也没那么大的火气，可能。我不是跟你说过吗，临录完时，去他们那儿开会，也不知是座谈还是什么会，我就站在他们附近走来走去，我们制片主任说你干吗？你怎么不进去？我说我不敢。我等你们一块儿进。就是这样的，挺低调的，不愿意露锋芒。所以那时候没争。可是我有看法，因此就没参加学会。可是不是我一个人（没参加），比如来启箴也没参加。

问：谁？

陈：来启箴。她也不是我征求她意见，我也不知怎么听她说，不参加。还有谁，我就不知道。所以后来录音学会跟我也没什么关系，因为当时很多人参加，更多的就是机械组。

问：整备组？

陈：我刚才光说了，没有说清楚。过去还有机械组。机械组是专门管片子的。特别是后来北影摄影棚做好以后，它是中央机械室，摄影棚里头有一个屋子，专门是机器固定在那儿，不会搬来搬去，固定在那儿。你电话联系，开机什么的，都那样的。所以机械组已经独立成机械组。

问：机械组和整备组不是一回事？

陈：不是一回事。机械组光管开机、弄片子什么的。混录的时候也是，开始还音机还在楼上的时候，那时候也就是叶炯连还音机都管。就是说摄影棚是集中的，混合录音也是，有一个机械室。特别是后来放映机搁楼下，下头完全是一排还音机。所以机械室光管机械，整备组光管修理，可能还有一个助理组，就是管话筒什么的。整备室里头有线路主要特性什么的，还有分细一点的，比如说光学录音里头那些构造，也分布一点，还有一个就是机械方面多一些——说到哪儿去了？

问：还是说您不愿意参加学会。

陈：后来录音学会我没有参加，所以后来跟他们也没有什么关系。当时很多人都参加了，特别是机械组、整备组。后来1985年、1986年，那时候拍《我只流三次泪》，替儿影拍那个片子。

问：（19）86年。

陈：不是我提出来的，他们想去评选。

问：评学会奖是吗？录音学会奖？

陈：哎。他们让我转录一个，就拿去了，不是我要求的。我也不了解他们情况。由于他们请我转录，原来的材料怎么不合适，应该转成什么，我就不记得什么原因了。参评的时候发现素材不合规范，所以就没有参加（评选）。我想即使参加，也不见得评得上。我也无所谓。因为我对这个学会没什么信任，跟他们没有什么关系。这是补充一个。

还有一个，补充一下《野猪林》。《野猪林》我上次说没算出来的问题，就是错格，50毫秒那个，实际很简单，因为一秒钟是24格，一格有4实孔，4乘以24就是96，接近100。所以说差一格的话，就差十毫秒，那么你要错开；在5格之内是50毫秒，你要再错开就更多一些。这是第一个。另外一个，我不知道为什么，后来看片子的时候我有这种感觉——当时没有，可能有些，我不记得了——后来重新看这个片子的时候，我就觉得那点是遗憾。因为什么呢？因为在拍电影的时候，在镜头前有些是实景，比如说有一棵柳树。可是演出不可能有柳树，一切都是虚拟的，在这个时候要让你改变——也可能之前就改变了——所以这点没有录。因为什么？正好他拔，鼓点，拔出来，“嘣”一声，不是全有了吗？又戏剧化，可以解决。（可是）没有声音。这个，我不知道……当时我也没提出来，连陈怀皑那么熟悉的人，都没提出这个问题。我就觉得太遗憾了。正好这个做法本身，使这两个形式矛盾的地方，（可以）用这个来补救。如果加上锣鼓点，不是正合适吗？为什么（没有），我不知道。这个是遗憾的。

完了以后又该《风暴》，《风暴》还没说呢。

三十二、《风暴》里的长镜头

问：《风暴》……

陈：《风暴》。从头说起，《风暴》这些演员，现在看起来还是很敬业、很称职的，都演得不错，所以《风暴》演得还是可以的。（赵元）她说她听完胡其明的话，有那么一个感觉，她觉得为什么他要换朱今明呢？因为朱今明好像电影摄影的技巧、技术比较高，另外他又懂戏。金山除了导演还兼主要演员，所以更希望有好的摄影师。

问：好的摄影师帮他一把。

陈：唉，可是我自己没有这个感觉。为什么没感觉呢？因为那时候我跟朱今明他们住在附近，可能在新街口那儿吧。每天金山的车接朱今明，同时也接我，就一块。在车上听他们谈话的时候，就感觉朱今明主见很强，一般的摄影师基本听导演，以导演为主，可是有些看法他就不会听导演的，金山也不得不听他的，我感觉。所以这不一定是金山想把重担搁他身上，而是说他要最好的，当然需要理解戏，是对的，因为过去解放前他们就有所认识。

问：对，朱今明在上海就拍过《一江春水向东流》。

陈：不仅《一江春水向东流》，过去在创作上比较不错。所以我就觉得……你比如说吧，就是所谓有名的那场戏。

问：施洋大律师面对群众的演说？

陈：哎，我记得——当时还是后来怎么知道的——朱今明并不同意一个镜头下来，因为确实很难。可是金山他很愿意这个，因为他都有设想，而且背了那么半天，他就愿意一气贯下来。当时朱今明不同意，太难处理，也不应该，不符合平常的电影规则。后来他还是听金山的，于是乎朱今明就想方设法，在镜头摇、移、推、拉里头，想方设法给他弄得活一点，实际你现在看起来跟不是一个镜头一样，可是作为演员一气下来。这说明，他们就好像说有些争论。比如说要是高洪涛跟金山合作的话，金山提什么，高洪涛肯定不会说什么就跟他走了，是这么个情况。

既然说那个镜头吧，我就一起说长镜头、金山的一些情况。因为在还没拍这个镜头之前，我们还得拍别的戏，拍别的戏换镜头、打光的期间，金山不止一次跑到我这儿来，把台词背给我听，他说你听听看，哪个字音不对，或者有口音，重音不对，你给我提。当时我比较感动。因为什么呢？金山对这个台词熟极了，因为他在舞台上演出，已经背得滚瓜烂熟，在这种情况下，他还要认真做准备，我很佩服他，也说明他确实……

问：我提一个问题，我记得《风暴》当中，他的舞台腔太重了，拿腔拿调，跟电影表演（有些差异）……

陈：我也是觉得。这是他——我忘了后来是谁说的，或者哪个杂志上看到的——他过去跟一个挺有名的京剧演员，去世了，叫什么？也不知道——就是那个人，他们有所交往，跟他学过或者怎么样。他这段表演，包括他的动作，完全有程式化的东西，就跟京剧的程式化一样。可是他结合得好，因为什么？也是这个设计吧，看见群众，看见那个女人，就是江有财的爱人抱着孩子，他就过去看，有交流的，他们哭什么的，他就说。所以演出那个，不是程式化的，而是电影表演，带感情的。因此就不觉得他那个程式化破坏了他。

问：我是讲台词，对白。

陈：对白没有什么，当然你说他背那么熟的话，有没有舞台腔……

问：他跟电影那种很松弛、很生活化的表演不太一样。

陈：可是你知道演员的表演有两派，包括赵丹。

问：赵丹也有。

陈：过分的东西多得很，他跟崔嵬他们是两回事。崔嵬自己就上去，我就是我，这是两种不同的表现方法，就是体系吧。

问：录音方面呢？

陈：录音无所谓。我更喜欢自然一些，自然更难一点。因为什么？他要抑扬顿挫，你就得适应他。

问：您说自然表演上比较难一点，还是录音比较难一点？

陈：录音比较难一点。因为我喜欢很自然的。为什么难呢？就是要跟着他那个情绪，所以表演程式化一点说比较简单，不会很轻微的、很柔和的，我是这么想。你这时问，我才这么说，我没怎么太想过。

问：您继续说《风暴》的创作过程。

陈：既然说这个镜头，我把这个说清楚了。

问：那当然。

陈：这个镜头难度比较大，一条声音轨道——好像是两条，还换一换。就是推、拉、摇、移多得很，录音得跟上。录音除了演员说，还有外面反应，外面哭或者群众激动的声音还（要）有，大概四个话筒，跟也不容易，一会儿上去，一会儿下来，来回来去走。我们一共有两台好莱坞话筒架子，那都是解放以后（添加的），原来一个是解放前“三厂”

订的，（当时）没到货；所以解放以后有两台话筒架子，话筒架子就是什么呢？你可能看过，高高的，四面上去以后，四个轱辘，那个东西推、拉、摇、移都可以，往前推、往回收、转方向都可以自如的，又可以这么摇的。这个有两台。我《风暴》的助手是魏学义，就是录《杨门女将》那个。另外一个，他们俩都高大得很，就是个儿高，而且都是打篮球的，也比较灵活。这时候王泽民，他已经是《青春之歌》的录音师了，为了协助这个镜头，他来跟话筒。他们两个人都是个儿比较高，比较灵活，就跟。因为那个话筒架子上有四个轱辘，是打气的，可以推的。于是乎推、拉、摇、移，还有两个管推车的人，推车的人跟着推车，又摇，这个难度是比较大的。一方面他们这个摇话筒的，他要记台词，知道什么时候来，要背台词，录音师更应该背了，不背的话不知道哪儿该怎么的。所以摄影很紧张，摄影跟较紧的，另外是推车摇什么的，都挺费劲的。这个镜头第一次就拍完了，一次就过了。还是效果不错。也说明，要完成这个镜头，大家都做准备了，都做贡献了。

问：一次就过了吗？

陈：一次过，就是一次。

问：但是杨静老师好像说拍了两次[①]，她说因为有一个镜头摇到她这儿，要在她这儿停下，她说第一次拍的，导演觉得可以，但是她自己觉得还不够好，然后又重拍了一次……

陈：没有。也许是练习的过程吧，可能是她记错了。因为不能不练习，可能是那样。反正肯定……

问：实拍只有一次？

陈：只有一次。这个没什么大的毛病，可是你要细听，有移动车的声音，嘎嘎的杂音，肯定有。

问：外行肯定听不出来？

陈：听不出来。当时还有群众反应的声音。

问：有时候觉得环境声音、有点杂音还是正常的。

陈：对，人家不会挑这个。当时那个杂音不是群众声音，反正有那么点声。

问：内行能听出来，是录音车，录音话筒架子的声音。

陈：其实后来很多电影都有，可是别人不太注意。当时我们也过得去，也不能不算，就只能这样。

---

① 杨静在《风暴》中饰演江有财的妻子。此前采访人曾采访过杨静老师。

问：继续说《风暴》，这个镜头还有什么要说的？很难，是吧？

陈：很难。当然主要是演员了。

问：录音应该比摄影容易？因为就他一个人说话。

陈：摄影的话，拍出一个镜头，角度，他转脸，（可以）不管他，背后就背后吧。录音就不成了，他一回到那边，你马上要跟到前头去，要不然声音不对。所以他只要一转头，一动头，话筒就要跟着他，动作很多。

问：对，还走。

陈：我昨天说了一点，就是《青春之歌》，我说我很感动那个镜头，当时是孙秀云跟话筒，王泽民录音，蔡军当指导。当时分配让我一个管俩，管不了；王泽民去了，实在也不应该这样，又把蔡军也弄去了。所以王泽民录，我就记得王泽民跟我说过，说当时我觉得话筒跟不上，真不行，当时我就让孙秀云去录音，我去跟话筒。正好那天碰着她说，就是"九一八"那个镜头，我说我感动的镜头，她说因为那个重录音的。我这时候才知道重录音。她说跟着他走很难的，一会摇什么的，特别难，一会下一会上，非常快，所以王泽民跟着话筒。

为什么又想起来我说得不对呢？我不太知道唱这个是什么时候，是同声录音还是先期录音，我不太清楚。他一说那个也是重录音的，所以我又联想起，我不是说尝试去帮忙吗？他们认为好像我跟对白跟得挺好，这个情况就不全面。为什么不全面呢？像自己独立工作比较有经验的录音师，像吕宪昌、傅英杰什么的。他不会让别人做的，因为对白需要熟，需要情绪控制。除非一些青年人，他没什么经验，需要帮助。可是有一个不同，就是蔡军很有经验，可是他不管哪个戏，对白都让我来管。他就说我就看你到对白的时候，那个手很快的，全跟上。平常我们看样片觉得都可以，哪个声音都可以的，没问题，一到混录台，也可能因为环境，喇叭的原因，听音条件，也比较近，比较大，就觉得这儿不够，那儿也不够，稍微差一点，什么要补的，他说我就看你手极快的，补音什么的都跟得上，所以他信任我，所有片子他都让我管对白。

问：您不挂名的片子也让你帮忙吗？

陈：从来不挂名。后来很多片子我都参加了，有时候，吕宪昌的，我也参加过。我记得有一回，当然是"文革"以后了，吕宪昌和王泽民录，反正是挺大一个片子。我在那儿倒不是帮忙，效果挺复杂，好多效果，我就帮着给他记，记好该什么的，我在旁边提醒。王泽民（要）了解什么，我说什么来了，什么来了，就提醒。好多片子，我差不多都参加了。有时候管一点效果或者怎么样。反正对白除了那些新人以外，一般都是录音师自己做。我不是管音乐的，而是管对白。《小兵张嘎》是不是？我不记得怎么回事了，也可能是光管对白吧，可能不是两条。

问： 回到《风暴》。

陈： 回到《风暴》。还是大镜头，这个就一条过，我当时记得很清楚。另外有些资料也说过——不是大镜头，是附近的，我一块说得了，也是遗憾的地方。我记不清是为什么，在我混录过程中，发现了有一句声音必须补，可能是磁底坏了还是什么坏了，反正当时无法解决。当时在配对白的录音棚，还是专请的蔡军——我就不记得了——替我配几句话，就是（敌人要）把人带走的时候，他上去说：不行，不能走，不许走！他本来是挺有分量的，不行，不能走，就那样的。可是结果配得很飘当时配完以后，我就觉得不对，可是为什么那时候就只能如此？不对就不对吧，补补声音就完了。可是永远是，我一看见，心里挺难受的。

问： 当时为什么没再重新来一次？

陈： 不是再重新来一次的问题。那时候我在混录棚，抽不开身，在混录其他本的时候，发现这个问题。马上有人替我补上这句话就完，当时也觉得好像这句话没什么问题。也无所谓交不交代吧，也不可能应该说让演员跟录音师看一看这个样片，回忆回忆当时的情绪。

问： 您是让蔡军老师去帮忙？

陈： 不是我要的，当时也不知道怎么回事。

问： 等于组里派人找他来帮忙录这句台词？

陈： 是成心找他帮忙，还是正好他在配音棚里，我就不记得具体情况了。反正是让蔡军（帮忙录），可能他们觉得蔡军录不会有问题，什么原因我就不记得了。

问： 您觉得这句台词有点飘，有点遗憾，是吧？

陈： 当然是遗憾。因为什么呢？他情绪不对。你想这是两种情况，不行，不能走；跟那个"不行，不能走"，那当然不像了。而且他的角色，就是张平这个角色，在工人里头也不太符合的。既然这个抬那么高了，就很难补了。我当时也做了一些修正，反正一直觉得是一个遗憾。

这个镜头完了以后，说那些声音效果的问题。因为我自己最根本的认识就觉得《风暴》主要表现当时工人、群众运动，所以必须得有工人气势，而且很多群众喊口号，呼喊声，音乐要有分量，不管怎么样，在任何情况之下，音乐来了也好，也不能把这个压掉、不要这效果。我觉得这是很大的原则，我自己认识。当时那些设备比开始的时候多一些，我记得那时候我带的是那种磁带的录音机，质量并不高。当时可能有电源，因为摄影机什么的，哎，为什么没有发电机？记不住了。拍的彩色片，可是没有发电机，是个问题——哦，也可能是这样，也可能试的时候不用发电机，我记不清具体情况了。可是有一个原则，我知道我录出来很单薄，不管怎么样，一个话筒肯定单薄，不可能把群众声音都录下来。所以我采取什么办法呢？每一次试，我都录，因为当时演员很好，当时的群众跟现在可不一样，他们真的把鞋都跑丢了。跑起来不注意，别人把鞋踩掉了，他都不知道，不是需要，他真有那个情感，也认真，有意思极了。我记得拍什么，可能“文革”以后，也是拍部队、群众，他们喊的声就跟玩一样，完全出（不）来本真的情绪。（《风暴》）这个就是真的。当然是工会组织还是街道组织，是无偿的，不给钱，没有酬劳。

问：当时群众演员不给钱？他们不是电影厂的工作人员，怎么不给钱呢？那工作，一天，甚至好几天……

陈：我记得当时是那样。多少人啊，报酬给不了，反正没有报酬，自觉自愿的，而且他们真的去演，真情。所以每一次试，只要有机会我都给录下来。因为录下来的话，情绪是一样的，他要错开的话，就等于是加厚，等于增加了。如果是只录一次的话——没有试验——录一次的话，我也会用《野猪林》时候的四条，这样稍微错一点就加厚了。所以到现在为止，我昨天也看这个磁带，拿现在条件来说，如果有混录手段，会比那个好得多，气势会大得多。可是在这个情况下，我现在看起来并不觉得难过，并不觉得太细了、跟群众配不上，我觉得还是可以。只是说会更好，我可以过得去。

问：这个录多次，然后混在一块？

陈：也跟《天山的红花》那样，只要声麦有空，我就把几条都弄上。当然我没有做第二次，也可能做几次更多一些，反正就是几条合在一块儿了。我每次都要录。用这个办法来做的，这是一个原则。这里头就是说，后来整个录完看拷贝的时候，不是孙维世评价就说吗？说你的声音、音响效果，人声是厚实，是好的；可是音乐太单薄。她是这么说的。它跟音乐的关系，一会儿再说。说声音比较厚的原因，就是我想突出群众，让它更多一些，用这个办法。群众一块说完吧，有点遗憾。我不是说吗，不管哪个导演，从来没有说一开始就把录音跟作曲找到一块谈，怎么样、怎么样，一些想法怎么处理，哪点怎么样，都没有过的。所以我跟刘炽也没有交换过意见，[①]有一个地方，我早就觉得别扭，当时录的时候，我就觉得这点不对，不太好。可是也没有跟导演提出来，咱们不要音乐这段，也没有提。导演也没有提。我也觉得奇怪，那时候确实觉得胆子太大了，作曲

① 刘炽是《风暴》的作曲者。

随便给拿掉一段总不好，顶多我给压得比较小而已。

问：哪段音乐？

陈：我现在说哪一段？回忆一下。就是当总工会成立的时候，他们这个队伍到那儿去以后，军警林立，荷枪实弹，要瞄准工人队伍，这个时候就说预备、瞄准，这些，完了以后就有人喊：不许屠杀！后来施洋借此机会就去做工作，跟士兵兄弟们说，你知道你们手里拿的枪是哪来的吗？是工人阶级，工人兄弟他们做出来的，它不是为了屠杀人民的，是为了打敌人的；你们想想看，去年大饥荒的时候，你们不也是家里头吃不饱喝不饱吗？不是工人弟兄去募捐给你们的吗；说难道你现在应该拿起枪对着他们吗？在他说，那些士兵有点软的时候，突然间大概是老何过去，把枪口掉过去，就喊：冲啊！他们队伍跑来以后，拿一个很大的树干撞那个门，被撞开了。这时候哈哈的人声，撞进去以后，林祥谦就跑台上去了，还有大伙儿的脚步声，音乐一直有。完了以后林祥谦在台上就说了，宣布成立大会现在开始，因为他们那个队伍里还有一个军乐队给带去的，施洋就说：奏乐。那个军乐队出来了。因为冲的时候，“冲啊！”那是绝对的群众声音组成，那时音乐（声）就不是很大。

问：可要可不要。

陈：特别是跟着进去以后，节奏应该是这样，冲啊，门开了进去以后，就是脚步声，到里头赶快坐下来，脚步声突出出来，完了以后他一说奏乐，音乐起来，多舒服？现在音乐一直跟着，到里头还有音乐，完了就停了；就说现在开始，完了说奏乐，又开始音乐，你说这个效果差多了。如果说进去以后没有音乐了，就是脚步声……

问：冲开始。

陈：不是，进去以后，在奏乐以前……

问：一定要停顿一下。

陈：停顿一下，这样才突出。所以当时我录出这个，感觉有点不舒服，音乐刚停又起来，可是怎么没跟导演商量把这个取消了？取消一段就可以了。我当然不敢全部压完，压完就是我不负责任，你怎么把音乐压光了？

问：您当时没有跟导演说取消这个，是吧？

陈：对，导演没有提这可以怎么样，我只能说压到一定程度，我还是以我的人声为主，只能这样。我奇怪当时怎么没有？

问：您重看这个影片的时候，觉得有音乐还是不舒服，音乐要去掉一段？

陈：你可以想想。

问：我听明白了，其实那个人声比音乐更重要，在奏乐之前。

陈：前头是这样，可是后来奏乐的时候肯定也要出来。所以当时为什么没说，觉得导演为什么没说，这个我就不知道了。这是一个地方。开会一块说完吧。就是这场戏吧，林祥谦说现在正式成立了，正在很高兴的时候，是铁路警察的人就跑过来，因为什么呢？大伙儿出去以后他没辙，就赶快劳驾劳驾，你们不能开会怎么样。林祥谦说我们工人开会没你什么事，你给我滚出去，大伙儿就喊滚出去，滚出去！于是乎他跑出去以后，连摔跟头在地上滚，都是滚出去，滚出去。他在地上滚完以后，又跳进来一个镜头，林祥谦就讲，大概是我们成立了，工人阶级万岁，团体万岁，反正是喊万岁的时候。

问：劳工万岁。

陈：劳工万岁。这个声音跳到外头去，警察局的人，不是一个人往外跑吗，也听着这个声音，带着这个声音一直往前跑，跑到很远，一直跑到他们警察那个屋子里，去打电话。拿起电话来，这时候，按所谓一般生活真实来说，声音在外头越来越小，甚至拐弯以后就听不见了，到屋里更应该听不见。可是我没有这样想。我觉得生活真实了，可能是声音逐渐变小甚至没有，可是我觉得特别是警察局长的压力，他耳朵里还是充满那种声音，劳工万岁什么那种声音，压力很大，一直到他屋里还有，拿起电话就没有了。这是一段。这一段拖这个。

另外一个，他不许成立工会，要镇压，于是乎再跳过来就是封了工会的门。同时有些警察宣布不许你们交头接耳，不许在一块说话什么的，要不就格杀勿论，或者抓起来。这时候在车站里有一个候车室，26个工会的人都在那儿，警察走了以后，他们就围在一块谈问题，说怎么办？这时候当然也有音乐，还有移动车很响，后来我们也没管移动车，响就响吧。等于外头什么声音，好像他们更秘密一点，可以掩护他们谈话。完了以后他们就在那儿表决、同意工会继续。我们可以跟吴佩孚提出五个条件，如果他不同意、不批准，我们就罢工。他不答应条件我们就绝不复工，这么一个决定。完了以后就实际行动了，怎么布置……我想想。你说夜校的问题，夜校的问题是前面了，前面不说了，不说夜校问题。完了以后就是他们怎么准备，第二天八点钟到的时候，就拉笛，大家把工作停下来，就去参加罢工游行。整个经过就是他们那几个人到工厂里头跳门进去，拉笛。罢工的笛声我用了，真实情况也是这样，各个火车头能有笛的，都拉响，就是各个笛声。

问：此起彼伏的笛声，互相传递。

陈：对，这也是我录各种各样的资料。

问：各种各样的火车汽笛响？

陈：是。有高音的，有低音的，不同的，各种各样的。当时我好像觉得自己录得不够，后来再合成的时候，觉得还应该多点品种。反正就是那样，此起彼伏。这时候又有音乐，又有汽笛、人声。完了以后他们就游行喊口号，这时候……又记错了——我现在一下记不清前后顺序，游行完了以后敌人看见这些人密密麻麻过来，到了一个广场，群众集中以后，林祥谦就宣布，军阀吴佩孚要是不答应我们条件的话，我们就要罢工，就绝不复工什么的，说这话。另外那时候很明确，吴佩孚跟什么帝国主义勾结，那些话都说了。他这个口号，大伙儿就附和，这个声音就拖到好多报纸上，报纸上有特写。

问：我没听明白，画面上出的是报纸特写，画外出现各种各样群众的声音？

陈：声音不断。跟那个一样，声音不断。这可能是最后一次，中间还有一次也是——不是不是。

问：有群众人声的时候，音乐也不断？

陈：音乐是不断。音乐不断的话不奇怪，因为可以跳时空，各个地方没有一个真实的东西在那儿，如果你这个环境里头，这人喊口号，你跳到另外一个完全没有声音的地方，不是这个环境了，换一个地方，换到报纸上去，或者换到英、美使馆了，那不应该听得见的，吴佩孚那儿更应该听不见了。可是我当时没考虑这个。不考虑生活真实，而是使用艺术真实，虽然换了环境，时空换了，可是声音在那儿。反过来说，也是用声音来把时空构成一块。

问：但我问的是音乐，为什么有人声的地方……

陈：音乐无所谓，因为不存在定点的问题。

问：我知道，为什么还要音乐呢？有那么多人声不比音乐好吗？

陈：这个就是说事先导演、作曲、录音没有很好商量。所以现在整个想想看，再听一遍的话，音乐有什么不足之处呢？也没有觉得太不符合画面，可是就觉得重复得比较多。

问：而且刚才谁说您的声音录得好？

陈：孙维世。

问：孙维世，是吧？金山夫人？

陈：他夫人，那是挺有名的导演。

问：我知道她也是导演，她说音乐薄了什么意思？

陈：气势不够。

问：气势不够跟录音有关系吗？还是跟作曲有关系？

陈：没说跟录音没关系，她说作曲，她是表扬我，贬作曲。为什么我觉得不太公平呢？有的地方是这样，有的地方确实可能是因为刘炽也看样片，可能他已经顾及到了这儿有群众声音，所以有意识地没有低音，完全是号角声，高音。

问：就是飘在上头。

陈：高音的旋律飘在上头，就等于号角带着群众冲。这里头有什么不足？奇怪，这个乐队怎么搞的？演奏高音上不去，上得特难受，就不管它了，就是感觉不舒服。

问：上不去？

陈：高音一上去就……

问：刺耳？

陈：刺耳。不圆滑了，我觉得演奏上有点毛病。可是重复得比较多，没什么新的东西。根据不同的（场景）应该有新的东西，觉得旋律不多。我当时感觉孙维世可能批评得不太准确，因为有的地方确实已经考虑到有人声了，所以就低音不太多，就不打架了，我觉得这样好。因为我可以利用它不打架，起到好点的作用，我觉得比较好。可是现在看起来，因为地方太多了，音乐跟效果重复太多了，所以这个不能要求，他当时不是专门搞电影作曲的。

问：但是导演应该……

陈：应该事先（想到）。金山是挺有名的导演，可是谁都没有想象到在声音的创作上应该怎么注意。他如果注意得很的话，效果会好得多。因为这些东西，比如人声加厚，没有谁要求我，金山没有说你必须把人声弄得厚厚的，没有这样；也没有说声音必须给我拖过去，这都是我自己弄的。这个还没说完，声音拖到什么时候呢？拖到报纸特写，完了最后到哪儿去了呢？到了吴佩孚的脑袋上，他剃的光头，有一个捶桌子、吐口痰的动作，停了，马上镇压。我的设想是，一捶桌子声音就没了，可是我现在怎么听捶声音没了。

问：捶桌子声音没了，是吧？

陈：好像没听见。

问：那是什么原因？当时肯定是录了？

陈：我是这样设想的，可能录的时候声音太小还是怎么着，我就不记得了。我觉得太快，脑袋起来了，这个作用是有了。停顿长也不行，有点人声给带过来就对了，要是太长了就太假了。

问：对。

陈：所以就“马上镇压”，这个比较符合的，这点我是这么做的。

最后一点也是那样，不是第三次，看见白坚武从英、美大使馆出来，他们就怀疑是不是他起坏作用，后来就说咱们上英、美大使馆去反对他们。那次就是钟声响起来，那些队伍完了以后，这点倒是应该有音乐，因为参加队伍有时候不喊口号，到那儿冲进去以后喊口号。那时候也是，到最后的时候就是说，大伙儿喊“打倒帝国主义”，英、美大使馆还有白坚武他们仨人就扭头往里走，这时候喊声还不断。到现在我还没搞清楚，后来在停的时候，我当时怎么想的。可是我觉得，不是太舒服，他们仨人往后走，跳出来是一个照片，就是吴佩孚跟两个英、美大使的照片，照片完了以后就推一个字幕，1937年2月7号。我在照片的时候就停了，完了就是音乐了。我记不清当时怎么样想的，可是我看了以后，我也没有想更好的办法。为什么1923年2月7日，这个时候要把人声取消？当时也对。我觉得“二七”，也叫“二七”大罢工，也叫“二七”惨案，所以那是2月7号，你是纪念大罢工，如果要镇压惨案的话倒应该停，因为已经换了一个（时间段）。下面紧接着就是镇压、屠杀、火烧什么的，就是惨案吧。

问：音乐停了有什么不对吗？

陈：不是，人声，对的地方就说1923年2月7日这个字幕应该是惨案的开始，所以跟人声应该是两个不同的时间段，并不是因为声音。就说“二七”这个字幕吧，上次那些号外或者报纸那些，是叙述当时的情况，当然可以用人声，那个是一致的。可是现在因为1923年2月7日惨案。

问：是一个专门的字幕，是吧？

陈：专门的字幕，字幕还全是黑底，大红字好像是什么字。所以我觉得也对，你要真是把人声搁进去（反而不见得合适），因为底下紧接着就被屠杀了。

问：您不舒服的地方在哪儿？为什么不舒服呢？

陈：因为镜头也是那样的，三个人往后走了，完了以后就跳出一个照片，推近照片就是吴佩孚跟两个英、美大使。三个人已经换了，底下出来一个字幕，1923年2月7日。就说音乐跟人声没有一个很好的结束，我就那么觉得。我这次看了好几遍，还搞不清楚怎么回事。当时可能没什么感觉，反正我现在觉得那是一个（瑕疵），应该怎么处理，我现在还不算太知道。因为号外声很短，这么短的时间里，要把这个交代了，人声结束了，音乐也不是突然间变得很大的旋律，好像就上来了，就是强调了，反正不是太舒服吧。

问：正好换一个带子。

陈：换带子，我跟你探讨一个问题，就是生活真实跟艺术真实的问题，应该是一个比较大的东西，我对一些看法，后来电影学院里出什么的，这是现在说还是将来再说？

问：最好将来总结的时候说。现在说也可以——要是这个片子的例子比较明显，就是按照生活真实的逻辑不应该有声音……

陈：我举那个例子也很具体。

问：如果全部例子都是《风暴》……

陈：不是例子《风暴》的问题，而是通过例子来说，我们的效果应该是源于生活，高于生活，就这个问题。

问：作为理论问题，后面总结的时候再说，可能会比较好一点。

陈：行，以后再说。

问：现在还继续说《风暴》，《风暴》夜校的戏刚才提到了，怎么了？

陈：夜校没有什么太多的处理，因为有一段音乐吧。还有一些效果，现在看起来，在他们钢材厂里头那些现场效果，都不是真的。因为拍的时候什么都没有，都是后来加进去的。我现在感觉，那声音还是比较真实的。

问：到别的钢厂去录的？

陈：对，好多地方。

问：录了资料把它移到这儿来？

陈：大概没什么资料，就是去录，我不记得了。

问：去录不就是资料吗？反正不是现场的。

陈：反正不是同声，因为同声录音不可能。就是假的，钢铁炉没有烧，什么都是假的，就是有点火而已。我觉得刚到现场去，他们在外头叮叮当当，我都觉得还可以。

问：比较真实。

陈：而且跟外头呜呜的声音（呼应），整个来说的话，让我今天看起来没觉得失望，好像还比较真实。以后孙玉亮入党，入党之后是国际歌，国际歌是有点词的。我现在看起来，这个是比较感动人的。当时的条件不太够，要是现在重新录会更好一点。因为他很朴实的，等于他内心里头唱着国际歌，国际歌的词也是很符合的，很小很小，就是这么飘过来的，应该是心灵深处的声音，所以应该比那个更虚一些，可是当时的条件也就那样，现在做一定比那个好。等到最后，音乐结尾，词结尾，正好到夜校里头讲课，讲苏联什么的。我觉得音乐稍微拖了一点，还是比较舒服。

问：这个音乐，他入党的心声是作曲？

陈：作曲的。

问：不是您自己找资料填上去的？

陈：不是资料，而且好像是人声哼哼，词好像还有，我记得词也配在上头。我的处理应该有那种，作曲就是一个演奏，你把它处理成虚、实。

问：高低大小……

陈：环境，就是跟《龙须沟》一样，它那个声音是飘进来的，就是心灵里头出来的，所以声音一定很深远，是区别于现实的，不仅仅是一个伴奏。可是我就觉得应该比那个更好一些，如果现在（重录的话）。

问：您创作《风暴》的时候，是不是比别的片子更用心一点？它是献礼片。

陈：也不单是献礼片的问题，我觉得这里头有嚼头，有些东西没给你条件，你想也不行。你说，他拍的跟那个没关系，怎么往里加？可能是比较喜欢它的演戏，也可能用心一点，跟献礼片没有太大关系，还是兴趣问题。

问：您在电影拍摄之前，去剧场看过《风暴》吗？

陈：没有。有些片子就是直白，我反正也用心了，尽力去做，可是我怎么发挥，没什么激情。

问：没空间来做？

陈：没什么激情来做。想怎么怎么，就是一般的。

问：《风暴》您觉得创作激情要饱满一些？

陈：饱满一些。而且比较难，东西比较多，要做出效果，就不是简简单单、有声就得的问题。我后来补充清楚没有？

问：补清楚了，有声就得是比工匠还要低的评价。

陈：所以不能随便。你说导演不会注意有声就得，我说不是那样的，导演不会有声就得，有声就得不可能。

问：《风暴》您还有什么要说的？

陈：《风暴》群众声音就是这样。画面开始的时候，江岸车站一排（小房子）——这些工人就住在江岸车站下面，站台的下面搭的小房子里。江岸车站不断地火车来回过去的，这个我自己有一点生活，因为拍的时候在萧山车站。

问：萧山车站在浙江，跑到杭州湾那儿去拍？

陈：我记得是萧山。

问：萧山车站是在杭州湾那儿，不会那么远吧？

陈：不管了。反正我就住的那儿就是一个车站，我在那儿住的时候听见（火车）来回来去跑。这个我有点生活。可是画面是怎么处理的呢？因为是搭的场地外景，不可能火车真过去，所以只有一个镜头，一开始的时候，在一个江岸车站边上可以有一个空间，通过那个可以看到火车过去，这个是特技合成。就是说拍一个火车镜头吧，完了怎么接合在一块儿，火车过去了。这个东西也不是导演要求，可能是剧本给你设计的，就应该这么做吧。我就想，画面只有一次火车过去，可是这是一个车站，他们就生活在这个车站下面，经常（有火车来往的）那个噪声，听不见的。所以我必须（表现这一环境声），虽然画面没有了（火车），就那一个镜头有，以后就再也没出现火车，火车声应该不断。看剧本也应该看出来吧，反正我自己是这么做的。所以我也是录了各种各样的火车声，这也是当时觉得不够的地方，我觉得还没有录得更多，就是更多一点的火车声，一次一次不一样，速度不一样、火车的构造也不一样、汽笛的声音也不一样。（录得）越多，可以选择更合适的，我就觉得不够。另外，我是这样做的，就是这个声音过去了，那边声音又来了，错来错去，总有声音的。可是我要结合着演员情绪，不能压他的情绪，或者他激动的时候怎么样，火车更强烈一些，是这样做了。现在看，也是按照情绪来的；我自己再看的话，应该在不压对白的情况之下，再开大一点，效果声音再大一点，哪怕对白不太清楚，一两个字压了，也没关系。我觉得胆子不够大，做是做了。

问：画外音的效果所起的作用其实比对白更重要，更能反映生活的原貌。

陈：对，对白没有多少。对白也重要，可是容易听清的，比如先是江有财拿着破棉絮去当，因为他的儿子得病想买药，到当铺的时候，（当铺的人说）我们这儿不是收破烂的，根本不要，扔出来了。完了以后，他就又到卖酒的地方，换酒喝了，换不来钱，可是情绪呢？当铺不要，给扔出来了，他心里烦，就买酒了，结果就给他一杯酒。倒了一杯酒还没喝，（工友过来）说你看孩子病成那样，你还跑这儿喝酒来。你跟我走，说老太爷要开压道车，压道车的人病了，就给他们俩，一人五毛钱还是一块钱。这些话听得见就行的，（环境声）应该大点声。这个完了以后，有一个地方不太舒服，可是我也没什么办法，后来敌人已经来抓他的时候。

问：抓林祥谦？

陈：抓施洋。抓林祥谦没有表现，抓施洋是表现了，在家写东西的时候，听见外面脚步声，我做对的是哪点呢？脚步声是外头应该很远，很轻，可是当他听见的时候，他的爱人扒窗户一看，是敌人跑这儿围起来，往上走的，那时候我是夸张了一些，没有按很小很小的声音、远远的声音来，而是表现得比较强烈一些，因为我觉得对他们刺激很大，因为压力越来越大，所以就烧文件什么的，这都没什么错误。可是当他老婆说，他们马上就来抓你，你赶快跑，不为自己想，也要为工人着想。他犹豫一下，就从窗户跑了。跑了出去以后，就（有）强烈的风，当然我就配强烈的风声，也没错。当时觉得不太舒服，现在我也没想出更好的办法。就是有点浪漫的、夸张的，我没想到很好（的办法），现在看不是太舒服。

问：我不记得了。

陈：你那儿有《风暴》这个光盘吗？

问：应该有。

陈：你有的话，给我找一下，还有《边城》。

问：《边城》我不见得有，我回去找找，《风暴》应该有。

陈：我现在看这个盘，我的感觉从来没有过。我记得《风暴》好像看过光盘，也没这个感觉。今天这个是什么呢，是《电影传奇》（剧组）送给我的，我说他也没这个需要改。

问：重新剪辑？不可能的。

陈：不可能的。可是我就没有（找到那个镜头），这个不管它，这个跟这个没关系。《风暴》里面，我又说过了，桑弧肯定我的问题，说过了，是吧？

问：对。

陈：他所谓肯定就是那么几个镜头，就是时空跳跃。

问：《风暴》就是这些，是吧？

陈：就是这些。

三十三、北影二集体的创作伙伴

问：顺着下来，咱们把“文革”前二集体的主创人员之间的合作情况，以及您对他们的印象，说一说？

陈：比如说崔嵬和陈怀皑。当然是崔嵬名气比陈怀皑高，可是陈怀皑不管怎么样，当时也是小有名气的一个人，当然是独立的，完全可以独立工作的人。为什么他们在一块儿就可以互补？这种条件也很少。因为崔嵬是名导演、名艺术家，他过去是演员，他是领导，而且不是电影领导，是文化部门的、戏剧界领导。所以你要让他说对电影业务上，就是镜头处理那些电影特性的东西……他不熟悉。他不熟悉的话，他只能依靠陈怀皑，因为这个情况，他很容易听陈怀皑的意见，因为电影语言他说得比较多。他也没觉得什么不合适的，他可以听他的话。作为陈怀皑来说，不管怎么样，虽然他也可以当导演，但是地位和他的修养跟他的历史——因为崔嵬出身也好，革命历史经过也好，另外他看书那些文学修养并不比他差——所以他也甘心情愿作为他的（创作伙伴），可以合起来。我入党以后，那时候还兼着管青年团，当时要发展他入党，可是青年团团员基本全不同意。

问：不同意陈怀皑入党？

陈：不是他政治问题，而是他有些行为（群众）看不上。[①] 就这样。所以说大家都不同意。政治根本没怎么谈，我记得。

问：不是因为他过去的历史问题？

陈：不是。当时青年团开会，我记得主要是这个问题。后来他跟谢铁骊联合，是什么来着？是《知音》吧？是什么，我忘了。[②]那时候谢铁骊要吸收他入党，讨论了，支部倒没什么意见。那时候他已经在厂里头（有影响了），他们导演组那些人都来参加，可是那个会上，导演组的人……

问：导演组还是导演室？北影导演室？

陈：导演室。不是摄制组的导演组。大家讨论的时候他不在，基本不

---

① 下面的内容牵涉个人隐私，删除一小段。

② 谢铁骊、陈怀皑是电影《知音》的联合导演。

同意，只有伊明……

问：是《大浪淘沙》那个导演吗？后来到珠影去了，是那个伊明吗？

陈：对，在那儿录过，那个片子叫什么？一个女特务……伊明这个人，他就不同意别人的说法。他觉得，应该肯定他主要的（方面）。当时我怎么想的？我觉得不管他历史问题，已经经过“文化大革命”了，没什么了不起的。不管怎么说，人家兢兢业业，我的看法也是那样。他跟崔嵬在一起合作，确实是认真，真心诚意去做的，没有斜里歪的，成心给他弄不好看什么的。我觉得他能忍耐。别人会有些看法，你有什么了不起的？都是崔嵬……当然（这么说也）有原因，他跟崔嵬比较起来，崔嵬是有筹划的，他有创作的激情；陈怀皑虽然不叫僵吧，可是创作出的锋芒、光彩比较少，一般化多一些。

问：我想追问一下，导演室的人不同意他入党的理由是什么？

陈：理由就是他过去的历史，作风行为他们倒没提。反正也不肯定他跟崔嵬合作的时候怎么样、怎么样，主要觉得他不够条件。可是伊明不是这样看法。正好这一句话，就是对他的评价……我想不起来了，就说陈怀皑看起来是没有怨言的，做好他负责的工作。

问：两个导演已经说了，咱们说录音师吕宪昌。

陈：吕宪昌是……

问：……还有聂晶或者是秦威，摄影师和美工师，您跟他们共事、合作多次，对他们有什么记忆、印象、评价？

陈：简单补充一下，因为陈怀皑跟崔嵬我基本差不多讲完了。

问：对，差不多说（完）了。

陈：聂晶他人很敬业，他是“满映”来的，估计也是训练班（养成所出身），我不知道。我们俩认识是还在“华影”的时候，他怎么来的我不知道，我上次说过了。我怎么认识他的？他们拿一个拍剧照的照相机，让我去做他们实验机器，拍一个大的剧照，他也在旁边，就认识这么个人。后来我记得没什么接触，他曾经跟我说过，也不（记得）是在国民党时候还是在日本的时候，当时好多问题向我请教，说我挺细心地给他解释，解决了什么的，我一点没有记忆。因为他们摄影我也不懂，我不知道什么事。

问：是在解放前的时候，是吧？

陈：当然是了。解放后，在二集体，什么话不能说？他也不会那么客气，向我请教。当时也不会是什么大的问题，这个人就是比较好学，也比较注意提高自己的业务（水平）。他的文化程度各方面我不太了解，根据我的感觉，他在开始的时候，在艺术修养上、文学修养上并不怎么太高。

我自己感觉。后来拍戏曲片以后，他很用功，也是崔嵬给他看了好多关于戏曲方面的书，我觉得他提高了。

问：他不是北影的四大师之一吗？

陈：是四大师之一。当然是。他挺有名的。而且他在《青春之歌》以后，（同行）非常肯定他。你要看他的材料。当然我说我的感觉，另外据说当时好像日本人什么人也有这种意见，就不管他了。当时很肯定（《青春之歌》），（周）总理肯定极了，陈老总什么都肯定了。那确实拍得挺漂亮。现在是四大师，朱今明、聂晶、钱江跟高洪涛，高洪涛很认真，也是很细致的。可是就什么，导演让我怎么着，可能跟教育、成分都有关系。说到这儿，他不是二集体的。

问：没关系，不是二集体也行，反正是您合作过的，或者您认识都可以。

陈：我不说这个吧，《风暴》的时候他当时是……

问：是高洪涛摄影。

陈：高洪涛摄影。高洪涛、金山，我们几个人一块，分镜头分过将近一半左右，我也记不清楚了，当时决定（《风暴》作为）献礼片，以后就换人了，就换成朱今明了。我当时不知道为什么最近要证实这个问题的时候，因为问赵元，别的事情，正好说起这个来，（赵元）知道。她为什么知道呢？因为她是朱今明的爱人，她说胡其明去找朱今明，让他参加这个片子，她在旁边，听见了。当时朱今明可能是要跟水华搞什么片子，不是这个戏。可是胡其明就说，让他放弃这个，到金山这个组来，他说是金山亲点，金山点名要。

问：金山要朱今明来？

陈：可能是这么说的。可是我听的是吴雪。这个分歧是什么呢？“青艺”的人说是北影的意见，可能跟“青艺”是那么说的，北影知道是“青艺”说的。因为我想“青艺”还是主要的。因为北影不管怎么样，高洪涛也是四个大师之一，你就随便换人是不太好的。

问：聂晶这方面好一点是吧？

陈：聂晶没有听过人对他（说）什么。我自己感觉他很用功，跟崔嵬合作以后……你别看崔嵬合作的人，刚开始在一块的时候，我想他是没意见的。一开始，特别是戏曲片，真的戏曲片我记得没有一个导演曾经用过全部先期（录音）的。按说全部先期录音是很好的一种录音方法，这种情绪都很直接的，可是没有人用过，我觉得原因就是这样，因为太难了，导演必须很精确地计算，走的位置什么都很精确的。崔嵬当然是很没问题的，跟他很好合作，因为他需要他。明显感觉到崔嵬特别照顾他。

问：美工师呢？

陈：美工师，应该说秦威是一个画家，他的美术修养很高，他整个艺术修养也是很高。所以你看，他设计的布景是不俗气的，都是很美，很好，结合得很紧，我还是挺佩服他的。他这个人不怎么张扬，你说他怎么样，特别激情革命什么的（好像也没有），反正就是挺平和的，可是我还是艺术家，就是那样。我重新分析？我跟胡其明说过这样的话，我说老胡我很佩服你，因为他是一个“红小鬼”，他从队伍里出来，可是应付自如……

问：您现在说的是胡其明，制片人？

陈：胡其明，制片人。我跟他说，我说你各方面处理问题没说的。我说我虽然佩服你，可是我绝对不学你，我绝对做不到。我怎么说呢？你跟聂晶、秦威他们跟他们打成一片，我也学不来，我也不会。

问：关于第二集体，还有其他的印象吗？

陈：我们是二集体的人，还有一个人叫做袁月华，就是何文今的爱人。

问：何平的妈，是吧？

陈：对，何平的妈。还有当时的美工程荣远……

问：程荣远是美工师，袁月华是什么？

陈：袁月华是副导演。后来也导过片子，后来也当导演了。是什么呢？袁月华当时也是支委之一，（还有）张起、我。我在二集体的时候，我还没转正的时候。

问：那是（19）60年以前，（19）59年到（19）60年之间？

陈：还没转正的时候。胡其明就让我当党小组长还是什么；所以后来我一直是支委之一。为什么胡其明这么样想提拔我、任用我呢？无非我听话。因为有一个张起，张起也是制片人之一，他这个人特别老实，很本质的，工作也比较简单。

问：您刚才提起程荣远，是？

陈：程荣远就是一个美工，他就是简单。因为二集体有这么一个情况，主要是我们这组人，老是一个接一个戏，好戏都让我们占了，所以他们当助手，没有起来的机会，或者是什么的。

问：他永远在秦威底下……

陈：有那么点，没有提拔他们，始终这几个人老拍，我估计是这个问题。

三十四、从“假整风”到“文化大革命”

问：那咱们接着往下走，“假整风”。

陈：《东方红》呢？

问：《东方红》全部说完了，今天一开头就补充了《东方红》。现在要谈到“文化大革命”前期了，从（19）64年两个批示开始，北影比社会上要早两年进入“文革”时期，您同意这个观点吗？包括“假整风”。

陈：（19）64年跟《东方红》还稍微有一点点关系。拍《东方红》的时候已经（19）64年了，那时候北影已经开始“假整风”了，就是批夏陈路线①，就批判我们怎么怎么。接《东方红》的时候，我不知道什么原因，可能由于难度太大吧，我觉得还是不想联合。我觉得这个任务，那时候没想到说是政治意义什么的，我就想，当然政治意义是有的，可是我想我个人的问题，非常积极的。

问：想接这个《东方红》，是吧？

陈：不是特别积极地接，可是逃避“假整风”。我去可以待那儿……

问：不用政治学习了，是吧？不用开会了？

陈：我的活思想曾经有一瞬间出现过。为什么我不积极那个呢？我就不清楚了。我也没有生活经验，说两个人联合怎么样的。可是为什么我不积极，我不知道。也可能觉得不敢接还是怎么，反正逃避，这个有。就补充这一点。然后说什么？

问：从《东方红》剧组回来以后，厂里和您参加运动的情况，从（19）65年《东方红》以后一直到您拍《大河奔流》的时候，有十几年时间。

陈：中间上干校，一大段呢。

问：对，一大段。从《东方红》剧组回来以后是什么情况？

陈：等会儿。为什么我接《水兵之歌》我闹不清楚。《水兵之歌》是林扬当导演，黄健中是副导演。

---

① 夏陈路线，指的是夏衍、陈荒煤路线，当时夏衍、陈荒煤都是文化部主管电影的副部长。中央认为他们没有执行毛主席的革命路线，而是执行了错误的修正主义路线。

问：《水兵之歌》？有这个片子吗？

陈：有，后来也完成了吧。

问：没有，我查过片目，没有见过这部影片的目录。

陈：是吗？一会儿休息的时候我再查查。那时候我不知道为什么拍《水兵之歌》，是（19）65年以后了，运动已经开始了，反正车间里已经基本没有什么工作了。一个就是这个，好像那儿组还有什么歌舞片，反正基本上已经停产了，车间已经在开会了。我就在《水兵之歌》，我记得有一天早晨，还没拍戏的时候，大伙儿聊天。那时候副导演是黄健中，服装叫郝广良，我不知道这人是怎么。文革以后流传一个说法，就是“三王一马”，王俊臣、王水新，还有王什么，一马是马彦秋，是政治部的。他们三个人好像“文革”一开始就是……

问：干将？

陈：哎。有这么一个人。王俊臣是跟外头有联系，那时候，社会上还没开始揪斗，据说那天晚上他带什么人来，还是就他一个人——当时我觉得他没带人，后来有人跟我说他带人来了——干什么呢？斗赵慧琛，觉得她是什么……

问：三十年代的黑干将？

问：这是（19）66年了吧？

陈：差不多。

问：因为（19）65年还没有政治揪斗。

陈：不，这个没有揪斗，社会上根本没开始。

问：社会上没开始，厂里人斗她？

陈：王俊臣找的人。

问：那黄健中和郝广良怎么知道呢？

陈：他们俩参加了。他们来，就叙述他们看见的情况，所以说（得很）清楚。我把这个资料也说出来了，就说他们俩曾经讲过这件事，而且说王俊臣在那儿出主意，我也说这个了。可是有人给我回答是什么呢？没这件事。

问：谁给你回答？

陈：说没这件事。他们就说没这件事。恰恰这件事，我最近听谁说？我听另外一个人，我们车间后来的主任，一个小年轻的，现在也退休了。他就是当时“文革”的时候……

问：叫什么？

陈：这个没关系。

问：这是第二个证人。除了您记得的，您的车间主任……

陈：就叫……

问：您在犹豫说不说？

陈：不是犹豫，话到嘴边就忘了，一会儿再说。

问：那就想起来再说，咱们先往下说。

陈：就是昨天，我去找另外一个人，结果没找着他，我上楼下找了一圈没找着，出来碰见他了。我说我找谁，问“文化大革命”开始的时候，你们车间揪斗怎么回事，我想问那件事。他就说起来。那时候正好军代表叫王星垣，他帮着王星垣工作的，所以好多事情他都知道，他说我清清楚楚。

问：他知道斗赵慧琛的事？

陈：他不但记得，下面还有。他说他知道王俊臣带人来——他说他带人，我从来不知道——带人来斗赵慧琛，不久以后赵慧琛自杀了。我都不知道自杀的这些情况。自杀以后，他还帮着去，好像去化验还是怎么，证明她是自杀还是被杀的情况，那就很具体了。有这件事。可是清查的时候，我说有，人家说没有。

问：谁说没有？

陈：我忘了这个人是谁了，反正说清查的时候。

问：那是1977年到1978年的时候？1976年打倒“四人帮”以后，才有清查办公室。

陈：就是说清楚，就是那个。不是各方面反映情况？我就把这个事实反映上去了。

问：管事的人怎么说？

陈：管这个事的人，管说清楚的人，某一个人——（要）说清楚的人很多，我好像参加他们说清楚的事——他说没有。没有就没有。我也没办法。他说没有了，可是我心里明明白白，是真的。他们就说没有。最近我证实，确实有，而且自杀情况是有。

问：赵慧琛自杀，现在人人都知道。

陈：我没注意。

问：赵慧琛自杀人人都知道，但别的事并不知道。

陈：当时社会上还没开始。当时很新鲜。他们说的话。我觉得怎么会揪人、打人？那时候社会上还没有，还没开始。

问：您当时反感吗？

陈：反感。我觉得这么一个人，怎么就说她是黑什么？

问：黑爪牙？

陈：不是。黑什么来着？从前演戏演过妓女，黑什么？我忘了。[1]不是黑爪牙。并不是说她跟着黑线服务，她这个人本身就是黑什么。反正当时我是这种感觉，这么一个弱小的人，她从事演员、演过戏，怎么就打人？就非得斗她呢？我当时觉得不应该。

问：当时完全没想到过一段时间全社会都这么干了？

陈：没想到。

问：您继续说后来的经历是什么？

陈：后来我一直跟着拍戏。

问：还是《水兵之歌》是吧？

陈：还是《水兵之歌》。可是我知道车间里已经组织起来了。在那个过程里，我两个助手，他说军宣队曾经到他们宿舍里跟他们聊天，问过我的情况。他也想了解情况。（助手）说我们俩都没给你说坏话，我们就说你什么情况，他们跟我讲的。有那么一天，具体经过我不记得了，就要把我揪回到车间去。

问：从摄制组揪回来？

陈：嗯。后来林扬大概也揪走了。结果是黄健中接着当导演，后来他跟《水兵之歌》的女演员好了，结婚了。

问：金萍，是吧？

陈：金萍。录音，可能也是。录音我记得是小来，他跟我说那时候还不会录，硬着头皮录，完成肯定完成了，演没演出我不知道。

问：肯定没放映。

陈：是吗？回到车间，车间里头当时给我们斗什么，我就不记得了。可是我记得有一个心理活动，我很为难，我觉得没什么可说的，他们让我说那些东西吧，我好像也说不出来。我就有那么一个感觉。本来我也想找（人询问），跟我一块挨斗的，傅英杰当时也是属于师、帅之类的，结果没找着他。

问：傅英杰老师当时也是被揪回来？

陈：那时候已经不是集体了，已经是录音车间。录音车间当时吕宪昌、傅英杰、我。

问：都挨斗吗？一起挨斗？

陈：我是最后进去的。因为我拍戏的时候，他们已经开始了。所以我想问问他，当时什么情况。我去找孙秀云，当时她是革命群众。她说当

---

① 在审读稿上，陈老师写了“黑幽灵”几个字。不知确否？供参考。

时也就（揪斗）“三名”、“三高”，你们“大师”、“大帅”，也就这个。那时候没有清理阶级队伍，没有谈政治问题，反正是黑的。黑的也有政治问题，反党、反社会主义，可能有这些问题吧。反正我当时的心理，觉得比较为难。后来我到车间以后，就成立一个小组，吕宪昌、傅英杰、左山、我，还有一个于蓝。

问：于蓝老师是演员……

陈：是，她就在我们小组。可是我现在还问不清楚，好像没有蔡军。应该有蔡军……跟王星垣有关系、我们车间的那个人，刚才没说名字，叫任善普，单立人的任，善良的善，普通的普。他当时是录音助手，新来不久。“文革”以后，他当过很长一段时间车间主任。

问：他记得，他证实，曾经……

陈：对，我刚才不是记不住名字了吗，现在记起来了。他就是跟军代表叫王星垣，等于给他当秘书。

问：协调工作。

陈：协调工作，所有经过他都知道。就这么个情况。

问：您接着说这个小组，跟左山、于蓝他们一个小组，干吗？

陈：你不能老斗吧？（小组）在一块学习，就是提高吧，我这么想。

问：这几个大师都是被打倒的对象。

陈：“三名”、“三高”肯定是被揪出来的，黑帮分子。

问：在一起干吗呢？

陈：我也想不起来。开大会，我有一个印象，让我说那话，我就觉得很为难。我怎么认识这个问题的？我怎么提高？我觉得挺为难的。就这么一个印象。至于开多少次会，就不记得了。后来不能老开会吧，因为时间很长。社会上已经开始活动了，后来才听说的，我是听孙秀云说的。证实蔡军怎么没有？后来任善普说，他记得当时蔡军病了，没参加。为什么把于蓝拉进来，他也不知道。

问：您记忆当中有于蓝。

陈：当然了。我们一直下去。为什么跟于蓝后来关系很好？我们一直后来到“红北影”什么的，都在一块，我们写大批判文章，后来扒袖章，好多事呢。孙秀云说，我和于蓝为什么在一组，她也不知道，可是他们曾经保护过于蓝。因为她不是群众嘛？就是半个红卫兵。

问：谁保护过于蓝？孙秀云吗？

陈：孙秀云。

问：这是什么人？

陈：就是我助手。拍《边城》时她跟我合着住。很多事情跟她有关系。就是我的助手，跟我关系一直挺好的。她说当时外头社会已经造反，红卫兵到处揪人，揪斗，就来找于蓝。他们把她藏在两个大门，两层门中间那儿，别人发现不了。这个一点不奇怪，因为我记得“文革”以后，那些工人也干过保护他们这些所谓黑帮（的事）。就是红卫兵来斗，他们觉得那种斗法不对，所以他们也藏，也给他们打掩护，所以不奇怪。当时虽然是几派吧，几派不太一样。“红北影”就是比较爱护干部，帮助干部；那个“新北影”就是打倒干部多一些的。可是像那种打人什么的，他们还不是……

问：新北影、红北影，都会有人来保护厂里人吗？

陈：那倒是（不）一定。我知道，这工人是新北影的。

问：他们也保护了于蓝？

陈：保护了这些人，这些人可能是他们特殊。

问：不见得这一派就是专门保的，那一派专门打？

陈：对。反正录音车间肯定没问题，这些人没一个说要打倒，那么个情况。

问：孙秀云“三反”的时候就在录音车间了？

陈：她是录音车间的人。

问：她做您助手十几年了？助手不升级了？

陈：没有具体升级，可是也是慢慢的……

问：“三反”是1951、1952年，“文革”是（19）66年，中间差14年，她一直是您助手吗？一直在录音车间吗？

陈：一直在录音车间。她有时候也拍片子，很少就是，也当过资料员什么的。

问：后来呢？

陈：后来就是跟于蓝（在一起）。这个有多长时间，我不记得了。反正在一起聊聊天，应该是学习，可是我们大概没认真学习。也许学习，也不知道，反正通通气，记不清了。后来就是王星垣倒台了。他走了以后换人，当时我记得清楚是什么？当时批“资反路线”，那时候来主持运动的军宣队、工宣队什么的，认为他们又执行资本主义反革命路线，为什么呢？他们不放手群众，而是给群众弄成条条框框，就跟着我走，不能发挥群众革命的东西。所以这么撤走的，我记得是这样。可是那天任善普跟我说，当时是哪个专案组，找材料的时候，翻阅一些江青年轻时候的资料。

问：30年代老电影杂志？

陈：是那样。他们翻这个东西的时候，被一个积极分子某某人看见了。看见以后就报信了，报信是给江青还是给军小组，就说我们这儿有人整江青的黑材料。这么一来的话，军代表怎么当的？是不是军代表也跟着一块整黑材料？所以就这样。

问：就撤走了？

陈：这是他那天说的。我当时不知道。我当时就知道，那时候批“资反路线”，管理（人员）被揪出来以后都没有了，又变成一个群众组织了。后来我们就在“红北影”里头，我记得写了一张大字报。

问：谁写的？

陈：就是我们小组。反正我写得多一点，于蓝、傅英杰跟着。

问：您写得多一点？是您写文章好一点，还是字写得好一点？

陈：也不是。反正大家凑，为什么，我不知道。为什么我记得清楚呢？我执笔多一些，于蓝也有一些，傅英杰也提一些意见。后来有一个编剧，我们那篇文章出来，起了比较大的作用。

问：是什么样的大字报？

陈：就说资产阶级反革命路线为什么不对，是这样。

问：是针对谁？

陈：不针对谁。就是批判资本主义反革命路线，怎么样运动，应该怎么发动群众，我也忘了，反正挺长的。那时候不写这些个认识；比较长一点的大字报，揭露什么多一些。我们（的大字报）出来以后，“红北影”那几个头儿，觉得这篇东西还是不错的。我们这个小组，就是干部串联会也开始比较重视了。这个人就跟才汝斌说，其实那个都不是我写的，都是于蓝还是谁写的，所以我一笑，我觉得他也不大了解情况。我们是几个人凑的。那时候于蓝活动还是比较多的，在外头跟哪个学院，地质学院或者什么，有些关于《红岩》的问题，[①]她还参与了，比较忙一点。

问：是忙着挨斗？

陈：不是挨斗。有一个过程。中间所谓批判“资反路线”，批“资反路线”以后，也没有人管我们。这个阶段就是群众组织的。

问：这个阶段于蓝老师还到地质学院说《红岩》吗？

陈：对。

问：这时候应该是红卫兵审问她了吧？

陈：那时候天派、地派挺厉害的，挺对立的，街上都是红卫兵。

问：对，您继续说。

---

① 这里所说的关于《红岩》的问题，当是指根据《红岩》改编的电影《烈火中永生》的问题，于蓝在这部电影中饰演女主人公江姐。

陈：只能到北影来揪（人）。具体我不记得了。反正是这么个情况，那时候派性就出来了，派性出来以后，我们是“红北影”这派，保干部的。

问：保皇派？

陈：“新北影”说我们是保皇派。可是我们觉得，我们是忠实执行毛主席革命路线，都是这样想。我就很奇怪，我其实也不是很关心政治的人，可是那时候派性（也有）。我现在回想起来，军国主义、什么希特勒一忽悠起来，把群众忽悠那么厉害。我当时不是那么一个人，可是那时候派性怎么那么厉害。我对“红北影”的几个头儿是有看法的。他们不是很踏实的。当然这里头有一个工人叫李振铎，还比较好。我们也觉得他做的事情很多不对，很多不从实际出发，夸张。可是就觉得这个路线是对的。地质学院是地派，就觉得对，所以外头来人，只要他说我们是地派的，就挺亲近的，无话不说，不知道哪来的情绪。那时候还好多在家里也吵架，有好多人（家）就是两派。

问：家里也两派……

陈：虽然我没有那么厉害——郑学玄说不上哪派，他那时候也没参加——可是那个感情就是不一样，同一派亲极了，这个没法解释，不知道为什么那种情绪。我就属于那个。可是赵元，她就说不是（这样），她当时很清醒，没有我的想法，她都觉得不是很对。可是我没有（那样清醒的想法），我真没有。

问：会不会把现在的看法代入当年，当年真的很清醒吗？

陈：因为她曾经……

问：是逍遥派？

陈：曾经当过逍遥派。后来她就跟谢铁骊他们在一块。我那时候真是不清醒，也不是假的，也不是做作的。我记得在我们录音车间，对方几个工人就说你看你们那时候好，你们穿高跟鞋什么的，就说我；反正（说）我作风怎么样怎么样，资产阶级生活方式，我就笑了笑，我说我从来没穿高跟鞋什么的。这个我（恐怕）也记错了。后来，当我被隔离起来以后，他们给我画漫画贴那儿，就问我，你有什么感觉？我笑笑，我说这不是我，因为我不是那样的。是不是我记错了还是怎么着？当时我就对那个工人笑了笑，你想的，我不是那样的。是不是这个，我不记得了。

问：您觉得当时自己就是正宗的毛主席革命路线？

陈：是这么一个问题，我到现在也没发现，就是所谓地派怎么样违反毛主席革命路线，是假的，当时没认识，现在我还没有发现。因为什么呢？跟“新北影”不太一样，好像“红北影”不太多。

问：他们更激进一点。

陈：就是比较什么一些。当然他们肯定有很多不对的地方，当时我就是看不上，就觉得他们不对，就觉得这个路线地派是对的，是这样的情况。我们不是成为什么呢吗，就是王星垣走了以后就成了革命组织了，“红北影”、“新北影”什么的，我们那时候不是揪斗对象，不是紧紧张张的，而是我说的革命者了。可是到了一段时间以后——什么时候开始我忘了——又来人了，那时候是不是8341（部队）进来还是怎么着？[①]中间好像是不是还有一个军宣队，后来又换了一次人，最后是8341？——那时候又把我们组织起来了，成立管理组，还是先清理阶级队伍？哪个前后吧。

问：管理组在前，清理阶级队伍在后……

陈：那就是成立三个管理组，“红北影”是一个，还有“遵义公社（兵团）”吧，还有一个“韶山公社”。“韶山公社”是偏一点中间的人，有点流于形式的。最大的就是“红北影”、“新北影”，还有“遵义兵团”。开始“遵义兵团”好像跟“红北影”人员都差不多，有点分歧而已。成立管理组以后，什么原因我不知道，任善普也记不清楚了，“红北影”跟“遵义兵团”有点分歧，所以后来管理组又变成“遵义兵团”跟“新北影”在一块，（加上）“红北影”，两个组。我们被揪出来以后，原来“遵义兵团”是在那个管理组。“遵义兵团”在管理组的时候，我跟周婷，是一个老演员，过去在“三厂”来的时候，她爱人是军官还是什么。我们就有一定看法，好像挺特殊的人物。

问：来“中电”三厂的时候？

陈：她来的时候穿着白旗袍，觉得挺特殊的。后来我就跟她一个屋，还有一个剪辑，也没想起来（是谁）。

问：这时候已经被隔离了吗？算是进了牛棚了？

陈：揪出来，那时候已经。我想想，是不是已经住一块了？可能住一块了。

问：不能回家了？

陈：可能是不能回家了。反正我就跟她们俩人一个屋。在“遵义兵团”的时候，是工宣队找我谈话，说我们知道你的情况，你没什么大问题，可是希望你注意点周婷她们的一言一行。实际上就是让我当特务，

① 8341部队，是中央警卫部队的番号。“文革”中8341部队曾奉命向北京电影制片厂派出过解放军毛泽东思想宣传队（简称军宣队），支持革命左派行动（简称“支左”）。

打小报告。

问： 让您当卧底。

陈： 卧底。可是后来我也没怎么，因为没什么可什么的，我没有这样做。后来，就跟“新北影”的人在一块，后来就变成跟汪洋、海默这些大人物，又成了一个组。这时候工人又找我谈话，也是这样说，说你不是什么大人物，跟他们不太一样，说你盯着点他们，看他们发言什么的，跟我们反映反映，又让我当特务。所以那时候跟海默有接触，这时候我挺（佩服）海默这个人的，因为在那个情况底下，他一直很乐观。反正他劳动的时候非常认真，而且是积极想办法，有点创新的意思。而且谈话都很乐观的，没有觉得过不去，我印象是这样的。所以后来我也没汇报，也就算了。后来又成立一个什么管理组，就是到干校以后的事了。

问： 跟海默、汪洋在一起的时候，您写过报告吗？

陈： 怎么可能呢？

问： 那是得到工人阶级的信任……

陈： 没有。我跟你说，这种讨好的事，我绝不会做。如果我发现他有问题的话，我绝对不会放过，我也会讲。可是我觉得没有什么问题——我并不是认为他们一点问题没有，可是我没看见他们有什么反革命行为，我干吗说？另外包括我曾经写大字报，我回想起来，我没怎么写过违心的大字报。我想不出来我都写什么了，那时候非写不可。

问： 那时候都是套话，一套一套的。

陈： 我就觉得很为难。我不是曾经说过吗，那时候我恐惧，在“大跃进”的时候，我们三间房捐出一间来做食堂，后来也没用，不（知）给谁了。

问： 等会儿。

陈： 我岔过去了。

问： 三间房捐出一间做食堂？是把您住的房子捐出来吗？

陈： 不是。那时候我们不叫租，那是领导分配的。我们北屋中间一个过堂，这边就是陈福庭，后来就是邸世杰，我们在这边。这边又隔着后屋，另外一个小院，又有一间小房子。

问： 把那个房子捐出去了？

陈： 当时名义是为了要办食堂，后来也没办，这房子不（知）给谁了。

问： 交出去就没了？

陈： 没有了。当时有没有还我们一间，也不知道。我们这个门隔壁有一个北房，是高台阶，旧式的，最边上有一间房子，挺小的，后窗户，也不（知）为什么给我们了。还是因为这房子原来也有问题？反正我就记得，我坐那儿写大字报，没有可写的。后窗户就是一个小胡同，因为宽街四大条是曲曲弯弯，后面是小胡同。

问：觉得恐惧。今天就到恐惧这里为止，这一盘满了。今天就到这里了。

陈：恐惧，我还得说一句，我没有什么短处。

问：恐惧。我们下次接着说。

陈：其实是一个小东西。

问：今天别说了，下次从恐惧这儿开始。

……

陈：咱们说到哪儿了？

问：说到“文革”当中您有恐惧心理。

陈：先补充那个一点点，很快就完了。没有时间。不行。还有一个宣布北影“文革”（开始）。前头是整风。整风要有结束。有这个时间观念，中间怎么又变成没事了？整个发言我没理顺，应该怎么说？哪种方法我都说不了那么系统。

问：按照您的记录来。

陈：记录还没看完，我还没捋。我记得很清楚的东西很容易说，可是我知道东西属于在“文革”哪段？

问：没关系，您说大概一个政治背景就行了。

陈：就是这个问题。一会儿又揪回去了，一会儿又在一起开会，又开始写大字报，老变化。跟整个大局一块，都有联系的，要是没有大局，就说不清。

问：真不行的话，您可以查资料。

陈：写得很乱，我根本没有时间写得很好，就大概提出来。不能那么详细，那么详细我受不了了。

问：还有一个方法，您要记不清楚，没捋好的东西，我们先跳过去……

陈：跳不了，“文化大革命”是连着来的。

问：我们可以把整个“文革”跳过去后来说。等到下次——你捋顺了以后，星期一再说。

陈：这也是一个主意。我这么说太乱了。这里很多我都刚刚闹清楚的问题。比如我说我们写大字报，我就记得当时“资反路线”，中间好多在我们这儿派的军宣队就好几次，又成立（管理组），说他们是“资反路线”好多好多，决定不说这个了。我补充完了以后，咱们就说……

三十五、有关“干校”的记忆

问：从干校开始，您能记得吗？

陈：从干校开始？

问：干校开始就清楚一点，是吧？

陈：刚开始干校还清楚一点，又是时间问题。就从干校开始吧。

问：行，先说那个。

陈：我先补充一下《风暴》。我到现在没找着，我没找着第二盘的录像带，我发现我这个录像带里缺了一个镜头。就是田华[①]在林祥谦就义那场戏里头，一个大全的镜头，很远很远的，就是田华的爱人抱着生出来的孩子跑过来，摔（倒）在地上。后来好像他们俩也没见面，是不是有一个眼光对视，我就不记得画面情况了，这个镜头没有。我就记得这个镜头，很清楚。因为当时田华确实怀孕了，田华本人怀孕了，跑那么远很难跑，所以就要找替身，导演他们很明确。这个镜头很远很远，根本看不清，可是他们非常认真，必须找一个演员跟她体形、长相各方面都有点相似的。他们就到处找了好几个地方，找了人试，都不合适。后来副导演跑到高中学校里找人，发现一个学生，是搞文艺活动的积极分子，推荐一个，他们一看就中意了，带给金山看，金山也同意了。她那个脸形、身条都差不多，就决定让她演。这个小田华，后来演《英雄儿女》那个女主角。她怎么回事呢？她是学生，那时候管她叫小田华，演完这个镜头以后，被人看中了吧，所以她高中毕业以后就考电影学院了。

问：叫刘尚贤，演《英雄儿女》中的王芳，是吧？

陈：对，就是她。她电影学院毕业以后，就变成演员了，所以演《英雄儿女》。

问：在《风暴》里头……

陈：就是一个镜头。

问：是一个替身演员，是吧？

陈：大全景，根本看不见脸。说明什么呢？说明这个剧组里头，导演

---

① 演员田华在电影《风暴》里饰演的人物，叫陈桂贞。

什么的是多么认真，这么一个镜头都不能轻易放过。我不记得田华真怀孩子了，而是我觉得田华当时可能身体不太好，这么一个大全景的话，那么跑，抱着孩子，为了保护演员就可以找替身。这位助理导演就跟我说，绝对不会的，那时候金山哪能这样不认真呢？因为演员稍微有点不舒服，就找人替身？实在不得已才这样做的。所以我觉得他们那时候精神，确实挺认真的。另外，你说（电影中说）“中国出来一个毛泽东”，你不是觉得挺别扭吗？这件事确实有个问题，因为当时那个吴雪是“青艺”的院长，也是演员之一，金山说毛泽东怎么怎么，吴雪认为不太够。他说演戏的时候说毛泽东，好像不怎么在意，可是你想想在当时工人阶级（运动）刚刚开始的时候，就觉得毛泽东很新鲜，很神圣，所以让他说出那句话，可是咱们听着不太舒服。

问：对，当时模仿的还挺多，但是现在听起来有点……

陈：说明不是演员自己那么说的，而是别人给他纠正的，当然不会像他自己那么纯熟。另外（我）又找了一些材料，咱不是说他（金山）程式化吗？他为什么形成这样？他最崇拜周信芳，所以他可能也跟他学了几招儿。

问：无意当中表现出来了？

陈：不是无意，他所有演出，包括在舞台上他也都是程式化。

问：舞台上没问题，但是电影上……

陈：对，舞台上好像演员也不像他那样。我觉得他跟赵丹都比较一派，要刻意制造什么；跟崔嵬他们是两派。就补充这点吧。

问：“文革”当中郑先生的遭遇，您现在说吗？还是也放到后面一起说？

陈：我想都没想。

问：咱们先说干校。

陈：如果是他在“文革”的时候，跟我没有具体联系，我先不说，最后不是有一个总的，我跟他的关系，再说也行。

问：您放哪儿都可以，我们这个是开放的。

陈：只有一点点关系，那时候一块说吧。就是把我隔离起来的时候，他当然也是被隔离对象。可是就因为他送给我生活用具，脸盆、刷牙缸子，还有衣服、被子这些，他也没写字或者怎么样，我一看就知道是郑学玄准备的。他们瞒着我，就说我跟你家人联系，并没有说是他，我就想，他回家了。我有这么个感觉，就这一点有关系，后来就没什么关系了。至于我在管理组怎么样，他怎么样，我都记不清楚了。

我就说到干校的事。怎么去的我不知道，时间跟好几个人一对，查材料也是，是（19）69年底跟（19）70年初。到干校以后，我在二连，二连里头为我设了一个班，叫第十班。那个连长叫张什么，连长兼的第十班的班长——不是班长，就是分管十班，班长是班长，他是班长上头的，叫张国泉，国家的国，泉眼的泉。

问： 张国泉是什么人？

陈： 是一个摄影部门（的人）。

问： 是北影的摄影？

陈： 北影的。二连连长，在干校，北影在一块。后来他们天津去的，在另外一个地方，不是混合编组的。

问： 十班是专为您成立的？

陈： 对，就是二连的第十班，大概前面有九班吧。我没有追问。我就在十班。十班是为我而设立的。怎么设立呢？送去的时候，他们8341（的领导）叫张随枝，那个军宣队队长叫张随枝，副组长叫……我又忘了。

问： 没关系，这个都能查着。

陈： 那时候好像群众组织全解散了，管理组也都撤销了，（我们这些人）就回到群众中去。我们就在叫什么组，大概是技术部门还是什么，就是跟群众住在一块。有一天晚上那个副组长找我谈话，在我们的屋里头。

问： 宿舍里面？

陈： 宿舍里面。一个会议室还是什么，我不记得了。他就跟我谈话，他说把你从小怎么上的学、住哪儿、什么情况，详详细细地说一下，捋一下，一直捋上来。他让我这么做，我就这么做——所以有一个挺好玩的事情，当你给我打电话的时候，你说从小上学什么的，我就（产生了）联想。

问： 联想到副组长那儿去了？

陈： 何其相似？……他就坐那儿听，我就说我家住哪儿。那时候要熄灯了，他说要熄灯了，你上我们那儿，接着谈去吧。我说行。我跟着他一块，就是现在新影的地方。

问： 那时候还没去干校是吧？

陈： 没有。我为什么说这个呢？就说我到十班的时候，什么罪名去的？就是这么个情况，简单说一下……我就到他们住的地方去了，U字楼，就是现在新影那儿。那个组长见着我就说，你什么共产党员？你是假共产党员，你是真国民党员。就这样说我。给我定性了。因此，在这种情况之下，我到干校的时候，我到十班，因为我是反革命，这么定的性。这不是跟从前每次运动，“三反”、“五反”、“肃反”，完全不一样，那时候是沾包，是沾郑学玄的包。这次就不是了，这次是什么原因呢？当时不怎么太清楚，现在完全明白了，他们说在解放前，“中电三厂”的地下党组织跟国民党组织是勾结在一起的。

问：这么说“中电三厂”的整个地下党组织？

陈：唉。他们还有一些活动，就是解放初期或者（解放前夕），烧材料，有一个照相组还失火，这些事情都扣到上头来。我不是很清楚，开始的时候，我哪清楚这些事情？后来有一次，他们说，叫攻心吧，谈话，就说我是国民党的地下党员，就是不公开的秘密党员；同时又是共产党的不公开秘密党员，这么说我。天天得写思想汇报，我在思想汇报里这么写，我说你们这个设想不可能，如果是的话，只能是一方面，不能说两个同时。反正说了一大篇，写了以后他们不再提两个地下匿名的问题了。就说明我在十班，他们认为我是一个很危险的反革命分子。当然，现在翻过来以后知道，我当时不知道。就是这样的，班组员大概有那么五六个人吧，反正几个人，他们轮流值班（看管我），每天不能老坐着。那个屋子里头，我一个桌子写作，他们看着我。白天黑夜不停有人值班，半夜也不睡觉。

问：十班除了您之外，其他都是监管人员？

陈：当然。革命群众，监管人。

问：北影厂有那么多反革命吗？

陈：没有。就我特殊，我也不知道为什么。比如谢添、蔡军、崔嵬，他们有人看着，没有成立班。成立班只有我一个人，为什么，我也不知道。可能牵扯面太大吧，他们哪个也没说跟地下党、国民党勾结在一起，因为我跟地下党有关系，我跟国民党又有血缘关系。也可能这个原因，这个我没问清楚，也没人知道。我记得我当时很痛苦，是什么呢？譬如说什么话，我也无从说起，可是每天必须写思想汇报，因为没东西可写，于是乎就常困，一边写一边睡着了。他们就批判我，说你怎么搞的？不认真！后来我有一次急了，我说你们试试看，写不出来，不睡觉，一天到晚怎么能不困？我记得我反抗一句话，因为我（一般情况下）不会反抗的，我也不觉得他们怎么着，我没有什么。反正我就觉得，一开始就觉得，你早晚会查清。我那时候非常相信8341，毛主席的警卫部队，我觉得他们不会乱来的。群众就更无所谓了，别人告诉他，我是反革命，他当然应该这样做，我没有什么抵触心理。那时候，我记得我说过那么一句话，我记得很清楚，我实在是受不了，你还说我成心的假装困，我能不困吗？因为我们这里头有一个录音车间（的人），蔡明的爱人，就是张玉富，她有胃病，知道她有胃病，常吐什么的。她值班的时候，我看见她那样儿，有时候还吐，我心里特别难受。写汇报的时候我就说，我说你们看着我，怕我自杀，我说很简单，你们临睡觉的时候把我手拴起来或者怎么样，让我动不了，自杀不了就行了，要不然你们这么一夜一夜的，我于心不忍，这是真的思想。

问： 捆起来，您怎么睡觉呢？

陈： 我睡觉，你给我固定，你就让我受点委屈。

问： 懂您的意思，您还是想着别人。

陈： 她很可怜，本来就有胃病，老吐，你看她不能睡，熬夜，不是怕我自杀吗。

问： 晚上为什么不让睡觉？

陈： 不是。她看着我，她能睡觉吗？看着，让我睡觉，可是看着我的人不睡觉，就坐着，坐一夜，一夜看着我。现在看起来，就是怕我自杀或者逃跑，当然逃跑不太可能，就是自杀的问题。我们真有这事，在被窝里拿两个钉子，钉一块，差点碰上了。

问： 钉子钉自己脑袋？

陈： 也不（知）是两个一块砸还是怎么着，差不多碰上了，碰上就完了，后来被人发现了，救活了，现在人还活着。那时候不（知）是军宣队，还是革命群众组织里的，我忘了，是有这么个事。开始的时候不劳动，我也不劳动，他们也不劳动，我们大眼对大眼地盯着。这个穿插着什么事，我就记不清楚了。那时候我们这儿1201的造纸厂，工宣队是他们的。还有军宣队，军宣队那时候已经是8341了。就给我做工作，谈话，我对1201那个师傅还挺那个，就是觉得他不是那么不讲道理，当然他是肯定我还是有问题，可是他的口气不太一样。比如说：你为什么不把这个事情说清楚了呢？你可以先说清楚，不是就可以解放？也许你不能驾辕，你还可以拉套。等于（说）我还可以继续工作，类似这些话。我觉得挺温暖。我知道他好意，不是坏意。所以我一直对那个师傅挺有感激之情的。反正就一天天混着过。到一定时候就改了，可以去劳动了。老待着也不行，可以去劳动。劳动不是跟群众一块。我们做一个特别的（工作），特别多就是淘茅房吧，还有个别的地方劳动，就是我们单独劳动。一开始是看着我的人不动手，就我一个人劳动。

问： 掏茅房也是您一个人？

陈： 也是我一个人劳动。也不知哪个运动，我不记得是林彪（事件）还是什么，反正什么大事件以后改了，（看守人）跟我一起劳动。我干吗他们也干吗，那个改得很明显。当时让我掏茅房，我曾经有活思想，你说脏不脏？是脏。愿不愿意工作？不喜欢这个工作。可是我那时候确实（挺卖力的），这真不是（装的），或者后来觉得自己当时不是（装的）。我就觉得是这样的，干校那些人去劳动也挺辛苦的，他们从前也不干农活，我说他们都去干活了，厂里还有工人生产，我本来什么事也没干。如果我做这件事情，我可以对他们好一些，他们就可以方便一些，干净一些，我觉得应该做，没什么不可以做的。

问：不委屈？

陈：我不委屈。我没觉得这么脏的活让我干（受委屈），没有这样想法。喜欢不喜欢？当然不喜欢。我自己给自己做工作，这个挺满足的，他们批我这儿批我那儿，我那时候曾经是这样（安慰自己）。对汪洋、水华他们，就是勒令交党费，给你多少生活费，其余都得交党费；那时候还没有让我（这样），我可能还不到那格儿吧。可是，批判我的时候就说，你看给你薪金，现在什么也不干，有这种批评。我当时不是真心诚意决定交出（工资）来？有这个成分；主要成分（是）省着你们说我，说我光拿钱不干事，我干脆捐出来不得了吗？

问：捐多少？

陈：不是捐，就是交党费。

问：党费交多少？

陈：除了我的生活费、给我孩子的生活费以外，我全交。我自己这么安慰自己，我既然什么都没有贡献，我什么都没干，我要钱干吗？我也不应该拿着薪金，另外也有那个心情，你们别再说我光拿钱不干活，这两个都有。

问：但是郑晓春老师说，您女儿说，北影比新影差多了；到新影领生活费比较方便，到北影不方便。[①]

陈：这个挺奇怪的。我当时不太清楚，她现在也跟我说了。我说你们看，我给你们生活费；她说不对，我们都上新影拿。新影负责任，他给你保存那个钱，给他们孩子生活费，他们要买衣服什么的，新影觉得合情合理，就拨给他们了。新影是管着，教育好子女吧；我们那儿就不是，我愿意给他们多少生活费，他们也不管。我记得有一次，他们去找我，就是我小儿子吧，他们就不让见，我就挺生气的。

问：在哪儿？在干校里头？

陈：在干校。我记得不是一次。我记得很清楚，我留着生活费给他们，其余的交党费了。我记得那时候（小儿子要见我），不让我见，我比

---

① 陈燕嬉老师的工资到北影领，郑学玄老师的工资在新影领，当时陈燕嬉、郑学玄夫妇都被看管，子女每月都要到父母单位去领生活费。所以有此一说。

较生气。后来见没见，我就不记得了。也可能他们这些孩子上新影要完，再上北影要，（北影卡得紧）也可能。后来党费怎么办的？“文革”全都过去以后，都撤离，什么都没问题的时候，人事科告诉我，让我去拿党费。我到他们那儿去，我说我跟汪洋他们不一样情况，汪洋他们是当时被组织上强制收起来的，现在发还没问题，可是我当时交不是强迫我的，我是自愿的，所以我不属于他们（一类）。我就无法领，这样就过去了。

就是这个徐善娟，其实那时候她不认识我，我也不认识她，有这么一个热心分子吧，她听说这个事情以后，她就不干，她就找人事科说这不行，怎么能不给她呢？那人说不是我不给，她不要。（徐）就找我，她说你凭什么不要？说了半天。

问：徐善娟是录音车间的吗？

陈：别的（车间），她是服装的吧。她是后来“文革”中来的，她们都是后来调来的，她就是热心肠的人，就找我，你凭什么不要？非得我要。后来就给我了。我记得很清楚，记得发了五千块钱。五千块钱，我不是（有）三个孩子吗，老郑、我，一共五个人，一人一千，那时候开始存款，五千块钱，一人存一千。

问：给一人存了一千？

陈：第一次，我们每人都有存款。每个人，包括我自己，一人一千，这个记得很清楚。

问：您还没有说清楚，“文革”期间您的孩子在北影能领到您留下的生活费吗？

陈：还是领得到，我记得是领到了。

问：但是郑晓春老师说领不着。

陈：不是领不着，说新影给他们都准备好了。那时候他们三个人，有的插队，已经到插队那儿去了。偶尔回来时候领，不会次数很多，不是每个月去的。所以（具体是）是什么情况，记不清。

问：北影也能领到？

陈：北影找我去领，不是由北影的组织给他，因为我的钱没交给北影组织。老郑的钱怎么样给新影，是根本不发给他还是怎么着，我不知道。那可能的，钱在组织手里。

问：那时候工资也是按月发？您能领到钱？

陈：按月发。我领得到。他们不管我怎么用，他们没有强迫让我交。

问：每个月发钱，您都能领到现金是吗？

陈：对。所以我每月要交党费，大概是这样。我是这么样做的。我也给他们，可是我记得次数不多。现在想想也对，因为他们都插队，不是每个都回来，也可能他们有一个人，小儿子来；老大根本不可能，因为支援边疆去了，他们两个人也不会一块来。可能来一个人就行了。这是没有错的，我记得没有错。我是自愿的，没人管我该给多少不给多少。可是这么倒推，可能新影就没发，全是控制在组织手里，你要多少我就给多少。如果不是这样的话，他哪能做主说给多少？还得跟郑学玄要去。可是他什么时候被隔离起来，我就不知道；他肯定也在干校，他在新影什么情况，我就不知道了。

问：那时候您家里分成四个地方，五个人四个地方，大儿子在青海，郑老师跟您在干校，老二、老三在内蒙古。

陈：对。

问：您怎么跟他们联络呢？想他们的时候？

陈：没有，没有（联络）。因为不可能的。

问：不想念他们？

陈：我也不想，即使想，我也见不着。

问：见不着归见不着……

陈：我没什么不放心的。[①]等我们都回来以后，我们知道他们吃东西特别馋。我们给他们弄香肠，我小儿子回去的时候带走了，他因为队里很多人，他要拿出来也吃不着，其实香肠只是晒过，没蒸过，是生的香肠。人家老兄，晚上值班的时候就生着吃。

问：您小儿子本人生着吃，是吧？

陈：现在看起来，香肠是经过晾晒的，可能也基本熟一点吧，他就那么生着吃的。回来说的。他要跟大伙儿一块拿出来吃，那就没有了。也不是大伙儿，他们好像是住老乡（家），他说老乡对他特别好，那个老乡也是重男轻女，我女儿跟她弟弟，他们对我小儿子特别好，什么好吃的都给他留着，所以他很怀念那个老大娘的。以后我不记得了，我估计现在他们已经过世了。

问：当年在干校十班写材料的时候，没有时间给家人写信？

陈：不可能写信。[②]

问：您可以劳动的时候不写信吗？跟郑先生，跟老大、老二、老三，不通信吗？

---

① 陈燕嬉批注：戴着“反革命”帽子的时候，哪有什么儿女情长？插队的孩子也不允许儿女情长啊！（针对采访人说）你还是没有经过那个时代的想法。

② 陈燕嬉批注：在“文革”期间，是反革命分子，哪有权利写家信？（若写）又是“反革命串联”了。

陈：没有，我儿女也没给我写过信，我也没给他们写过信。

问：他们下乡期间，从来不通信？

陈：没有，要不然他们就回来了。没写过信。后来我们先回来，他们后回来的。小儿子那时候是工农兵大学生，送去上大学的时候，回来了。他走了以后，我们就可以调一个子女回来，就把我女儿办回来了。他们在插队的时候，没给我们写信，我们也没给他们写信，我记得是这样。

问：刚才您说小儿子去干校看您，不让看，那时候他已经插队了，是吗？

陈：是。他所谓插队，因为他年龄比较小，家里没人了，所以我女儿就把他带走了，等于他也插队了。他那时候可能不到插队年龄还是怎么着，反正不是学校里头插出去的。最近我才知道，因为跟郑晓春说起这个事情，她说我们的事是不是影响他们了？她说当时插队的地方，她曾经报过上北大荒，后来不让她去，她就感觉是政治条件（不够）。

问：北大荒是边疆，是中苏边界。

陈：她就感觉到别扭。最近说的，我当时不知道。

问：原来您也不知道。

陈：不知道他们怎么上内蒙古插队，这些都不太清楚。

问：郑晓春上内蒙古插队的时候，您还没有下干校，她不是（19）68年去的吗？

陈：管理组的时候，也集中起来，没有自由。

问：也不在家里，是吧？

陈：那时候在管理组。

问：郑晓春去内蒙古插队的时候，您送她吗？

陈：没有。

问：没去火车站送她？

陈：没有送过。

问：就她自己整理东西，自己就走人了？

陈：我们都不知道。有可能被隔离了，可能是。不知道他们怎么走的，他们中间回来的时候还吃饺子。是后来跟我说的，大哥也回来了，他们在一块儿，馋，包肉馅饺子，都是后来他们说的。当时情况，我不知道。

问：在干校劳动的事情还记得吗？

陈：劳动，他们不是这样做吗……我们住那屋，后边就是空地，那边有一个水塘或什么小河，我不记得了。我那时候因为肩膀有一块骨头长得不好，他们让我挑水，我也去挑水了，我就觉得硌我很难受。那时候我就想，怎么这么怕（苦）？你看人挑水挑得多棒，我也应该克服。所以挑水的时候，我不但让两个桶满满的，我还拿一个盆，我就弄满满的。这时候，旁边就有老乡在议论，我听见了，说他们对人太残酷了，还非得让她挑满了。我心说，不是他们要我（这样），是我自己愿意的。这时候压着挺难受的，我一边挑一边心里暗暗地唱着“下定决心，不怕牺牲”，后来我也挑出来了，也可以了，是这样的情况。后来跟他们一块劳动的时候，也有意思，我们那个组长，十班组长换了好几个人。

问：十班的班长，是吧？

陈：班长。头一个班长是政治部一个人，叫石美芬，是一个演员，是赵联的爱人。她跟我曾经很熟，因为她在政治部当小丫头，当时她有点极左，后来“文革”完了以后，她跟我讲：（上面）也没告诉我你有什么问题，只是告诉我有问题，也就相信我有问题，只此而已。当时相信我是反革命，可是具体他们什么也没说，因为他们没有材料。

问：石美芬是接到通知说您是反革命，有问题，但什么问题她不知道？

陈：不告诉他们的。后来我想，为什么告诉不了呢？因为我这人不是什么好人，也不是革命积极分子，也不是反动分子。

问：您怎么不是好人呢？

陈：我的历史太简单了，“三门”干部，学校毕业了就到电影厂，电影厂就到现在。是“三门”干部，从家门到学校门到电影厂门，历史太简单了。当时我就觉得他们没有什么材料可说。可是她很坚定地认为我肯定有问题。我就记得她面对面跟我说，说你看你这人太狡猾了。怎么狡猾呢？说我们这么调查，问那么多人，就没有一个人说你在什么地方说过什么反革命话。她是贬我，可是我心里马上很踏实。因为什么呢？没人胡咬我。我被胡咬的可能性非常非常大，也是后来才知道，他们成立专案组，他们曾经到我二哥的女婿家，北大的学生，去问说你姑姑回到家里头的时候，说没说过江青样板戏不好？那时候虽然是“文革”以前，也有样板戏。

问：对，（19）64年。

陈：调查这那什么。我昨天说魏学义跟我在一起，他是我对立面，他是“新北影”的，我们是“红北影”的，对立面。而且他是我的专案组（成员），所以说只要他说一句——他很可能随便说一句，我们随便聊天，谈京戏什么的，跟崔嵬，我要说过一句江青怎么怎么——如果说那么一句话，我当然就完蛋了。所以我就觉得。

问：魏学义也从来没有说过您。

陈：不是。是石美芬，这个组长跟我说那么的话，我就知道他没有这样胡说，他要胡说的话，当然……

问：您吃不了兜着走。

陈：吃不了兜着走。可是他并不是对我没意见的。在这以前有意见——也是误会吧。我当时因为他的表现，我还挺伤心的。我说他怎么这样看我？他从到厂以来，我对他很好的，因为他那时候才17岁，我说我对他跟自己孩子一样。

问：是指魏学义是吧？

陈：他对我有意见的时候，我挺伤心的。他为什么会这样想我？我心里是一个疙瘩。我不是说没有仇人吗？心里难受他为什么对我这样。有点沉重，我不想跟任何人说。可是当我想到他"文革"里头没有咬我，即使我们俩有什么意见，他不是成心跟我过不去的。所以我就想开了，这个结给打开了。还有一次，有一个考验，连长张国泉曾经让我到一块菜地，离我们那儿挺近的，让我一个人拔草，别人在别处拔。拔完以后——你看他是连长，一个大男人，可是对我说那些话，我心里也挺感动——他说我看了一下，所有拔草的地方，你那块没有一点杂草，说明你拔得很认真。我心里很高兴，因为是别人肯定我，而且他是我上级，是领导，我自己觉得挺舒服的。我记得挺清楚是什么？一起转移，我记得一边走，我可能还挑着挑子。

问：转移是什么意思？

陈：说由这块工作到别的地方工作，排队走。我记得我还挑着挑子。我看见路上有撒下的麦穗子，秋收的时候，我就离开队捡起来，扔在堆里面。我自己觉得自己很自觉，没有任何想法，没有通过大脑，（只觉得）别浪费了成果。

问：捡起来归堆。

陈：我记得当时张国泉在旁边看了我一眼，没说什么。因为他可以批评，你为什么随便离开队伍——我是有问题的——你怎么随便离开队伍，跑旁边干吗去了？他没有这样说。这是记得一个印象。还有一个印象，就是我的组员叫王荣敏，是管录音机械的，她也是我的对立面，也是"新北影"的。我这个十班里头，基本都是女的，看着我的基本都是女的，除了张国泉以外。她跟我一起劳动，挑粪，就是把那个粪积上以后，用一个挺大的桶，我们俩拿着杠扛着，一前一后。我记得我可能在后面吧，走着走着有一个坑，我一下滑下去，反正那个桶洒了，一下洒我一身。我们俩一块就笑了，王荣敏跟我，我们俩没有想当时被管制的对象，一起会心那样笑。这是一件事。还有一件事也是王荣敏，我们那天，先是准备到一个地方劳动，那里很热，所以我穿得很单薄，也没打算（加）穿衣服。到那儿后改主意，不在这儿了，说上地里去拣苗还是干吗不记得了，当然我就没（加）穿衣服，我就穿那么薄，到那儿的时候，我就跟王荣敏说我冷，是不是给我取件衣服？她同意，没说不行。

问：您参加劳动以后，还有别的吗？

陈：政治学习是这样，我们一天除了劳动，就许看《毛选》，那没什么问题。《毛选》很多，别的篇章都不许看，就许那几章，什么《别了司徒雷登》，不知是三篇还是两篇，就许看这个。你要翻别的，（就有人说）你凭什么看这个？都不行。

问：有针对性的，把您真的当成敌人了。

陈：还不许看别的，看《毛选》别的也没什么不行，他不让。我记得跟我小哥哥（交流），“文革”中他也是被隔离起来的，可是他就不一样，他一个人，没人看着，他桌子上一个，桌子底下一个，他们来了就看这个。

问：看桌上的书？

陈：不来，桌子底下完全是技术的、数学的、物理的，他那时候发明了好多东西。（我们这里）根本不可能，就盯着你。

问：您小哥哥的性格要比您调皮一点，是吧？您是比较老实听话一点？

陈：他是调皮，而且他比我聪明，他也比较用功。

问：也有勇气来上面摆《毛选》，下面摆业务书。

陈：他会想办法。

问：即使一个人，让您看《毛选》肯定就是看《毛选》？

陈：那也不一定。我没这条件，我也没书，他有书。我就有《毛选》。起码我要翻别的章节，因为《毛选》好多篇可以看，（可他们）就只许看那个。当时是逐渐放宽的，没放宽以前，我也不知道怎么回事。后来就慢慢放宽了。有时候休息的时候，礼拜天什么的带我上商场买点东西。我记得有一次，就是那个苏玲，我们俩人买一个什么心里美还是什么，她也吃，我也吃，还挺有意思的。

问：就是萝卜，是吧？

陈：对。说起这个，我想起来了，我馋不馋？我确实有馋的地方。什么馋呢？我就看他们，因为他们吃烤白薯，烤白薯吃着并不怎么样，闻着特香，炉子里一烤，我就有点馋。另外他们吃心里美，我也挺羡慕的，也馋。

问：什么意思呢？大家在一起劳动，别人可以买，您不可以买，是吗？

陈：不是买。他们出去，礼拜天出去买点零食回来。

问：不让您出去的，是吧？

陈：当然，从来不让出去的。你说起“五一六”来，可以连着说。因为那时候，外头（的事）根本什么都不知道，没有什么接触。我就记得有一回，就是（19）70年东方红卫星上天，能听见东方红的歌曲，那是（19）70年，我听了以后自己很高兴，我自己偷偷地笑了，甚至于有点含眼泪那样。后来也不（知）谁问我，说你有什么想法？我说当然高兴了。他们的意思，你还高兴？有那个意思。反正那个心情我记得很清楚，听见了，卫星上天了。

我跟他们急过，急过两次。他们就带着我女儿的一封信给我，我一翻，我女儿信就说希望我怎么坦白，就这意思吧，我马上跟金燕茜急了。我说你们太不像话了——我真急了，不是普通的语言。生气的语言——我说你们怎么样诬蔑我，说我这样那样都可以，不管你们有没有证据，我可以承受得了。可是你们绝对不应该把没有事实的东西把它告诉我女儿，让我女儿挺纯真的心情受到这样的打击。我说你们太不干净了，如果你们有真凭实据，我做了什么事情可以，你现在没有真凭实据，你为什么跟她说？我跟她急了。她也没说什么。

问：她告诉您女儿什么？

陈：是什么呢，就是这个组员，可能是组里派给她任务还是怎么回事，她找我女儿去了。

问：您女儿不是在内蒙古吗？

陈：那时候可能还没去，（时间）前后我不记得了。也许是她回来的时候。反正她找我女儿了，因为什么？让我女儿写一封长信给我。

问：这封信是叫人带来，不是邮局寄的，是吧？

陈：就是他们给我的。有人去找我女儿。我记得大概看一下，内容就是劝我们赶快坦白，就这么个意思，我就跟金燕茜急了。这是急一次。这次急，我态度是挺硬的，我还不至于气得哆嗦。还有一次，基本是后期了，开始的时候是一个人看着不睡觉，后来慢慢就变成可以睡觉了，他们都在一个屋子里头，开着灯睡。他们每个人都有一个帐子，他们不（知）是怕我怎么怎么，不给我帐子，说我们到城里头给你买，或者找你家人，没买着。当时我心里很明白，什么没买着？帐子还没买着吗？就是不让我罩。

问：以便大家都能看见？

陈：就是。万一我有什么事情，她们都看得见。在把我隔离以前，一个人的时候，也没帐子，那时候还不到冬天，是不是冬天？搞不清楚。反正这次很明显，就是没有帐子。当然了，那时候因为她也没帐子，值班的人被咬得直想跳，反正那时候不是很突出的，这个时候我就觉得很突出，因为我特别招蚊子。所以我觉得咬就咬吧，咬咬牙吧，反正也无所谓。我一个人不支帐子，她们都支着帐子，就是不关灯。

问：这回您急了吗？

陈：不是为这个原因，那是比较后了。这里还插一个别的，不是斗的问题，不是生气，不是打架的问题。你说“五一六”什么问题，那时候我也不知道“五一六”什么情况，当时信息也很什么，我也不知道。

问：等一下，换一下带子。

陈：因为也说我是“五一六”。

问：您也被说成“五一六”。

陈：嗯。有一次。实际上，我跟你说，被揪斗，罚站、挨打什么的，我都没经过。没有弯腰等等。

问：高帽子也没戴过，是吧？

陈：没戴过。也没人打我或者什么，真没有。也没有什么大会，（让）大家批判我，连大会都没开过。反正就是几个人（被隔离）。

问：就是隔离审查，让您写材料。

陈：对。就是在这期间，在“文革”以后和到干校以前也没有这事。就是那天，这回就特别了，我们组里没几个人，就把我带到公务场所去了，我们干校还有一些树林子什么的，反正有些群众，还不是咱们厂里人，好像是群众。就说好像我是“五一六”。什么时候跟我谈的？好像不是大会上。（事前有人）跟我谈，动员我，说连傅英杰，就是四集体那个，吕宪昌的爱人，说连她都承认了“五一六”，为什么连她呢？我们不是曾经在“红北影”吗，是不是指这个，不知道。说你看连傅英杰都承认了，你还有什么不坦白的？就那样。反正在群众里头就斗我，就让我说是“五一六”这个事，也没有很长，一段时间就过去了。完了以后，他们也没有再接着说我什么，就带我去洗澡什么的。好像他们觉得不太应该吧，等于安慰安慰我，让我去洗澡。我当时这么感觉。只有这么一次，在干校被他们斗。

问：有批斗吗？有揭发吗？

陈：没有东西。没什么揭发。我也不知道，就说我是“五一六”，应该坦白交代，很简单，很短，不算很长，真是没有什么具体东西。我连“五一六”是什么都不知道——当然知道“五一六通知”什么的，在隔离以前就知道了。有这么一件事。回去我就觉得好像安慰我，在这儿之前怎么去洗澡我就不记得了。这是一个事。我说最后那次，快结束了，这时候也不

（知）因为什么问题，具体问题我不记得了，就是她们组员之间，就是那个苏玲跟一个演员他们之间有点争论，也不（知）什么，这件事不好或者怎么样。以后他们就把这个责任推我身上，就说我做的，这件事我记不清楚。可是当时很明确，跟我没关。他们自己争论。我就记得我第一句话就说，我说你们太不像话了，你们之间的争论，把矛盾全推我身上了，你们这样对吗？我说我要造反了，我要求你们马上把我送到公安部还是什么——忘了什么名字了——说你给我送走，该判刑判刑，该怎么回事怎么回事，我在这儿待不了，我要造反。这件事我说完，我真的很生气，我就从来没那么激动过，我手完全哆嗦的，心里也跳，好像真是要失去知觉那样，手全凉了。因为这种反抗不是一般的。你说在我这个位置上这么反抗。

问： 不是忍无可忍了，不会那样。

陈： 对。这之后他们也没做什么，没办法，他们也说不过我，因为他们没什么理由。我记得有一个，这个组员里头的技术处（的人）叫倪颖，现在还活着。她一个人看着我的时候，她就跟我说，她说你那天为什么这样说反话？连我们革命群众都不敢说，什么造反不造反的。她就这么说，劝我，这是一件事。还有一件事，就是我说孙秀云，“文革”以后她跟我说的，说那时候是礼拜六，别人让她看着我，因为大家要回去，有一个人值班，让她看着我。她说我去了以后心里难受，看我一个人在桌子上，挺暗的灯光底下写什么东西，看书什么的，她说我心里受不了，太难受了。她说我就去找他们领导，说我不行，我这人又爱困什么的，万一我一打盹，她要有点什么事，她要跑了，我可没法办。不行，她就不干。后来就换人。换谁我不记得了，是换那个钱江还是史萍，政治部的，来看着我，有那么一件事。

问： 当时您知道吗？

陈： 换个人看着我还不知道，是她自己提出来的，是后来我才知道的，她说她受不了。

问： 她不愿意做一个小狱卒，是吧？

陈： 因为她也不知道我有什么事，这次才说。当时说有一个叫应宣的，就是应云卫的女儿，叫应宣，是一个组织的头儿。她经常用大别针做联系信号。孙秀云听见了，就联想到我。因为我那时候衣服不太讲究，挺肥的，我就拿别针别上；我牙齿不太好，用别针剔牙。她说是有这么回事，我经常身上别着别针。后来她跟我说，我一直以为是说，上边做出这个事，说我跟应宣有关系。我说我跟应宣有什么关系？最近我才听说，是她一个人联想。我就说她当时对我有看法，当时也没有觉得我什么，因为我们俩关系挺好的，也不觉得我有什么问题。可是人家说应宣大别针，她说是，我是有别针，这么想的。

问：但是她也没告诉别人。

陈：她也没告诉别人。后来，就是秋收的时候，那时候让我干吗呢？让我去看着麦地，轰麻雀。那时候我觉得比较苦，因为那时候夏天，麦田里蚊子很厉害的，我要钻进去的时候，蚊子就容易咬，比较苦。我轰麻雀，我又想出来，那地确实拔草拔得不够，稗子比稻子还高。那时候他们还把稻皮做枕头什么的。所以我就想，我说将来不但拔起来，分起来还比较难分。另外我说麦种弄到地上，明年还得长好多。我说如果现在就把稗子穗拿下来以后，就不会长了，所以没有人分配我，没有人让我这样做。我就把稗子穗的脑袋一个个摘下来。外面一圈我没有动，把中间全掰了。等到最后一天，我记得心情是这样的，最后一天把外圈全摘了以后，我一看这一片挺好的，我心里挺痛快的。这时候就有一个老乡，一个生产队长经过那儿，他们的地跟我们是连着的，经过那儿跟我说，你这个办法真不错，我回去也这样做。因为确实有好处。

问：对，种子没了。

陈：种子没洒在地上。所以我心里真舒服，你看老乡都肯定我这个做法。另外那个穗子堆起来，他们就可以做枕头用了，也可以废物利用，我挺高兴的。还有我们在干校劳动的时候，一个蔡军，一个谢添，还有几个人，只要是一转移或者休息什么的，来回来去，你上哪块地，他就上哪块地的时候，就如临大敌，一下就宣布走走走，上那边去，赶快走，就怕我们跟谢添碰上面了，或者跟蔡军碰上面，就是串联。你说碰一下面，看一眼能怎么？我记得有一次我要上厕所，憋死了，就不让我去。我心说，因为他在你隔壁劳动，就不让我上厕所？我那时候心里可难受了，我说这都不行。真是如临大敌。后来我为什么知道呢？他也不（知）说了还是怎么着，反正那边要过来，不是谢添过来就是蔡军过来，（这是）干校就往后了。到干校的时候，劳动期间都是这样的，没什么太大区别。我自己也感觉，就是苏玲对待我的情况，给我的自由什么的，是一天比一天松一点，这个感觉到了。

问：跟林彪事件有关系吗？

陈：有关系。我现在时间没对准，是不是林彪事件？反正是一个政治转折，否则的话就觉得你不跟她一块劳动是不对的，（应该）一起劳动。是不是那个时候？我还没搞清楚。反正有可能，肯定有关系。人家原来就是站你旁边看着。后来就要往后走了，在七一前夕，6月30号晚上吧，也不（知）是连里头还是军宣队我就不记得了，来通知我，说老郑已经搬到黄村来了，你今天晚上回家帮着他收拾一下东西。我当时表态，我不回去。为什么不回去？我说两个反革命——那时候还没定性，我们俩都是反革命——我说把两个反革命搁一块，让我们串联？我不回去。不回去就不回去吧。第二天也不（知）是连长还是什么就来宣布，正式决定取消值班，你回到群众中去。我不会想到是因为报复我不回去，我觉得问题搞得稍微清楚一点了。就是8341给我抓起来，隔离起来的时候，我相信8341，也相信他不会胡来，（我的事）可能有什么误解。我说早晚有一天，我的问题搞清楚了，8341一定伸出手，我们又是同志，握手，我就盼那天。有时候胡思乱想，盯着盯着，就觉得那天来了，甚至于眼睛含着眼泪。虽然我觉得对我宽松，也不觉得好，可是也没觉得撤销值班是对我的惩罚，我没有这样想过。到后来大家都回厂子，还剩下几个人，不让我回厂子的时候，我就曾经找过军宣队，我就问问这个情况。你猜他跟我说什么？他说好，他说，我们想审查你就审查你，想让你解放你就解放；我们让你回家，好，你不服从命令，你不回去；你不回去吧，我把值班撤了，看你回不回去？听了这话，我心里特别生气，你让我到群众中去，不是因为我问题解决了，而是因为我不听话，惩罚我？

问：您当时就知道了吗？

陈：当时跟我说的，所以我听这话我受不了。

问：他是逼您回家，是吧？

陈：我说错了。当时让我回去的时候，很简单，就是我不知道为什么让我回去，我说我不回去。第二天就来宣布，撤销值班。撤销值班我没有跟这个联系到一块，我当时是觉得，可能是问题搞清楚一点了，所以让我回去，我绝对没想到是惩罚我。所以一段时间以后，军宣队跟我说，是为了惩罚我撤销值班，让我回到群众中去，我就伤心得很，我心里很难受。那时候是不是已经都整党，叫什么？

问：清理阶级队伍？

陈：不是清理阶级队伍，我们就是清理阶级队伍清出来的。那时候有一个叫作什么？党员重新登记？实际就是整党，就是“文革”以后重新整。当然一开始没有我，没让我登记。后来就讨论我，让我来讲讲，要重新登记的问题。这件事情我记得很清楚，有一个军宣队员，可能是军宣队政治部的。他就找我谈话，说现在你如果整党有些东西不太明白的话，你可以找奚姗姗，找王紫非——王紫非就是原来政治部那个主任——你找她们俩人，她们俩人会帮助你的，这个我记得清清楚楚。从那时候我才认识奚姗姗，其实奚姗姗就住我隔壁，就是我跟吴小佩、史平住这屋，她们住隔壁，我并不认识她，因为她也是“文革”以后才去的。我根本不认识她。这样我们俩就认识了。

问：郑先生搬到黄村以后，您一直没回家吗？还是当天没回家？

陈：当天没回家。值班撤了以后，我在哪儿待着？只好回家了。

问：可以分到别的班去。

陈：谁分我？我不能自己做主，我干吗去？他是给我分到别的班去了，可是他没有给我安排住处。

问：不给您安排住处？

陈：你想我十班的时候是跟她们住一块。十班解散，各自走了，他们给她们安排，也不给我安排住处。我上哪儿去？我只能回家。我一点都不记得，我回家以后，我们俩说什么了，我真不记得，一点印象没有。

问：两个人隔了一段时间没见面，然后见面……

陈：就是，我也很奇怪，我真想不起来。反正那时候他就是在猪场什么的，他什么时候回去我也不知道，什么时候搬的家我也不知道。

问：您有特殊的地方，把户口也迁过去了。

陈：当然了。

问：干校可不迁户口，干校迁户口吗？

陈：家得搬去，我是全家搬去了，大兴那时候不是北京市，是大兴县。反正搬到那儿去，聂晶（等）好几个人都搬去了，我也不知道迁没迁户口。只是后来让我回家，那个副厂长来跟我谈话，副厂长（还）是人事科的？我忘了。说现在工作需要，调你回去，好像户口不转。我说这样不对吧？既然我回北京工作了，为什么户口还留在这儿？他就反问我一句，难道说不给你转户口，你就不回去？我说我不是这个意思，我并不是作为一个条件，我说你应该这样做。后来怎么着，我不记得了。反正过一段时间，我还是回来了。在我回来以前，那时候已经很晚了，干校已经换了领导人，那时候黄村干校已经不是普通的干校了，而是变成轮训干部的地方。那个头儿是一个老干部。他为我鸣不平，就说为什么还不让你回去？太不像话了！所以，我待的时间很长。

问：您在户口迁到黄村去以后，待了多长时间？

陈：很长时间。这个时间我没法确定。因为中间还有过程，当十班解散了以后，我就跟群众一块分到另外一个小组，也不（知）第几小组第几班，这个班长叫于振涛，这个人挺有意思的，他是电影学院毕业的，搞摄影的。他的爱人好像也是搞摄影的吧。他当班长，劳动也是很认真的。这时候组员不是跟他一心的，不是真正劳动，反正挺艰苦的，人家不愿意去，我就跟他一块，我愿意好好干。我记得我就跟得挺紧，他干，我就好好干。后来的关系很好，我们俩挺好，一直到后来都挺好。

他事儿可多了。后来都已经回来了，我们一起练气功，叫性命功，后来老郑也跟我们一块练性命功。他们又跟老和尚学什么功，就跟于振涛一块。我们那个头儿是部队的人，他原来身体很坏，后来练什么功，自己就好了。他说我这个不是迷信，是科学，是锻炼。当时有人说什么功都是发功，都是迷信或者怎么样。不过我们这个性命功，并没有说像念佛、念经，不是那样的，就是你意志非常集中。我那时候确实觉得是有作用的，比如哪难受，我自己心里意念想着，我一定给它治好，一发功，确实治得好。我记得有一次开会，我不是去那儿开会，我经过那儿，一个小孩，还有一个什么人在那儿开会，他一下肚子疼得要命，我说没关系，我给你弄，我给他发功就好了。很久以后，我看见一些报纸，说有一个日本人在研究这个问题，就说一个人的意念，可以发生出微弱电流，他测量过，记录过。所以也有一定道理，我觉得确实当你很集中……

问：练气功的咱们以后再说，现在说于振涛……

当时在干校，后头有两件事情。就是汪洋当然也是被管制到干校，后来慢慢被结合，等于他没什么问题了。所以在干校里头，除了所有干校组员以外，剩下的人等于是领导小组之一。我记得——这个哪年哪月？可能我是（19）74年回来的还是（19）75年？——就是在最后一次，在干校开“五七”大会。汪洋就找我说，你一定要在会上发言。我当时也不太理解。他说你必须发言，他是领导者。就说你怎么想就怎么说，你把发言稿做出来，我看看。我写出以后，他又找了一些老同志，这些老同志不是北影人，我不太熟，当时人也不太多了，都是老干部、老同志，我不认识，他们就听我念一遍。

问：开会之前？

陈：开会前。汪洋让我写稿子，他先审查一下。听完以后，一个老同志跟我说，你写得太感人了，说我都流眼泪了，他是这么一个反应。当时我去发言，我就记得，我是带着真情去发言的，我也没有害怕，也没有什么的。因为当时有军宣队的人就说我们是什么——处理品，当然我是生气的。凭什么？所以我记得我发言最后有一句，很激动地说：“我不是处理品，我是毛主席革命路线五七战士。”这个完了以后，一个人，就是我们集体的李宝兰，她听了以后跟我说，听你说好解气，反正我挺激动的，就这两个反应。另外，干校换了领导人以后，有一天吃完晚饭以后，我忽然间听喇叭里放我的发言。

问：有录音？

陈：录音，放这个发言。当时我一下子就什么感觉呢？我想到汪洋为什么让我发言？而且现在为什么放我发言？就是觉得我发言可以对某些人有所启发，就是有一点给我平反的意思，在群众里给我平反。因为那时候对的是我们的同志，所以那时候比较感谢汪洋。他非得让我发言，而且找人来听，我就感觉到这个问题。过去汪洋是这样的，我就记得这句话，记得很清楚，都说海报不需要上录音的名字，（汪洋）说就可以上，只要录得好就该上。他是这么肯定的。这是一次发言。另外一次是回厂以后，都回来了，开团结大会的时候，汪洋已经是厂里领导小组之一了。他又找我，他说你这次必须还得发言。我不是老愿意，因为我从来不这样常常抛头露面去发言，我不是这样的人。可是他说一定要发言，而且他说他已经决定了，已经跟他们说好了，都给安排上了。让我发言什么呢？当时是有两个人发言，一个是我，一个是当时的工会主席。他说作两个典型，我是没有胡说八道的典型，另一个是胡说八道的典型。

问：胡说八道指的是什么？

陈：就是乱供，乱说，乱咬，或者乱承认自己（有问题）怎么样。后来那个会，我也发言了。我自己还是真的，用真情实感去发言。我记得一开头第一句话是什么呢，就是："我又站在这儿，多少年前我被揪住，现在又发言，我充分觉得更相信党的政策，不冤枉好人。"我就记得第一句话是这样说的。后来（说了）我在干校的一些感觉，什么感觉我忘了。反正我们录音车间郑春雨问我，他说你真的假的？你看你说的，感动得我都要哭了，说你真是这么想的？可惜这两个发言我都找不着了。

问：这个发言稿现在找不着了，是吧？

陈：找不着了，不但现在找不着了，当时一个编剧跟我要，他可能要写点什么，我找不着，当时就找不着了——不是当时，就是跟我要的时候找不着了。我也想找，我觉得我当时思想情况，那时候真实思想情况可能跟现在不太一样。我当然同样地感觉到，汪洋所以那么急着非让我发言，也还是为我们平反，就是为我在群众中树立形象。不久以后，（19）79年、（19）80年，让左山，就是日本人，当车间主任，让我当党支部书记。当然这个工作我不喜欢，而且我也做不好，费了半天劲。我后来想来想去，还是汪洋，除了工作需要以外，他还是想为这个人彻底平反。不单纯是说事出有因吧，你从前不怎么样，那么现在你正式作为党支部书记，就说你合格了，是一个真正的共产党员。我是这么觉得，所以很感谢。

问：不然不会让你当书记。

陈：对。过了很多年以后，他也退休了，我也退休了，哪年不知道，电影频道做一个电影人物小片子。放出来以后，他让他女儿告诉我，他看了，认为挺好的，而且指出来具体哪个怎么……

问：电影频道做了您的片子，是吧？

陈：就是电影人物之类的，他们做过两次。汪洋看了以后就让他女儿把他的感受告诉我；还问我，跟我一块的人怎么样。我就觉得根本无所谓，谁注意？好多人都没看见，在电视里一放而过，他可是认真看的，而且认真提意见了，所以我真是觉得汪洋对我还是很关怀的。他还是有很多优点，我是这个感觉。

问：咱们再回过头来……

陈：回到干校？

问：干校。我有几个细节问一下，在双休假的时候，您回过北京城里吗？

陈：我跟你说，这点我落下了。回到群众中以后，不是在一起劳动吗？后来就说食堂要我，我当时听说是这样，食堂也要我，管水组也要我。为什么我记得住呢？我心里还挺暖和的，因为我这么一个人，又被人说反革命，两个组都要我。他们要我，无非是觉得我劳动还比较认真。

问：比较勤快。

陈：可是这件事，我问当时食堂的班长，他不记得了。我没法证明，我记得当时是这么说的。

问：按您的记忆说。

陈：在食堂待了很久。那是我当群众以后，周六、周日就可以回家了。不但周六，天天都可以（回家）。那时候我妈妈（病了），这也是一个事，我记得我跟你们聊过。我（妈妈）住在三里屯那儿，就是东南角，大兴是西南，是一个大对角，挺远挺远的。我那时候割稻子，割稻子很累的，我记得别人说，他们割完稻子以后，床都爬不上去了，挺累的。可是我割完稻子以后，马上蹬着自行车回到三里屯，看我妈妈。我就记得，当时在南口以前，没有路灯，而且大风，都顶着风，我就憋着一口气冲出去，那需要勇气，又黑又风大，到南口以后有灯，就好多了。我就晚上去值班，陪着我妈妈，我妈妈那时候很老，因为病了。

问：大兴黄村回来经过南口？

陈：对，先到南口。

问：北京好多个南口是吧？到八达岭也有南口……

陈：那个地方开始有路灯了。

问：另外一个……

陈：我没说完。我妈妈晚上起来，她老起夜，她因为很老了，病得很厉害的时候，身体哪都疼，记忆也不太好，扶她起来也费劲，扶她起来上厕所，完了就扶她上床，刚躺下不一会儿，又要上厕所。我当时也是觉得没完没了，可是我没有什么抱怨之心。我知道有一次是老郑值班，老郑去管她，老郑回来就跟我说，他跟我妈妈吵，说你刚尿完……我还说他，你怎么这么不耐心？他反正有一次，不多。第二天早晨一早蹬车回去。

问：还得回去，第二天还得收稻子？

陈：割稻子，割完稻子回来。

问：那是最累的。

陈：那时候反正比现在年轻吧。

问：那时候也有50岁了。

陈：也有将近50岁了。那时候反正也是逼到那儿，没辙。确实，那个印象很深的，就是刚一出黄村，那个风扑过来，那个我确实记得很清楚，又怕黑，又没有路灯，赶快跑。

问：郑先生去了，俩人户口都迁到黄村以后，那段时间对自己未来是怎么想的？就是业务未来、工作未来，不光是政治未来。

陈：这是这么一个问题，就说虽然是历史没问题，我不是反革命了，可是将来是不是还有工作的机会，那时候是有些怀疑的。可是那时候想得不多，我先活着再说吧，反正那时候不怎么太厉害。就是当我接手第一个故事片的时候，那时候感觉到，自己又回来了，应该好好干，这个思想是有的。那时候也就承认这点，我确实给黑干将服务，特别是二集体，不是好多帝王将相，拍了好几个戏吗。

问：京剧？

陈：而且是帝王将相（戏）。承认这点。那时候也不能怀疑，也不是说懂得为什么，要怀疑，没有那些想法。可是那时候，我记得曾经有自己的（思想）活动，在毛主席（像）面前，我挺难受的，我说我是干了好多，为黑线服务了，可是我从来没反过你……我是这样想的。所以后来，我说1201（工宣队的话）我比较感动：“将来你弄清楚了，还可以干”。

问：“不能驾辕，但是可以拉套”。

陈：就是。可是我也没想，是不是出去以后还让我干这个？我就不知道了。这里头落了一个，就是那时候，还在我们那个屋子里头住一块的时候，史平是钱江的爱人，钱江那时候不是拍了样板戏吗？

问：对，那时候已经很红了。

陈：有一天史平就告诉我，说可能要把你调到科教厂——科影厂——科学教育电影制片厂。我说为什么调呢？我说他们那儿有录音师，就是刘钊。我干吗去？那不一样，北影也有吕宪昌。你在那儿，你们俩一个人管一个厂子，我说我觉得没有必要。后来她说，因为当时科影要我，电影学院也要我，后来争来争去，厂里说我们也需要你，所以没给我调去。当时我就想，谁会说这话？谁帮我说（北影厂要留我）这话？我也不知道是谁。不过那时候比较简单，反正可能是他们几个人，钱江、吕宪昌在一块议论或者怎么样。可是后来越想越不对。因为什么呢？如果是钱江的意见——有可能我们俩在《祝福》合作还挺愉快的，因为钱江过去录过音，我说会不会是钱江？——如果是钱江说的话，史平这个人也是无话不说的一个人，如果真是钱江说的话，她一定告诉我：你看钱江说了，不让给你调走，一定这样说。她没说。肯定不是（钱江）。我想不出来是谁。因为那时候汪洋即使回了厂，好像还不是领导小组，还不是主要负责人。

问：说科影要人，咱们厂里应该把她调回来？

陈：不是因为要人。就是指名告诉我，我可能被调走了。“文革”以后，我确实到科影去，人家说了，说你看桌子都准备好了，你怎么不来？就说已经很接近于事实了。曾经说过要把我们二集体的人都调西安厂去，可是后来也不（知）怎么没调。好像是史平还是谁说的，为什么没有调呢？因为北影厂的人说我们厂还需要这个人，所以就给留下了。这个人是谁？谁说这句话？没有几个人在这个厂里能说话的。我现在想不起来。后来又想是军宣队。军宣队也不会说这些话，他也不了解这个情况，凭什么给我说？所以，我现在想来想去，可能是丁峤，丁峤后来是北影领导小组的，肯定是电影厂里的人。他好像跟赵元也谈过调工作。干校好像也没有什么事情，那就回来。

三十六、分配到文化部录音组

问：回来以后分配工作是怎么个过程？怎么到唱段组去？

陈：当时我记得是一个副厂长找我谈话，就说让我到当时文化部的录音组，[1]借去工作。因为当时录音组是属于文化部直接领导，就是江青底下（文化部长）于会泳，他们直接领导的。这个录音组的负责人叫陈应时，他不是共产党员，所以那里头党组织，支部书记就是我们楼上一个负责党工作的人。

问：他不是录音专业人士，是一个行政干部，是吧？

陈：行政干部。因为这组后来发展，想要建一个大的房子，就等于一个常设机构，比较大的录音组。这还有一个争论，我觉得他们要搞这个的话，也就是成立独立王国，就是他们文艺界、电影界搞这么一个组织。可是有些人有不同看法。究竟谁提的给我调去，我不知道。后来方文，是北影厂一个人，也去当领导了，也就是管管事，没什么。我就在他那里工作，工作干吗呢？

问：是器材公司的老总那个方文吗？

陈：对，他那时候在那儿当行政领导。在那个唱段录音组里头，他也去过几天，他当过领导，跟陈应时什么关系我不知道，他反正去了有一段时间。干什么工作呢？名义上说给毛主席录，就是过去一些艺人的声音、乐器，或者是特殊的连唱带动、带跳的那种，有点地方特色的艺人什么的，还有唱。

问：就是戏曲、曲艺都包括了，是吧？不光是京剧？

陈：是，不光是京剧，有些粤剧，各式各样的，还有闵惠芬拉二胡。

问：音乐也包括了？

陈：包括了。

问：戏曲、音乐、曲艺？

---

① 这个组的正式名称是文化部录音录像组，里面又分录音组和录像组。办公地点在西苑宾馆，是由江青亲自主管、文化部协管、广播事业局承办的一个“政治任务”：录音给毛主席听、录像给毛主席看。

陈： 就是有点特殊的。

问： 是给毛主席录的？

陈： 名义上是给毛主席录。是不是，我不知道。当时就说，你要录完这段，白天录完，晚上我就得在北影混录棚里复制很多条，给谁，都有名字的。

问： 都是中央首长？

陈： 嗯。大概五六盘的样子。录一段时间以后，就说今天你把从前的整个录一遍，因为没有给周总理，要给补上。有这么一件事。反正那时候也挺苦的。我还没说什么时候搬回来的，一会儿再说怎么搬回来的，在新街口大四条里头住。

问： 郑先生也一起搬回来了吧？

陈： 对，全家都搬回来了。

问： 郑先生跟您一起回来吗？还是比您晚一年？

陈： 我不记得他先回来还是我先回来，记不太清楚了。

问： 郑晓春他们是不是清楚一点？

陈： 也记不清了。我都问过了。也可能是我先回来了，我回来住我哥哥那儿，我记得那时候住那儿。我不是一直没有委屈，那个心情是……我再补充一句，你上次问我有没有消极想法？我没有说没有。我想起来，有一个瞬间，我想着玩可能是，我觉得没完没了，有点委屈。我要自杀了呢？我就看他们怎么反应？我想，不对，我死了什么都不知道了，他们也不会理我，也不会给我宣传，我是受委屈或者怎么样。我才不死呢。我是有一个活思想，并不是真想自杀。这么多年，干校经过那一切，我都没有什么消极的（思想），自从周大迅跟我说十班的问题，我特别生气。而且确实我都回到厂里工作了，我一直向往有一天，8341跟我握手言和，没有。没有一个人说你没问题了，咱们是同志。有一次，我从我哥哥那儿回到厂里——那时候厂子已经在这儿了——骑车，我感觉到我自己上坡，我上不去了，歪下来了，可能我已经晕过去了，后来来两个人问我你怎么了？我说没什么。（那两个人说）我们看你半天，你没动。实际那时候是休克过去了。（问）有没有事？我说没事，给我扶起来，扶起来没什么事。可是往前一走，那里根本没有上坡，就是马路，不过颠簸就是了。我起来以后，往前走没问题，一回头天旋地转，简直是转得不敢回头。后来看，是叫作什么？方向性眩晕吧，就是那种病。完了以后就不敢回头，另外老是要吐，所以那时候就吃乘晕宁，乘晕宁可以止吐，我带着乘晕宁。我回车间以后，我就记得一次，我在他们机械室又有点晕了，后来赶快吃乘晕宁。孙秀云给我回忆说，我平常不大求人，可是有一次我不（知）是干吗，反正抽不开（身），就跟他们说，劳驾你们谁上医务所给我拿点乘晕宁，不吃就不行了。工作以后大概有一次，孙秀云说上我家看看我，一看我满地吐的都是绿水，说太可怜了，马上找一个大夫，这个大夫就在我们不太远的地方，一个胡同，他在那里行医。她马上到他家给找来了，说这个大夫特别好。这人挺热情，挺好的。说赶快给我吃止痛药，就是中药，让第二天住院，住到他们那个中医院去了。完了以后，我还觉得乘晕宁不敢不带，虽然他们说没事，不用乘晕宁，可是我还带着。第二天又不吐了，没吃，后来我就坦白跟曲大夫说，我说我还是带着，做备用。我去的时候可能精神不好还是吐了怎么样，第二天我就跟好人似的，他们还奇怪，说你昨天还那样，怎么现在那么好？后来在那儿住了一段时间。我回来以后就地震，时间就掐在那儿。

问：那是1976年7月。

陈：我搞不清楚这个时间，慢慢还得弄起来。

问：咱们暂停一下。换带子。

陈：我记得有一个细节，丁峤，他原来是新影的，可是那时候他是北影领导小组的。我就记得我跟老郑去（找他），因为那时候新影、北影有一个规定，男女双方的话，应该以男性为主来解决住房问题。

问：这是约定俗成的。

陈：可是后来改了，我们高职楼（盖好）以后，上这儿来了。新影就推荐我们去看房子，在哪儿不记得了。我们俩去的。当时在那儿住的人反映，说这破房子人还能住吗？说还分给你们？就这么一说。当然我们没住那个。后来，是找着以前还是找着以后，反正丁峤就跟我谈，说算了，你就凑合先住着吧，说等北影有房子的时候咱们再解决。后来就搬到宽街，也是新街口那边，原来是大四条，大四条里面有宽街，我们过去住在宽街，分在大四条一个小西房，两间，分在那儿。这是一个过程。我这时候已经到大四条西房住了，不是唱段录完以后要复制吗？现在想起来，那时候也是比较胆子大的，我也没有顾及到我是审查的（对象），那时候录音车间晚上没有人，有一个通风机房，要把通风机房闸拉了之后，我锁门走。

问：就您一个人在那儿？

陈：就我一个人。我那时候也没顾虑到，怕人怀疑我，没有这样的想法。我就这么做的。就是说每天晚上挺晚的，一两点钟骑车回大四条。反正也是黑黑的，那时候街不是那么大马路，还是比较荒凉的。这是一个事。中间还有一个过程，他们想把我留下，把我调到他们录音组去。

问：您在录音组身份一直是借调，是吧？

陈：借去工作。

问：他们要把您留下，正式调过去？

陈：不是他们跟我谈的，还是北影厂的，让我去的副厂长跟我谈的。我说我不去。

问：为什么呢？

陈：当然了，我搞电影的，我干吗老录唱段？我还是搞电影。

问：但是那个录音组地位比北影要厉害多了。

陈：当时不是那样的。

问：是直接给毛主席录。

陈：直接给他录，人也不少，机构是小的，那时候还没发展成大的组织。北影厂还是大的。他们也没直接找我谈，（副厂长）这么说，我说我不调。不调就不调吧。录音过程中，我跟他们演员合作得比较愉快，比较清楚的一个记忆，就是闵惠芬。闵惠芬的问题是什么？我们关系比较好，就是研究位置这些问题的时候，她就管我叫导演，我说我不是导演，我是录音师。因为电台是管录音的叫导演，是这个名称，我说我不是导演，她说我就要叫你导演。

问：闵惠芬录的是什么曲子？那时候录《江河水》吗？《江河水》是她的成名曲。

陈：可能是录了，反正她好几段。唱段什么的，唱段就是折子戏。这些演员，对了，他们一定是在江青那儿，先唱给江青听，完了上这儿录。他们经常上江青那儿，江青在钓鱼台吧。那时候江青自己种白薯还是萝卜……

问：在钓鱼台里面种菜？

陈：她自己种的，于是那天就分给大伙儿一人一份。

问：分给录音室的人？

陈：不是录音室，他们那些人，就是演员，他们表演的。他们老上江青那儿去，就分给他们。也让带给录音，也给我一份。还有谁，录音只有我一个人，那时候传说，觉得江青给的这个，是了不起的。

问：给的是什么？

陈：吃的。可能是茄子吧，我忘了什么。就是种出来的东西，可能是茄子，肯定有茄子。我就听说，他们有人就把这个神圣化，或者怎么样。当时我那时候对江青什么意见？我也不是那么明确知道她是“四人帮”，可是肯定那时候对她不怎么样，因为我没有觉得要纪念她或者怎么样。我再想想我那时候对江青什么感觉吧，反正我很无所谓的，我说那咱们就给弄吃了吧，咱们大伙儿一块吃了吧。他们明确感觉我是不在意的，随随便便的。后来拍的片子记录里有，这是后来，我不光录音，后来就拍，拍的我记得好像都是片段什么的。

问：就是拍录像是吧？拍电影胶片？

陈：拍电影。他们后来就拍，导演是陈怀皑、陈方千，没有崔嵬，就这几个人拍。我不记得，我不是说过从《杨门女将》之后，跟陈怀皑合作全都是先期录音的？这个有没有先期录音，我不记得了。我记得是折子戏，反正很快，很短时间就拍一个，没什么顾忌，也没改很多的地方，反正是比较简单，很快。是在北影拍的。那时候我是不是在录音组就不录音了，光在厂里拍呢？可是有一个记忆，我也挺奇怪的。最后一次，毛主席逝世那天，我记得我们录音组，北影厂这儿没有空，就在新影的录音棚里录，要准备录的时候，他们来说毛主席逝世了，就停下来了。如果是那样的话，那肯定是……

问：那是1976年9月9号。

陈：……我两头都得跑了。不可能这边录，那边不录了，应该是这么一个情况。我记得，后来想想不对，因为我记得是跟他们一起，好像我们去告别毛主席，我是记混成毛主席纪念堂了，可是那时候没有毛主席纪念堂。

问：对，当年没有毛主席纪念堂。

陈：我想不起来了，好像跟录音组一起活动的。

问：曾经大会堂有过一个遗体告别，您是不是在大会堂？

陈：也不是大伙儿、群众，那么多人参加，不是。我不知道什么活动，反正就跟他们在一块，有这么一个印象。也许不对。因为大会堂可能不会有我，可是有那么一点记忆，不知道为什么。我现在搞不清楚是不是两边都干着还是怎么着，看起来我在厂里拍的数量还不是特别多，跟魏学义比起来，他比我多。

问：《西沙儿女》那个片子中间是什么插曲？水华导演要筹拍。

陈：上回你说为什么（影片目录上）没有《水兵之歌》？正好今天我知道你们要来，赶快给小来打电话，我就问他，我说你记忆怎么样？他说拍完了，他也录完了，为什么没放，他想不起来了。

问：是没放？

陈：没放。后来我看材料，也是这么一个问题。《东方红》完了以后，假整风的时候，他们还要突出整风的效果，拍了很多现代戏，《扒瓜园》《买牛》《红色邮路》好些短片。是怎么回事？我除了戏曲以外，是不是后来又拍的《水兵之歌》了？他们也不记得我们怎么接的《水兵之歌》了。反正我知道在拍的过程里，那时候林扬当导演，黄健中是副导演。

问：那是《水兵之歌》。

陈：《水兵之歌》，那是海军文工团。

问：那是“文革”前的事，咱们现在说《西沙儿女》，“文革”末期的事。

陈：对，也是没有拍成的。我补充这个，因为上次没搞清楚，你说为什么《水兵之歌》没放。那时候导演们也被揪出去了，黄健中当导演，小来录音。她后来跟我说过，说你看我当时不会录，我也愣是录了。这个《西沙儿女》我回厂以后，就是录音组已经完事了，已经结束了。

问：录音组已经完事了，但是您说录到毛主席逝世。

陈：毛主席逝世是（19）76年，《西沙儿女》也不是（19）76年拍的。

问：《西沙儿女》什么时候拍的？《西沙儿女》应该是在打倒“四人帮”之前，（19）76年9月9日毛主席逝世，10月6日“四人帮”就被抓起来，一个月时间……

陈：不，这是一个问题，这个问题以后再查。我为什么记得这个呢？当时他们的借口，后来不是不成了吗？那个复旦女的跟我说，说你们那个唱段没完，还没结束，所以不能来工作。可是我很明白，我结束了，已经完全结束了，就这个记忆。当时《西沙儿女》副导演找我，说现在汪洋已经同意水华的意见，你到我们这组来。说我们现在在考虑你的年纪——那时候我也五十多岁了吧？

问：53、54岁。

陈：……（说）身体情况，能不能坐飞机或者坐什么，到时候再说，反正我们得照顾你。

问：您到《西沙儿女》这个组是水华导演提名的，是吧？

陈：是副导演这么说，副导演说是水华跟汪洋说，汪洋同意给他的，他是这么说的。我不知道，因为水华没跟我直接接触。后来又不是了，这是副导演跟我说——不是——好像是水华跟我说的。水华说我也不知道为什么（要换人），说你的工作没有完；他说我想是这样的，一定是领导关怀我，觉得他比较慢，让我赶快工作，所以可能上别的组，就是工作快一些，开始快一些。可能因为这个，所以说这样吧，以后等有机会再合作。我曾经也参加了分镜头，就是林扬的《海上明珠》，跟他一起分镜头，我记得他还戒烟吃糖什么的，记得很清楚。后来怎么又不跟《海上明珠》了，我也搞不清楚怎么回事，为什么我不在那组了？我后来查，可能我又干别的了吧，干唱段还是什么原因，这个时间我闹不清楚。后来我就知道

《西沙儿女》的问题了，《西沙儿女》到底为什么不让我去？理由是……

问：唱段还没完成。

陈：还没完成。后来我就找周铁生，他那时候是我们车间主任。我说怎么回事？我完了为什么说没完？他开始没怎么说，后来我问得多了，他跟我说，那也不能汪洋说什么就听了算。我就明白了。明白是一个派性问题，我就没话说了。可是我也没这个勇气，跟周铁生不是一派吧，我还没有直接问他。因为中间还发生过事——先不说这事了——所以我也没问他怎么回事，我心里就明白了，就是这个原因。

三十七、1976年的残存记忆

问：1976年是一个特殊年份。从1月份周总理去世，到那年清明节天安门广场事件，您对这些有什么记忆？那时候您已经回厂里了？

陈：回厂里了，我记得很清楚。有一天我们加完夜班，早晨起来我跟孙秀云一起上天安门。这次我一问她，倒明确起来了，我说你怎么跟我加夜班？她是放映师，那时候还是拍唱段，就是有画面的，我们俩加完夜班以后，一块上天安门。那时候天安门人很多，可是她说印象人很少，路上很稀，那就对了。就是天刚刚亮，通宵一夜，早晨天亮我们就去了，所以没有多少人。

问：是凌晨的时候去的，是吧？

陈：嗯，人不多。可是我记忆很清楚，当时碰见厂里人了。那阵以后就说揭发，谁到那儿去了，互相揭发，我碰见的人，可是没人揭发我们俩人。我知道另外一组人，有人揭发谁去了，什么情况。所以总理那个追悼会我们是去了——不是追悼会，就是那个什么天安门（事件）。

问：天安门事件，是吧？

陈：嗯。

问：1月份呢？1月份长安街送行那个没有去，是吧？

陈：没有，好像我们厂里也没听说谁去。我们就看纪录片。

问：包括到7月份朱老总逝世到唐山大地震，唐山大地震您还有什么印象？1976年7月28号。

陈：孙秀云记得很清楚，就是她找许大夫，完了让我去住院了。我出院回来那天正好地震，是不是就是唐山大地震？

问：应该就是大地震。后来在家里要搭防震棚。

陈：这个记忆挺有意思的。我的记忆是，曾经在现在的花园路，新影那个门对过有一个空场，在那儿待过。另外在这个厂里头搭过棚，我不记得搭棚怎么样，我记得是住那儿的，固定住那儿的。我记得还有小孩特别调皮，都是固定的。这个我跟我女儿（谈），我问她记不记得，她就完全不是这样记忆，她说那时候就在那儿待着，还回家的。因为那时候正好郑晓春怀孕，想吃这、想吃那。我记得曾经在大四条给她做过吃的，做饺子给她拿去。她说回家吃饭，我说那我怎么跑来跑去的？（她说）你骑车。

我说再骑车也不能说是为了吃饭，从咱们厂骑车到新街口，吃完饭再回来，也不可能。她说当时在家里头。后来孙秀云记得还比较对，就是分为几个地方，什么都自己来修建，自己撑起一个棚子，固定在那儿住。说连吃饭的家伙都带去，在那儿自己吃饭。

问：在厂里面是吧？

陈：就在电影棚那儿。

问：9月份毛主席去世，和10月份打倒“四人帮”，有哪些记忆？

陈：打倒“四人帮”的情况，我不记得当时是怎么（回事），第一个听见什么，不记得了。

问：您是先听见小道消息呢，还是从广播里面听到的？

陈：那不是，小道消息我是没有。我家很早就有电视，那倒是真的，电视别人都没有，我们就有电视。可是我们家的人跟政治关系很少。

问：您对江青、姚文元、张春桥、王洪文这几个人有什么看法？

陈：我说是这样的，就是那些《二月提纲》，[①]当时的批判等等，还有批林批孔……（周）总理我一直认为他是很亲切的一个人，所以他们反对那个我是很不同意的。批林批孔批周公嘛。

问：就是影射周总理。

陈：我对总理是那样的。我虽然不清楚，我好像隐隐约约觉得，他们是作态，凭什么一开始没有这样做，我是那么觉得。那时候到底多大程度（不喜欢那几个人），我不知道。我那时候有个人迷信，我是迷信毛主席的，可是我始终不喜欢林彪，这里有一个什么问题呢？我就觉得他的态度我不喜欢，另外我老觉得（他像）是奸臣。

问：长相不好，是吧？

陈：白白的，拿着毛主席语录……当时是这个感觉。当然不完全是政治上跟他［划清界限］。

问：对长相有反感，没好感。

陈：我老觉得他是奸臣。白白的脸，他的动作也都特别什么。那时候天天读，晨请示晚汇报。

问：早请示晚汇报。

陈：对，那时候我看有些人跟念经那样的，我就很不以为然。我说这不跟宗教仪式一样吗？干吗这样？可是我不知道所以然，也并不是那样

①《二月提纲》，是指以彭真为首的“五人小组”给中央的汇报提纲，即《文化革命五人小组关于当前学术讨论的汇报提纲》。这份提纲与“四人帮”没有关系。

（明白）。你说完全没有感觉，或者完全没有区分吧，恐怕也不会。因为什么呢？像陈毅、贺龙、彭德怀，我没有觉得他（们）坏，包括刘少奇在内，我也没有觉得他坏。可是没有明确（认识到）打倒他们（是）错的。

问：不为难您了。最后一个政治问题，打倒“四人帮”以后，清除“三种人”，当年走红的一些人受清查，您有哪些记忆？

陈：说清楚的时候？有一个叫倪颖的，在十班的时候，说你怎么这么说话？革命群众不敢说造反这个问题……

问：叫什么？

陈：倪颖。因为有一个叫吴定洪的，自杀了。

问：谁自杀了？

陈：有一个吴定洪。也不说他什么原因，反正死得比较离奇。

问：是什么时候自杀的？是“文革”前还是“文革”后？还是在（19）67、（19）68年那个时候自杀的？

陈：具体我不记得了，倪颖就准备查这个问题，查清楚，给他彻底平反。我曾经帮助她一起想，回忆，找什么东西，我是帮过她的。另外一次说清楚问题，那是在《水兵之歌》的时候，有人曾经打赵慧琛，我就把这个说清楚，揭发了。那时候我还不知道赵慧琛是自杀了，最近看材料才知道她自杀了。我提出来疑问，他们就说我们查了，没这么回事。当然我就一笑。我心里想，怎么会没有？我明明听得清清楚楚，怎么能没有呢？我就想可能他们维护什么吧。

问：您后来没再追究了？

陈：我反正把材料给他。我也不说，某个人是主谋，很明确，“三王一马”，“文革”中是挺什么的人。

问：人人都知道？

陈：都知道了。最近我才找任善普回忆当时的情况，当时他在军代表王星垣那个组里头，帮着跑，等于秘书那样。他说确实如此。我觉得他（王星垣）跟“文革”小组有一定的关系，可以了解消息，就提前做这个事，所以写揭发材料。

这个补充不补充？我已经想起来了，我已经知道，那个人叫季文彦，就是《血，总是热的》的导演，当时的材料里头，就告密说他搞一个什么黑材料，诬蔑江青或者怎么样，实际上不是季文彦写的什么材料。

问：说清楚就没有别的了？

陈：说清楚没有什么了。可是有些悬案没法解决。你比如说对录音组后来的看法什么的，我就认为他们有野心，要成立一个大的组织，他们成独立王国那样，我就有这样的感觉。

问：什么？

陈：录音组后来不是要盖一个大的场所，成立一个范围比较大一点组织，当时我不知道为什么就怀疑，我觉得他们就是想搞得很大，特别是粉碎“四人帮”以后，我觉得是他们的野心之一。可是有些人就不是这样看法。我记得跟宁梦华我们一块谈，这些事情，我跟他们谁掺和过，对这些问题的看法，也没什么具体行动。

三十八、《大河奔流》[1] 与录音工作

问： 咱们就继续说拍电影，还说到专业上来。您去《大河奔流》摄制组前后的情况，时隔这么多年又重新录电影，想法、做法有什么样的变化呢？

陈： 没有太大的变化。北影成立以后，包括新北影成立以后，还是坚持着集体创作的。后来不又有酬劳问题吗？就是分镜头有酬劳什么的，分镜头酬劳费70%是导演的，30%分给参加者。后来我听说有个导演关着门自己分，他就好像有点为了那个酬金。

1978年拍《大河奔流》时与张瑞芳合影。后排左一为陈燕嬉，左二为张瑞芳

问： 30%也一起吃掉？

陈： 所以后来说酬金变成愁金了，发愁的愁。

问： 但《大河奔流》还没有……

---

①《大河奔流》（上下集），故事片，彩色，宽银幕，21本，北京电影制片厂1978年摄制。编剧：李准；导演：谢铁骊、陈怀皑；摄影：钱江、李晨声、周金祥；美术：陈翼云、郝静远；作曲：王燕樵；录音：陈燕嬉、桂枝林；主演：张瑞芳、陈强、张金玲、赵联等。

陈：二集体还是一直坚持的。“文革”以后，因为不同时录音；要“文革”前，就是同时录音的话，你不在一块分镜头吧，每天拍戏有导演通知单，明天拍哪个镜头，各个部门都要签名字，而且你要拍的时候还要准备明天怎么样，这样的话即使你参加没参加分镜头，你这个人对……

问：对镜头以及工作进程也都非常熟。

陈：对。跟摄制组很近的。摄制组的一些活动，他拍出什么情况，要不断通过他自己脑子，他自己参加的。不同录音的话，制片也省点事，录音不需要签名，因为明天拍什么，与我有什么关系，我愿意去看看就看看，不愿意去就不去。所以跟这个摄制组距离很远，距离很远不要紧，对这个片子整个的内容，天天不接触它，当然就很生疏了，起码没有感情。《大河奔流》那时候已经绝对不同时录音了，外景还是出来，就不同时录音了。这时候还是根据（传统老规矩），我们还是继续一块分镜头的，我也去参加了。可是觉得气氛不对，我感觉特别厉害，算了，我也就不参加了。

问：后来就没参加吗？

陈：后来好像没怎么参加。因为我觉得心里太不舒服了。他也不想依靠录音创作，融入到他的创作中。我觉得那时候导演就是这样，包括重视录音的人，录音录得好不好，他关心一些；可是没有一个人，在他自己构思里面就已经有录音成分了，他没有这样。如果你要有的话，谈拢了，你怎么想的，我怎么想的，没有这个。我感觉到不舒服了。可是我那时候热情很高，因为我觉得又干起……

问：干回老本行。

陈：……而且是故事片，当然自己喜欢看故事片，不见得喜欢看唱段，我觉得我应该尽力把它弄好。我从前虽然有些想法，但不会给它作计划，事先怎么想，而是不断完善。比如说在整个剧本拿来以后，我有些想法，或者在分镜头的时候，我觉得分镜头最有用，因为怎么说戏，自己可以有些想法；再加上整个样片完成以后，自己的想法，应该是这样一层一层的。我过去虽然是这样吧，可是我没有说一开始把一个计划都写下来或者怎么样，没有这样的，而是说在不断完善，不断地把我的（声音）构成起来。这时候他们不让我参加，特殊情况，既然是这样，我可以畅想一番。虽然我没有这能力，可是我有想法，根据我的想法，我写了挺厚一本。当然，现在我没看，我也很遗憾，找不着。

问：当年的创作构想，现在找不着了？

陈： 找不着了，因为什么？后来搬家……待会儿再说吧。当时到底是幼稚，想得对是不对，反正有点出格的意思。我也是抱着希望，我也敢于拿出来让导演看，即使不成熟（也拿出来），所以我就交给——因为我跟陈怀皑熟，我就交给陈怀皑了。很久无声无息，有一回我说，陈怀皑你们看了吗？（他说）看了。很快就把它还给我了，底下写一个“阅”字。

问： 谁写的？

陈： 当然是陈怀皑了，他没有写名字。

问： 他也没转交给谢导？

陈： 那我不知道，我也不问。

问： 您既然花了这么大工夫，为什么不问呢？

陈： 我问他干吗？

问： 对这个作品有帮助，因为很多导演不懂声音。

陈： 我跟你说，我的想法也是很幼稚。为什么呢？因为你又不经过一起讨论剧本，一起分镜头，你跟这个戏并不是那么熟悉，只是看剧本。

问： 看剧本，录音师作声音设计不对吗？

陈： 不。我过去的工作方法是这样，有一个初步想法，包括哪个演员的声音应该是什么样，都想过。那还是一种想法而已。具体化是一步一步来的。

问： 那当然。

陈： 可是现在，什么都没有具体化的时候，我就把它写下来，我也不是真正的艺术家。

问： 是初步设想，有一个基础再讨论……

陈： 我觉得我很大胆地那么想，而且我有勇气送给导演看，那时候我很单纯，没有怕有人笑话我，或者不通过。我真是没（那）想法。那时候也不知道哪来的勇气，也许我过去怕这个，现在我不怕。当时退回来以后，我就明白了，他们不在意。既然你不在意，我也就算了，我也没有再想。一方面把这个丢了，另外我也不是随时随地还想着我的设想，因为这个设想不是说像《龙须沟》或者《风暴》里头，没有那么具体的东西。可能我的想象还是比较浪漫一些，我不记得了。所以说《大河奔流》，这个合作里头，前面开始，我后来跟剪辑之一也在一起。后来我觉得不痛快，就是说“文革”以后，这样合作没意思，没有从前那样好。

问： 没有五六十年代好？

陈： 没有集体创作的时候大家一起讨论、一起分镜头、一起什么的（那样好）。

问：而且“文革”以后，《大河奔流》就不同步录音了，是吧？

陈：不，《大河奔流》就不同时录音。这个我将来作为专题来讲。就是“文革”以后，实际上是因为江青不重视声音，她手下也就跟着全不重视。大伙儿不同时录音又舒服，什么都可以随便。①

问：录音师的工作也变得简单一点，是吧？

陈：你要是“有声就得”的人，求之不得，拍戏的时候可以悠悠晃晃地玩，到混录来，就完了，什么苦都不吃，那多省事？

问：甚至外景地可去可不去？

陈：内景地也不去，你也不同时录音，外景全都不同期录音。②

问：内景也不同时录音？

陈：当然了。

问：为什么？怕干扰？

陈：不是因为干扰问题。是因为，一方面拍戏曲片，同时录音不是必要，不是很重要的。他们后来拍故事片也不是同时录音，就是从那儿以后，就说明不重视录音。实际罪魁祸首当然是江青。因为她不重视录音。她手下，她的军宣队不是说吗，就（是）派来管生产的军宣队的负责人，他就说，这是后来我听吕宪昌说的，吕宪昌提议哪个录音棚应该怎么改进，影响声音；他说什么声音不声音的？你要听声听话匣子去！所以他不重视声音。所以一年下来，正好碰见，“文革”中拍样板戏的时候，导演部门的主要的（人物）也不重视声音，所以一下都不重视。

问：创造一个新的范例？

陈：就是，因为什么呢？因为这个太得人心了。为什么得人心呢？因为同声录音，（有）影子，这个影子不要紧，人家照明多费劲？把灯搬这儿搬那儿。

问：大家都省事，这个意思是吧？

陈：很苦的。你就为这一个影子，搬好几个灯，大灯，灯有天桥那么高，大热天的。

---

① 陈燕嬉批注：我在唱段组（文化部录音组）时被告知，宁可录得音量大一些，因为江青听录音时从来不动音量。因为她缺乏起码的自然科学知识，怕“电”，不敢动音量。只有于会泳到了后，才把音量提高或压小。所以在拍样板戏时，江青从未对录音提意见，所以旁边的喽罗们就以为江青不重视声音，于是也就跟着不重视。

② 陈燕嬉批注：有制片人曾打报告，说摄制组出外景时录音师可以不参加出外景。我们几个人找汪洋，提出不同意见，若录音不到外景地，怎么能找到表现地方的时代特点的资料？汪洋同意了。后来我才知道，北影撤销了录音师不出外景的决议，但是文化部已经成文。太不可思议了。

问：话筒的影子，是吧？

陈：大热天，摄制组一趟又一趟的，而且一次解决不了，搬来搬去不定搬多少趟。那时候还有一个布景，这儿有一个房梁，我摇话筒，过不去了，你把这个房梁拆了，画面不动，还要拆场景，所以很麻烦的。铺一个轨，有点什么响声就不行了，又得垫，乱七八糟的。后来有无声的，消声的摄影机，一开始的时候摄影师拿大棉被围在里头，大夏天也得围着，很矛盾。所以一般摄影同时录音的话，录音师跟摄影师准吵架。

问：给他们增加很多麻烦。

陈：矛盾很多。那些没什么事的人不敢说话，有点声就糟了，所以摄影棚里安安静静，没事干也不许他走来走去，也不许说话。所以那些人，不同时录音，他们最解放了。可是录音师，你要不是很认真负责的话，特别是有声制的，非常方便，不但可以不去，另外声音质量比同声录音好。为什么？因为同声录音有话跟不准的地方，有的时候搭的不是一个屋子，是外景或者怎么样，那个声音条件不是一样的。你要录出来跟画面一样就有很多困难。另外外景还有杂音，内景有时候同声录音的东西，就说画面里有的，有杂音问题，很费劲。而且拍戏的时候，因为跳拍，演员情绪不接，所以从技术质量来说应该是……

问：不同步录音反而好一点？

陈：后期配音反而好。可是最主要一点，同声录音好在哪儿呢？就是保证演员的饱满情绪。因为他在创作的时候，情绪百分之百，而且不能第二次，你给他配一次的话（质量就难保证）。因为什么？他要跟着画面，他怎么能够完全那样的？所以我觉得同声录音应该是对演员创作的保证，而不是录音本身。后期配音为什么好呢？连续的，情绪连续。我那时候设计，最起码设计把音量什么都弄出来，因为他连续配的时候怎么能不对呢？所以他情绪也接，声音也接，什么都接。当然有一个很大缺点，就说他的远近感、环境感不怎么太变，环境感不够。现在没问题，现在有后期配音，你可以做，你可以有工作站，怎么加工都可以。所以说来说去，对录音师本身，同声录音不算最主要的问题，主要是要保证演员的创作。

问：您后来去《大河奔流》摄制组吗？

陈：我是这样的，我虽然不同声录音，不管内景、外景，我基本上到现场去。反正我觉得跟我关系不大，可能有时候不去。因为我觉得看看戏，看看演员（表演），还是有好处的。另外我不是争出来了吗？当时就说不同声录音，录音师不许出外景，因为出外景贵，要花钱，带着机器，要定个制度。那是他们制片人搞的。我跟好几个人，还有谁，就跟汪洋去问了。我说你要不让我们录音师出外景，外景效果不能录，我们上哪儿录去？在外地，他有些特色的东西，你也没有生活，到底那个环境什么样的，有什么地方特点都不知道，那怎么弄？所以说服了汪洋，没有定下来。

问：没有把它变成一个正式的制度？

陈：没有形成文件。后来我看《电影学院学报》里头，电影学院录音系的负责人写的，后来在电影局的文件里头明确规定，不出外景。

问：录音师不出外景？

陈：他觉得这很不对，我一看原来是这样。就说明……

问：整个都不太重视声音是吧？

陈：是。

问：咱们还回到《大河奔流》摄制组，这个戏是“文革”后一个引人注目的片子，还请上海的张瑞芳等一些老演员来演，对这个摄制组，您有哪些的记忆？

陈：这个电影我觉得还是合格的。张瑞芳他们演戏演得挺好的，包括王铁成演总理。到现在为止，我觉得王铁成不如后来几个演员演得好。

问：也包括他演的《周恩来》这部片子吗？《周恩来》您看过吗？

陈：看过，电视或者电影里头，好几个人演总理。

问：对，三四个。

陈：可是我觉得他不是最好的。

问：王铁成您觉得不是最好的？

陈：我觉得不是最好的。

问：《大河奔流》那是第一个周恩来银幕形象，剧本写得比较概念化。您会不会把剧作的缺陷也算到演员头上吧？

陈：那没有。我并没有说他怎么不好。因为我没有概念不概念，没那么高的觉悟。问题是什么呢？我记得镜头没什么近景。可是总理本身是比较感人的，我也没觉得他动作上或者表演上不怎么太像，我觉得还挺好的。那个处理的大全景，我觉得还挺好的，没有对他不满意。

问：这个咱们下次再说。今天就到这里。

三十九、一次采访前的闲聊和补充①

陈：你看有没有必要这样说？我就想，我是不是说了太多的东西？

问：不多。咱们有两种方法，一种是把它搞清楚，看参考材料，最大限度地把您所记忆的东西全部说出来，说清楚。

陈：什么时候，我怎么想的……

问：对，这是一种，说清楚当然是最好了。大部分人都做不到这样。第二种就是自由谈，说自己的亲历亲闻，记得多少说多少。秩序乱一点、时间搞不清楚也没关系。我们的采访，不光是录您记忆当中过去的事，其实也是记录您现在的状况，哪些东西不记得、哪些东西记得但不太清楚，您的记忆方式、表述方式，我们录下来，一样有研究价值。

陈：你是说，比如说我记不住的，我可以说忘了，记得多少是多少？

问：对。不能强求一个人记得自己的全部历史。

陈：我不是强求，而且我不会想要说那么细。

问：所以咱们就折中一下。还是有两种方法，您选一个。一种是，今天就说“文革”，您记得多少说多少，还有一种方法……

陈：那等于白说，因为什么？我不可能。你看，我什么时候跑管理组去了？什么时候自由了？我们又写大字报，我说不清吧？我要捋一捋才清楚。

问：您现在捋清楚多少，就说多少。

陈：我不是说要详细的，把当时所有情况都说了，不是那意思。可是，这东西与我有关，我没记住……我在里头，比如说是管理组的……

问：您没记住也没关系，漏掉也没关系。

---

① 这一节内容，是2009年11月17日下午采访前的闲聊。当时的情况是这样的：采访人和摄像师王家祥按约定的采访时间到达陈燕嬉老师家，时间是下午2点，但当时陈燕嬉老师还没有吃午饭——午饭就摆在桌上，她在看材料，准备一边吃饭、一边看材料，完全忘记了时间。直到为采访人开门，才发现已经到了下午2点。采访人当然要等待老人吃完饭才开始工作，于是就有了这样一次采访前的闲聊。虽说是闲聊，主题却一点也不“闲”，而是与口述历史采访密切相关。其中对话，颇能体现陈燕嬉老师的工作态度、工作作风和性格特点，把这些记录下来，对口述历史的研究或许会有所帮助。

陈：是没关系。在管理组我不知道……可是现在我明白了，那时候他们在干吗，所以我就怎么……这个情况。

问：还有什么问题呢？

陈：我现在没理清楚，一大堆。

问：您还要多长时间理清楚？

陈：我没有多长时间。你刚才给我打电话的时候，我正好准备，我还觉得抱着信心，越看《大事记》以后，事越多，我想不起来……

问：要不就另外一个方法，“文革”留到明天或者后天再说。

陈：后面不好说了。往后说什么？

问：往后就说新时期的录音创作，上次已经说到《大河奔流》了。

陈：所以你看，我原来想，很简单，我把草稿都找出来，我想好好说。因为想说一说（就写了一些草稿），结果我连看的时间都没有。我就沉醉在那些问题上了……还是“文革”那些问题，“文革”太难弄。

问：那我们今天还是把“文革”说掉，记得多少说多少，您不必非要……

陈：我不是非要的问题，我不说那个，我自己都清楚不了。

问：您记得多少说多少。

陈：你们听着觉得奇怪吧？我自己也奇怪。你说你怎么写大字报？那时候反对“资反路线”，我怎么变成反革命？我又被关起来，……是什么情况？我就联想当时，原来是这么个情况，就是这个问题——别录，我还没说清楚。一会儿咱们说这个问题的时候（再录），我先吃口饭。

问：您先吃饭。

陈：一边说一边吃。

问：不要一边说一边吃，您先吃饭。我们不着急，等一个小时。

陈：不，我就一边吃，还可以一边聊聊。这只是一件事而已，没什么查的。我被隔离起来的时候，我想为什么呢？我就想怎么被抓起来了？后来我明白了，我又想起来，就是他们在一块成立什么学习班，因为确实存在一个国民党什么公安局长拍的一张照片，这个照片落在他们手里头了，一会儿换个军代表是谁，我想起又来一个军代表，一会儿又把哪个军代表抓起来了，又换一个军代表，真乱极了。

干校我说过了，我补充一点就行了。

问：咱们开始，昨天那个……

陈：我先补充一点《东方红》。你们昨天说，导演说是王苹。这件事我想了想，跟崔嵬、陈怀皑那种联合导演不一样。它怎么拍的呢？那个节目不是说选择哪几个是重点，或者哪几个应该由王苹拍、哪几个由李恩杰拍，不是那样的。因为看见搭景的顺序，大会堂换景的顺序，就是挨着拍，你这组拍完以后，准备下一组，这组就拍这个，这样准备的，所以没有分主次。因此说，他们两个导演是独立的，并不是以谁为主，以谁为副，跟平常的联合导演不一样。所以我一直没感觉，第一次混录的时候李恩杰去的，录了七天七夜。我那时候没什么特别感觉，那时候当然没有说以谁为主，总觉得王苹在八一厂里负责任的情况，她过去在文艺界待的，水平比较高，虽然他们俩是平行的，但是我觉得好像什么都听她的，联系都找她。所以我也没觉得奇怪，平常导演有时候也不参加。可是后来，在（19）65年上映以后，10月1号以后演出，又一次修改，这次修改就是重新混录。我记得当时就是因为解说员或解说词的关系，解说员换了。可是这时候，混录，王苹来了。我就记不清楚司徒慧敏（来没来），因为司徒慧敏那时候是负责人，是局长，《东方红》摄制组一开始成立的时候就是他负责的，他是负责人也是总导演。当时李恩杰混录的时候，好像司徒慧敏在吧，我记不清楚了。反正最后一次，不久以前，就是王苹没去世以前，我记得电视里出现过一次，就是咱们新的部长要颁奖，就是颁《东方红》的奖，是王苹去领的奖。当时我看了以后，因为李恩杰导演死了，所以我心里一动，我说当然了，因为他已经死了，领奖只是她一个人。可是为什么不带一句？

问：很多材料都是说周总理点将王苹，让王苹做总导演，很少提李恩杰。

陈：这是怎么回事不知道。当时是平行的，拍摄情况是那样。因为是一个舞台纪录片、歌舞片，没什么新的创作或者怎么样。所以现在说除了具体拍摄以外，还有什么更高的要求，我就不知道了。有些什么需要、大的决定，反正当时我没有这个认识，我就觉得不太公平。当时是这样的，因为《东方红》是集体创作，所以你看配上字幕，名字谁都没有的，这个精神是很好的。可是是不是应该说她一个人？我就不知道了，我不知道怎么说。《东方红》补充完了。

问：还有别的补充吗？刚才提到干校的事情还有什么要补充的吗？

陈：对，干校补充一点。因为我昨天想了，我回想还有一件事情，后来，“文革”以后很久了，我们车间有一个张治安，他跟我说过，他说当时8341找他，让他接这个烂摊子，就是我这个组。他说他不干，说凭什么分到我这儿？什么问题都弄不清楚，什么都没有的时候……

问：这个组，是指十班这个组，还是您的专案组？

陈：也不知道专案组是谁。8341来以后专案组我就不知道了。以前的群众组织，那时候就是魏学义，就是我的助手，我不是说过那个事吗？可是8341来之后，我的专案组是谁，就不知道了。

问：张治安讲的是接哪个组？

陈：张治安跟我说是后来了，也不说具体时间，反正是尾声了。他说让接烂摊子，我凭什么接？他就这么说。我同时又想起来，8341一个比较年轻的战士，比老惠年轻很多的，跟我聊天还是谈话我不记得了。他说你跟他们不一样，你当时是革命的。他的话就等于给我平了反，等于做结论了。可是没有正式宣布……

问：您也没正式定罪，所以没法正式平反。

陈：无所谓结论，他也不甘心说我们弄错了，不甘心。当然我现在想想，也不怪8341，因为他们冤枉人多了，你一个个去说？

另外，我忘了昨天说没说回厂以后8341撤走以前的事。开了一个总结大会。总结大会里头，8341就介绍一下情况，就是“三厂”吧，不但没有特别大的国民党人，中统、军统都没有，一个都没有，那时候公安部已经把问题弄清楚了。可是我们来以后又重新翻了一个儿，说这个事，那就说把“三厂”的问题也弄清楚了。就补这些。

问：咱们再接着说《卧龙吊孝》这个创作过程。您还记得这个片子吗？

陈：记得。

问：您参加录音的，它比《大河奔流》还要晚一点，是（19）77年的。

陈：那个是豫剧吧？

问：对。

陈：《卧龙吊孝》是河南一个豫剧，那个挺有名的，那个艺术家叫什么？不是常香玉，马什么，年纪比较大的，我一会儿就可以查出来，名字一会儿再说。

问：这个不用您查。

陈：他看着挺矮个儿，可是穿上高底靴子还是挺高的，这个合作也挺愉快，因为他唱得也挺好。我有点印象吧。我记得（19）64年下来以后，也不（知）好几年以后。

问：（19）64年？这个应该是（19）77年以后。

陈：不是（19）64年，说错了。我（19）84年下来以后，有一个张保健，他们拍一个什么戏，也想找我去。再以后就是（一九）八几年，好像萧朗也拍一个河南的东西，结果录音师跟演员有些矛盾，谁都看不上谁，谁也不听谁。他就找我过，说你上我们组来，就可以解决这个问题了，他们的矛盾就可以解决。那时候已经比较靠后了。我说不行，我说我离开这么长时间，根本不行。他说不要你自己去实际操作，只要你去就镇住了。他们河南对我有点印象。我没答应。因为这事太不行了，我自己力所不能及的，我干吗装着去干？另外那个矛盾太厉害了，本来就是互相间不信任，你让我去怎么办？

问：演员和录音师怎么不信任了？

陈：大概是那个演员看不上录音师吧，反正就是他们两人有什么矛盾，就说看法不一样，谁也不服谁。

问：《卧龙吊孝》的录音技术和唱段没什么特别，是吧？

陈：没什么特别。

四十、1980年的美国之行

问：1980年您去美国进口录音器材，前后经历如何？

陈：我说一下。（19）80年左右，当时让我去（美国），我没觉得有什么不应该。也不（知）怎么传出来一个话，传回什么消息呢？说傅英杰对吕宪昌那种说法有意见。他跟吕宪昌谈过，就是当时可能让我去（美国），吕宪昌有点不同意见，为什么不让他去呢？后来傅英杰跟吕宪昌说，你看你也是，去过苏联，去过好几个地方。

问：傅英杰是帮您说过话，是吧？

陈：他做吕宪昌思想工作。这个事不知怎么传到我那儿，忘了谁告诉我的。

问：他们当时的身份是什么？车间主任和书记吗？

陈：没有，都是录音师。吕宪昌来的时候，新北影刚建，那时候他是工程师，整备部门是他自己，新机器来了他自己安，也不（知）哪弄来的机器，连说明书都没有，他们挺苦的。后来，整备室规划以后，他就退出了，他就当录音师了。我们录音室跟助理组有一个屋子，在录音组里头，在一个犄角里摆了好多书。

1980年美国REA订混合录音机，参观电影厂工作照

问：80年代录音车间的车间主任是谁？

陈：车间主任是左山，我就是支部书记。

问：（19）80年就是？

陈：嗯。

问：那您出差不是理所当然吗？

陈：我当时觉得没什么不应该。因为那个是订机器，而不是去参观，不是去旅游，没有什么别的待遇，就是任务。所以当时我就没想到，我去是合适不合适，我觉得让我去挺好。所以听到傅英杰的问题以后，我想他干吗不让我去？现在我使劲想这个问题的时候，我想明白了，我错了。因为什么呢？这次去订机器，订机器最主要的应该是整备部门去，整备部门就是左山去。张尔瓒是技术办公室主任，可是张尔瓒并不懂录音，所以只是左山去了，蔡明也去了。我觉得作为吕宪昌，他既是工程师又是录音师，他在订机器、判断机器好坏的时候，他是最有发言权的。我光是一个录音师，整备的东西并不如他懂很多。那么订机器当然应该是他，我觉得吕宪昌这样想是对的。如果那时候我也那么觉悟的话，我也许就不去了。

问：您现在想通了？

陈：现在想通了，刚刚想通。

问：咱们还说前后的经过。

陈：以后我们就去了，厂里给我们做一套西服。

问：对，我就想问这个，当时要集体做衣服，是吧？

陈：在红都（服装店）吧，比较好的地方，做了一套西服。

问：做一套西服没的换，怎么办？

陈：做一套西服，我们车间这几个，机械组的女同志就陪着我去买衬衣，这个我记得。那时候是不是报销我不知道，反正陪我去买衬衣，东西并不多。完了以后就到香港了，到香港住在李宝兰家。

问：到香港干吗？

陈：从香港过去的，先到香港。

问：北京没有直飞？

陈：什么原因不知道。先到香港。到香港就住在李宝兰家。李宝兰就给我找了几套衬衣，外衣有没有找？也可能有，然后带走了。得亏带着这些东西，到那儿去以后，有一个人告诉我们一件事，说资本主义国家有一个不成文的礼节，今天穿一件衣服，明天不能重复，得换。

问：对，衬衣是每天必换。

陈：所以说，准备第二天的衣服，我且得翻，就这几件衣服倒来倒去，怎么配怎么配的，每天都费劲，那个我记得。后来订机器的时候……

问：去哪儿？

陈：好莱坞。

问：就是去洛杉矶，是吧？

陈：洛杉矶，洛杉矶有一个RC公司，RC是电器公司。

问：就是电器公司。

陈：也不单是电影吧，你记得有一个狗听喇叭，那个好像就是RC拍的。开始我也不记得，大概是有一个叫杨什么宝的，他可能介绍，中间商，就是中国人，他做电影器材买卖。他介绍RC有愿望跟我们合作，可以比较便宜或者怎么样。反正去那儿就讲课，他们怎么讲课，讲机器怎么构造，去看东西。

问：谁讲课？

陈：RC那些人讲课。有几个人，有他们一个组。这里头还有一个挺有意思是什么，快走的时候，他们就说你一定懂英文，我说我不懂，只是懂一点点。不对，我就看你，讲课的时候，他一提，他还没写没说，你就记下来了，说你要是听不懂，你怎么能先记呢？这么一个小的插曲吧。这个我就回想，在日本的时候也有人怀疑过我，就说我一定懂日文，装不懂。他说因为看见我的眼神或者看什么的，他们一谈什么的时候我总能理解，也是这么传的。

问：去日本？是哪一年？

陈：不是去日本，就是在敌伪的时候，我在“华影”。那时候说日本人曾经怀疑过我，认为我懂，装不懂，是不是有什么企图。

问：您80年代英语怎么样？

陈：英语我口语完全不行，虽然我们在大学里学的都是英文课本。我们口语很差的，英文并不好。可是英文（课本）是科学的东西，物理、数学都是科学，那个语法都很简单，内容也是科学语言，没什么，不像文学似的。

问：科学语言相对容易懂？

陈：所以容易看清楚，我并不好。包括日本的时候，这次订机器的时候，口语我不懂，可是他说一个专业名词，我能够理解，日本的时候也是那样，我不懂，当然他们说的一两句有可能（懂）。后来就回来，回来倒没什么特别的地方。

问：您一共在美国待了多长时间？

陈：大概一个多月吧。

问：都是在洛杉矶吗？

陈：不是，有一次，他们有一个计划，就管我们一个月，他们有一个合同，结束他们就不管了。这时候张尔瓒敢做主，那时候就想，咱们干脆去趟日本，回来可以经过日本，后来护照（签证）没办成，没去。合同到了（期限）以后，我们还没有走。那时候我们搬了一个（地方），他们给我们住的地方是谢尔顿，谢尔顿饭店是比较高级的，后来我们就搬到日本的什么饭店里头。

问：希尔顿和谢尔顿？

陈：谢尔顿。谢尔顿吧。当时就是一个比较高档的。不会太高的，因为是商人，哪能那么高（档）？（后来）反正我们就搬到一个比较次的日本饭店，我的印象中，搬到那儿的时候我就烦，因为屋里头也没开空调或者已经开空调，屋里闷得空气不好。我就把窗户打开，他们过来就说有空调不应该开窗户，我心说你这个味，我受得了吗？可能就住了几天，是不是为了想上日本还是怎么，后来也没去成。没去成我们就到日本换飞机还是怎么，在候机室里待了几个钟头。

问：在机场待了几个钟头？

陈：对，这个没有什么，回来以后反正他们……

问：您先别回来，在美国去了哪些地方？除了洛杉矶以外？

陈：哪儿都没去。

问：哪儿都没去吗？

陈：哪儿都没去。

问：连旧金山也没去，拉斯维加斯也没去？

陈：对了，一个留下的话，一个想上日本，一个想上旧金山，就是我们这几个人。

问：对，后来旧金山也没去？

陈：没去。

问：在美国待一个月，哪都没去？

陈：那一个月都有事忙着呢，不是讲课就是什么。

问：总有周末，周末不可能还有讲课吧？

陈：不见得，不过跟他们有些活动，比如上他们家吃烧烤，有些活动倒是。

问：那个不算。

陈：玩好像也有，因为我记得照片里，其中有一个RC的人，他老婆是日本人，他就陪着我们玩，陪着我。好像上公园什么的，可能小小的有一些吧。

问：拉斯维加斯没去过？

陈： 没去过，哪儿都没去，就是坐过飞艇，就是那个。

问： 迪斯尼？

陈： 迪斯尼去过。

问： 就在旁边的小迪斯尼，是吧？

陈： 还在那儿吃饭。我记得我挺傻的。那时候我大概是胃不好还是怎么，那时候吃饭，我说我就不吃那么复杂的，我要蔬菜沙拉吧，结果来一个就是点儿菜，什么也没有。我就记得这么个事。另外迪斯尼乐园去了，去了坐一个船，哗，一下下去。

问： （19）80年出国的人相对很少。

陈： 除了这个以外，还参加了一些讨论会，参观好莱坞摄影棚什么的。另外就是跟他们开了一个座谈会。

问： 跟谁？跟好莱坞电影公司的同行是吧？

陈： 不是，就是制片人还是一个什么会，好像还有一个摄影师吧。在这个会上我知道了，他们为什么要同期录音。他说因为你知道大演员的薪酬特别高，我们只能尽量少用，拍摄的时候请他来。如果我们再来个后期配音，再把他找一趟，我们花不起这么多钱。所以尽量地、尽可能地，想方设法同时录下来。那时候我就明白了，好莱坞不是为了保证演员的什么质量，还是主要为经济考虑，我就有这么一个看法。一直到后来，最近这阶段，他们又发明ADR，可以同时录音，录下来以后再放，有这么好的、方便的后期配音设备，又有工作站，可以把混响什么都补上。说这么好的条件当然应该后期配音，就同时录参考声带，咱们又落后了。实际上我觉得是不对的，今天所以要提倡后期配音，也不是为了绝对的质量，而是为了省钱。因为什么呢？这样的话，后期配音很简单，演员戴个耳机，一听，什么时候该张嘴，不是挺方便、挺快的吗？他这个又比不同期录音的话，快得多，所以又有好处，还是从经济出发。所以我就觉得不应该迷信他们。

问： 您在美国一个月看好莱坞电影，看得多吗？

陈： 没看过。

问： 为什么？

陈： 不知道。

问： 电影人到好莱坞去不看电影？

陈： 没有，就参观他们那个什么公司，搞动画那个公司。

问： 迪斯尼？

陈： 迪斯尼公司，也看，好像不到一个月吧，反正没看电影。

问： 对好莱坞的观感和印象是什么？

陈： 他们的场地、外景、食堂，人看不见很多，那些大明星我都没碰见过。可能去的地方不一样吧。这里有一个什么呢，有一件事我记得，一个女秘书代表哪个厂长或者怎么样，来请我们吃一顿午饭。吃完饭以后，她就大大方方的，把那些刀子、叉子拿红布，就是那个布卷起来。当时给我印象就说，怎么这样？还是一个厂长代理人，我就不太以为然，这是一个事。另外一个事，我们虽然没到处参观，在路上，我们刚刚到那儿的时候，我们是住在洛杉矶还要上一下山，在山上。

问： 是贝弗利山吗？

陈： 不是。我们那个旅店是在比较高一点的地方。到那儿马上就提醒我们，你们要注意安全，盗窃行为比较多。反正在那个旅店里头，就是每天早晨他给你叠完床以后，给你放一块糖也不（知）插一个什么东西，祝福的意思，你就应该给他点小费，就这么个情况。我在路上，在街道上我看见很多伸出手来要钱，很多要饭的。所以我也明白了，这么一个发达国家，他们还是贫困的，我就想想我们解放前的情况。我觉得解放以后，在北京来说的话，这种情况比较少，就是没有什么（要钱）的。这是一个。另外，他们那个等级观念还比较清楚，就是我们的司机，有一个司机给我们老开车，一次什么情况不知道，反正在一块跟他说话，他就站得笔笔直直，他们说话根本不客气，好像等级观念比较强，就觉得不是我理想的地方。

问： 对美国的印象不是太好，是吧？

陈： 我不迷信，因为跟我相比，后来我们好多人，从那儿回来，吹得美国简直跟天堂一样，好像美国的月亮比哪儿都圆似的，我感觉不是那样。当然好多繁华的地方，好多好的地方，可是也并不是没坏处，我就这么觉得。

问： 这次出差还有别的吗？回来就是从日本直接回来，没经过香港是吧？

陈： 经过香港。

问： 回来还经过香港？

陈： 对。

问： 到日本转机以后，从日本再飞香港？

陈： 路过香港了，因为我记得我回来在香港的时候，是童震，就是技术部负责人童震，他不是跟徐昂千到香港去了吗？童震好像是在电影单位工作。他给我打一个电话，那时候可能还是比较拘束，接了以后，反正是通过张尔瓒告诉我的，先打我们团长那儿，什么因由，咱们不知道。反正我接的电话，他说他在这儿，希望跟我见面。后来也不知因为什么原因，错开了，没见成。不对不对，那是在美国。我记忆是，香港不是童震，童震那时候不在香港。是那个罗敬浩，原来你们说拍纪录片的那个，“中制”的可能是，是部队系统的，是一个摄影师。他怎么着，我也不知道，反正我们俩见面了，他说童震怎么怎么情况，好像还给我一张照片，我不记得了。跟他接触过。那时候是第一次香港，还是第二次香港？我记不清楚了。反正在香港我们停留。

问：隔了三十年，跟老的同事、老的熟人见面……

陈：还是第二次回香港了，因为我记得我把衣服还给李宝兰了。

问：（19）80年的时候见时隔三十年没见着的老朋友和熟人，或者老同事紧张吗？拘束吗？

陈：不是，我跟张佩环、李宝兰都不算太久，那都是“文革”以前（才分别的）

问：罗敬浩呢？

陈：罗敬浩那是比较生了，那么多年没见了。

问：对，31年。

陈：没见了，那是有点生。我虽然没见到童震，童震在电话里跟我说，让我见着新影的吴本立，他说你见着吴本立告诉他，说我现在还活着，还活得挺好。意思就说，可能吴本立之前说将来你们怎么样（所以说）你说我还活着，还活得挺好。就这么句话。

问：去美国还有什么要补充的？这次去访美，亲眼见了以后不迷信美国，觉得也有好的一面，也有不好的一面。遗憾的是去的地方太少。

陈：我再想想，好像我们还……可能是日本女的陪我们去卖旧物、处理品那种商店，好像是有那么一个茬儿。我们换了饭店以后，到超市去买半成品，回来自己做粥吃，有这么一个细节。

问：吃西餐不习惯，是吧？

陈：不是不习惯，（为了）便宜。RC招待我们的，当然他们饭得管，不花钱。可是到日本那个饭店的时候，合同已经满了，当然是我们自己花钱了，所以那时候好像不在饭店里吃。我就记得，我们就去超市买半成品回来做粥，还有鸡什么的，反正挺丰富的东西，还比饭店便宜得多。

问：80年代出国回来可以带三大件，您带了什么？有免税指标。

陈：那时候发补助费，补助费可以买什么？

问：进海关的时候可以有电器免税指标，比如电视机……

陈：对，有一个指标，我是给李宝兰买的。

问：她在香港，你怎么会给她买呢？香港是免关税区，又便宜又不交税，而且它又不存在供应紧张的问题。

陈：反正我是给谁买了，要不是李宝兰是谁呢？反正不是我自己，什么原因我不记得了。

问：自己家里没带回电器？

陈：就是有指标可以免税，我记得买了录音机还是什么。

问：电视机、电冰箱？

陈：没那么大，不好带。我记得蔡明买了一个假手枪给孩子玩，结果安检的时候扣下了，不给他了，因为以假乱真。我买什么了？这个记忆是有的，我没有给自己买，因为我送可能就给她，因为我借她的衣服。可是我还能给谁呢？

问：送给香港人没什么道理，而且她提货得在北京提？

陈：我要是送给别人的话更没什么道理，我也不知道，这个指标我是在香港买的？我不知道送给谁了，反正我没拿回来。因为这个，我还顺便说一下，那以前，李宝兰去香港，曾经给我打电话还是怎么着，忘了。就说你要不要录音机？我给你买个录音机。当时我考虑钱的问题，我说你别买。一直到后来，很后来了，我也有钱了，那时候剪辑的，一个什么人吧，也不知从哪儿弄一个A8，就是这么大的录音机，叫A7、A8还是什么，也不知多少钱，后来是她给买的，这个记得清楚。

问：录音师家里没有录音机，是吧？

陈：没有。

问：好。

陈：在美国的时候你说玩，就到他们家吃烧烤，还有去参观哪儿，有一个酒吧，我们可以坐那儿喝酒，有什么事，什么事现在忘了。

问：都是在洛杉矶市里面，那就不管它了。

四十一、《知音》的创作

问：再说《知音》[①]的创作。《知音》怎么会三个导演，怎么回事？

陈：我想想……你还问我一个什么问题？我没答。

问：是什么？

陈：你说《知音》的话，问我跟桂枝林怎么回事？

问：《大河奔流》的联合录音？

陈：《大河奔流》。你问我这事，后来我一想，我又看那些材料，桂枝林是那样，并不是一开始就让我们联合的。后来他做工作比较多，我也有意识让他做得比较多，完了就署两个人的名字。

问：桂枝林是哪儿的？是北影厂录音车间的？

陈：录音车间的。

问：他是年轻的？

陈：年轻的。他是电影学院还是一个培训班的？不知道。后来我回忆起来，我教过他，因为当时八一厂有一个叫吴天幻的，他去电影学院讲课，讲关于录音、洗印的问题，因为吴天幻病了还是有什么事，就找我替他讲。

问：您在电影学院讲课，他在下面听课？

陈：我们当时没对上，他去世了以后我想起来。当时有一个考卷，有一个人做得比较好，我记得我还写了一个鼓励他的话，他这人很聪明。

问：换一个带子。桂枝林是个男士还是女士？

陈：男的。

问：再说《知音》。

陈：《知音》跟《大河奔流》的感觉不太一样。我觉得《知音》不管怎么样，在声音上比较复杂，东西比较多，反正我的感情上没有那么拒绝。也可能是习惯吧。

---

①《知音》，故事片，北京电影制片厂1981年摄制。编剧：华而实；导演：谢铁骊、陈怀皑、巴鸿；摄影：聂晶、汝水仁；美术：秦威、陈兆明；作曲：王酩；录音：陈燕嬉；主演：王心刚、张瑜、英若诚等。

问：导演还是谢导，是吧？

陈：导演倒无所谓，那个第三导演原来是演员剧团还是哪儿的，他没怎么导过戏。可是为什么让他，不是助理导演，也不是副导演，而是说联合导演？我就不太知道了。可能是什么原因吧，他分管道具，抓这些。

问：巴鸿导演？

陈：就说巴鸿。巴鸿原来是剧团的，他在剧团位置还比较高，好像打成右派了。反正这里头就说，让他联合导演比较合适，什么原因我不知道。反正他就是分管服、化、道，挺认真的。

问：您刚才说到《知音》录音技术比较复杂。

陈：不是技术。

问：录音的声音？

陈：东西比较多。

问：东西比较多指的是什么？又有旁白又有效果，是什么？

陈：效果声比较多。《大河奔流》剧本比较好，可是比较平一点。感情上吧，我就觉得在《知音》上……

问：《知音》比对《大河奔流》要好？

陈：要亲一些。其实《知音》也有外景，可能那个外景多还是怎么，我不知道，当时我自己感觉是这样的。在拍的时候我挺注意的，也不同期录音，可能是效果吧。他在马车上什么的，他要指挥。

问：谁指挥？

陈：不是，是戏里头。这个是配音还是怎么着，我就记得他们跑楼梯上来，因为不是同期录音，我有印象，他们跑上来怎么怎么，就是让我想得比较多。配音的时候还是做的时候，我就不记得了。所以这东西，除非像《风暴》、《龙须沟》有意识做一些特别一点的构思，一般配音我记不太清楚，除非让我再看一次有可能。

问：您对王心刚或者张瑜的表演、对这个电影的印象和评价是什么？

陈：小凤仙，我记不太清楚了。当时有那么个感觉吧，觉得小凤仙好像她那个情景什么的，不完全太对。

问：不像一个风尘女子，是吧？还是不像那个时代的人？

陈：都有吧。

问：都不到位？

陈：我就觉得好像看起来她比较单纯，我当时很模糊的（印象），因为我也不太关注这些事。反正我记得有那么一个感觉，觉得不太可信。

问：在《知音》拍摄过程当中还有什么特别的经历吗？

陈：没有。弹琴那个录音，是有名（的演奏）古琴的人，大概在唱段里他演出过，我反正也认识他。[1]

问： 琴师，是吧？

陈： 嗯，他先期录音以后配的，（演员）自己不会弹。那是琴师，就是弹的人配，这个弹的人后来比较有名的。当时录唱段，他也弹过。《知音》还有什么？袁世凯怎么爆炸，这个我先不说。我再想一想，如果有什么，再补充好不好？

① 陈燕嬉老师说的是在影片《知音》中担任古琴演奏的著名古琴演奏家李祥霆。“大概在唱段里演出过”，当是指陈燕嬉老师在文化部录音组工作时，曾为李祥霆先生录制过曲目。

四十二、电影《茶馆》的录音

问：行，《茶馆》您说现在说吗？①

陈：《茶馆》吧，也没什么奇怪的。只是我要补充一个。我先说大概吧。拍《茶馆》的时候，已经有磁带了。我没看过话剧，可是那个磁带我是听的。《茶馆》那个话剧里头，也是很突出当时北京的味儿，那些叫卖、动作。

问：……数来宝。

陈：那都是北京味儿，十足的京味。可是这些功劳与我无关，因为那都是他们在《茶馆》话剧排练的过程就有了。是不是他们录音组管——音响效果组，我就不知道了。因为那时候，他们要去发掘，当时是什么情况？如何把演员教会？演员跑堂什么的，说得有味得很，他们都经过一番苦功，完了把这个效果都弄出来，一听就是北京的情况。所以这点功劳，我觉得根本不应该是电影录音部门的，不应该的，主要功劳是他们的。这个东西无法改，因为是演出的。另外旁边的杂音，他们那个录音带有的，我可能是参考了，记不清楚了。我就是说尽量地电影化，因为是几个时代转换，因为在电影里头转换有些技巧，不是分场就过来的。所以我就记得我用力量的时候，使劲的是哪些呢？我记得很简单的一场戏，反正就很少几个镜头，就要交代过一个时代了，这几个镜头里头，我配的是后头，不管音响或者是唱片里头当时流行歌曲。

问：跟年代走的？

陈：时间不长，因为画面转得很快。我必须把它分得清清楚楚，每一个效果虽然短，都要充分地说明是当时的，比如那时候的流行歌曲，或者当时的什么情况，我都按照这个做的。至于有心理的那种，包括主观的那种想法，只有在后来，就是他们三个人②，最后了撒纸钱，属于他们心理的一些事，可能有这些。其余的都是按照画面配的，哪怕很少，我都特别

---

①《茶馆》，故事片，根据老舍同名话剧改编，北京电影制片厂1982年摄制。编剧：老舍；导演：谢添；摄影：郑煜元；美术：杨予和；作曲：彭修文；录音：陈燕嬉。主演：于是之、蓝天野、郑榕、英若诚等。

②“他们三个人”，是指《茶馆》里的三位主人公：王利发、秦二爷、常四爷。

注意配这个（音效），这是绝对保证的。所以这个《茶馆》，这是陈怀皑后来告诉我的，当时金鸡奖，那时候可能陈怀皑是评委还是怎么着，回来跟我讲，还有一个电影学院（的人），《邻居》的导演叫什么？

问：郑洞天。

陈：郑洞天。《邻居》就是张瑞坤，就是电影学院的老师，同时也是录音师。我是帮他混合的，所以跟郑洞天有所接触，他认识我。这时候石化凯就告诉我，郑洞天也是评委之一，当时就讨论到《茶馆》的问题。

问：《茶馆》的录音奖，是吧？

陈：说《茶馆》录音奖问题，后来他们谈录音奖的时候，就说一块谈是总的，就说《茶馆》这个戏不管演员、导演都是挺大的，如果《茶馆》光给一个录音奖的话太轻了，可是你要如果给一个别的奖，还给录音奖又太重了，他们意见说这样。所以想干脆给一个什么特别奖，就等于全面的。这时候郑洞天就绝对反对，因为石化凯原话跟我说的，说奇怪，郑洞天坚决要争取，怎么争得那么厉害？

问：为《茶馆》争录音奖？

陈：哎。他也不知道我跟郑洞天认识，他就觉得奇怪，郑洞天怎么这样？后来我一想，大概就是他跟我认识吧。在《邻居》的时候合作过。结果没有录音奖，是整个一个（奖），也不是最佳影片，是一个特别奖。

问：是评委会特别奖是吧？

陈：好像类似这个，反正是全片奖。有这么个过程。后来我自己没有觉得什么遗憾，因为我觉得《茶馆》的音响效果所以好，主要功劳不在我，而应该在人艺的录音组，还有演员。所以不给我奖应该的，没什么了不起。

问：不失望吗？

陈：不失望，我没有觉得我应该得奖。确实我觉得《茶馆》作为效果来说的话，是很好的，因为随时随地在表现这个特点。

问：环境、背景、气氛都挺好。

陈：对，可是就是说这里头没有我，我功劳不大。

问：舞台上原来有录音、音效、设计什么的，即使不是您，但是您在电影当中也要做出来，不是吗？

陈：当然，我就除了他的东西以外，没有多用他们原来的。

问：电影音效设计的不太多？

陈：不是。我设计有的，可是这些东西有的不是很主要的，设计也无非就是表现当时的时代，流行歌曲或者什么喇叭，根据那个时代特点，没什么创新。就是表现时代的一面，这与话剧（的差异）也不是很大，而且篇幅比较起来的话，当然还是他们为主。我是那么想的，所以没觉得太多遗憾。我觉得我在《茶馆》里面没有更多创新，当然我也用过，比如像《龙须沟》那个思想，就是当卖儿卖女，卖女儿的时候，可是因为戏不一样，而且那时候噪声比较大，我也是选了一个能刺激他的音效来出现的，可是那时候演员情绪跟那个不完全一样。（音效）没有太突出，我是这样想过。

问：这段话我没听明白，您指《茶馆》当中选了一段，还是《龙须沟》？

陈：不是。我说跟《龙须沟》那个效果差不多，远远听到叫卖声，那种比较刺激。这个里头有一段，就是卖女儿，那个人逼着他卖女儿，他痛苦极了，当他下决心卖的时候，有他的镜头近景，我那时候用的是一个剃头，就是“噔”一下那种声音。

问：响器？

陈：那个时候觉得又压抑又怎么样，我就配了那么一个效果。我不是配的，就是录的，当资料搁的。可是没怎么太突出，因为画面比较短，另外杂音也比较大。我想法是有的，没有怎么出来。

问：这个做法其实是对的。

陈：不管对不对，我是有这个想法。

问：您上一段话中提到，演员情绪和画外效果不太配，指的是什么？

陈：是根据他的情绪配的，可是这点不能很短，很短就效果出不来，不像《龙须沟》响半天。我虽然是这么想的，他当时也很激情，我觉得也可以符得上，这么短怎么能……

问：效果没有完全出来，您的意思是这个吧？

陈：出不来，我觉得是白费劲。因为这个是需要比较静的时候，比较长的时候，感觉到心理的变化。那么短心理的变化，根本不可能。

问：听懂了，《茶馆》还有什么要补充的吗？关于导演、摄制组，其他的一些都可以，包括您自己在创作过程中的一些想法。

陈：后来不同期录音以后，我基本上拍戏是去的，因为拍戏的时候对你有所帮助。

问：《茶馆》也不是同期的，是吧？

陈：不是。

问：应该全是后期配音？

陈：嗯，我记得有几天我没去，没去的原因很简单，我觉得好像拍《茶馆》，因为他们演员很熟了，他们表演都是……

问：闭着眼睛都能演？

陈：没有什么变化。有几天我没去，挺长的，他们演戏，（每天拍摄量）也不多。我想，如果不是这样的话，我可能不会放弃，我不会不去的。

四十三、《蓝色的花》和《边城》

问：那就说《蓝色的花》①。《蓝色的花》在《边城》前面不是吗？

陈：不是，同时。

问：同时？您先说哪个，后说哪个？

陈：不是同时，还是《蓝色的花》早点。

问：跟水华导演合作是什么样的感觉，他是特别细，特别慢……

陈：少、慢、差、费。不过他是精益求精，就是精雕细刻。

问：跟他合作跟别的导演不太一样，是吧？

陈：唉。所以说别人都是觉得他精雕细刻，他没完没了，老想，老想。甚至于这个戏拍完以后，他还重新想那个镜头，觉得有什么不足。只有两个我记得清楚的，拍这个时候想过去那个，过去那个在什么时候？我想想。可能《暴风骤雨》还是什么，反正有一个摄影师，他分镜头的时候，常常是分完了以后该往下分了，他还停留在上个镜头。

问：那以后不麻烦吗？

陈：他老想，他老是跟不上。

问：慢半拍。

陈：老是想说从前的事。当时很明显，导演也知道，我觉得也很明显，他太什么了，不是他不好。因为什么呢？他就说很认真，分完以后他还想对不对，就不怎么往前走。水华同样也是那样，他拍完这个镜头以后

《蓝色的花》剧组外景地，左一、二为录音师孙秀云、陈燕嬉

①《蓝色的花》，故事片，根据李国文短篇小说《月食》改编，编剧：李国文、冯骥夫、王宝善；导演：水华、马秉煜；摄影：邹积勋；美术：杨玉和、傅德林；作曲：泰永诚、李黎夫；录音：陈燕嬉；主演：郭凯敏、沈丹萍、李仁堂、苏政等。

放不下，觉得有不足之处，有这样的情况。所以我就觉得他特别细致，特别认真。

问：他找过原作者李国文吗？

陈：那肯定，他们谈剧本当然谈得很多，他觉得要更多一些材料，更好一些。

问：找曾经的右派谈话，想多找点生活素材是吧？

陈：对。反正找好几个人谈。当时我心里就觉得太细致了。因为他过去积累不少材料了，跟那个导演都商量过。反正我就觉得他非常认真。后来为什么他放弃了？我不知道。是他身体不好还是怎么——不是放弃，我们出外景他没去，好像我们回来，后期工作他也没参加。

问：水华？

陈：嗯，不知道是因为他身体不好还是因为什么原因。

问：那谁来执行呢？

陈：马秉煜。马秉煜呢……这个不是创作，很多小故事。

问：行，您说。

陈：我们到青海去拍外景。首先第一个问题，就说青海是高原气候，所以这些老年人尽量不去，怕受不了。

问：这个也有道理。

陈：从关怀出发。可是我没有同意，我觉得不会有什么问题，我应该去，因为青海我也没去过，情况不了解。

问：您那时候也算老吗？您那时候才五十多岁……

陈：当然老了，我从干校回来正好五十岁，这又过了一点。五十多岁，所以我没关系，就去了。我跟孙秀云，我们俩去了。孙秀云倒是有点高原反应，有点不舒服。马秉煜有意思得很，他就跟我说，他不想我在这个戏里头，就是在创作上或者在录音上发挥多大作用，他主要想要求我作为党员——党支部那时候是谁不知道——支持他。后来在混合录音的时候，我记得有一个伊汝那个演员。

问：就是演伊汝的那个，是吧？

陈：演伊汝那个演员，郭凯敏。就是他一个人躺在那儿回忆，很长很长的镜头，当时我也没有时间准备。那时候，正好我们那儿摆了一个频率发声器，这是一个新到的机器，就是可以发出声音当各种频率，还可以变换的。当时我不知道为什么在混录过程之间，我用了一下这个机器。我觉得挺有意思，因为它可以变换很多很多声音。所以我曾经想过，用这个机器做一种心跳的声音，来这段，看有什么变化？试了好几回。可是哪那么容易？事先没准备，一个新机器就能在混录的时候用上？开始马秉煜也感

《边城》剧组，左起：导演凌子风、作曲刘庄、陈燕嬉和孙秀云（联合录音）。图中正在进行音乐录音

兴趣，跟我一起想，后来时间太长，他提咱们得快点，所以就没有更多试了，可是也用了一点，大概。这点我记得很清楚，因为我想拿这个做，可是做得结果不是很好，因为没有时间。

问：没有完全实验成熟就用了？

陈：根本不应该，临时的东西挺可怕的。有那么一件事。

问：好的消息是您在不管哪个年龄都敢想、敢去创新。

陈：我常常想用一些东西来表现。

问：而且是新的仪器，新的技术。

陈：对。《蓝色的花》为什么跟《边城》搭在一块了？《边城》也不（知）什么搭着，开始我就去不成，是孙秀云替我去的。

问：孙秀云替您去《边城》的外景地？

陈：外景。

问：您还在棚里作《蓝色的花》的混录？

陈：后期工作或者怎么样，反正是两个插上，她去了。

问：您现在说《边城》[1]？

---

①《边城》，故事片，根据沈从文同名小说改编，北京电影制片厂1984年摄制。编剧：姚云、李隽培；导演：凌子风；摄影：梁子勇；美术：夏如今；作曲：刘庄；录音：陈燕嬉、孙秀云；主演：冯汉元、石磊、戴呐、刘魁等。

陈：《边城》是孙秀云出外景，她录了很多效果，回来就配对白。因为那个小演员，那个小女孩好像是当地找的，或者是太小，承受配音工作可能不太合适。所以还是导演决定的吧，就找配音比较有名的张桂兰，张桂兰是老的配音演员，让她来配小女孩。这时候我也想让孙秀云独立，就是干更多的事，我说配对白的时候，让她动手。当时我在旁边也没有说，觉得怎么（有点）别扭，因为监听什么的关系，离得挺近，因为张桂兰是要模拟小孩声音，她那时候年龄比较大了，她必须变嗓子就比较自如，就好像耳语那种话，跟生活很近的话不能说，说得比较调门高一点，是那样的。可是恰好那个男演员好像是一个幻觉还是怎么，反正他是真实的，完全是用生活（中的）话来说，所以他们俩不搭调。当时我没觉得，也不是我在操作，我是认真在那儿听，（似乎）没有什么。可是究竟还不一样，（但当时）我没听出太大问题。好像配音的时候，凌子风不在，看样片的时候，凌子风马上发现不行，说这个张桂兰情绪不对，跟那个孩子不一样。他就想换演员。当时我是这样想的，除了时间的问题，也太费事；另外我主要想什么？张桂兰是比较有名的演员，换的话，就说明她不称职，如果能挽回的话最好设法挽回。我也不知道跟（导演）他说了没说，我反正先做个实验。低语气跟大声，在频谱上说是不一样的，就是低语气的时候，就高低音特别重，可是大声说话就是中音比较重。我用什么办法呢？我两个推，一个是摆好老头的话，一个是摆好那个女孩的话，到女孩的话的时候，我就把高音、低音补上去，把中音拉下来；到老头的时候基本不动或者怎么样，音量整个调一下。我就做出一个（样品），实验一下，完了我给凌子风听，我说你看行不行？我自己觉得，这么做了以后还是可以的，不管怎么样，张桂兰情绪还是对的，不是不对。我这么补救以后，（效果）还是可以，结果凌子风也同意了，通过了。这件事情，我自己心里觉得，就跟李少春（的《野猪林》）那个一样，心里比较舒服。因为什么呢？因为我觉得，真是（换人的话）传出去不好。

这种情况。为什么我说那个王学普的问题呢？后来在写字幕的时候，因为一般我们的习惯，你看谁去帮谁，甭管他帮多少，是把老的搁前头、新的搁后头。当时也（觉得有点）不对，我那时候好像反对过，我说根本（是）我去帮助你，你干吗给我写上名字？后来也不（知）是听（了我的）还是怎么着，老是成为习惯，我觉得不对的。上名字没问题，我是肯定上名字，王学普跟我谈，他说上名字，我说当然应该上；他说谁搁前头？我说行，我说把她搁前头吧。王学普的意思也是，因为外景也是她出的，回来肯定也做了不少工作。我说可以，我也同意了。所以（《边城》的字幕）这件事，你看孙秀云在前头，我在后头。

另外，《边城》这个片子跟音乐的关系跟别的片子不一样。因为那时候（作曲是）刘庄。刘庄原来跟瞿希贤在一块，那时候好几个片子，什么《水兵之歌》、《小兵张嘎》都有他。这时候就是他独立搞。他就根据《边城》特点吧，自己做了一个乐器，那个管，挺粗的，出来的声音好像比较那什么一点，觉得跟那个戏合得上。导演让我们去听还是跟我们说，我要这个乐器怎么怎么。所以关于他的想法比较多，比我们说的多一些。另外有些旋律也比较熟。所以《边城》那个音乐的旋律我比较熟，因为接触得比较多。后来混录的时候，刘庄就不在。有一场戏，好像我跟凌子风，谁先说我不记得，反正不约而同，就觉得在中间一段很长的戏，觉得应该加点音乐。而且进音乐不能重写，就是在他的里面选。因为那个旋律我比较熟，我一想，（最好）是那段。后来我说，你等着，我找他去，我找他以后就给……

问： 是特制乐器那一段，是吧？

陈： 也不是。比较多，好几段都有。有一段戏，那段音乐整个来说，我觉得好像跟那个情绪比较吻合。我当时……（现在）记不清这个东西，所以我为什么跟你说要找这个带子看看？——后来，我说好，我找磁带来。因为我们有小录音机的原始磁带。我就找出那段，在那儿放，我说你听，这个行不行？完了就全通过了。就用那段。这点就是说对音乐出主意吧，参与进去，决定哪个地方用什么音乐。这个东西是碰巧了，跟导演也可以合得上，还是比较好的。

问： 录音师要参与选音乐吗？

陈： 不是选音乐。当时，比如说你是导演，我是录音师，我觉得这段戏要加点就好，加哪段呢？音乐里头的（事），我觉得不会是他提出来。

问： 肯定您提出来才对，是吧？

陈： 段数不是那么多，于是乎我就好像……也许是他提的，不知道，反正我说我可以去找。我找了以后放给他听。

问： 他也同意了。

陈： 我们觉得还挺合适的。另外，我记得也有一些虚的东西。就是当他误解了她跟他哥哥，跟她好的弟弟就生气了，有一次这个女孩在那个山头上，挺痛苦的时候，她听到这个人吹的东西。这里头有点虚，我不记得很清楚。

问： 虚指的是什么？

陈： 就是我的音乐可以虚一些，不那么实，不是真是在那儿听，是比较虚幻一些。好像这个有，可是我记不太清了。就这个片子来说，我是想了一些方法。可是凌子风并不是最重视录音的，刚开始合作的时候，他马上给我提出来，他曾经跟某某合作过，那个录音师太不懂戏吧，说我要求那个声音要振动一些，结果他就不理解。当时我听他的话，并不认为他是对的，而是他这种说（法）跟崔嵬要求我声音大点、越大越好、不必管它一样。我觉得凌子风说的，也是这个问题，就是说他要求（声音）大，录音师没法大。我就马上想出来，是这么一个问题，说明录音师跟导演没有很好协商。这件事（其实）很简单，是这样的，只能满足调幅就行。你要为突出这个，你们俩协商好的话，那就说我怎么想方设法，让它显得大。

问：显得突出。

陈：那就是在这以前，那些东西怎么做到，本来应该是这样的。可是他就抱怨得了不得，非常得意地跟我说。所以我觉得，并不是说明凌子风对声音很重视，并不是那样的。

问：可能他对声音不太懂？

陈：不太懂。这倒是真的。我不要求导演懂录音的原理，或者录音的什么情况，不要求他们。可是我最希望他们能够……

问：多沟通？

陈：不是。我最希望他有想法。他看剧本，设计整个分镜头、整部影片的时候，把录音也作为他的创作手段之一。这样的话，他如果有这种想法，我就可以接受过来，而且我们可以再很好研究，以后。

问：互相碰撞？

陈：可是没有一个人，真是没有一个人（是这样）。所以我就觉得他们，可能是不重视吧，也算他的想法吧。比如说，他要求声音盖过一切，是想用声音来表现。

问：到这儿为止，您跟北影的几个大师都合作过……

陈：没有，没跟成荫合作过。

问：您跟谢铁骊合作过，他也算得上是大帅。

陈：谢铁骊还比较多。水华比较少，水华就《蓝色的花》，水华不多。

问：这些导演个性不同，您能不能说说？

陈：我其实基本已经说清楚了。水华是很细致，真是什么都细致。因为我们混合录音没在一起，我很难说他支不支持我的想法。我们没有研究过这个问题，我们也没谈过，没谈过录音怎么样的，只是让我跟那些右派……

问：听当年右派的回忆。

陈：对。因为我想他可能还是没有什么太多的要求。因为什么？我记得后来，有些年轻人，我去帮忙，像蔡军他就迷信我吧，可能觉得我配的音质还是很对。

问：对白。

陈：对白。我也不知道为什么。就是那个《伤逝》，《伤逝》是吕宪昌和兰福安，他们两人不算联合，也是差不多那种情况。我混录的时候为什么在那儿，我不知道，我不是管对白。

问：《伤逝》您也参加了？

陈：我也参加了。参加了，还是我在旁边看着？反正我当时对他们那个对白，或者心声还是什么，不满意。因为什么呢？我就说心声或者是小声说话，感觉到很亲切，就不能按一般的频率平衡。我觉得不应该追求这个。可是我觉得过分地……把那个小声说话，也不知是心声，也不知是对白，我忘了。

问：《伤逝》的画外音，就是心声，特别多。

陈：对，是心声还是他们两人小声说话。

问：俩人对白非常少，旁白非常多。

陈：心声我就不满意。必须得做出心声的感觉，平常，很亲切，很柔和，感觉在一起，完全是那样的。可是他们尽量……我知道他们演员配的时候，肯定也是比较有感情的。可是他们把高音、低音都压下去了，提上去以后声音清楚了、大一点，我觉得完全不符合。

问：为什么不跟同行或者是导演说呢？

陈：我怎么能说呢？不能说。人家录就这样，我非得说你不对？没有这本事。我跟你说，那时候学术讨论风气不足，而是互相间，反正我有一套、你有一套，还有点旧的东西残存了一点。

问：但他不也请您去听或者去帮忙吗？

陈：不是，他不是请我去听。也许是我自己去听。我好像帮忙了。

问：帮忙肯定得他请吧？

陈：那不是。帮忙是帮忙，你给我推一下，那有什么了不起？所以我说有两种人，像主要录音师，就是比较有经验的录音师，他不会让我管对白的。因为对白只有他们录音师本人最清楚，比较熟，他应该自己掌握。只有蔡军是例外。蔡军为什么例外，我也不知道。他可能听见我的变化了。这很奇怪，就是说你看样片的时候，你觉得好像还可以，过得去，你到混录棚以后毛病全出来了，这个也不对，那个也不对。

问：我们当然听不出来了，混录我们也听不出来。

陈：这不是我一个人感觉，好多录音师都是那样。

问：我的问题是：看样片的时候，连您这样的专家也听不出来毛病吗？

陈：包括我自己也听不出来。所谓听不出来是什么意思呢？觉得可以过得去，这样也行了。

问：为什么到混录的时候毛病全出来了呢？

陈：到混录的时候，屋子音响条件也比较好，喇叭离得远，放映室不是很大，另外精神集中，非常集中在声音上。好多人都是这样反映，怎么到那儿不补正就不行呢？觉得这过不去、那也过不去，而且毛病还比较明显，能听得出来。可是这也有一派不同的看法。比如现在是基地录音负责人（的）吴玲，就是从前在《茶馆》（摄制组），从电影学院来我们这儿实习的。电影学院那时候提倡什么？不补正。说补正就走样了，就是对演员的情绪破坏，应该尽可能不补正。我当时不太同意他的说法。因为什么呢？因为事实，我们听，也不能不补正；因为同期录音的时候受很多限制，有时候搭个布景，布景跟现实不一样。比如拍一个大厅，可是外景是搭一角，不见得跟它完全符合。而且它的话筒位置也不那么对。所以同时录音并不等于它的音质、音响就是真实的。所以正是因为这些条件，你要包括它进去的话，所以你不能不加补正。可是补正就是要补得自然，就不（能）像我为《龙须沟》下雨声补得非常不正常，那个不是错误了吗？重来的。我觉得应该补正。因为蔡军也不是“有声就得”的，是很认真负责的。所以他可能听我给他补以后，他觉得对他非常合适，所以他信任我。可是让他们补，他自己说做不到，因为那个比较快，就是我们有三个钮，高音、中音、低音，中音还可以变好几个挡，就是补哪个，补400还是补1000，有UC挡。所以这时候把三个东西如何补，还得跟着。你要不快的话，就跟不上。

问：手跟不上，是吧？

陈：必须得快，反应得快，这底下该补什么了。当然要一个戏录长的话，这一个演员基本补什么，你知道。不是说每个都是重新开始、重新设计，（那）是不可能的，就是练几次。也可能因为这样的原因，所以只有蔡军录音的时候，是我来管对白。另外那些新手或者什么的，自己没把握的，可能让我管。可是傅英杰他们这些已经很有经验的录音师也让我去帮忙，也不奇怪，帮着出一点效果什么的，都可以。

问：下一个问题是新时期的薪酬制度。录音师的薪酬制度有没有改变？在拍《边城》和《蓝色的花》的时候，不再像以前一分钱没有，或者仅仅有一些补贴吧？有片酬了吧？

陈：没有。

问：您肯定吗？

陈：好像是没有。我觉得是没有。有，就是汪洋回来曾经执行过一阵。

问：那是（19）56年。

陈：后来好像没有。可是有这么个情况，（19）54年以后我跟的戏，从（19）54年哪月我不记得了，反正我正在拍戏的中间，就通知我退休。

问：（19）84年，不是（19）54年。

陈：（19）84年。我当时还来不及想要退休，我还要工作呢。傅英杰他们也是这样。我要退休，比如哪天一开始，我再工作的时候，要给我一个补贴，就是给我另外一个薪金。我一个月领两个薪金，我大概领过一点。后来就觉得不行，就取消了。

问：没有片酬？录一部片子给多少钱？

陈：没有。这种没有。

问：您在《边城》之前都没有吗？

陈：没有，就是双薪。另外我忘了电影学院什么时候开会了，第一次我觉得太奇怪了，开会我们参加了，每人都给点钱。我们觉得怎么回事？这怎么也给钱？那时候已经提倡酬劳了。

问：薪酬改革，电影学院开什么会？

陈：比如讨论会吧，研究会，反正出席他们的会了，参加那个会就给点钱。

问：发言嘉宾都给点钱？

陈：都发，参加会的。

问：现在很正常。

陈：现在很正常，当时很特别。说这不应该。就觉得有点好像跟“苏修”学，还有点那个东西。

问：多少钱您还记得吗？

陈：不是太多，我不记得多少钱了。你说起钱来，我想起来了，后来当然我也没找他，就是我替那个（八一厂的录音师），在电影学院讲课的时候，超过几个月了，反正一个月以上吧，没有人给我酬劳。

问：那怎么可能呢？

陈：就是应该给的。

问：当然，每节课都应该给钱。

陈：我也不知道为什么，就没给我。有人好像也说，怎么没给你钱？我也没问，因为我觉得……

问：您是记不得了，还是肯定没给你钱？

陈：不是。当时也不知谁问我这个事，给你多少钱？我说没给我钱。

问：那怎么可能呢？

陈：就是没给我钱。我当时不想找，因为我觉得我替别人讲，人家写的提纲，我就替他讲而已。另外还有一个顾虑，当时电影学院那个班长还是班主任，是我们厂的录音师。所以我觉得（若是要报酬）还得跟他捣乱去，就不愿意了。我反正没提，就没管这个事。没关系。就过去了。就是《我只流三次泪》，我记不得什么，好像是发奖金也不知是发酬劳。

问：《我只流三次泪》，您已经全部退休了，而且又不是北影的片子，这个理所当然应该给您酬劳，也没酬劳吗？这时已经是（19）86年了。

陈：我不记得，好像是没有。我记得发奖金有。因为一个剧务腿脚不便，住在我们北影里头。他就唠叨，说是你贡献大，所以你的奖金就比别人多一倍。他说的好像不大以为然，其实为什么比别人多一倍，他也不知道所谓我的贡献大是怎么回事。

四十四、最后作品《我只流三次泪》

问：请谈谈《我只流三次泪》[①] 的情况。

陈：《我只流三次泪》这个导演是叫琪琴高娃，她过去是《知音》还是《大河奔流》的助理导演、副导演，参加过混合录音，她没说过什么话。我不记得她说过什么话。那时候我已经退下来了，她就找我谈，她说我过去跟你……咱们一起工作的时候，我看你对声音、效果那么认真，我是觉得挺兴奋或者挺同意的。她说后来跟我工作的几个录音师，我对他们提出要求，他们不以为然，不按照我这个做，没有一个人感兴趣，没像你那么认真过。她说我非常想跟你合作。我听着这个，没有一个导演跟我说，好像欣赏我的录音，当然我也就愿意录。所以跟她合作。后来合作也比较好，尊重我这个（专业）。为什么（存在）贡献的问题呢？因为她拍的东西可以调来调去，就说怎么组接这一大段（是一个问题）。这时候宋崇已经是儿影的厂长，大家看片子之后都觉得有些不足，这个样片这么也不行、那么也不行，就不知道怎么接更好、更顺。当时我是整个从声音来考虑，也从戏来考虑，我觉得有些东西不合理，不可能。我就想了一套办法，怎么接，声音也合适、整个接也合适。后来就是在和她，还有副导演一起讨论（的时候），我就提出来

在《我只流三次眼泪》外景场地拍摄

①《我只流三次泪》，故事片，中国儿童电影制片厂1987年摄制。编剧：王兴东、王浙滨；导演：琪琴高娃；摄影：胡永田；美术：段震中；作曲：刘长远；录音：陈燕嬉；主演：朱时茂、李晓璐、方超等。

这个方案。我说我觉得这样好，我就都说了，高娃同意了，她说以后就按这个方案来解决。

为什么我强烈地感觉，我们当时也没说。后来在《我只流三次泪》，有一次我们音乐录完音了，这时候我们已经下班了，我跟张子忠，我们俩人在那儿。完了以后插来一个任务，是电影局胡其明他们介绍的，有电影局的什么导演，希望在我这儿录一段音乐。我就很难不答应，因为我们已经下班了，工作已经完了，完了我们就答应了，就录。

问：就让别人录音。

陈：不是，就是我们录完了，我们该休息了。

问：就同意他们录音乐。

陈：就接着给他们录一段。

问：还是您帮他们录？

陈：还是我们俩，因为机器都在那儿，我们录。完了以后就说，高娃对我有意见，好像我为什么给他们工作？为什么生气，我也不记得，反正跟我不大高兴。当时我跟她解释，就过去了。有一次就是我们两人见面，她跟我检讨了，她说我太不对了，那天我为什么这么说呢？她说其实你看你对那个片子贡献那么大，我就跟你随便，不应该这样。所以我就知道，她的心目中，说我对这个戏有所贡献，可是绝不是因为录音（本身），我想是这样的。

问：那个片子的剪辑，应该是导演和剪辑的事。

陈：那个不是剪辑的事，那是导演的事。因为她拍了好几场戏，如何接起来更顺（成了一个问题），当时闹半天了，宋崇厂长也跟着一块看，反正就是难解决。怎么都不合适。这也不合理、那也不合理，有这么一件事。我觉得那个剧务有点不大以为然，为什么多给我（钱）？我记得不是酬金。你说得对，儿影借我（是应该付酬金）。是怎么回事，我就不记得了。

问：您不是儿影的人，您又离休了。

陈：还一个怪事，我忘了，插进去一个。不知道为什么，有一天他们把我借去了，让我帮忙，去给他们试演员。我就去了，时间还不太短。完了以后，罗小玲对我说话还挺不客气，有点指挥我，你干吗干吗，因为我那时候年纪也比较大，她比我小，她是第二辈的，我就觉得她对我不够尊重。其实后来我了解，我跟她关系比较好，她这人就比较直，比较冷那样，所以我心里还有点（不舒服），你说你，我还帮忙的，你怎么对我这么样？我忘了什么原因，好像我的决定（没有得到尊重）还是怎么着，什么原因我不记得了。

问：没有尊重您的意见是吧？

陈：不是不尊重，就是说话不太……

问：礼貌？

陈：反正我感觉不舒服。也许是我决定他不同意，我不记得了。反正随随便便，不是说谢谢我，我觉得很冷，没有报酬，我又不是儿影人，借我去帮他们忙。所以《我只流三次泪》应该怎么（付酬），不知道了，我没有印象。

问：电影学院讲课也没有付酬……

陈：那个我记得很清楚。可是《我只流三次泪》我就记不清了。因为那是报酬问题，是月薪金，开始的时候给我们双薪。这个制度后来虽然废了，可是怎么着，我就不记得了。

问：请说说《我只流三次泪》的创作过程，包括您受邀情况……

陈：上回咱们聊天我都说过。不记得了，我就重说吧。反正我们的合作是比较好的，因为孙永田，那个摄影师也是比较好的，作曲是比较新的。

问：作曲叫刘长远，是吧？

陈：刘长远，电影他不是很有经验。当时，就是谈音乐的时候，我看剧本以后，（其中）有一个《让世界充满爱》那个曲子，而且歌词也写上了，我也听过这个曲子，我那时候也很熟了。所以我一看到这儿，我就觉

《我只流三次泪》剧中，陈燕嬉在大远景饰一老村妇

得特别喜欢这个曲子跟这个词。这个用在什么地方呢？用在这个小孩，这个主角，当他的爸爸去参军了，（爸爸走了之后）他自己也没办法，就变成一个人了，就让他去投奔他的什么亲戚去了。在路上，他一个人去找亲戚，他当然（希望）守着他爸爸，一直爸爸跟他很好很好的。他走进了一个排练厅，那里头正好排练这个戏，有演员在唱，他就在后头听。听一段时间以后，他扭头就出来了，继续走他的行程。我就觉得音乐也好、唱词也好，跟他的心情完全一致，就这么“轻轻地抚着你的脸”什么的，完全是安慰他的。我一看这个，就觉得必须得声音不断，唱歌不断，一直拖下来，拖到出去，这个很强烈的，一直送到他走。后来也就想到，送他的时候就作为他心里的声音，一直在。

问：甭管客观上听得见听不见……

陈：肯定听不见。外头城市的杂音，人声、车声，我觉得应该听不见。他那时候只听见自己的心声，我是这样处理的。到最后，结束到什么地方呢？他走到一个小孩的游乐园，有转椅、木马，好多小孩在玩。我就想到，还是那个声音跟着他。可是，那时候需要温暖、需要爱，所以说他应该听到那些孩子们高高兴兴、天真烂漫的笑声，高兴的声音他可以听到，我觉得可以跟他接得上。那些转（椅）的声音应该没有，因为打断了他这个什么。所以我就大胆这样去做了。这样做的话，当然我混录的时候……再说一遍，就是讨论剧本的时候，我就提出来要连下去，这时候作曲就说我觉得应该重新作曲，出来以后重新放音乐、重新作曲。我当然可以理解，你想又没有对白，这戏有内心活动，心情很复杂，他做音乐非常好，是他很好的一个段子，他当然想自己写。这时候高娃表态模棱两可。

问：重新作曲也行？

陈：她说也可以。我不是坚持要连起来吗，她说也可以，可是她也没坚持。并不是说哪个好或者怎么样，我就不记得怎么（回事），最后还是以我为主。当然我在里头比他们年纪都大，他们出于尊敬，我大，应该尊重我，也不一定是高娃想通了，就按我这个做的。可是我也没跟高娃商量，这么做行不行。确实那些杂音我没配，转椅什么的都没配。到混录的时候，我就按我这个做的，高娃也没提出不同意见，所以她也同意了。可是混录以后，那个副导演就跟我提出意见，认为这个不行。（说）这个怎么回事呢？说那么多声音怎么就没了？这行吗？不行。跟我一块（录音的）——因为是儿影的（片子），《我只流三次泪》根本没有录音助手，而是让他们的一个摄影助手兼着当我助手，拿话筒那样。所以我回来混录的时候就不能是他，人家是摄影，就是换成我们厂一个叫张子忠的——我在混录的时候，他也说这不行，人家一说咱们忘配了。后来我就给他们俩解释，我说我的想法是什么，他们也没发表什么（意见），也没跟我辩论，也没说同不同意。陈怀皑看过，陈怀皑是充分肯定的，（觉得）应该这样。可是这个片子因为没放，所以也不知道观众如何反映，我自己也没听到什么反映。另外我可能昨天说过了，录音学会也没放，如果放了，我会听到不同意见，没准。

问：录音学会选优秀影片，后来说是录音带的制式不对，是吧？

陈：对。就是说录音学会有评奖，我没有想过要参加，可是摄制组希望去参加。你参加，我当然就给你做吧。就把它转一条，我忘了是什么，反正到那儿以后，回来就说，我们跟他们的要求不符。（我也不知道他们的要求是什么）反正画面跟声音都得有，那时候是录像带还是什么，我就不记得了。

问：应该是录像带，80年代。

陈：可是为什么不符合，我也不知道。人家有介绍，因为不是我经手的，我也没看过协议，我也没问要求什么。他们行政也好、导演也好，他们更不懂录音要求什么了，反正到那儿去以后，后来我听说是因为我转的素材不对，所以也就没放，是这么个情况。

问：《我只流三次泪》创作过程中还有什么特别的记忆？

陈：我很苦。

问：很苦？

陈：就是为了这个效果，我很苦。每天早晨起来，因为那时候我们住的地方，离那个部队晨练的地方很远，可是我站在我们住的地方，爬到高一点的地方，可以远远听见他们操练的声音。我觉得太迷人了。我说如果我把这个录下来，配上去，多好。其实那时候，大概已经是好的纳格拉机器了，已经算是比较高档的。当时也录出来了，磁带能听出来，可是我觉得太小。所以我不服气，我说有那么一天，顺了，或者离我近点，他们大点声，所以连续好多天我早晨起来。

问：去录军人操练的声音。

陈：嗯。我费了很大劲。后来混录的时候，我也转了，我知道效果不会很好。因为什么呢？噪声很大，音量很小。也可能是完成片还行，到拷贝也听不见，可是我还想加。可是这段戏剪得很什么，他们早晨跑步（只有）很短很短一段，也没法表现（我所希望的效果）。虽然我加了一个，没表现出来，后来我加是加了，但是拷贝没出来。这个费的工夫真够大的。每天特别早起来，因为他们操练很早。我反正是那样，他们部队里唱歌，我跟在《天山的红花》一样，所有唱歌的我都录下来，想法插进去。

问：使军营的生活氛围更浓一点。

陈：对。我真是做过。反正就是我参加电影工作以来，就是这个摄制组，我跟导演合作是最愉快的。因为开始跟我谈的时候就觉得好。

问：基调就好？

陈：基调就好。另外，后来我怎么想，也都由我来，没有什么干预。所以这个还是挺愉快的。可是后来，她要再约我做她下一部的时候，那时候我已经病了，因为有一次摔伤……

问：您后来没再做片子的原因什么？是身体不好？

陈：这个原因我可以说。就是我们还没退下来的时候，我们这些老的，年岁也比较大了，老挡在前头，第一排总是我们，一说就是我们怎么怎么，没有他们第二批出头露面的时候。现在如果新生力量（充足），现在可能改了。应该可以一块做。可是怎么给他们机会？我也不知道，说不清楚。当时我没有很深刻认识这个问题，听他们底下也有抱怨。我也意识到，我们应该退下来。可是我不甘心。我觉得我还可以录音，我还可以工作。我就想个办法，我销声匿迹，我不干几年，过去挺红的，都没了。你说我再出来，不是也没人注意？也无所谓。他们也起来了，也没这个问题了。

问：对。

陈：可是为什么不行呢？没有多久（就会落伍），因为你知道我们录音这个行当，特别是后来的电子技术发展那么快的时候。我不跟你说吗，机器什么的不是改进，而是重新更新换代。

问：而且更新换代特别快。

陈：特别快。机器完全不一样，连录音的技巧，就说能够用新的机器来录环境声音或者什么的，做立体感、环境感什么的，完全不一样了。

问：不能熟能生巧，原来老机器做惯了以后，新机器还要重新学……

陈：不但是那个问题，就是创作手法的问题。那个还是一样，比如我从前想录远处的东西录不出来，我从前外景的时候，远处的声音，我明白是什么原因，是清晰度、灵敏度还有立体声，就说耳朵听的跟话筒录的完全不一样。后来这些东西都变了，（新机器录）都可以了。

问：可以了，不更方便一点了吗？

陈：不是方便，你得使用很多新的机器。机器都是新的，调音台上也是新的，你不熟悉这些新的机器，使用方法你重头来，很难。所以，离开一阶段的话，你对新的没适应，又搞立体声……

问：后来就逐渐退下来了？

陈：我就觉得我不行了。让我去做，我也不敢做了。我从此就没有再……

问：琪琴高娃约第二部片子的时候，是因为身体的原因……

陈：那时候是我病了。另外，在这个期间，好像我又接了那个——这个到现在我没法打听，因为一个人都找不着了——音乐家协会还是什么，作为资料档案，应该是这样的情况，反正全是录音乐。

问：没有画面，没有故事？

陈：没有。一段一段的。这个人原来名字很熟，现在名字想不起来了，时间也想不起来了，我记得最后……

问：您好像1989年六月的时候还在录？

陈：六月的时候我还在录。

问：那也就说从（19）87、（19）88、（19）89年您都还在工作？

陈：就是高娃让我再接一部戏的时候，那时候我已经接他们的了。我可以停下来，也是因为我病了，反正我不知道为什么，还是这个原因吧。

问：您刚才提到（19）84年让您办退休手续，您算离休还是退休？

陈：当时算是退休。可是后来，不是我一个人的问题，另外还有几个人，过去我们职青联那个组织，好几个人，所以我跟李百万，跟当时的党小组长张世明，我们仨人去找过沈波，就是当时侯瑞霞的上级领导。

问：咱们现在先说？（19）84年办退休手续的时候，您还在拍戏？

陈：当然在拍戏，我和傅英杰几个人都在拍戏。

四十五、退休及健身生活

陈燕嬉

问： 您和好几个同事一起退休的，是吧？

陈： 不是。80年代一刀切，好多地方都是一刀切。为什么我知道这个事呢？我记得当时很多人抱怨。当时的厂长是胡其明，就是我们二集体的头儿。

问： 当年的制片主任。

陈： 他那时候是厂长。他们说别的单位都不是这样的。知道有这件事以后，就把退下来的时间往后延——不是往后延，还是说薪金改革，反正很快就有薪金改革，往后延——就等着薪金改革完（再退）。那时候叫评职称，这些东西都完了以后，才退下来，那就差远了。说胡其明不应该。这样给大伙儿的利益（造成损失）差得太多。发我退休证都有的，后来跟沈波交涉以后，就改过来了，就改离休了。

问： 工资待遇全都跟着变了是吧？

陈： 当时离休、退休没多大区别，现在区别大了，后来就大了，还不算离谱，就是今年开始吧，就是一下调了很多很多，（离休）这个就特别多了。这件事也不奇怪，就是在哪年，我记得属于北京市的一些组织吧，就跟我说过，他们薪金已经调上去了，调了很多，他说我的钱都不知道怎么花。那时候我就说，中央系统的不敢跟北京市一样，薪金改革没启动。那时候差不多，最近这一年差的太多了。我估计他敢于这样做，因为现在没有几个人。

问： 也对。

陈： 我非常不喜欢这个离休、退休的差别。也许我特别，因为我对革命没什么贡献，我参加革命组织是很短的，就是护厂运动，很短。

问： 咱们不谈论这个。

陈：不讨论这个问题。反正那时候我即使跟地下党组织有关系吧，可是我不能算参加革命。要这么强行分开的话，对。上“华大”带着薪金就退休，还有我们同学是燕大的、北大的老师……

问：中国的传统，人为分成三六九等。

陈：城外，燕大、清华比北平解放早一点，他们就全离休。也不是他们参加革命，他们根本跟革命毫无关系的。苏河清也同意这个意见，就说这个杠划（分）得不怎么太好。我联想我自己，因为我自己惭愧得很，我对革命没贡献，我为什么要跟别人不一样，离休呢？可是我办（退休改离休）这个事情，我为什么要去办呢？当然跟我自己有关。主要还是好几个人，不止我一个人。我觉得这种差别，是造成人跟人之间的隔阂，退休肯定要有意见，凭什么你离休、我退休？如果人家参加革命早，或者抗日战争以前，是三八式的，咱们谁都不会有话说。可是就是这个界限中间，肯定有矛盾。所以我不愿意、我也不喜欢这个矛盾。另外我觉得不好。所以那时候傅英杰就说我，那时候他就主张党小组分块，离休一组、退休一组，要不然有话不好说。反正也是矛盾吧，我记得是这么情况。

所以我老觉得有愧，而且，待遇越来越不一样，我就越觉得别扭。所以这些事情，现在提那么高什么的，我就觉得更什么了。

问：更不好在一个支部里说话了。

陈：嗯。好在我自己有所安慰，就是没几个人了。一共没有几个人了。最后离休据说林永刚，就是最年轻的，因为后头没有了。

问：对，（19）49年到现在都60年了。

陈：对，我不喜欢这个问题。

问：您办了离退休手续以后，还不断在工作。到（19）89年以后真正退下来之后，花了多长时间才适应在家里？

陈：没有，就是我退（休后）好长一段时间，我好像还帮着他们混录一下，还有些工作，我帮助他们。

问：不断有工作，是这样吗？

陈：就说我比较长时间（还在工作），他们后来，比如傅英杰后来还拍戏，我还帮着他。我记得有这个事。在机器没大换以前，我还尽可能去做工作。另外我真正完全不工作以后，我不是像你说的那样，我不单纯是因为我工作忙，所以对家庭照顾不够，不是单纯这个问题。总的来说，家庭关系可以再说清楚一点。男女平等，我认为就不能提到男主外、女主内，女的就在家做饭。不单纯是因为我工作抽不开（身），同时我觉得也不应该。我最主张什么？家庭劳动社会化，可是不可能。在以前，我也不觉得好像郑学玄替我做了家庭工作，我就很有愧，对不起他，我还没有太多的感觉。但是他还好，他没有这个东西……

问：他也没有居功自傲，是吧？

陈：不是居功自傲，他没有因此觉得委屈。有好多男的就觉得，我怕你（才不得不多做家务），实际上我们俩根本不存在怕不怕的问题。当然他也没有你整天上外头活动，我在家里（做家务就心里不平衡），没有这个。我也觉得（因为他多做家务），我对他轻视，不是这样。

问：我的问题是，适应不适应回到家里？

陈：我没什么不适应的。

问：有没有从工作到家庭生活的过渡阶段？

陈：现在是这么一个情况。我退下来，就是完全不工作以后吧，我觉得生活还挺充实的。因为后来跟他们爬山、锻炼，又跟他们一块练气功。

问：登山是一个星期一次吗？

陈：天天。

问：每天？

陈：每天我们早上起来坐第一班车。

问：第一班地铁，是吗？

陈：不是坐地铁。

问：坐公共汽车？

陈：坐公共汽车到香山。好像不是正门，后山也不知道哪儿近点，反正我们也不用买票，从后山爬进去的。不是因为我们有证，就是不走正门，我们就爬进去了。

陈燕嬉练太极

陈燕嬉登山

问：爬山坚持了多长时间？

陈：很长时间。可是张家克更有意思。他是中午被赶回来。他回来大概是送孩子还是有事，坚持挺长一段时间的。从那次以后，我锻炼出来了，我耐力比较强。其实从前我不会走路，因为从前我老骑自行车。我记得挺清楚的是什么呢？根本不想（走路），有车就不想（走路），一步都不想走。可是这个以后，锻炼出来，能走了。后来跟我大儿子他们去爬山，我总能坚持住。除了现在我实在体力不行以外。

问：爬山是什么时候停止的？

陈：可能是郑学玄病了以后，恐怕是那样的。

问：郑老师病了……

陈燕嬉爬山

陈：那我当然就不能爬了。后来他走了以后，我大儿子他们有假期，常常出去。在北京郊区，他们也常常出去玩，带着我去。他们那时候好像得照顾我。

问：到郊区去是走路去吗？

陈：爬山。

问：也是爬山，是吗？

陈：主要是爬山。郊区那种的。我从来不觉得我累，他们觉得累了，该歇会儿什么的。

问：他们的身体感觉还没有您好？

陈：不是，他们的感觉是还得照顾我。我可能走得比较慢，就扶着我什么的，对他们是一个累赘，他们需要来帮助我的。另外我的媳妇儿她身体也不如我那儿子好，所以我们俩走得慢点，也还不觉得怎么样。主要是照顾我。可是我虽然是这样的情况，当他们觉得累的时候，真不累。

问：我都不知道我爬山能不能跟上您。

陈：不知道。虽然我现在不行了，可是我觉得我还应该不累。实际上不行了，现在有点自知之明了。所以我太不愿意跟他们走，因为你总不能成为别人的负担，跟外人当然更不愿意了。

问：跟自己的儿子没关系吧？

陈：那我也不愿意，还得让人照顾我。

问：他就陪您玩。

陈：我不干。我现在有点自知之明。当我自己觉得还能的时候，其实已经不行了。

四十六、再谈生活真实与艺术真实

问：我们还有一个大的话题，您上次曾经提到过关于生活真实和艺术真实的话题。我们原来商量说放到最后来谈。现在谈。您要对您自己一生的录音工作做一个总结，然后专题谈一下生活真实和艺术真实的两个话题，您先说哪一个？

陈：可以。

问：然后还要说说厂里老的同志，从汪洋开始，田方、汪洋，您觉得说哪些人都可以。由您自己选，印象比较深的电影老人。

陈：那个我再想，也不会太多。

问：先谈录音总结，生活真实和艺术真实？

陈：不算总结。我先说关于生活真实和艺术真实。

问：您刚才说到《只流三次泪》那个小孩儿的歌声延续，到儿童游乐园去把环境声音压掉，笑声突出来，那就是艺术真实。

陈：我觉得生活真实跟艺术真实是这样的情况：源于生活，高于生活。源于生活，当然是各有各的不同，摄影部门他拍摄演员的动作，属于他们的创作方面，先不管，反正也是源于生活的。在声音上，也更要源于生活。看起来无所谓，现在我为什么说这一点呢？因为现在有好多人，有好多录音师，（以为）我这个声音又看不见，摸不着，我就用它，管它当时有没有。在历史片里面，你也没有那个生活，我也没有经过那个生活，现在的观众也不是那个时候过来的，干嘛非得要那个时候的环境真实？我是这样想的：当然现在要写一个历史故事，观众了解那个历史的人很少，但是总有些人在研究这些问题，他有一些资料，有一些文字资料，或者有一些音响资料，他可以知道那个时候是什么声音。如果你今天用错了，有这种知识的人，他马上就知道你错了。你错了怎么办呢？出戏。他一看见不对的话，他马上就想：怎么回事？跑出来了。所以说，我想跟道具（一样），比如他拿一个烟盒，烟盒是三五牌的或者是大刀牌的，作为一个不抽烟的人，看到一个标识我没有想法，可是如果道具错了，而（观众）是一个烟鬼、一个老抽烟的人，他一看，不对，那时候哪儿有三五牌？那牌不对。他马上就出戏。还有什么情况呢？你要生活真实。演员为什么要体验生活？要什么呢？

比如咱们说英雄人物无私无畏，敢这敢那的，实际上当时我没有那个生活。不是那个时候的事，抗战那个时代的，那我怎么生活真实？那你也必须得通过文字材料，通过想象，通过深入挖掘，那时候是什么情感？你要用现在的情感来表现出是不对的。比如《早春二月》，当时我总觉得，因为谢铁骊本身是小资产阶级的（情调），有点浓厚。我现在认识，（正因如此）所以他对反映小资产阶级生活就是手到擒来，很顺手成章的，表现得特别顺畅。

问：也比较充分。

陈：比较真实，也比较充分。可是演员也好，导演也好，不能老是反映你自己熟悉的那段。为什么说演员要深入生活，体验生活呢？包括导演在内，你就必须得想回来，你得掌握一些什么，用当时的英雄情感来处理这个戏，来演你演员的戏。所以不管哪个部门，你必须得认识那个生活，有那个生活，完了你才能够演戏。

问：录音呢？

陈：录音也是这样的。录音你要体会到，当时这个音响是什么情况：这个时候，这个音响，跟那个时候人的感觉。比如使用主观性想象的时候，就要有演员的心情跟他那个声音合在一起，才能够起作用。你找到那个时候是这样的声音，演员的情绪如果不掌握正确的话，就不会做得更好。我这是说的道理，每个人不可能说我每天是这么想的，只是理论上说的而已。可是源于生活，你必须来自于生活。

为什么说要高于生活呢？他们后来（不是）说出外景同步录音有一个好处吗？就（是）把现场的东西全拍进来了，好像环境气氛什么的都对了。不是那样的。因为当时拍戏是截的那一个片段。我举一个绝对的、太绝对的例子。

如果你拍一部农村戏，这个农村是一个很好的，就是说很先进的那么一个乡村。人跟人的关系也很谐和，都很好的，没有什么个人的东西，就是高于一般，表现这么一个村子。你去拍了。你去拍的时候，后景中有两个小孩儿，打起来了，声音骂来骂去。这样的话，声音出来以后，你如果听不见后头那个声音的话，你知道他们在那儿打什么的，就觉得这环境并不是那么和谐，你看这不是打架吗？就得出这个问题了。再有一个例子，就是我那个时候最反对的，就是在电影学院开录音座谈会，电影学院有那么几个毕业生，他们就觉得生活真实，一个必须同步录音，一个必须要真的情况，不能作假。他们又没有成本、又没有机器，就用了一个摄像机，录音话筒是定死在摄像机上，他们就去拍，要同步录音，同步录音才真实。他们同步录音，同步录音的结果呢？因为话筒在这儿，演员不知道在哪儿，所以录出来以后，对白听不清，只有效果，就是机器前边听不清，比较乱。他们结论说虽然对白听不清，这是一个缺点，可是它比较真实。据说他们的实习作品还是什么的，给外国人看了，大声叫好。我当时怎么想呢？我说当然他们大声叫好，因为他不懂中国话，他也不知道你的戏里谁是演员，谁不是演员，谁说的话他都不知道。你给人看的，那人可能就是最不懂中国，而且有反华情绪，觉得你们华而不实，就是伪装吧。你们戏都表现那么好的环境，都是你们假装出来。你们生活就是乱糟糟的，我觉得正好符合这种心理，觉得咱们弄虚作假，不真实。太好了，我从前在电影里头都没有看过真实的，你们环境是这么乱，嘈杂的，吵来吵去的，是这样，那我现在真地看见真实的东西了，他当然大声叫好。我说清楚没有不知道？

问：说清楚了。

陈：就是说同步录音。

问：要高于生活有可能……

陈：不是高于生活。连真实都达不到。因为什么呢？生活真实的话，除了反映真实，你那个电影是什么？电影（是）分镜头的。分镜头的话，这个镜头后景是在这儿拍的，反打以后可能就跑到外头哪儿拍去了，所以在镜头里头出现的声音（可能就）不真实。另外，简单地说，随便在哪个地方录点东西的话，你搁进去，你就说我是在湖南录的，那我就在湖南生活，就对？不对。因为什么呢？它要集中。它要把好多声音、好多效果集中以后，提炼出来最能代表这个时代、（这个）地方的东西，那才叫高于生活，才能充分反映这个。你要随随便便到哪儿就拍，那出来不行。比如说现在，知道现在可能还要用，一种怪鸟叫声，当然这个怪鸟，因为它没出现过，也不知道是什么山林、什么地点，都没有，当然可以用。第一个用得很好，因为情绪很合适。后来因为这个好，转来转去，好多地方（都用），只要一出现什么就是这样。这样的话，观众都熟悉了，这是哪个地方。所以说，这个生活真实，除了源于生活以外，它还有一个各方面的条件，特别是用在电影里头，因为镜头跳来跳去，而且在很多地方都是非常陌生的。

问：这个我想比较容易懂。

陈：可是有些人在这个问题上挺混乱的。他们认为用同步录音的原因，就因为它可以真实，实际上同步录音解决不了“真实”的问题……

问：……不见得等于真实。

陈：另外，在技术上的话，也不行。为什么呢？它有连续性。比如说这个镜头后头有一个打东西的声音，第二个镜头就没有了，他换角度不知道换哪儿去了，位置全变了，你这么停下来，这个镜头完了以后，再用那个镜头另接是不行的。你即使不同步录音，为什么外景录音非得去呢？就是不同步录音，你把后景有的，镜头没有的，你要连续录好多条，（如此才能确保）将来你把画面没有、或者画外音位置改变的（音效），怎么样能够变得正确。有些人就说同步录音就是为了真实，（仅此）不能真实。同步录音最根本的（目的）就是为了演员，因为演员拍戏的镜头只有一次，他的形体、说话跟表情是一致的，只有那个瞬间，不管你好不好，追求他一致（总是必要）的。如果你拿着配音对着画面，冷冷的，动作也没有，不像现在那么……

问：……肯定是有距离的。

陈：肯定得打折扣。那个折扣还是很重要的东西。所以我觉得同步录音不是为了录音。我们昨天说了一点，因为对录音没什么好的。你要省事的话，特别是现在什么条件都有，后期配音更好，因为情绪连续，他声音也不会有杂音干扰，配好，你用什么都可以配的。另外的话，做环境感也是不如同步录音。在咱们进行同步录音的时候，在内景的时候，也还真；那时候虽然环境意识并不是那么强，它自然的，它是自然而然的，它的远近感就有了。配对白的时候就很难，因为配对白的时候，就是在那个对白棚，是声音吸得比较多的，你要想换换跟的话，是很难的。不管话筒，从演员、画面在那儿，他也没法跟。另外的话，挑多高才能出现远的效果？而且两个演员，他说话，她又跟着说了，所以也不可能。所以只有（有）远近感的时候，那时候同步录音是比后期配音好得多。当然现在有那么多条件，有那么多机器设备可以用，你可以完全做出来，那是另外一回事。

问：对，这个话题大概就是这样？请您对您自己录音工作做一个自我总结和评述，有哪些主要的经验要留给后人？

陈：我把同步录音也说得差不多了。如何看待同步录音，每个人有不同的看法，就像有人主张同步录音，他也认为这真实，其实不是。没有一个人想到是演员，主要是保演员。现在看起来，所以我就说不管我那时候在洛杉矶听他们说的什么，或者现在他们又吹嘘如何配音好，就用新的配音方法好，我都觉得他们都忽视了（为了保演员的表演）这一点，我觉得是这样。那也就是说还是带着质量第一的（追求），没有像什么还是为了省点钱或者什么的。

问：好莱坞的录音效果应该是全世界最好的，技术质量特别讲究的。

陈：对。

问：您不同意吗？

陈：我不是不同意，我觉得如果按质量来说，不必说一定差于他们，自然现在不一样。现在因为什么？现在手段太差，咱们录音意识也差。不是录音意识，就是专职的那个，他们作为一个录音公司，后期制作的公司，他们花了多大的力量（做这个事）。为什么呢？他也是出来做买卖的，可是你要求每一个摄制组、录音师、录音组那么几个人……

问：能够做到专业公司那个水平不太可能，是吧？

陈：不太可能，没有那个可能。因为它有专业化的问题。比如说他们录音公司，他们就想方设法，整天动脑筋，我怎么样录出来的效果（更好），不止一次地试，比如枪炮声怎么出膛，作为专业来做。你不可能要求……

问：而且收集的资料几十万种，枪炮声就有几万种。

陈：所以要求咱们录音师也要跟他们（一样），不用他们的资料，不请他们帮忙，如果跟他们合拍的话，我们自个儿来。我为什么不同意？现在咱们也有后期工作，可是后期工作也很简单的，就是帮你做一点什么工作，还是没有一个（专业化环境）。所以将来，我觉得，咱们要不是就是这样，咱们吃现成也无所不可，我就当买你那个东西了，我不花那么大力气。

问：您说咱们整个中国电影都这样？

陈：我说的是资料。

问：录音资料？

陈：那个东西我买你的，还不行吗？买了，我爱怎么用就怎么用。

问：但是，比如说中国南方和北方羊的叫声都不太一样。

陈：当然不一样了。他们做的效果也不是做这种容易能够做到的，而是比较复杂的，比较有难度的东西，去研究的。应该是几个结合，不能是绝对化。我觉得，比如说为什么现在引进很多机器、录音设备，咱们国家能不能做？我觉得也能做。因为咱们现在也挺发达的。可是他们专业化的问题（我们还是难做到），你说咱们整个国家多少电影制片厂，多少台录音机？你弄一个大工厂专门生产这个？好像没有必要。所以说在这种情况，我们可以引进他们的那个，尽量运用它。而且我觉得我们要超过他们的话，除了这些东西以外，我就很争气，什么都得有中国的特色，什么都得有特色，我们的市场经济都得有中国特色，在电影上没有体现出来这个东西。

问：在录音上面没有体现出来？

陈：录音更是，电影也没有体现出来。

问：电影文化应该也体现出来自己的特色。

陈：它也不是特色，它就是分类而已。说良心话，我觉得什么商业片，我根本不同意那种分法，就商业片的话，中国特色是什么？我不单纯是商业，我的商业里头……既然是电影，应该说是一种武器，而且是一个教育人的、提高人心灵的美，是应该有一个精神在里头，不能完全是商业片。我就是卖片，这根本不对。我觉得起码商业片是要的，因为我们要赚你们市场，我们要跟你们竞争，完全可以。可是为什么不在这商业片里头加上一点中国特色？就是说我这里头虽然是商业片，我不迎合一般的视听感觉而已，必须在商业片里头也灌注着……也提高着人的心灵，那种人性的东西。为什么不可以有我们中国特色呢？

问：您觉得国产片没有中国特色，或者特色还不够吗？

陈：没有体现。像商业片就是商业片，咱们就是商业片，而且我觉得有一个不好的东西。就是因为现在国际上受西方的反华势力（影响），就觉得什么呢？觉得咱们民主、人权都特次，都赶不上，都落后，都是需要提高的。将来提高以后，我们才怎么样。（这是他们）歧视咱们最大的一个点。可是我们有些片子，当然他说我们是反映真实的，反映拆迁什么的，那时候确实是伤了很多人心，群众心里头很不平，我只是反映那个而已。可是恰恰，你反映那个的时候，你想没想到，为什么好多片子在国外那么受欢迎，就是这得奖、那得奖，它真有那么好吗？为什么在中国，在咱们国家放，就不见得那么红呢？比如说《三峡好人》，是，有它很痛苦的东西……

问：您不喜欢《三峡好人》那部片子吗？您看过吗？

陈：我看过。就是这么一个问题，我就举这么一个例子来说。比如三峡搬迁，那些搬迁的人很痛苦，他心理很多活动，都很难。可是，反过来说，那个工程一定要拆迁的话，这个工作也很难做，他不参加也不行。而且我觉得作为一个片子里头，也是电影、电视剧里头，就写当时做工作的人，要劝他们搬走的人，做了多少工作。那时候也是亲情的关系，也都是很有情的。

问：您主要是想说什么？

陈：我想要说，光从那一面，就是你是对的，站在被拆迁的那些人的立场上，觉得太痛苦了，描写他们的痛苦。

问：就是暴露中国黑暗面，有迎合外国人之嫌，您讲的是这个？

陈：就是说中国为什么不按群众（路线）？也（没）有考虑到人性的问题，也没有跟他们商量，也没有跟他们什么，也没有听他们整个怎么样，都不对的。明白这意思吧，我就是举这么一个例子。

问：我现在想听您对自己录音的总结，和对六十年来的中国电影录音的总结。也可以换一个小一点的题目，您认为在您录音的几十部作品当中，您自己比较满意的是哪一些？

陈：我觉得这个很难。

问：您自己满意的，比如说《风暴》、《茶馆》……

陈：还是我说吧，我觉得我这个东西……录音方面我没听人这么说过——有一个年纪比较大的人，他说的话——作为创作者，包括你是录音师，必须首先你自己感动了，才能感动别人。可是谁也不这么提。

问：说您自己的创作总结。

陈：我就是从我的第一部戏《毛主席莅平》，我的感受（很深），因为我觉得我确实忘我了，我就变成画面里头的人。

问：后人要写文章说《毛主席莅平》是您录音代表作之一，您同意吗？

陈：不能那样说。当然不能那样说。我没有什么代表作问题。

问：您没有代表作？

陈：没有。没有一个。我觉得要真实的，你自个儿感动。所以你今天问我，就是那个《建国大业》，我感动不感动？那个人对那个士兵说的一段话我非常感动，而且好像也介绍过，劝他，不让他来他就非来不可，那个非常感动。我如果录那段的话，我只对那个感动。可是跟毛主席的那种亲切关系，我是因为毛主席，我崇敬他而感动的。（在这部片子里）我没有，因为他们没有一个镜头，他们俩交接的，大场面，可是不会有我录音（《毛主席莅平》）的时候（那样），画面不大，可是毛主席跟群众很近，那种关系，我觉得我们感动不一样。

问：行，今天到这里。您还有时间来整理这个吗？

陈：我想，应该现在比较好整理了，因为我基本都弄出来了。

问：明天能继续吗？还是明天要休息？

陈：我想应该可以。

四十七、对自己录音生涯的小结

问：昨天说到您的录音工作总结。[①]

陈：我有一点点补充，就是我说电影学院没给钱的问题，我不知道怎么想的。

问：讲课报酬那个？

陈：讲课那个。我还有一个补充，就是我去买录音机的问题，那个不对，可是当时没有几大件，又该说了。

问：就是您访美回国时的免税指标？您现在补充哪个？

陈：我先说电影学院的那个。我当时怎么想的，我为什么没去追问。因为我是很久以后，有一个人问我，说你在那讲课，给你多少报酬？我说没有。当时我不觉得奇怪，我觉得反正我又不是主讲的，而是让别人准备好东西，我替他讲而已，我没有想到（报酬）这个问题。因为在学校上课，也不一定有什么酬劳。那个人一问，给我问住了。我不想追究，原因有两个，一个我觉得可能是，因为（询问我的）是作者，就是写稿子的人，他们可能在酬劳上（比较敏感），这是一个。另外一个，当时电影学院（那个）班的负责人是我们的一个录音师。

问：同事，是吧？

陈：同事。我想如果是他的错误，他忽略了，或者是怎么样的话，我何必追究？我也不想追究，因为也不是一个大事。不算什么事，所以我就没有提。还有一个就是什么？你说儿影不是我们厂，有没有报酬？我为什么讲那个？也就是儿影借我去替他们试声音。当时我说不出来为什么不愉快，后来我想明白了，不是别的，就因为对我不够尊重。就是下命令似的，给人感觉不舒服。我说我来帮忙，你为什么对我这样呢？而且你年岁比我轻得多。有这个（心理）活动，这是一个问题。

问：然后就是美国回国的问题？

---

① 以下一小段，是隔天，即2009年11月19日下午采访开始时，陈燕嬉老师照例作出的补充。在前面解释过，每次采访开始的第一段，陈老师都要对前一次的采访内容作一些修订和补充。这一次也不例外。例外的是，这一次的补充很短，没有太多新内容。之所以照录，是希望给口述历史研究留下痕迹证据。

陈： 美国那个问题，我想来想去也想不出来。如果是说一人一件的话，就是允许带一大件的话，（应该）我们几个人一商量，你买什么我买什么，到时候研究咱们怎么买。没有。我说蔡明模拟手枪的问题，他给他儿子买着玩的，那个不是大件。所以说可能就没有这个。可是我为什么想起来说，最后送别人了呢？就是回到香港的李宝兰，李宝兰准备送一台录音机。

问： 她送您一台录音机？

陈： 对。她说香港东西便宜，我不要。我说录音机带走，带到北京送给你的好朋友，说我也认识，可能是季文彦还是谁，这个人我记不清了。可能是有这个。我给你带走，送给她（的朋友）。

问： 为什么不要呢？

陈： 我为什么要别人的呢？

问： 您是录音师……

陈： 那倒无所谓。那时候，因为我们也是业余的，自个儿的去玩，还不是那样的（需要）。从小在工作里头就用录音机，也没有那闲工夫去玩。

问： 有可能是出国时间不到，没有大件这一说？

陈： 不是，也许是那时候过了以后可能有。我记得后来我听说，每人带一大件，那时候可能。（19）80年的时候还没有。我这么想的。

问： 上次我问您了，不太可能送给李宝兰，因为她在香港买东西也免税。

陈： 我想清楚了，是这么回事，她要送我，我没要。我跟她说清楚了，我说我给你送到北京去。为什么呢？我没有必要再要别人的东西，她借我好东西，帮我很多忙，我还在她家住。我是这么想的。这点补充完了吧？

陈： 完了我就想说，我对录音的一些总结看法吧。

问： 好。

陈： 我觉得我哪个（作品）好，说一下。我应该是这么说：我对我自个儿的评价就是这样，我觉得作为一个录音师来说——不但是录音师，只要是摄制组，摄影有关的各个部门——至少他应该，他这个生活的经验，对生活的看法，历史材料的了解，对整个历史、整个人生、整个社会的了解各个方面，各个地方知识应该很丰富的，地理知识、历史知识；另外就是修养问题，这个很难说，应该很长时间的。比如说你问我看小说的，其实看过小说，不算太早，可是不是那种真正认认真真投入进去了，我就是一般地来看小说。所以我文学修养、艺术修养也谈不到。那只是自己看着好玩，看着喜欢就是了，看书也不是很多。艺术修养、文学修养都不是很高的，水平不是很高。

问：您还不算很高？您上过大学……

陈：大学有什么用？

问：您那一代人中有几个人上过大学？

陈：我首先说，为什么我无怨无悔呢？我这一辈子、下辈子并不后悔。我记得有人问我，如果有下辈子的话，你还搞不搞录音？有好多人就说我下辈子绝不搞录音，觉得录音不受重视。我倒很庆幸我干了这个，我也喜欢。可是两边，它需要科技东西，它也需要艺术的东西，这两个都不怎么好，对我来说。虽然我是理科毕业的，可是我并没有很好地钻研这些问题，特别是我用的那个（机器设备）。我自己没有从头很好地、真正地来去了解它，因为一开始几年白白过去，根本也没想法。可是（虽然说技术和艺术）我两边都不怎么样，我搞这个，两边需要一点，所以我还可以胜任，还可以愉快，所以我觉得挺庆幸的。因为这样的情况，我不是专家，比如说像吕宪昌，他是……

问：工程师兼录音师。

陈：他很钻研，很高。他就有条件，他判断声音什么的（水平很高）。至于他有一些什么想法，不知道。因为他说过：甭参加分镜头。不需要参加分镜头。他也不太看重。那就是个人的（选择）问题。我也不是那样。可是你说真正有很多的艺术修养，我又不是。我虽然有些想法，至今无悔，我跟别人不太一样的几个想法，并不等于说我已经做到了。我对自己的评价，我自己确实努力了，我没有像过去（那样）平庸，就是按部就班的、你让我干嘛我就干嘛，解放以后我没有这样。我认认真真地对待每一部片子，只是有的喜好不同而已，用的力气也不一样，因为觉得没有什么干头的话，就慢一点，可是我没有敷衍了事。都是认真的，这样我问心无愧的。虽然这样，你有想法，努力去做，就能做好吗？我觉得不一定。特别是（艺术的）创作，它必须有一种灵感，不能说是有才华，真是有不一样的。有一些人他很努力，知识也很丰富，他就是没有那个火花，就是没法升华。因为各种职业有它不同的要求，所以我说我（不）是一个很平庸的人，可是我很平凡，没有做出很大的、觉得自个儿也很满意（的成绩）。当然这里头有客观原因，当时的设备条件（非常有限），那时候的气氛，大家（对声音的）探讨、重视（不够），这都有关系。

另外就是说，如果事物能够更好，即使做了，别人是不（是）能感受到，这点不说它。以外，我自己虽然努力了，可是还是有限。因为什么有限？就是我没有认真，你可以充实你生活，我也可能是忙，也可能是我的生活（经历使我）养成一种没有刻苦、钻研努力去追求什么东西（的习惯），这跟性格也有关系。如果说几十年，我闲的时候就看书，各方面钻进去，我觉得比较好。所以我觉得即使有几个片子，我自个儿觉得好像是努力了，而且我当时觉得也不错，现在看起来也没有什么了不起。一方面就是什么呢？因为这技术……

问：录音技术不断的变化？

陈：跟摄影都不一样，摄影（技术的变化）就是逐步的，是进步，越来越好的，清晰度、光线、层次越来越好。可是我们这是改朝换代的。

问：飞跃，经常飞跃。

陈：就是到那个时候，机器到立体声的时候，整个重来。过去完全不一样。我后来跟不上，就更别谈了。所以我觉得，我这人就是说贡献不大，自己虽然是没有很平庸地去按部就班地做，我是努力了，可是效果不是很大。当然我应该承认，我为什么跟别人不一样？也不是别人不一样，就有些人是这么说过，我还在搞录音，费了半天劲，又不出名，又不被关注。我觉得这个对我来说（不存在）。我是这样认识的，我觉得电影是综合艺术，每个部门都在发挥着作用。虽然说（电影是）声画艺术，也说有声音、有画面，可是给人第一位的（印象）还是画面。我们看见的就是画面，声音是听着的，可是一瞬一过，画面不动，声音听完就走了。所以你不注意，声音过去（了）。而且人的习惯，也是先看眼前的。所以你要说真正好的片子，（声音）起多少作用，那是另外一个问题。可是即使起不了多大作用，就是史东山说的那个，你看着舒服（就好）。你想起来那个——叫什么名字？挺好的，就是马车一边走一边吹哨，就是说你当时感觉非常舒服的，音响配的……我不觉得需要。

问：您讲的是《翠堤春晓》？

陈：马车那一段。我觉得不在乎字幕上有没有你，或者别人把你捧成什么样，摄制组怎么重视你，这都不是很重要的。我就特别佩服，我就特别同情道具组，我觉得道具组对生活、对历史什么的，跟导演也差不多，他能去找那些东西，费了很大劲，可是他在摄制组里的地位（并不高）。我就跟他们讲，我说不该这样，应该是（注重道具部门的贡献）这样。所以我觉得不在乎那个，我没有想到说大家不重视声音的话，干着没戏了，不是那样。我为什么跟汪洋他们争？就是说（他们）不许（录音部门）出外景，我觉得你不给录音工作条件是不对的。你不给条件的话，就是不重视录音的表现。

问：您的想法跟别的录音师的想法，不同点有哪些呢？

陈：不同点？因为我没听说谁说过。总是有点抱怨，就是不重视录音，录音没有地位什么的，这样的多。可是没有一个想，我们怎么样做，让人能够看得起我们。（录音界）就是没有学术氛围，我们并不探讨这些问题。虽然是解放那么多年了，按说应该有，（没有）这也不奇怪。就是说搞创作的时候，要求大家那么样，推心置腹的还不多。像别的部门，摄影、导演好像也不见得这样。不应该这样。应该还是充分探讨好。我觉得我就是这么一个人。为什么我负着债呢？就是《电影艺术》，他们要求我们几个人写东西，我一直没有给他们写出来。傅英杰已经死了，我就没写出来，交不出来。后来我又想，年轻一辈说你不该，也得替录音想，你们要不写……我开始是怎么想的？我就觉得我没什么可写的，我在录音上没有了不起的东西，写起来也没什么意见，没有可借鉴的地方。所以我就觉得不想写了。可是后来年轻人跟我说这个事情，我想也对，我们老一辈再不把录音的情况说出来的话，那别人看你们录音，说你都不敢说。所以那时候我就想说。可是想说的时候我没写出来。我开头有想法，就是说我不但没有什么很大的成就，而且我的看法比较保守甚至有一些错误。为什么会有错误呢？就是因为现在我离开得太远了——你不是昨天问我好莱坞电影怎么样的问题？我一想，可不是吗？我看了多少的外国片子，（见识了多少）新的东西？当然这里边有原因，也不是没有条件，我自己本身眼睛不太好，耳朵不太好，反应也慢，字幕也跟不上，是吧？另外说良心话，那种大片的东西，我不太喜欢。看的机会少，我就不看这些东西。（我喜欢）看比较有情节的东西。我对新的东西是知其然不知所以然，所以我有些想法是错误的。

当我如实地，就是我毫无避讳地，把我自己保守的、固定的，甚至错误的（看法），如实说出来。你们觉得不好，可以来纠正；甚至可以来批评；你在批判我这个错误观点的时候，对你们新的认识会有一些帮助。所以，由于这点原因，我觉得我想写。一方面就是让你们知道，你们现在来之不易，你们现在到处都是小机械，多方便？你们知道我们当时多困难吗？那是一点。

另外就是说当你们在批判我的时候，批评我错误观点的时候，也可能对你新的认识有帮助。我说不管从哪一点，只要对后边人有一点点帮助的话，我就会觉得无限的幸福。我会把它看成，我一辈子做这个事业最后一点点的余光，我就很感谢了。所以我说我这一篇东西可能很长的、很没意思的，我希望你们能耐心地看下去，我就谢谢你们了。同样的，当接受你们提出这个（口述历史采访）问题的时候，我开始也是，我没有想应该去接受还是不接受。还是我的想法，我觉得没什么了不起。可是后来想，我不是有那种想法吗？这个比我们的想法更全面一些，为什么呢？把我们所有的当时思想活动，当时自己怎么样，全都在里头。也许给后人，后来的同行，也许有一点点的帮助。所以我的心情就是这样。因此我觉得对你们电影资料馆做口述历史这些人，这些倡导者，而且你们两位具体地来帮助，花很多精力，花很多时间，我都要感谢。

问：应该感谢您。

陈：如果是能有一点点作用的话。

问：肯定会的。

陈：就是这样。

问：您那个文章的主要内容是什么？给那个《电影艺术》的，写成了吗？

陈：没写成。

问：您想写？

陈：我写了，没成。（内容）跟这个差不多，“文革”或者什么……

问：也包括生活上的记忆、政治方面的记忆？

陈：生活上、政治上没有。只是录音上，一个片子，一个片子的情况。

问：您自己比较满意的、比较有特色的、有想法的片子，主要有哪些？

陈：我花的力量比较多一点的，还有自个儿喜欢的，应该从开始起，就是《龙须沟》，自己比较喜欢，自己花的时间比较多。还有就是《风暴》。《风暴》恐怕是这里头花的精力最大的一个了。可是这个问题是这样，你说有没有献礼片（特别用心）或者怎么样，我不太清楚我自己有没有这个想法。

问：谈您自己投入的心血和想法就行。

陈：对。《龙须沟》没有那么多的东西，虽然有，每个地方都有想法，可是也许不是那么多。《风暴》里头也有这个问题，为什么呢？因为它写的是工人运动，工人群众非常多的，所以我想，你说这工人群众运动都占满了，音乐跟效果都占满了。所以我又想了半天，后来我想只有一处地方。就是施洋他们被骗，跟他们一块走在街上的时候，那时候没有群众场面，没有群众游行，什么都没有。当时我用的是什么？就是当地那些叫卖声或者是音乐什么的，那可能是在武汉那边录的，我就记不得怎么录的，反正（素材）都是那儿的。所以只那么一点点表现，其余的都是人声，都是群众生活。这里头就是说，在那种条件，我们录音都是很次的，达到了一点点。我就（想）怎么样来弥补厚度的问题，就是人声多的问题。这个跟我后来用的四条声带都是同样的，就是加厚，声音也饱满一些。另外，就是跳跃时空的问题，就是拿这个声音连接时空，这也不是我有意识的，或者一定要连接，可是我觉得情绪所在，应该连接上，我是那么想的。

问：除了《龙须沟》、《风暴》，还有哪些？

陈：《风暴》是比较什么的……

问：就是满意度最高的一个片子？

陈：也是我花的力量最多的。

问：是满意度也比较高的一个片子？

陈：这我很难说。因为现在我没有时间再重新去看这些片子。《风暴》为什么看？就是那个问题，我说是不是少了一个镜头，我说修改了，为什么？我就看了一下。聊以自慰是什么呢？就是那时候的条件（有限），今天再看（还过得去）。

问：我们应历史地去看当时。

陈：对，可是起码我觉得过得去，这是我可以自慰的。也可能现在一看，怎么这么差？可是我觉得好像还可以，过得去，这样我就觉得比较自慰了。后来就是《茶馆》。《茶馆》我也用心比较多一些，可是这多，并没有什么创新的问题，就是严格地用声音，各个地方的声音，各个时代的特点来转接那个过场。

问：就是创造时代环境、时代氛围。

陈：时代氛围是一个比较长的，还好办一点。就是舞台没表现，可是电影已经有了。就是几个镜头就要把这个时代（带）过去，换一个时代。这个时候，我每一个细节都要突出这个，这个我自个儿心里明白，可是别人不见得能看明白。就是说这是一个转折的，我一定要想办法表现这个特点。我也是花时间多一些的。可是我觉得《茶馆》，所以说声音不错，就是时间的效果不错，功劳不在我，主要功劳不在我。可是我自己也是用心的。我自己比较喜欢的。也可能就是因为那个戏，自个儿可以跟导演沟通比较多。

还有就是《边城》。因为跟作曲也在一起。我觉得，跟导演沟通得比较顺利一些。因为我也没再看，当时是有一些想法的。可是我现在忘记了。这里也没有什么，最突出的、最满意的，我觉得没有，不可能有。什么叫作满意？如果说现在条件的话，再拍《风暴》的话，那群众声音肯定比现在不定强多少。

问：不能这么比。不同时代，不同的技术条件。

陈：技术条件？可是你要按摄影来说，经典作你现在来看的话——大场面不算，大场面必然是现在的（更好）——没什么区别那么大。

问：这是不同的技术，设备条件不一样。

陈：对，不同的效果，就是这个情况。

问：下一个我想问，对您同行的印象和评价——您如果不想得罪人，您就说好的，哪一些您比较欣赏的同行？

陈：我跟你说，（我能看到同行的作品不多）这个是最大缺点。我不知道别人怎么样，我不是说吗？三厂也好、华北电影公司也好，没有机会让我们看片子。解放以后，同样没有。

问：厂里不是有看片室吗？

陈：看片室？就是忙得你转来转去，你就没有时间……

四十八、关于录音的历史和现状

问：若后辈学者想做一个录音师的研究，想让您说您这个时代，从解放后到八十年代的一些录音师作些评述，十个或五个录音师……

陈：我说不出来。

问：最小范围，就是北影厂主要的几个录音师您总能说吧？

陈：就说北影厂，我也不知道。

问：他们的片子您都可以看。

陈：看片子，还有一个问题。郑春雨看个片子，他不看内容，就听声音。我做不到。看一个新片子，我先看着它（情节）跑，没有很注意声音。你说马上看第二遍的可能性也不太大……

问：您刚才说郑春雨老师？

陈：他有一次跟我们一块看片子，看一个新片子，他能不看内容，专注于声音，我做不到。（郑春雨）这人还是挺艺术的，他还当过导演，两个人联合导演——不是联合导演，他是副导演。他挺注意的，可是（我）做不到。你说一个新片子，我还想看故事，我不会先听声音的。那时候气氛也不好，互相间学习（很少）。你说应该不应该讨论的：因为我们有些声音不太一样，出来的声音质量不太一样，偏重于什么不太一样……可是没有那个讨论的气氛，也没有讨论的机会。

问：换一个问题，您觉得对八十年代以前的中国电影录音，值得讲述的一些问题是什么？例如您一再提到的，大部分导演都不重视或者不懂得声音，对声音参与创作的重要性认识不够这样的问题……

陈：至少你还差一个最基本的问题。

问：是什么？

陈：不是导演不重视，注意不够。导演就没有想把这个作为自己的创作手段，他就没有想。这个东西——导演说，在摄影上我准备怎么样表现这个——我声音怎么样表现，他应该有，他没有。

问：您遇到的导演大部分都没有这样想？

陈：没有一个有。为什么这么说呢？没有一个导演向我要求过你在录音上有什么重要表现，要突出什么，没有。我不知道别人怎么说，反正导演要求我们怎么做，导演没有要求过。我觉得奇怪，我就不知道他们说的是什么，好多人都是说……

问：我们外行都很容易想象，觉得导演肯定是要（与）录音师沟通，我要什么样的音乐效果，什么样的音响效果。

陈：没有一个说。没有的话，混合录音的时候，他会觉得你这个音乐不应该这样，应该那样，或者这个不应该要的，那都没有。我不记得，（导演）会提出一些技术什么的（要求）。也可能有的。可是很少在声音上说应该怎么样，说我们自己连得不对、合不上什么的，还没弄好，好像没有什么太多的意见。

问：您觉得这是什么原因？导演为什么总是忽略这个呢？

陈：为什么呢？你要是说电影有了以后，你拍什么声音有什么声音就行了。在无声电影的时候，那个电影语言很讲究，无声电影很讲究的。

问：对，摄影语言。

陈：对，就是摄影语言，特别是镜头语言。他怎么样你就可以什么，没有声音也行，配点音乐就完了。所以有了声音以后，你有什么录什么，什么声音录上去就完了。这个声画艺术还是以画面为主。

问：但是有声片到现在也有七八十年了。

陈：现在新导演是不是已经不是这样了？也可能有要求了。我没有跟他们合作过。不过现在也有一些，新的录音师，当然有几个不错的，他们自个儿也认为不错。这样的录音师，他们的口气我也不太喜欢。

问：什么口气您不喜欢？

陈：就是我监督或者我录音什么的话，我主宰一切，我要求演员怎么说话，我叫你怎么样……

问：要求太过了？

陈：不对。不是这个问题。演员创作不是（为）你，你是为保证他的创作，你不能替他创作的。

问：他提出这个要求，就是怎么说话，我这个声音效果最好……

陈：那个当然可以。就是说为什么你要这样说，因为现在我的话筒跟不上了。

问：别老堵在那个死角过不去……

陈：话筒的动力范围，你大点声，这当然应该的。这是从头到尾应该。因为录音要给演员方便，让他知道我们的录音怎么就能更好，哪些东西你必须受点限制的，那都完全应该的。什么语气呢？好像说，比如说有一篇文章是这么说，说这个语言，他有没有用地方语言？我觉得这个很简单，你剧本、你导演，你们开始讨论就应该定下来；而不是临时（对演员说）你不对，应该用河南话……就是说口气。当然也没有那么具体，我也不在场，是看他们的介绍。我就觉得，艺术根本没有强迫过，包括导演在内，一切是导演为中心，（应该）服从导演的，可是导演对演员创作也应该是说服或者是引导的。

问：您就觉得他们的工作方法或者是沟通方法有问题？

陈：就是对艺术尊重的问题。

问：对艺术门类或者艺术行当的尊重？

陈：也不是行当问题。你比如演员，我觉得导演跟演员说，我碰过这个问题，如果录音师认为这种情绪不对，跟我想象的不一样，你觉得不应该跟演员直接说，你去找导演，我是这样的看法。如果导演同意你的看法，导演再想办法跟他怎么样沟通。最后能说服他最好，不能说服他，我觉得也不要强势。我觉得艺术创作就应该尊重对方自己的东西，就这么讲。所以我觉得现在好像在摆谱。另外就是现在这个是我不适应的东西，就是什么呢？现在录音总监他不但要管声音的东西，而且经济方法，就是花多少钱，哪儿便宜，整个你要心里有这个数，我觉得这个对录音太残酷了。

问：怎么残酷呢？

陈：就是等于说录音师、导演兼制片，你应该全心全意注意在你的声音创作上，你怎么还算多少钱？你哪儿的心理？

问：他是总监，因为他手下还有技术人员，还专门有技术工作人员。

陈：不是，他就是总监，你就要管这个。你这个在哪儿做后期，在哪个公司做什么样的。

问：总监就是经理，就是要做这个。

陈：所以就等于强迫导演兼制片一样，我觉得有一个片子……

问：您觉得这个是违背艺术行规的？

陈：因为什么呢？脑子有，录音师有一个经济观念（并不错）。我什么都没有，我非要录那个不可，那个又贵极了，可是对你并没有太多的好处，当然不行。因为录音师有一个经济观念，应该有这个。可是真是得让他精打细算，上哪儿借这个，我觉得这个东西太难了。而且我觉得没有一个人（能做好）。反正我不愿意管钱，也可能就很吃力了。我觉得应该有偏重，（让录音师管经济）正说明对录音的不重视。

问：这个还对录音不重视吗？

陈：为什么？你觉得他不需要集中精力来进行创作，（同时还）可以监管经济，就是这个问题。其实这些东西，你可以不让录音师管。

问：他要了解各个不同录音的工作室，技术条件和工作人员水准，他不光算经济账，比如说我到A公司去录，那儿技术条件好，工作人员态度好，水准高。

陈：这个用不着录音师管，太费劲了。

问：您不爱算账，是吧？

陈：不爱算账，太费劲。

问：也不希望录音师来担任过多算账的事情？

陈：我觉得太强加于录音师，我觉得录音师要知道，一个人的脑子有限，他精力有限，我是这么想的。也许我是错的。不知道。

问：这没关系，我们只是录下您的观点。对年轻的录音（师）和现在的录音工作还有什么样的一些寄语？

陈：还有一些什么？我看有两种人。一种人（对）好莱坞是五体投地，什么都是他们好，我们就得跟他学习，跟他们差得远了，我们差了多少年，我觉得这太自欺了。一个说我不求进取，反正我也能录音，你们有什么了不起的？

问：这两个都不对，是吧？

陈：都不对。你问过我，你对好莱坞有什么看法？首先我很遗憾，最近很长的一个阶段，我看美国的片子看得太少，特别是他们的大片，科幻什么的等等。一方面我没有这个条件，我晚上看的机会又不多，我看过的一些东西，这种闹的戏，我不太喜欢。我从我的认识和分析来说，我觉得它肯定要注意质量，它注意质量就是我说的那个问题——我不是跟他们座谈过？它那个时候非得同步录音，（一九）八零年左右的时候必须同步录音，是为了省钱；现在不同步录音，同样为省钱。所以我觉得他们的最终目的，还是在钱上更多一些。它为什么质量好？一个投资成本高；另外它质量不好，它就没有票房，就不行了。所以要想方设法地把质量提到最高，可是这个质量，我觉得最关键是如何为艺术的内容服务。所以我觉得，先说说好莱坞的问题，我肯定它那个质量是好的，各行都很讲究，我们现在确实跟不上。可是我们现在设备完全跟他们一样了，我们如何利用设备跟辅助的东西还是差的。所以我觉得应该吸收它好的，而不单纯追求……

问：但是也有这样的情况，我们花大钱买了新设备，但却多年都没有人使用过，以至于新设备变成了旧设备，那是怎么回事？

陈：这不奇怪。我跟你讲，你说的这个设备问题，我一会儿连着别的一块说吧。光有设备不行，我们现在面临这个问题，我是听说我们车间的一个什么人，保管新来的一台机器，搁在那儿，不会用。包括整备，他不懂，不了解。后来怎么着呢？结果是一个最大胆的，第三代里头的那个小孩儿，才不在乎，就乱用，机器也弄坏了。你跟不上，你光订好的设备不行。曾经有一个陈运凤，他是新影的整备师，他是反对北影进新机器，就是外国机器。

问：他反对的原因是什么？

陈：他反对的原因，是我们为什么不用我们自己国产（的）。当然你会想起三十年代的时候，那时候不一样，三十年代的时候咱们没有机器，咱们同步录音没机器。（一九）三二年、（一九）三三年的时候，那时候是什么呢？必须得花很高的大（价）钱去外国，从买机器到带录音师。那时候就是司徒慧敏他们这几个先辈们，他们就下决心，非得自个儿做不可，这是对的。可是今天，现在的科技那么发达，那些都是电子（设备）什么的，看现在的录音机。你说这个设备就是需要大工厂，很多。我们今天能不能？当然能。我们的原子弹，我们的卫星上天，我们为什么不能呢？可是有没有必要国家为了电影录音机而设置一个大的生产线？你让他生产，咱们买不就完了吗？没什么了不起。我是这么样想的。他有他的爱国观念，我也觉得还不必要谈这个问题。这个设备问题，我觉得很痛心的，像我举那个例子。原来整备室、左山什么，他们在的时候，整备室是负责任的，他们得要进去验收，去把说明书一个一个都弄完了以后，大家都会怎么用。录音师的话，我觉得我们来启箴是最好的一个，在这方面。

问：来启箴是好的整备师还是录音师？

陈：录音师。我不是说《水兵之歌》吗？最后我们不都被揪走了吗？他完成了。他完成后，他觉得开始不会什么的，他后来是录好多录音，是比较好的。我觉得他突出在哪一点呢？就是新进来以后，整备师当然在看说明书，测量、安装什么的，他一直跟着。

问：好学，学习能力比较强。

陈：他就觉得我要掌握新机器，所以说常跟着。他们怎么测量他也在场，他也看说明书，反正经常这样。所以这个机器刚一（安装）好，他就可以用。那会儿是立体声的机器，是美国的一个公司（生产的），他们有一个要求，这个必须得拿他们那儿录，有很多条件，怕咱们录不好。可是我们就提出来，那么远，这也不是很方便，我们自个儿做就得了。结果他自个儿就做，做完了以后通过了。他就是什么呢？就是几次新机器，都是他第一个使用。他很钻研，很注意这个，同时他并不忽视声音，他声音录得很好。现在就需要这个精神。为什么那时候整备室还要集中力量？什么左山，反正整备室力量很集中。现在整备室依然有，你猜怎么着？各个整备员都到摄制组去，因为摄制组有酬劳。

问：不安心在后方做自己的本职工作？

陈：不是，不能去。你说整备员整个不离开机器，你往摄制组跑，你能够对那机器怎么样？你能保养它、维修它、不断地养护它吗？我就说为什么没有人管的问题。现在怎么样我不知道。整备员跟摄制组，机器没人管。所以新机器来新进来以后，也没有人会用，我就说的这个。

问：是，咱们设备不如好莱坞，人员工作态度也不如好莱坞，工作水平也不如好莱坞。您刚才说不同意我们离好莱坞有太大距离，这怎么解释？

陈：你刚才就跟我说什么呢？你说有录音师他反映，新进来都不会用。

问：好多年不会用，等他会用的时候，也就旧了。

陈：谈这个问题说明跟它有很多相似之处。在北影来说，就是这么一个情况，为什么是这样、怎样造成的？还是一个管理问题。

问：您刚才提到说好莱坞的问题，您觉得不是什么差得赶不上的距离。到现在您举的实际的例子都是差距很大，而且越来越大。

陈：不是越来越大的问题。这不是工作态度，而是一种方法的问题。就是说这个机构如何组织。我对商业化电影很有意见的。就挣钱了，一切向钱看，这能好得了吗？你甭说好莱坞，根本就谈不到质量，你全为钱。

问：现在电影厂整备室和混录室都没了，社会上有很多录音公司，它专业化，会不会好一点？

陈：社会录音公司？那比电影厂更差。

问：怎么会呢？它靠这个吃饭。

陈：我跟你讲，都是我们孙子辈的，他们就这么一个机器，反正是能有后期就行了，也没有什么条件，什么都没有。

问：但是我参观了好几个后期制作公司，好多个屋子，机器好多台，录音设备，人员和机器是匹配的，对自己的机器比较细心。

陈：我怎么没听说过？那我可能孤陋寡闻了。我就知道有一个，是我们这儿的人，他就租了一个房子，那房子也不知是什么仓库，反正是挺大的，还有那么多录音师。我要听说这个，可是这个好的。那时候，我们有一个小白，他后来自己搞了一个工作室，现在就在我们宿舍里头。

问：他的工作室是属于电影集团的吗，还是属于他自己的？

陈：属于他自己的。他们有几个人合在一块。也是机器很多，是新机器。他在这点又有什么好处？他的英语不好，来了机器以后，说明书他自己就那么抠，机器他都是自己弄好的。现在我们新厂的基地，那个设备都是最新的。

问：您指的是怀柔的那个基地？

陈：怀柔的那个基地都是最新的，所以条件没问题了。可是如何能跟上他们的话，看你怎么看了。我觉得大场面做的那种特技的东西固然重要，做出了很大的气氛，可是更重要的还是内容。我这也是，对这个有一些意见，有一些大片什么都弄成环绕立体声。你需要的时候，来一点可以的。如果你把那个作为手段，老这样的话，我觉得反倒降低了对影片的欣赏。我是这么觉得的。也可能我这人老了，不习惯了。所以我觉得按硬件来说，这个机器都没问题的，是你如何使用的问题。另外就是那个问题，我不是老说那个音响效果吗？我听郑春雨说，现在就可以买，买了就可以用。那个倒没有问题。这个不是后期工作的问题。就要去钻研，要去想方设法能录出一些很难录的东西，什么枪出膛的声音等等，你能实录出来。另外是人才的问题。培养人才。既然我觉得你硬件都那样的话，你软件也没有什么。新影比咱们高多少，我觉得差距不应该是高的，也没有那么神秘。而且我觉得不应该一切以它为马首——人家说同步录音，我们现在同步录音；现在说不同步录音的更好，你就应该不同步录音，干嘛还同步录音呢？我就觉得这就不对。你应该判断对不对，它是不是有道理。我是这样看的。

另外说起基地的，我本来不准备在这儿先说，可是现在说了也可以。

在这之前我知道机器是没问题，全世界最新的机器。可是录音棚的建设……建一个录音棚不是那么容易。我举一个例子来说吧，就是《一盘没有下完的棋》，我是从他们总结中看见的。就是这么一个大片子，在录音乐的时候，自然声，不是自然音响，不是强吸声的录音棚。当时强吸声可以很清楚，很快，因为一个个录，录完混在一块就行了，省钱很多。结果他们在日本录的，就用强吸声，为省钱。这说明什么呢？就说明自然音响的那个声音……那个录音棚建设起来花很多钱，造起来也贵，所以他们不录。应该很重视录音棚的设计跟建造，这也是。我想起来现在也挺难受的。

问：什么事？

陈：在（19）56年、（19）57年的时候，我们新厂，就是北影厂在小关那儿建设录音棚的时候，你想（19）57年的时候，我们并不富裕，国家并不富裕，我们居然就舍得为录音棚（花大钱）。当时哪个领导决定，我不知道。为录音棚，我们请苏联专家来。苏联音响专家，他有一个心血设计，就是自己觉得很满意的一个设备，就是一切都用木质的设施，因为他们说木头对声音来说是最好的录音（环境）。可是为什么他花那么大的心血设计出来没法用？就是没有被接受，也没有人给盖。为什么呢？因为那个木头太贵了，他们舍不得花那么多钱。

问：苏联舍不得花那么多钱？

陈：苏联舍不得花那么多钱。所以他那个大作，也只能在中国实现。他有两个，一个就是录音棚里头的所有心血设计都是木头的。另外就是什么呢？摄影棚里大的隔音门，那摄影棚里有很沉的隔音门，隔音门隔音隔得很厉害。可是也是很贵的。所以这两项设计都在莫斯科没法实现，都跑到中国来实现。那时候，你看我们国家还那么穷，那么紧张的时候，花那么多的钱来为电影录音棚建造。而今天怀柔的那个，用的是什么呢？招标、竞标的人是广电部的什么音响设计，广电部的音响设计他不是搞电影的，也不是光搞录音棚的设计，所以一塌糊涂。

问：怀柔基地录音棚不是……

陈：很不好。我听说了。因为什么呢？里头一般的录音设计，那里头看着虽然有这个那个，但是很不讲究的，而且声音很不好。所以我就挺生气的。你们把这个事情做坏了，完了我们录音师去了，他就承受挨骂的声音。

现在也没有人管这事。有人说，怎么能把录音棚搞成这样？我觉得让他承担那个后果，我觉得挺有意见的。可是后来，我听了很多人说了以后，当时录音请我去，我那个时候根本不想去，我觉得生气。可是一对比之下，说明国家对电影的重视。我们一块说了完了。（一九）八几年，电影局由文化部到广电部，当时我是有意见的，现在还有意见，因为我觉得是两回事。广播电视是宣传的，是新闻的，它跟电影完全两码事，你愣给它搁在一块？

那时候批“夏陈（路线）”什么的，所以我觉得是不是因为对他们还有这种（心理）思潮，对他们还有一些看法，所以没有专业领导的，说你干脆上广电部吧。我那么想的。当然这也不见得对，我也不知道。我觉得（上面）欠考虑。因为本来（电影和广播电视）是两种完全不同的东西。如果将来电视剧并到电影局来，道理是有道理的，因为它是搞得差不多的，所以广电部跟它两回事。所以我就觉得广电部不见得那么重视电影，要把电影怎么样。所以我就回想到，那个时候不但是国家那么重视电影，我记得就在我们小关（厂部），除了主席、副主席没有去以外，什么朱老总、陈老总、总理这些，没有一个人没有去北影看片子。不是你这个组的，当然你不会去陪他们看。可是你总知道他在里头转。这些人经常出现在里边。所以那时候就是那么关心电影。

问：您觉得现在不关心吗？

陈：我就说吧。那时候真是生气了。我就翻那些材料，《东方红》决定拍电影以后，就是把摄制组主要的一些人（召集起来），彭真，包括江青……

问：你还是在说“文革”之前国家领导人对电影更重视。

陈：咱们是因为什么事说起呢？录音机，完了以后是录音棚。

问：说怀柔录音棚的录音设备，您觉得没有怎么做好。您刚才提到有一个录音师他不负责任，那个录音师是谁？

陈：哪个录音师？

问：懂录音的人。

陈：我不想说这个。因为什么呢？我是后来才知道的。因为他懂得电影，请他去拍这个东西，他不负责任，好像还有比较多的报酬什么的。我记得听他老婆跟我说过，发牢骚，说你看他做了那么多的工夫，最后没有给他酬劳。所以我一下子就明白了。后来别人也说这件事，他应该有点责任，他可以提出来。你知道这个录音棚，就是我说那个小关录音棚，把当时录音棚那些新型设备全拆下来，安到这儿来。

问：没浪费。

陈：是，因为很值钱，而且效果好。就是想办法再补一点。可是这个都没人想。所以现在你把这个再挪过去，也不是不可以，没人想。

问：现在厂里还有一个录音棚？

陈：没动。现在没有，作废了。

问：不使用了？

陈：不使用，现在是干嘛的，我也不知道。

问：咱们总的话题还是对当今的录音师、录音行业的建议。您觉得需要说的。刚才您还说到《东方红》，领导都去看，比较重视。

陈：就是说那时候领导是很重视的。新的班子成立，就是去到国外，受到别人的质疑，你们怎么不同步录音呢？我不知道到哪一年去的，是谁带队的，不知道。反正我觉得去的人肯定不懂电影。否则的话，人家说你们怎么不同步录音？那人一定说我们从三十年代就开始同步录音，一定有这句话后边。可是咱们受着，好像觉得真是（落伍），后来就要求同步录音。要求同步录音是怎么着呢？他也不知道为什么同步录音，就是说你要是不同步录音的话，我不给你评奖。说明电影领导他不懂行。就是说广电部这个事，现在领导也不知道我这个录音棚是多么重要的，是不是一般的设计就可以的，所以现在是一个遗憾。

问：还是请您说说对当下录音行业的一些希望。

陈：我是希望——我觉得录音师不应该自卑，可是也不该太狂，没有必要。踏踏实实地去做就对了。不要觉得自己一切不如人，也不要觉得自己什么都可以。而是该学习就学习，主要还是自己（去探索和创造）。另外我对领导最大的意见是什么？我就觉得特别是改革开放以后，就是咱们承认商业化以后，什么都是很好，提出来中国特色的时候，商业也好，什么也好，都有中国特色，为什么电影就没有？

问：电影没有吗？

陈：电影就是类别得分开，主旋律片，商业片，应该分吗？我觉得百花齐放不是让你分，这花可以不香，那花可以香，各种各样形式的花，它都在香。这就是什么呢？主旋律我可以天天突出政治，突出正确的一方面，没观众怎么办？你不给他大成本的制作，是能看就行，那也不对。可是你光是商业片，就迎合观众的口味，他喜欢那个，我就给那个，你知道他喜欢的对不对？所以好多从前说小孩儿武斗、杀人什么的，他们看了电影、电视学来的，难道我们不应该警惕这些事情？就是说喜剧也好，娱乐片也好，应该同样注重它的好，就是说所谓（寓教于乐）。甭管是让你高兴、快感，总要通过你的片子，要给观众什么东西，让他心灵上有所提高或者是有所感受，就是心舒服，是一种享受，有一些东西给他，而不是说光哈哈大笑而已。在旧社会的时候，还有“含着眼泪的笑”，让你笑了，还含着眼泪，那就不单纯是笑，而且也可以想，感觉到更多的东西。可是现在那样分开的话，就不好了。商业片我就只是追求商业而已，你想要什么我就给你什么。

四十九、丈夫、孩子和家庭

问：关于录音和录音行业，您还有补充吗？

陈：没有。

问：那咱们接着说郑先生。前面说到相识、恋爱、结婚，接着说。

陈：我应该整个从头说一下。现在先提前说一下，前一些日子要了解他的事，我过去只是在我的角度来看，他的工作的情况、别人什么看法，不知道。所以我走访，我能找就找（人问）去，当然也想知道他具体是什么情况。（许多人）找不着。我挺安慰的是什么呢？这些人不是在一块说的，各说各的，统一认为，这个人，解放以后，他们接触到的，并不是那种气势压人，或者对人挺暴脾气的，以为自己是头儿，是车间主任。他还没有被打，被革命打，就是被抓起来当反革命以前，就说不是那样的。认为他还是能够跟大伙儿打成一片，并没有特殊化。另外，他在学习也还是比较认真，比较兢兢业业的。（也有人）说他们春节，有些人没地儿去，他就（把他们）找到我们家去，（这些事）我不记得。反正，当时对他没有什么坏的说法。另外我也问他，就是说他被人打成反革命以后，有没有那些心灵愤恨，而在工作上不好好干、甚至于（故意）做不好事情？他没有。这样的话，他们还有的人说我，你们别管别人怎么样，实际结果比较一致的，这个我比较安慰。因为什么呢？因为我自个儿感觉也是，解放以后虽然那么多运动，经济、学习运动什么的，我觉得他也是在转变。这也许跟他的经历有关，因为他不是处在高高在上的地方，比较底下。他反正就是自私的，这种习气什么的，我确实觉得他改了。为什么后来（他被一些邻居称为）活雷锋？我觉得并不是别人强迫他，他是自觉自愿，他看见老太太拿东西、拿菜什么太累了，他就替她送什么的。我觉得这个挺自觉自愿的。所以我觉得这就放心了。在我看来，这也是一件最高兴的事情。

经过这一次（采访、回忆），我这样觉得他。我开始说过一点。确实那时候，家里都不了解情况。他说从前出身，我想他家也不是太好，太好的话也不会当小工。也不是因为他的家庭状况，我看不上，不是那样的。还有的时候，我扪心自问，我有没有那种因素？其实，也不是主要因素，而是我觉得那个时候我不喜欢他。旧社会，我觉得比较俗气一些，他也愿意我跟他们一块，就是那样，旧社会的东西还是有的。另外，在工作上没有自个儿怎么样，可是我感觉有时候，别人说一个什么事情，他根本不懂——我就知道他不懂——可是他就夸夸其谈，好像都知道。这些东西我都看不上的。另外，说良心话，这么一个人，即使他没有那么多毛病，我（也）并不喜欢他，我并不觉得他应该是我的朋友。我那时候也很浪漫，究竟我喜欢什么东西？当然是小资产阶级那种。恋爱至上的东西有没有？也可能是有的，就是希望有那种小资产阶级情调。他没有的，他一点小资产阶级情调都没有。

陈燕嬉的全家福

问：他比较务实，实际。

陈：对。这也不奇怪。我是学生出来的，他很小就在江湖上。所以他跟我不一样。

问：身份、文化差异？

陈：文化差异。当然我并不是正确的。因为究竟我小资产阶级（思想倾向）挺多的。比如说我的初恋，我也因为他有一个，听别人话怎么样，我就跟他吹了。对他的印象还是有。我也不是唯恋爱主义。我曾经想过，我说如果我结婚的对象是我很爱的一个人，我们两个人恋爱关系很强，在这种社会底下，那女的怎么样照顾他、管他家、让他家庭温暖？我说我办不到。我说（后来这样）也许更好。丈夫好像容忍，不需要我那么照顾他；我没有那么照顾他，我自个儿心安理得，我根本不是你的恋爱对象。我并没有说我比他高，那倒没有。我也不是那种大女子主义，你男的就应该在家给我做饭、要伺候我，我不是那样。我不是说过吗？我就认为，家务劳动不管谁胜任，都不应该的，我觉得太浪费。比如说让我在食堂做过很长时间，我在食堂不一样，我觉得我的劳动是为大伙儿。

问：是公共服务……

陈：不是为我、一个小家怎么样。所以我对家务劳动（的看法与别人不一样），当然我这是不对的。因为什么不对呢？你不做，别人也得做。家务劳动你觉得不好，不行，琐碎，你不做别人得做。我就奇怪，我们俩人好像没有聊过天，就是说没事闲的时候聊家常。当然也有这个关系，结婚以后，两个孩子，就是忙于两个孩子的情况。我有一个小的记忆，那时候我们住的地方，中间一个过厅，两边两间房子，这边可能是保姆住还是怎么的，晚上，让那俩孩子睡觉，就像骑大马一样骑在（他的）脖子上，他就那样带，两个人走来走去的……

问：带孩子？

陈：带孩子。另外我还忙。忙，怎么办呢？我就记得有一次，那时候三间还不是我们的，只有这间是我们的，那边是另外一家，就是我同学的那一家——一会儿再说这个事。我那时候没有奶，实际上是没有，晚上起来给他热奶喝，就拿电炉子，我们俩人醒了以后就把奶热上了，我们俩就又睡着了，睡着以后，这个奶干了以后，就有烟，把对门的给熏醒了，跑过来说，你们怎么回事？反正是比较狼狈。我们不是那样的人，不是说有两个保姆，我们全不管了，不是那样的。反正我就记得那时候我很忙，一个礼拜可以看一次电影。

问：热奶这个事是解放后了，是吧？

陈：解放后。

问：两个保姆都是在解放后？

陈：解放前，我说的是解放前。解放前也有两个保姆，因为两个孩子挨得太近了，13个月。

问：您刚才说到一个礼拜看一次电影……

陈：那时候是影协还是哪里，我们是可以去看的。但是那个时候，我想去看，可是老郑说，怎么那么多事，好像（应该）让保姆也休息。我也忘了。就是这样，他也不阻止我，反正还应该去，这个中间有点别扭，这件事。就说明我们那时候确实很紧张的，同时我这个人从小来说，别人对我都挺好的，可是我家庭观念不深。为什么原因，我也不知道。我就觉得，那时候他们给我的都是爱，维护我，所以我心里头来说一直全是充满爱的。所以我就觉得对别人不好就太残酷了，不但对别人不好，就是对动物不好也残酷，就是这样想。可是我没有觉得我不一样，我对我母亲跟别的老太太，对我姐姐，我觉得没有什么不一样，跟人好像都差不多似的，所以家庭观念比较差。

问：两个人很少聊天，因为孩子，后来那次电影就没看，是吧？

陈：有时候不看。因为每个礼拜才一次，有时候不看。就说明我们两个人没有什么聊天的机会。也可能说，我们两个没有什么共同语言，没有什么共同课题去聊的。可是也没有说，面对面没事干，生活也是紧紧张张，一天稀里糊涂就过去了。另外我说家庭观念不太深，我对我孩子应该有（母爱）。我只记得，头一个孩子的时候，我就盼望着赶快下班，赶快下班以后回去看看他。他们在医院里头抱着喂奶，我老觉得时间太短了，舍不得，只有这些东西。另外，郑学玄都不记得，我都记得，就是解放初期，我不是在培训班学习吗？礼拜六回来的时候，我记得我一进门，（女儿）她那时候梳两个小辫，跟小蝴蝶似地跑到我这边来，问我，妈……我觉得特别舒服，她特别喜欢我。我跟小儿子，他也是，老想把着我往上上，就是让我抱着他那样。我可能已经说过了，我跟老郑成心逗他玩，我跟老郑打会儿或者怎么样的，他就急了，他说不让打，就维护我什么的，也就是这些情感。

另外还有一次，老大高中毕业的时候，那时候好像提倡一颗红心两手准备，好像有这个提法。他就说我尽量去考大学，考不上也没关系。老郑就不同意了，那不行，你非考上。后来我说我倒不这样看，反正你尽量努力，能考上最好，考不上也没关系。从那儿以后，就觉得好像老大是我这边的，对他爸爸有一定的看法，有那么一点点。我们家有这样的情况，可是我真是不记得跟他怎么聊天。问题在哪儿？你们那天说了，我到徐昂千家跟他吵，好像说是奶粉的问题，其实那时候我们经济条件当然不是最差的，最差的奶粉都买不起。可是确实因为钱不够，不敢买好的奶粉，而是买军用的，而军用（的）是大人吃的，小人（儿）吃不合适的，拉肚子，那是真的。可是真的原因，并不是我钱不够，（而是因为）他赌钱，我根本反对他们赌钱的，所以那天我爆发了。

问：郑先生后来的履历如何？就是结婚以后，新中国以后，他在北京电影制片厂，然后到了新影……

陈：不是到新影。解放以后，北影跟新影是一个电影制片厂，（北平/北京电影制片厂）新闻处。

问：（19）53年新影成立，他在新影的什么部门？是摄影部门？

陈：洗印。他一开始是练习生，学的东西当然洗印也有、摄影也有。可是，是不是他一直当摄影助手，还是他跟人来的时候，临时抓的？我不知道。

问：这都说过。他在洗印车间，一直做到“文革”？

陈：是这么一个情况，解放后共产党接收了三厂以后，跟国民党不一样，他把人都留下来了。基本上原来的建制没怎么改过。

问：这也说过了。现在是问郑先生的履历。

陈：他不是当洗印车间的副主任吗？两个副主任，一个刘新，一个他。刘新是管行政，他管业务，这样。可是什么时候撤（职）的呢？可能是（他被划成）反革命，起码是“三反五反”。

问：就是（19）53年以前就撤了。

陈：我估计是（被划）反革命就撤了。现在打听不出来。

问：降工资也是？

陈：降工资不是，那是最后的。“三反五反”也好，“三反”更没有问题，后来做结论。就是反革命，也说不上结论，因为怀疑他，又无法证明的。是不是镇反以后，他就不当头儿了？我不知道，没法查清。

问：之后还是在洗印车间？

陈：还在洗印车间。

问：一直工作到“文革”？

陈：我跟你说，洗印车间是这样，洗印车间有几个工种。一个洗片，第二个印片，第三个看光，还有一个化验什么的。看光是这里头最重要的一项。

问：技术活。

陈：因为它是要配合着画面，跟摄影师他们配合，怎么看光度，怎么出来好，是这么样一个（活）。跟摄影的关系更密切一些，不单纯是洗印。他开始什么都不会。可是那时候，一开始还真是没有什么老人在那儿，因为上海人也没有来，解放前看光的也走了，也没有。所以好像他们自个儿在琢磨，就跟他们在一起。所以有人跟我讲，当时还跟大伙儿一起研究，因为当时片种也很复杂，各种各样的片种，有的还（是）过期的，所以我觉得他还有点兢兢业业的，是这样想的。可是有过一瞬间的感觉，就是解放前，有一个叫李章良的，是搞看光的。他在那儿，挺年轻的，他可能就有点资历，他是北京大学的什么博士，反正就他看光，定的他。所以郑学玄跟我谈话，口气上，我感觉他有点嫉妒他，有那么一点。

陈燕嬉和丈夫郑学玄、儿女们的全家福

问：是当年，是吧？

陈：就是解放前，很短的一段时间内，后来（解放前）那人就走了。我就记不住，我以为他留下来了，我问他们，谁都不认识。因为我问的这些人都是解放后的。他说已经走了，新的人，陈福庭什么的还没来，后来是来一个很有经验的，陈福庭是最老的。

问：是看光的，是吧？

陈：是，他们从三十年代就搞的。中间一个阶段，也就是他们几个人自个儿在摸索，还是可以的。反正我觉得从解放以后去学习，我觉得他改变是比较大，他没有再跟我谈过（要对）国民党感恩的事，没有的。我们俩也没有在这个不同的观点争论，没有。我们俩有过争论的，我们俩，说良心话，这么几十年，没有吵过架，没有脸红过。没有很好地聊过天，可是也没有什么争吵。唯一的有一些，就是跟他们一块赌钱的，我是绝对反对的。

问：他在新影厂洗印车间一直工作到“文革”开始，“文革”结束以后他才到供应科去，是这样吗？

陈：我本来要打听这个问题，到底是什么时候去的？现在肯定是干校回来以后。因为供应科那人说，一块去三个人，一个他，一个朱季华，跟他们一块的。朱季华是谁呢？“三厂”那时候招的练习生，就跟张世明他们一样的，练习生，是那样的。在运动中，在哪个班，是三厂来的（自然都要入另册），所以一个他，一个朱季华，还有一个摄影师，摄影师是挺老的，就是他们三个人。因为当时供应科需要人，把他们三个人派来了。后来落实政策，就问他们三个人愿不愿意回原单位。结果异口同声，三个人不愿意回去。

问：不愿意回原单位？

陈：不愿意回去。也是说明供应科的头儿，比较有人情。因为什么呢？因为这些人挨整，被别人看成是反革命，别人对他有一种看法，而到这个单位里头没有把他们轻视，没有把他们看成反革命，肯定是一视同仁的，也有这个关系。所以他们也愿意待下去。

问：……郑老师的履历我们也可以查。

陈：不重要。由他的话，我们可以证明他干什么，因为他是行政处负责人。后来新影盖宿舍，叫“红眼楼”[①]，第一次盖五层的宿舍，那时候按说老郑不是应该第一批进去的，可是很快就让他进去了。[②]所以当时我好像听说，就因为这个人，他好像有点被整了。我想他一定听过什么时候（老郑）他到了供应科，还有运动什么问题，可是我没找着。但是也不重要。只是这么一说而已。我现在就奇怪，是不是“文革”以后，不让他回去了？是这样的。

---

①“红眼楼”，即人人都盼“红眼”的楼。大家都希望分到房子，急红眼、争红眼、嫉妒红眼。

② 陈燕嬉批注：分到“红眼楼”的房子，要感谢新影厂的行政处处长吴仲明，是他力主给老郑分到房子。

问：那是重新分配工作，咱们上次已经讨论过了。

陈：不管它了。

问：郑老师心态怎么样？“文革”回来以后的心态？

陈：他对供应科非常满意。

问：他在供应科具体做什么工作？

陈：就是保管，管仓库。扛一些东西什么的，他反而非常卖劲。我知道，他心情非常舒畅。后来也好像是他跟我说的，我干嘛回去？回去以后，我那些东西都生疏了，我忘记什么了，反正不愿意回去了。

问：供应科有人情。

陈：大家都没有歧视，我这么想的。他没说。我心里想，大家都不歧视他，都一视同仁，我觉得有这个关系。

问：跟他同事的关系……

陈：关系也好极了。他们之间还有一些什么意见，他老是中间，不会掺和什么。

问：郑先生在家里跟孩子，跟您关系怎么样？

陈：这个也很奇怪，他的性格跟我是相反的。其实家里的事也不一定（需要）他管，可是他管惯了。他自个儿也愿意做菜，可能是。所以我儿子他们回来，礼拜六一块住，他总是下厨房做，做完以后，别人先吃了。我记得挺清楚的一个，他那时候也抽烟，先不吃饭，坐在旁边，喘气、抽烟，好像是休息。我当时就有感觉，他看见我爱吃哪些东西，或者吃完了，他特别高兴。他觉得做好了，别人吃了，他就享受那点，所以大家也就觉得理当如此。不单是做饭，按说洗碗（应该）都由女儿、儿媳妇或者我来，不是，他全管。

问：他从做饭到洗碗全包了？

陈：对。

问：那绝对是一个模范。至少在承担家务劳动，家务的管理上。

陈：经济也是，我是薪金来，就由他管。有一次挺笑话的，我觉得有意思——我身上不带钱的，起码不带大钱——有一回，也不知道什么钱搁我兜里头了，他就想方设法问我，你那钱怎么样？想法让我给弄出来。当然这也不奇怪，因为他主管这个。可是也说明一点问题，反正我就不太在乎，你拿去花好了，我不是那样的。

问：从一结婚开始，以后几十年，钱都是归他管，是吗？

陈：我从来不管。反正我是一拿钱就给他。

问：他脾气肯定是挺好，你们两个不吵架，因为两个人脾气都挺好。他对您基本上就是百依百顺，是不是？

陈：那倒不。我没有这个……

问：他可能就比较关照您吧，我想是。

陈：那也可能。我跟你说，他也跟我讲徐昂谦希望他追上我，当然他的目的不纯，就是想把我弄住，为他们所用，因为我是大学生怎么样，我有感觉。他是不是因为顺着他们的意思，根本并不是喜欢我？有过这种想法。

问：您后来问过他吗？问过他是不是因为喜欢才追您？

陈：是他告诉我的。当时他们跟他说，我也没追问他你怎样，可是我心里一动，有那个想法。可是事实证明，他确实关照我，不是假的。

问：几十年做不了假，做三天假可以，做五十年的假，不可能的事。

陈：没感觉到。他其实还真心实意的，还是挺实在的。我们俩真没吵过架，他脾气也一直好。可是他瘫痪以后，有的时候糊里糊涂跟我吵过，吵得也没有道理，反正就说我怎么不好。

问：瘫痪在床肯定心情难受，脾气急，也糊里糊涂，是吧？

陈：不是。我看那个书，就是关于瘫痪、中风的人，他会变的，原来脾气好，变得很坏，因为他不能控制自己。比如说我不好，完全不是，而是说好像对革命，也不知道怎么。

问：对革命？

陈：不是。就是工作，革命工作。也不知道怎么着，就说我不好。我忘了是什么词，毫无关系的。

问：实际上也有点糊涂了，那不算。

陈：就跟我吵，只有这个。

问：我们感兴趣的是他心理的状况。

陈：他真是没有跟我发过脾气。可是这里头，有过一次矛盾，也是家庭观念问题。他家庭观念很强。我举一个很小的例子，他就是成天把……

问：他姐姐的女儿接到北京来？

陈：那是一个问题。我也不奇怪，因为他姐姐的女儿一直跟她姥姥长大的。他弟弟的一个外孙女，他接来了，因为他弟弟的儿子死了，那不是外孙子，孙女，他就带一个。我跟你说，我是有点生气的，因为那时候，那房子有两个床，有一个卧室比较大，有一个大床。反正是那两个床是老郑一个，还有孙子一个，反正

陈燕嬉做饭

两个人住，我那个时候就一个人住大床。可是又来一个的话，就没地儿住了，要不然就跟我挤一个床，要不然就得搭一个床。这时候，也不知道怎么着，让孙女住那个大床去了，我在一个厅里，带电视什么的，我在厅里搭一个床。他的理由是说，她是从农村来，晚上可能很早就睡觉了，看电视就影响她休息。这个也说不大过去，反正我就觉得，让我天天搭一个小床在那儿，我就觉得有点别扭，这件事。我觉得他光管自己的亲戚。另外有一个最明显的问题，我不是说我没有任何仇人吗？可是这个人，我跟他现在还解决不了，怎么回事呢？他弟弟有一个孙子，也不知道哪年，那时候正好北京开什么会，有一个通知，外地人不要进京，等到开完会再进来。他的孙子本来说好想来北京工作，通知出了以后，我就赶快给他们打电报或者写信，老郑的外甥女也给他们打电话或发电报，不要他那个时候来，过些时候再来。我觉得我这个决定没有错。因为何必违反这个（通知规定）？这些天来也没有什么好处，既然通知不让来的话，那咱们过一段时间再来，不可以吗？而且现在也没有找到工作，所以我说你先暂时别来，等过几天再来。结果，他们也接到我的信，也接到电话了，还是愣把人弄来了，我就很生气。我觉得我不是不讲道理，我跟你们说好了，你都接到了，两个通知都到你那儿了，你还非得要来？

陈燕嬉和小孙子

问：您确定他们接到了通知吗？

陈：接到了，他也承认了。而且我那外甥女还打电话，完全确认。我外甥女就证明他是知道的。我就不高兴。我就想你这样不尊重我。我觉得就是应该按国家规定，就应该不来。我说你既然这样，我说话你不听的话，那你回去吧？玩几天你就回去，以后再来。当然我这个决定也可能是有点意气用事吧，有一点，有这个成分。我自己觉得不应该，他们这样做不应该。后来让他玩几天就回去了。回去以后，他的爸爸就给我来了一封信，把我骂了一大顿。而且说什么呢？说如果将来这个孩子受了刺激，精神（出问题）什么样的话，由我来负责。我就真生气了。你哪能这样？我没错，我有什么错处？你过几天来有什么不行？你非得这样？我让你回去也没什么错。所以我很生气。本来我们给他找工作什么的，于是乎我说等这个事情过了以后，咱们再找。可是老郑不是，老郑就偷偷跟他那个儿子说，还想给他找什么的，后来等我知道了，我也不高兴。我说你现在马上给他找到工作，让他马上来，那就是我错了，他对了。我就觉得不好，我就很生气。我甚至说了什么话呢？我跟我儿子、老郑他们俩一块说的，我说如果你们这样做，非得这几天就给他找到工作或者什么样的话，我说我走，我离开家，我哪怕跟你离婚我也认了，我自个儿生活，我不能在这儿待了。我那个时候真是生气极了。所以这个仇结下来了。后来，他找到工作以后，他一直在北京。

问：郑先生跟您没有吵架？

陈：我们俩没什么。

问：就是您生气，说要离家出走？

陈：他没道理，又不是我没道理。你或者跟我商量也成，说咱们要是怎么样。你偷偷让儿子去给他找工作，就违背我的意思。因为我始终觉得我没错。

问：也是您的儿子，不是吗？

陈：是。

问：是老大还是老小给他找的工作？

陈：就那么说。我忘了怎么说了。完了有这么一个事儿。

问：后来真找到了？

陈：没有。不是。所谓找工作，一直在给他找。只是说他有点什么意思？就是说让他有个工作马上来，那时候还没到开会的时候，反正还不到时间。我的意思是说要过来的时候，你给他找工作，当然可以。一直就给他找工作，我并不是说从此不让他再来了。可是你非得现在就找？那时候找可能有点差不多，我也忘了。就是说如果现在哪天来，不是正好给顶着吗？所以我就生气。我就说你们现在要让他来的话，我就走。我就是这么想的，后来我就说了。他们写封信，写得挺长的，我越看越生气。我就说他要来北京，他前脚进来，我二脚就出去，我绝对不跟他在一块。后来他那个儿子还一直在这儿，我这个并没有取消，什么时候他来，我绝不去接待他。因为我觉得太无情了，他这样对我无情。

问：不接待找工作那个小孩儿吗？还是不接待小孩儿的爸爸？

陈：小孩儿的爸爸。这个小孩儿一直跟我们在一起，后来也很好。

问：小孩儿的爸爸是郑先生的侄子？

陈：他自己的儿子。我跟谁都说，不知道他来过没有，反正我说我绝不跟他对话。因为他不但对我这样，他儿媳妇，就是我的那个孙女她那个妈妈，后来改嫁，改嫁以后，他就赶快给我们打电报、写信，以后再也别给她寄钱或者什么了，说她已经不是咱们家的人了。我就觉得这人怎么这样？她改嫁了，不还是你的儿媳妇吗？就不去给她钱了？太无情了。

问：郑先生瘫痪以后，还有一次小的分房风波。

陈：不是那个问题，跟那个没关系。他瘫痪以后，我的心情是什么？我不是感恩，有过这个成分。王紫非就跟我说应该是这样的，他曾经照顾过（我，所以我应该照顾他），我不单纯是这个问题。我是这样，即使他不是我的丈夫，可跟我挺熟，或者在我家住，我也会照顾他。当时我想到什么？从他的角度想，如果他躺着没人理他，我不关怀他，我不陪他的话，他多可怜。

问：同情心，不是感情？

陈：不是感情，也不是感恩。我就觉得是同情心。我觉得说为亲者讳什么的，我不同意。如果是我爸爸他做了坏的事情，为亲者讳，我（也）不太同意。我就觉得，我的感情没什么，（不必）分开内外或者亲疏，只要他需要我的帮助，我都会帮。为什么？我不知道，我分不出来。反正我的家族关系（很淡漠），老郑的家族关系特别亲。我宗族关系也不强，我一想起我的爸爸妈妈，也不是那种说老怀念他们。正好有一个同学跟我说，说你（是）最无情的也是最有情的。特别极了。不该我有同情心的，我有同情心；很需要我管的，好像我又无所谓。

问：郑先生瘫痪主要不都是您管吗？

陈：那时候我管。我是说如果他不是我丈夫，是我的一个朋友……

问：一个同事或者邻居，您也会管，是吧？

陈：我也会。如果他需要我这样的话，我也会管，我是这么想的。我没有更多的是因为责任感。

问：感恩心，责任感，不是因为这个？

陈：没有很强烈的。而是觉得，你要不好好照顾他，没人陪在他旁边的话，他太可怜了。我就是这样。我不是说过吗？我陪我妈妈的时候，白天劳动完了赶回去，虽然我也知道她刚躺下又想起来，我也有点困，可是我没有违背她。可是老郑陪她一次，他就生气了。当然这也不奇怪，因为本来一天挺累的，为什么我不生气呢？我知道她难受，她想动，也不记得她上过（厕所）了。或者她想动弹对她有好处，舒服一点。我常常替别人想得多一些。在这几年里头，我们俩没什么矛盾。中间我曾经离开过几天，就是我去做手术，切除子宫。这时候我的阿姨陪着他，我回去以后，本来让我先不陪他住，过几天还是换过来了。我觉得还是我管好，没有必要让阿姨这样子。你说后悔不后悔？我觉得没什么后悔不后悔的问题。我觉得我这个特别不会管家的人，特别懒的人，不管钱什么的，也许反倒是好事。可是也有遗憾，我觉得我没有真正的享受过——也不是小资产情调——应该有的，就是对恋爱的一种真情，我没有享受过。这也是遗憾。应该也没什么……也没有机遇。

问：我到现在还感觉奇怪，您结婚的时候，又没人强迫，又不是媒妁之言父母之命，到现在也说您并不爱他，为什么还跟他结婚呢？

陈：我为什么走？[①]就是说我这个人懦弱，柔弱。就是说太软了。在没走以前，我拒绝不了他。

问：在张家口时，有人让您不要去见他，您不去见他不就没事了吗？

陈：我能不去见吗？你想想看。

问：您不想跟他谈恋爱，不是吗？

陈：不是。是那么一个情况，告诉我他来了，有一个女同志带他来的。

问：您可以不去见他……

陈：第一，他怎么就能来？当时我们走的时候是很费劲的，他根本没有关系，他怎么能来？另外，更主要的事，他那个时候没有说共产党不好，他就说（对）国民党有感恩思想，有一点是很明确，国民党人落在共产党手里。这么顽固的人，他不怕掉头来找我，我难道就那么不感动吗？这是一个。另外更多的是好奇，一个女的带来？什么人呢？我认识的人中没有一个人带他，带他来的人还一定要跟地下党有关系，什么人呢？我太好奇了。我并没有像你说的急着去……那不是。要是真跟他好的，怎么会跟他来呢？不是那些，而是好奇。我究竟得看看那人是谁？我当时就是还想见他，见了以后，我就说满脸风尘，头发花白的，那个惨劲，我觉得他是动心了。

问：我想不通，您为什么要见他？为什么不躲他？为什么答应结婚？

陈：这个问题是这样的，我既然要见他，见他又感动了，看他挺可怜的样儿，头发又白了……

问：可怜归可怜，结婚可是把自己的一辈子给搭上去，这是两回事。

陈：我逃不出去了。为什么呢？你想想看，那时候还没这件事情的时候，我因为逃不出去我才到（解放区），不是我不愿意去解放区，而是当时确实也有难处，就是陈厚钧也跟我说了，就说再过一些时候才好。可是我不想等了，因为我就觉得越陷越深……

问：这个不再继续讨论。请您对郑先生做一个总结，或者一个鉴定。您眼里的郑先生是一个什么样的人？因为您是世界上最了解他的人。

陈：我解放前是看不起他的。不是因为他的地位或者因为他的学历。而是说他为人，他的为人就是旧社会的一套比较多，我看不起他。另外他不懂装懂。

---

① 这里的“走”，是指当年陈燕嬉老师为了躲避郑学玄先生的追求，离开北平到张家口解放区。参见前文。

问：这您也多次说到过。

陈：所以我看不上他。另外我不喜欢他，你说这爱情还是挺难说的，我不喜欢这个人。

问：后来呢？

陈：我这个人的感情是很脆弱的。他喜欢我，老进攻，我就阻挡不了。有一个命运的问题，我那个时候认命。我就觉得（我的逃避计划）天衣无缝，他绝对不能找到我，所以说给他留点话，反正以后也不会见面，就是你好好的，把我忘了这些词，反正就是这个意思。我心里要有的话，也是这样的意思，咱们各走各的，祝他幸福。可是他突然间来了，来了以后，再加上我是根本拒绝不了，因为我命该如此，那活该了，那回去的话，就结婚。

问：您对他的总评价是什么？五十多年在一起。

陈：总的评价？我就觉得如果不是解放，他可能不会是今天这样的人。如果他跟坏人在一块，也可能会坏。因为他比较单纯。所以我确实觉得解放以后在变好。有时候我就怀疑他，一直都怀疑他是不是真的（对新社会、新生活没有不满）？为什么直到最后，最近我还去问人家？因为在我面前这么说，说得挺好听的——也不是挺好听，就是没有表示不满意。还是有这种（疑心）……

陈燕嬉扶着丈夫郑学玄

问：您在他瘫痪的时候也问过他？

陈：问了几个问题。一个就是他来的时候，还是国民党留下的，他是科长，怎么感觉的，有没有高高在上？或者对你怎么样，那种情况有没有？另外他的工作什么情况，学习什么情况，另外特别是经过运动以后，有没有不满的情绪，影响不影响他的工作？

问：得到的答案是什么？

陈：答案是没有。

问：那您应该相信他没有。我想听听您自己对他的结论。

陈：因为在我面前，解放以后逐步来说，他没有跟我讲过他的情绪不满，或者是生气，或者觉得不平，他没有这样，他没有这一点。

问：他其实应该不平。如果我要遭遇到这个，我也会有不平。凭什么？

陈：你跟我们不一样。你是现代长大的，觉得很自然的，自由民主就很自然。可是那个时候不是。

问：我懂，那当然。

陈：那时候挨整的人多得很。

问：几乎人人都挨整。

陈：包括那些老革命。

问：对，那些老人也挨整。

陈：可是那时候条件……那时候敌我之间好像很复杂。

问：而且人也比较驯服和单纯，那个年代。

陈：革命激情也比较强烈——他不应该是革命激情问题。

问：他是大势所趋，只好顺应那个环境。

陈：因为什么？他过去没有接触过政治，所以后来一学到政治，可能他有点开窍，我这么觉得。

问：您谈到他，都是谈他政治态度，其实我对他的政治态度不怎么感兴趣。我是想问：您觉得他是一个什么样的人？作为一个人，作为一个生活当中的人，作为一个丈夫，作为一个父亲……

陈：可是我谈政治，也是谈他这个人。如果他心里头是挺滑的，是三心二意的人，表面上服从，是真心假心的问题。另外生活里头，他确实没有这个，就觉得好像你怎么欺负我，没有。

问：他是心甘情愿地做家务，管家务？

陈：而且他也喜欢这个，好像是。

问：他怎么可能喜欢做这个？

陈：当然能看出来。我跟你说，我还没说完。他的外孙女——不是外孙女，孙女，就是说她妈改嫁的（那个）孙女。有一次，我们三个人吃饭，他那天上我女儿家吃，没在那儿吃。我们俩吃完饭以后，那小孩儿洗碗，他一回来赶快自个儿去洗。他都没在这儿吃，干嘛还去洗？是这样的。

问：那孙女在这儿吃饭吗？

陈：每天都在我们这儿吃饭。那一顿（老郑）是在我女儿家吃的，回来的时候，老郑赶快抢着去刷。

问：觉得是他的事情。这也反映他的性格。

陈：他对家族是比较什么的，不过他（对）家族也有分别，他每个月都给他弟弟（寄钱）——他在安徽老家有一个弟弟，还有一个妹妹、妹夫。这个妹妹家，反正家庭不怎么好的。这时候寄钱应该给妹妹的多点，他的弟弟倒比较好过，也没有什么困难，也有工作。可是他老是给他弟弟寄得多、给他妹妹寄得少。我就说不应该这样。他说还是有点男家的……

问： 弟弟是郑家的，妹妹是嫁给了外姓？

陈： 所以他寄钱。他死了以后，到现在我每年都给他们寄钱，而且寄得比较多，可是我给它拧过来了，开始是俩人一样，后来逐渐（给妹妹多寄），因为他妹妹太可怜了，她条件稍微弱一些。我为什么这样做？他们也奇怪，好像说我人老了，怎么还给我钱？他那妹夫说这不是她寄的，这是她的孙子……就是我的孩子给寄的。我觉得这是为了完成他的心愿。他顾家里的情况。其实他自己也不怎么需要钱。他的妹妹在家的时候，病了需要好多钱，我都给寄去了。因为我觉得他的心情很重。其实（老郑）有那种重男轻女的心理，就是他的妹妹跟妹夫（是外姓人）……（我这样做）也是为了老郑。他病了以后，特别是他妹夫，一直照顾他。他们对我有点看法。因为什么呢？有一次，我觉得一种做法在医学上对他更好，可是他们都不理解，说我不应该那样的。（他们对我）好像还是对外人，就因为我是外人。我没有怪他，因为我知道他们就是那个。

问： 他们觉得哥哥是自己人的，嫂子是外人……

问： 郑学玄先生是一个好人，是一个非常称职的父亲和丈夫。

陈： 对，对孩子非常好。

问： 对家族也非常好，有传统道德……

陈： 可是我跟你讲，后来他活雷锋，不帮别人了。可是开始……包括现在，我的儿子，（都）觉得我管别人的事情多，管自己的事情少。

问： 觉得您管别人的事情多，管自己的事情少？

陈： 他觉得人家的事情你管干嘛？这是真的……

问： 我知道您曾经把一个同事送到医院去。

陈： 那就很随便。是什么呢？给他们找工作的问题。

问： 给谁找工作？

陈： 给我女儿，儿子，他们不是插队回来了吗？

问： 您好像找得不太多？

陈： 不，我从来不去找。是不是我自个儿清高或者表现那种？我觉得好像还不单纯是这个问题，反正我不太去为我的（事情求人），我也看不上那些人，就为自个儿的私事去找。所以我没有这样做。他们也可能有点怨我，这块我好像不太管似的，不太替他们说话。

问： 因为北影厂子弟大部分都进了厂，进了洗印厂。

陈： 都进了洗印厂。

问： 就是包括陈凯歌，成荫的女儿成洁，一大批电影人子弟下乡回来，分到洗印厂去了。您有三个孩子……

陈：我不知道。可是我是看不惯，我也不喜欢这样做。就自己去走关系（找人安排工作）。我觉得那个时候跟现在不太一样，现在是很难找工作，那个时候好像不是那么难。我不知道。

问：总之是没有给孩子找工作，但是给别人办事很积极？

陈：不，别人让我托关系我也不干的。就是我能做、我能帮的话（我才会去帮）。这个，不但是同事（也会帮别人）。我现在老了，我现在还需要人扶着，可是我走到后山去，一个老太太她弄不了的时候，我就想帮她抬，我不自量力，那是下意识的。

问：对郑先生的总结，您做完了吗？

陈：总而言之，他是这样，他是由一个在社会上不太好的人——当然也不是恶霸，不是太坏的人，（变成）……

问：肯定不是恶人。

陈：不是恶人。可是并不是好人，是旧社会习气比较重的一个人，到解放以后变了一个人，逐渐变成一个好人。为什么他帮助别人呢？如果按照过去的看法，他可能就不去做。现在我儿子常常碰到一些事，我现在不满意，就是我觉得他们没有继承我认为对的东西。能够做的事情他们不太想管，谁管那些闲事干嘛？都是这样的。

问：接着下来就说说您的孩子们，您几个孩子的情况。

陈燕嬉在丈夫郑学玄墓碑前

陈：应该这么说，我们两个人谁也不教孩子不好，自私或者怎么样，还是让他们做好人。我就记得当时我们同院的一个姓赵的摄影师。就跟我谈过，他说你们的孩子特别有礼貌，不做坏事。托儿所的反映也是，他们特别听话，也乖——我老三不是，老三调皮。所以托儿所反映说，怎么哥哥姐姐那么老实、那么听话，他怎么那么调皮？我那回不是说，红卫兵到处打人的时候，我在后窗听见打人，而且打的是在我家当过保姆的那个人，当时我问过（老三）。我知道他去了，他打没打人，我得问清楚了。所以回来，他说没打，可是我不满足的。因为什么呢？要是我，我绝对赶快地离开。因为什么呢？打一个人，你认为那只是一个地主，她后来当保姆，已经到这个份上，你就因为她曾经当过地主，就打死他？没有道理。而且她又在我们家待过。所以我觉得不满意的，他没走，他虽然跟我说他没打，谁知道呢？反正我是不太满意。

这几个孩子，没有看谁做过什么坏事。大的也没有做过什么。

问：老大到青海去。

陈：那就是支援三线。我就记得郑凯，就是小儿子，他串联的时候，也不知道在哪一个饭铺门外待的时间长，他就进去跟大叔聊天，学做饭。后来有几个人结婚还让他给做的饭。我的小儿子，逗的，困难的时候还是什么时候，他就抱着我们家母鸡，在门口蹲着卖，好像是卖点钱还是怎么着，我也不知道，他就做过这个。

问：郑凯……那是（19）60年前后？

陈：还是他很小的时候，他就抱着母鸡卖。

问：是真地要卖，还是小孩儿玩游戏？

陈：不是玩游戏。

问：真地要卖，是吧？

陈：好像旁边卖东西人多，好像都抱着东西卖，他感觉有点好奇，也想卖。我也没给他判定特别不好的，反正在他们行为说话的时候，没有欺负别人。我从来没打过他们。只有一次打过大儿子，打了一巴掌，因为他说脏话了。我的孩子没有说脏话的。

问：说脏话就打一巴掌？

陈：因为不喜欢。就是挺难听的，好多孩子在说。他一说，我就打，当然并不是很使劲，可是我没有挨过，别人没打过我。

问：郑先生打过孩子吗？

陈：他没打过。我们家庭还是比较温馨的，没有什么矛盾。他们姊妹几个也没有什么争论。

问：现在各自在干什么？有两个人都退休了，就是老大、老二都退休了……

陈：现在老大退休了。老大不是退下来了吗？曾经有人让他干什么来着，他去了以后，要求严格，年轻人可能觉得他碍事还是怎么着，反正后来就不干了。他自个儿觉得说不那么要求不行，他没干。这是一个。另外一次，老大说，有一个谁谁谁，让他搞什么，好像是书的鉴定，就是你可以决定进哪些书来。

问：您家老大不是在银行工作吗？

陈：就是有一个人，说让他先捋一下，觉得进哪一本好，类似的事。可能是订图书之类的。他说我不敢做，说我的知识都不够。我小儿子在旁边说，那有什么？你看你找几个人，我们有一个同事过去搞过图书经营的，你找他弄什么的，那有什么了不起？他就觉得可以。

问：小儿子敢想敢干，大儿子谨小慎微，是吧？

陈：谨小慎微，实事求是，认真，因为你确实知识不是那么丰富。

问：这两个儿子，您站在哪一边？

陈：我就觉得性格不太一样。

问：如果要您来选择，投票的话？

陈：到现在也说不清什么。对他的工作性质我还不太清楚。为什么请他呢？也有原因，他虽然在银行工作，等于在银行里边办刊物，研究刊物。他办刊物上也有一段时间了，所以可能是（因为）这个。反正这个事就充分显得他们性格不一样，我也没认真去想，说他们究竟什么事？因为我还闹不清楚他做什么东西。

问：两种性格上您喜欢哪一种性格？谨小慎微的性格和敢做敢为的性格？

陈：他不是谨小慎微。我听我小儿子说，并不是说你这个能力可以够得上，而是说很简单，你找几个人，就是对这个行业比较熟悉的，你找他来帮忙。

问：这是一个很好的方法。

陈：我觉得我同意不够格做这个事情。不是很合适的人选，并不是能力很合适的，就是不够。我觉得是这样。所以我觉得我大儿子，有自知之明，觉得不够就不干，我觉得这还是对的。另外就是说，怕影响年轻人。他这不属于胆小怕事，而是说他因为衡量自己的能力，觉得不

全家福

够的话，那就不必强行。我是这么觉得。小儿子，我觉得他胆子大。

陈燕嬉夫妇和女儿、孙子

问：能够做成事的应该是老小这种人，因为一个人不可能样样都懂，只要去找懂得的人就可以，这事情不就干成了吗？

陈：我也不知道。现在我的小儿子在工程塑料什么，一个协会里。

问：他现在在一个行业协会工作是吧？您小儿子郑凯。

陈：他这个东西也有商业问题。为什么呢？工程塑料，有好多商业人需要他们给他推广，或者给他们出主意什么的，有一个咨询。他有好多会议什么的，好像是秘书长，我也忘了什么了。反正我这么看，他那工农兵大学生什么的，不见得是很熟练的、有多么深的造诣。因为它有点经济性的，就是为推广的这些东西。可是他也敢于……反正就做报告什么的他都敢做。

问：您女儿郑晓春……

陈：她跟我性格是完全不一样，她是有点敢干的。这个时候跟小时候又不太一样了，人家跟我说小时候特别害怕的。

问：害羞？

陈：不是害羞。比如开始说的在托儿所，因为隔离传染病什么的，所以刚进托儿所的人，头一个礼拜不是回家吗？她就特别害怕。就是谨小慎微。可是后来，还比较泼辣，他们就说我跟她性格确实不一样。我不知道她的工作以后是什么情况，因为她没有接触过电影，到儿影以后，在厂办，是从头开始，不知道她是怎么样应付的。仿佛能够应付得来，我就觉得奇怪。那时候，虽然儿影不大，可是有一些事情，比如陪领导出国什么的，她也跟他们走，反正她能应付得了。这点我觉得她比我强。

五十、一些记忆的补充或更正①

陈：我再补充一点，当然关系不大。就是我曾经一时没有说清楚，跟老郑是不是很好的夫妻，那个问题我光说了我自个儿是小资产情调，可是没有说透。我稍微说一下。我（过去从来）没有认真考虑过所谓对恋爱的看法问题，就是爱情问题。爱情主张那些。我现在重新想了想，也许我这也是不错的——我是不是说了很多废话？

问：没有。

陈：因为什么？你们一问，我就想把它说出来，可能很多废话。

问：您太认真了。若是您把自己弄得太累了，您的儿子和女儿要怪罪我们了——您先补充跟郑老师的关系。

陈：我是这样，昨天我也没说清楚，我就说我们俩人没吵过嘴，没红过脸，也没有什么矛盾。我只觉得好像，我跟他有感情而缺乏爱情，这句话我说了。我是小资产阶级。可是我没有想清楚，昨天晚上我想清楚了。因为我觉得——我现在的认识，爱情跟人情是一件事情，只不过在爱情上是因为跟异性的关系，跟吸引力（有关），有一个看顺不顺眼的这些问题。如果是说我想的那个，就觉得恋爱是至上的，不能玷污了，它就是神圣的。我觉得那是小资产阶级。

陈燕嬉和丈夫郑学玄

问：太理想化了……

陈：为什么呢？你一眼看见他，一见钟情，或者你那时候因为看迷糊了，判断不了这人的好坏，而是说只是用那种眼光（看），真可爱。进入

① 这一小段，是2009年11月20日最后一次采访时，陈老师补充谈的内容。

生活以后，好多矛盾，看法也不同了，矛盾也全来了。所以说结婚以后，所谓（婚姻是）恋爱的坟墓，就是这个问题。那就说明他那个恋爱观是错的，是一个小资产阶级。可是我觉得，你也不能否定，就是你对他有一种，一看有点吸引力的问题。就算外貌举止什么的，那有关系的。

另外我觉得，我是很生气的。可是到现在好多人还是解决不了这个问题。有一阵子，有些男的，农村的进城了以后，经过多少年革命以后，他就看上一些新的、年轻的女子，他就抛弃了农村那个妻子，好像是有理由，因为我们格格不入、没有爱情。我觉得这种是原谅自己，你是没有爱情，你那种小资产阶级爱情是没有过，因为农村里也许你根本没怎么见面，或者没怎么接触。

问：过去大多是包办婚姻……

陈：包办婚姻。可是你想过没有，你有没有想过对方，你是摆脱了，人家怎么办？人家一辈子就完蛋了。所以，我觉得这是不对的，是不公平的。那是社会现象给造成的。所以说，你自己应该承担这个问题，我倒霉吧。我注定成这个（结局）。你为什么就不替对方想想？人家怎么都可以承认，这是合法合理的？多少这种悲惨的事情。我过去一直觉得非常不对。（过去）我搞不清楚，我觉得现在搞清楚了，这是你自私不自私的问题，你不能毁了人家的幸福。所以，搞清楚这个问题以后，我所谓的爱情，我从前认为那种神秘的爱情是虚假的，是小资产阶级，真是。我批评自己，不痛不痒的。现在可是我明白，就是小资产阶级的东西，过去有些我自个儿否定了，因为新中国成立以后，批评人性同情感的都是小资产阶级。现在我改过来了，我觉得那不是，那就是人性化。由这个来检查的话，我跟老郑解放前，我们有些观念不太一样；可是结婚以后，他到解放区以后对共产党（的不同态度）这方面的事情已经没有了。旧社会的（习气）还有一些，新中国成立以后，确实逐步改好了。改好了以后，我就怀疑是不是在我面前表现的？所以我又问了好多人，现在我就觉得我们俩人没有吵架，比较融洽，对孩子也没有什么矛盾，还说明我们俩人还是幸福的。否则的话，起码会有吵架的。我也奇怪，为什么几十年，真是一次架都没有吵过？这绝不是勉强，他不勉强，我也不勉强。即使我跟你说那些小小的问题，一下过去了。我知道他内心里头有一些活动，只是这样而已。所以我现在肯定可以说，我们是幸福的。另外的话，又翻过去讲，我没有经过很多恋爱，因为跟他认识以后，更没有什么机会。后来我们结婚以后，我认清他的为人了，他并不是我理想的。如果说我真正跟他结婚了，他对他爱人的情况，那简直是大男子主义的，我觉得我根本受不了。所以没有幻想那种虚无的恋爱的东西，那是不实际的。所以我觉得挺幸福。

问：您跟郑老师之间还是有很深的感情。

陈：不是。感情就是人性的问题，他对我好，我也对他好，说这不是爱情也可以。确实在我认定的爱情不是这样的，我们俩人结婚，跟恋爱是……

问：没有什么花前月下，卿卿我我，是吧？

陈：对。因为他是农村出身，所以说他很实在的。我说他劳动什么的，他自个儿毫无怨言，像昨天讲的，农民对劳动的看法，他不是像城市的那个，让他洗个碗就生气的。不会那样的。这个问题就讨论到这儿。

晚年陈燕嬉和丈夫郑学玄

另外我怕引起误会，不但是你们，将来谁看见了，我说了好多，像《二十四城记》这些问题，我并不反对暴露缺陷、坏的地方、丑陋的地方，我觉得在于你作者用什么感情，你怎么样去表现它，你为什么要表现它。我就想到，其实谢晋拍的什么《牧马人》、《天云山传奇》，甚至后来的那什么……更激烈一点。

问：《芙蓉镇》？

陈：《芙蓉镇》。这都是很尖锐的问题，可是你看了以后，我觉得没有消极的东西。不像看完了《二十四城记》以后，整个人觉得凄惨，凄凉极了，情绪非常低落的。所以我觉得还在你这个作者的思想感情，你是不是投入进去，你用什么感情来表现这个问题。

问：该说“文革了”，折腾您好多天。

陈：这还是不行的。还是说不清的。其实事情并没有增加多少，减少多少，可是就是说不清楚的。反正（19）63年以后，毛主席批示以后。（19）64年整风。

问：或者“假整风”。

陈：我看一眼，（19）64年的9月，工作组安波是组长，吴小佩是副组长。在工作组，大概还有四十个人，四十个文化部门抽调的人。他进厂以后，反正我们也知道，就说是北影问题很严重，不管创作思想、文艺思想、办厂方针，（问题）都很严重。所以说是（这）次文化部整风的重点。而且把二集体可能也提出来了，反正那时候重点是编导跟四个集体。而且提出一个（问题），在困难时候，就是一百名解放军（转业）到厂里来了，后来让他们走了，没留住，说（这是）迫害解放军。其实，解放军这个问题我还有所接触，因为我这个组里分了一个叫王申小年轻的战士，他也挺好的，他也挺老实的。

问：是转业军人，还是现役军人？

陈：不是现役军人，是复员转业军人。那时候不是困难时期吗？就是要安排……安置这些人，有一百人到北影，后来就没有留住，又让他们回去了。（工作组）这些人提出是迫害解放军。那个小孩儿王申跟我一组，工作也挺好，让他干嘛他就干嘛。那时候是困难时候，有一个自行车票，也不知道谁给他的，最后一天了，他非得给我。我说你买，他说他不买。那么我拿着车票当然好了，那时候拍戏，赶快给弄家去了，就买了一个永久的自行车回来了，有这么一件事。

问：是（19）60年左右，是吧？

陈：完全是困难时期。在困难时期解放军来了。完了以后开始整风了，可能是编组的问题，崔嵬、陈怀皑、许珂都不在我们组里头。我们组里有谁呢？有刘春霖、袁月华、程荣远什么的，有一些副导演这些人。我想说什么呢？就是干部的思想作风，按照创作思想来。这时候，就是在（19）63年的时候，崔嵬跟陈怀皑一块把《穆桂英大战洪州》分完镜头，这时候欧阳红缨，就是秦威的爱人，他们要拍《小兵张嘎》，让崔嵬去这个组。结果《穆桂英大战洪州》不是聂晶拍的，是黄心一，就是他的大助手，跟他一块儿来安排。聂晶还是拍《小兵张嘎》。我就听说过那事，崔嵬一去那儿的时候，（《小兵张嘎》摄制组）他们已经分镜头了，拿分镜头一看，看了也不知道是十分钟还是多少，不行，重来。他觉得分镜头不好，所以从头分的。也不奇怪，因为崔嵬对那儿生活很熟。这时候他们已经拍完回厂的，就整风的时候，开会的时候他们没整。这时候的重点在会上，就是程荣远，袁月华大概也有，他们就说，是他们在外景拍戏的时候，是地震还是什么，反正发生了一件事，有点可怕。就说崔嵬表现出逃跑主义。说了好多，当然也无法证实的，可是批判了很多，提了很多问题。这是比较完整的对崔嵬的批判。

问：批评的重点是对着崔大帅，是吧？

陈：对。二集体的整个。有没有说陈怀皑，我就不记得了，也很可能的。你知道吗？在二集体也发生一些事情，要发展谁入团，什么团员不同意等等的。我不知道什么时候忽然想起来了，就说是陈怀皑是崔嵬身边的一只老虎，陪伴在他身边的，好像就是说崔嵬干坏事，好像是他出主意的，我记不清楚。

问：说崔嵬干坏事是陈怀皑出坏主意？

陈：他在旁边就是一个坏人。（具体情况）我记不清楚了，可是这个印象很深，我不知道什么时候批的哪一个。

问：不是（19）64年，就是“文革“期间？

陈：反正从前不会说这个话的。后来在这个批判会上，我心里挺不舒服的。那时候，当决定要拍《东方红》的时候，《东方红》是12月份，是总理下决定要拍，（19）65年1月份就召集整个《东方红》摄制组开会，决定怎么拍，制订计划。我知道我在那儿，那个思想是有这个问题的，《东方红》那时候可能是有一些事，反正我没看，我也没到现场去。我知道《东方红》10月1号在人民大会堂演出。说它怎么好，就是荣誉感，就觉得《东方红》了不起的，我现在没有什么太多的（记忆）。不过就是正式去工作了，所以自己很矛盾。应该说一般的舞台纪录片我不是太喜欢的，我是喜欢故事片，是不是有这个因素，我不记得了。反正我的心情就是，再这么老开会下去，我还不如去拍戏更舒服一点。也好，让我去（《东方红》）那儿也好。至于有没有（别的）因素，就是联合录音（问题），好像还没有。因为那时候也说不上，也没有。我倒是没有怎么觉得，我们两个联合录音，以他为主（该不该、好不好），这个我真没有想过。汪洋还有谁的一些事情我就不太知道。

后来（19）65年的时候，（19）65年7月份，北影的整风结束。是7月份，因为8月份的时候，那时候文化部新部长肖望东，他就指示，说北影厂要三分之一的人员下去“四清”。这时候汪洋跟陈昭，还有一批人，一共二十几个人，就到山西长治去“四清”。这里头有我们录音的傅英杰。也是8月份，就是调沈阳军区政治部的许里来北影当党委书记。此前吴小佩不是工作组的组长吗？那时候他还留在厂里头当副书记。8月份他们来了，11月份又成立政治部，管政治。11月还是在沈阳军区调一个李志明来做政治部主任。这是（19）65年的11月份。（19）66年的2月份，吴小佩又带一部分人下去四清，（到）河北邢台去“四清”了。这里头我认识的，包括跟我聊天的程荣远，他去了，一会儿会有他说的东西。

他是2月份去的，5月份“五一六”就通知了。通知以后，在5月份，汪洋他们长治的那个“四清”队回到厂里。这时候又派了解放军工作队，许里是工作队的政委。这个解放军工作队进来以后，就把厂里头的组织机构改了，分成五片，五片就是艺术、技术、生产、行政跟剧团，这五片。那时候我就不在集体了，我应该属于车间那片，就是技术片。

这时候还有一件事，在（19）64年安顿以后，为了要突出整风的效果，就开始拍戏了，就拍现代戏。当时生活里头突出阶级斗争的那种戏，还有就是好人好事，后来毛主席说要学雷锋，不是要学好人好事吗？所以这戏里头有两种内容，一个就是说好人好事，还有学毛著，选标兵。这样一个阶段就有好多戏都上了，当时为了突出“四清”（整风）的成果。1965年，我不是在拍《东方红》吗？赶当年的10月1号上演。估计起码是（19）66年初回到北影厂工作。我回厂的时候，许里已经是党委书记了，我见到他。他带着卫生所的去慰问。

（19）66年我回厂以后，我就帮着那些，他们不是拍了好多好人好事、阶级斗争（的戏）？什么《千万不要忘记》，什么《红色背篓》等等，好多。反正好儿部我都参加过。一直参加到《水兵之歌》要开始拍。《水兵之歌》一直拍到什么时候呢？那时候，其实整个厂里头基本停产了，乱了。可是还有两部戏在拍，一个是《水兵之歌》，另一个（是）《老文工团》，我记得摄影棚里，我们在这头拍，他们在那头拍。

《老文工团》后来拍了半截。那时候那个工作队进厂以后，不是分成五片吗？就是技术片什么的。有一天，我就被揪回去了，揪回去到录音车间里大会去了。大会的内容我记不很清楚。反正那时候文艺黑线、大师大帅，这些东西。那个心情还是记着的，就是我自己觉得茫然，因为我觉得我这些东西好像没法说，无从说起。所以说“文革”以后，（直到）现在想起来当时也不是很幸运，也不反感，认识也不深刻。只是他们说的帝王将相，是，咱们是拍的帝王将相的，似乎也有道理。可是也没觉得真是（有错）。我好像自个儿看片子，没有什么觉得不好或者反动的地方，当时属于那种情况。我没反对你，我虽然是黑干将，那时候心情是这样的。我就记得当时我在开会的时候，我的心情就觉得自个儿很无奈。

问：您被揪回去开会是在底下坐着一起开会，还是在台上。

陈：没有什么台上。政治学习，揭发，还没到批斗的时候。回去的时候，一片，技术片，实际上也是分组的，因为我们都是录音组的，没有什么摄影的，虽然是一个片，那样的情况。可是，我忘了这里头什么时候，各个片还选出来“文革”领导小组，是整风小组还是“文革”呢？

五十一、再整理特殊年代的特殊记忆

问：“文革”小组，当然是“文革”……

陈：“文革”。“五一六”以后了。全厂也选出一个厂的“文革”领导小组，工人为主的，组长是郭盛明。他们把计划的东西拿出来（让工人去演）。后来回到车间，也没有开多长时间的会。也不知道怎么着，我们有一个学习小组，就是我、吕宪昌、傅英杰、左山，我就记得好像没有蔡军。可是应该有的，后来有人说他病了，我不敢说。反正有一个于蓝，于蓝为什么放到录音组来，我不知道，别人也不知道。我们在一个组。就是说批判会并不是太多。就是我们学习，聊天，都在一块。后来这五片又出事了。那时候，这我记得就没有参加了。就是全厂他们组织批斗汪洋跟吴小佩。实际上是许里他们在后面策划的，好像这时候觉得批得挺顺利。这时候，毛主席（发表）《炮打司令部》，后来毛主席又接见红卫兵，等等。奇怪，我现在想不起来，我脑子里头，就是毛主席在城楼上挥手，然后还戴着红色的（袖章），我有印象，可是当时我不会去的。

问：您肯定不会在现场？

陈：当然不会。

问：您多半是看那个《新闻简报》。

陈：可是什么时候撤走了？我说的解放军工作队进厂，那时候就是文艺组那什么的——不对，工作组进厂以后，同时文化部又组织社会主义学习组。这时候他们不是（“四清”）回来了吗？当时有二十几个人，除汪洋他们以外，二十几个人被送到学校去了。等到7月份，就是（19）66年7月份，邢台“四清”组，就是吴小佩他们也回厂了，一下火车马上就给送到学习班去了。毛主席“炮打司令部”以后，那时候工作组还在，“八一三”的时候已经没有领导小组了。

问：把前一批的领导小组给撤走了，然后给换了一批？

陈：我怎么没找到撤走的时间？我没记下来。

问：这个没关系，这个《北影大事记》上应该都有。

陈：对。完了以后，就是“八一三”。“八一三”是社会主义学院

（学习的人），他们回厂。[①]那时候好像是厂里没有领导，工作组都撤走了，各个学习小组也解散了。我们的小组，就（是）跟于蓝在一块的小组，并没有解散。我们上哪儿去呢？我们大家还是待在一起活动，完了以后，就是批“资反路线”，就是写大字报，花了比较长的时间写大字报，就是批判“资反路线”。

问：您写大字报也是这个时候，是吧？

陈：这时候我们是自由的，没人管。学习班也解散。解散以后，我们几个人好像还继续，反正上班也没事可干，我们就老在一起。也不知道是什么原因，我们好像自己主动地写（大字报），就我们几个人。“八一三”我是参加的。当时我不以为然。实际上他们早有准备，因为他们做了好多道具。当然谁指定什么的，我就不清楚了。他们撤了以后，有人还留着，许里他们还在，我就不知道了。那天是够热闹的，是对一个人人格的侮辱……

问：社会主义学院回来的那些人遭批斗、戴高帽子，是吗？

陈：戴高帽子。我就觉得庸俗化，批判他的思想或者怎么样（我能接受），这个东西我不喜欢，我也不想接受。可是也没有那么高的认识，（认识）他们都是错的，可是并不喜欢这些斗争方法。后来怎么样？红卫兵也起来了。“八一三”洗礼以后，8月20号左右，红卫兵那时候已经冲向社会，“八一八”接见以后，[②]红卫兵简直是狂得很，就冲向社会。（8月）22号，就到北影来了，北影是去两个地方，一个是剧团，剧团那时候不在北影厂里头。

问：是在新街口那儿。

陈：就是那儿，什么胡同。就是陈强那几个（名演员）就（被）斗。厂里头，有外来的红卫兵，也是（找一块）空地，就是好多人，有汪洋，反正就是（让他们低头）弯腰什么的，都有。我那时候不去看，也不敢。我看着他弯腰的时候，好像见过，可是不是老盯着看。汪洋谁都知道，不论是批斗会上还是什么情况，他把所有的责任揽在身上。他老是那样，（说）就是我的事，这都是我的罪，谁都知道，还大声地说。

问：这一期大字报您就没参与？就是红卫兵的时候。

---

① 1966年8月13日，文化部的社会主义学院“学习班”解散，学员返回原单位。汪洋等人回到北京电影制片厂时，遭到厂造反派的批斗，人格被严重侮辱。在北影厂历史上，“八一三”是一个知名事件。

② “八一八接见”，即1966年8月18日，毛泽东主席在天安门城楼上，第一次公开接见红卫兵。

陈：那时候还没写大字报——我说错了，“八一三”那时候没有安定下来，更乱了。写大字报。那时候也没有明确地提“资反路线”的问题。“八一三”完了以后，好像也提出来资产阶级反革命路线的问题，好像当时厂里边的思想也比较混乱，也属于没什么人管的情况，工宣队来了又走，比较混乱。这个时候，就是剧团首先起来造反，要批“资反路线”。这时候就以工人为主的另一派，他就觉得你反资产路线，资产路线包括许里，许里不是工作队的吗？他们就不同意，有什么可反的？他们觉得应该反十七年黑线，所以他们那时候就成立一个毛泽东思想大学。公社后来过一段时间，就参加了北京市革命造反组总部。（当时北影）除了这两个大的组织，还有韶山公社等好多组织成立，他们就联合这些比较小的，跟他们关系一样的，就是一块组成了“红北影”。

后来改成“新北影”了。这时候新北影、红北影有两个组织。第三条路线，实际是比较年轻的一些人，他们可能不太同意（红北影、新北影的观点），不完全同意，所以他们成立第三条路线，叫“遵义兵团”。这三个组织是贯穿后来整个“文革”的。主要的派别就是这样。因为我不记得参加“红北影”，我不知道。反正那时候就是我们在一块反资产（阶级）革命，写大字报。我们写的大字报是说理的，反正举了很多例子，主要的意思是什么呢？工作队进厂以后，作为幕后指使，让我们干嘛就干嘛，完全是没有群众自发的认识，所以就觉得不符合革命路线，当然不对的，就写这个。也不知道签什么名，我不记得，肖望东这个名字，我的印象挺深的。反正我们就是跟一般的大字报不太一样，（不是）有点套话，简单几句就完，因为我们是说理的。所以贴出去以后，公社很同意，因为跟他们一样也批资产（阶级）路线，反正我就觉得当时几个公社头儿觉得我们有分量，就成立一个干部串联会，就不是我们几个人了。有才汝彬、傅杰，傅杰是从苏联学习回来的导演。还有什么人记不得了。反正有干部参加，那时候叫干部串联会，（简称）叫“干串会”。这个好像是应该属于“红北影”。

“红北影”好多活动都参加了，什么“干串会”什么的。当时（19）66年10月份，那时候公社揭发许里整群众黑材料，是什么形式，我不记得了，斗他没斗我不记得。反正当时印象很深，有这么一件事。后来就是（19）67年1月，1月风暴，夺权的问题。夺权也是1月份，晚一些时候。这公社就参加了文化部的夺权。还有北影夺权，这个我有印象。可是我是不是参加了，我记得不是很清楚。要是参加，我记得不太具体，这说明我那个时候肯定是自由的，到4月份的时候……

问：1967年4月份，是吧？

陈：（19）67年4月份，就是这时候。我就记得有一次在我们录音楼里头，什么事我也给忘了。我记得比较清楚的是什么？就是在一个配音室里头，这些年轻的，（有个）叫小辣椒的女孩子，她跟我对话。她说你看，过去穿着高跟鞋，就是那种资产阶级社会氛围，我就笑了，我说对不起，我没参加，我没穿过高跟鞋。当时我的心情是什么呢？我很理解，因为这些小年轻，他们对过去不了解，我也没有觉得她不对。这种派性，那时候很强，真强烈极了，什么原因也不知道。当时的地质大学，有天派、地派的，就觉得强烈。只要是这派的人来串联，来谈话什么的，就觉得很亲，什么话无可不谈，这个感情从哪儿来的？我后来一直想不出来为什么产生的。后来联想到，比如说什么希特勒或者是日本军国主义，迷惑群众就是这样的，我那时候就是受迷惑的。

问：集体催眠。

陈：对，那时候不知道为什么，就觉得对。可是当时我不像他们有仇恨，没有仇恨，没有觉得对方怎么不好，（只觉得）你们为什么受他蒙骗，就是那样想。

问：您是“遵义兵团”的，是吧？

陈：我在遵义小组跟周婷，还有跟剪接的一个人，可能不是住在一块吧，因为没地儿（住）。工宣队的一个人找我聊天，谈话。他说我们了解你的情况，你好像是没有什么问题，可是我们希望你多注意一点周婷，她的言行什么的，把这些情况告诉我们。那我就挺明白，就让我做工作。可是我反正没有觉得（他有什么问题），我就要好好的怎么样……

问：做卧底。

陈：对，我没有听他们说了什么不对的话，如果他们有不对的话，也许就汇报了。可是我觉得没有什么，这么一个情况。后来好像也不知道是怎么，好像是“遵义”跟“红北影”又掰了，观点不同，就是（分）管理组，就是各个派的管理小组分开。（我）又由遵义那儿变成（毛泽东思想）大学的（管理组），新北影那个组。这个我记得清楚的是什么呢？就是一个老工人，他们几个人一直找我谈话，说你跟他们不一样，为什么让你也到这个小组来呢？这个小组都是头头脑脑的——汪洋，有海默——就是说希望你注意一下他们，他们的言行，都干一些什么，做一下小特务吧。我为什么要强调这个组？就是因为海默的关系。我过去不认识海默，因为他是编剧，跟我也没有直接的关系。在一块劳动，一块开会，学习，我觉得他的言谈，他很积极，他没有说挺消极的，没有那样。另外他积极到什么程度呢？（因）为劳动，是一个机械的活儿，他也不知道是自己发明什么还是自己拿什么，想方设法把它做好。好像是他想了好多主意，因为他很聪明。所以我对他印象很好。

我们在管理组。就是这个管理组里头成立一个“中电三厂”学习班，那可能是在……因为里头有事，先不说，一会儿再说。（19）69年的时候，厂里边是这样的，那时候我们不都在小关吗？那时候要拍样板戏了，所以小关那些人，除了摄制组以外，全都搬到铁道干校这儿来。生活区也搬过来，小关就腾出来拍样板戏了。后来因为拍戏，还是吕宪昌他们主持的，所以就把测绘学院的地方（占了），（新摄影基地）就开始建在那个位置。

问：就是现在的电影制片厂？

陈：这时候不是新厂建立起来，就摄制组（的工作基地）。8341进来以后就成立革命委员会，然后过了一年，就是（19）69年，就要下干校了。[①]那个时候，8341老华跟我说过——那是成立什么以后了——他说我们来了就是为解决中电三厂的事，意思就是你别侥幸，你别好像（觉得可以蒙混过关）怎么样，就是这个话。[②]

另外，就是这个时候，不是集中在一块学习什么吗，全厂都搬到厂里住吗？我们也全统一了，不是各个派的，都搁到一块，整个管理组。管理组住在一块，都自己去劳动什么的，这时候我们的屋子住很多人。那时候当然还不紧张的，为什么？凌元你知道吧，这个演员？

问：我知道。

陈：当时因为我这个人头发特别软，乱极了，有一天，她说看你这头发，我非得给你弄好了不可。以后洗完头，她就给我怎么卷，她说你看多好？第二天早上一看——因为我头发软——全是乱七八糟的，真没办法，我说你看怎么样，不行吧？就是说，大家那时候心情不是很紧张的，记的有这么一个片段。后来在这个大的管理组的时候，成立一个“中电三厂”学习班。那时候班长是陈方千，就是跟谢添合作的那个。还有一个，当时我发言，我自个儿记得是这样的。因为我没有什么可说的，可是当他们动员大家应该怎么样来揭发、怎么样批判、怎么样看这个问题的时候，我是出于好意，就总是把他们这些说法联系到自己，应该怎么样来做更合适，是出于这个，我记得我是这样的动机，所以我还是每次都发言的。记得有一天，是工宣队里面挑两个人——这个我还记得——不知道是工宣队，还

---

① 陈老师的记忆稍稍有误。根据《北京电影制片厂编年纪事》记载，江青派8341部队组成的军宣队进驻北影厂是1969年5月15日；北影厂员工全部下放到黄村干校的时间是1970年1月。

② 1969年9月12日，军宣队召开清理阶级队伍的“宽严大会”，当场以“历史反革命”罪逮捕了李敬勤，并将“中电三厂”人员作为重大历史问题，成立专案组，谢添、蔡军、陈燕嬉、王诚、李维明等被隔离。

是军宣队，忽然间就把我叫出去了，让我交代，反正不记得什么事了。他们怎么说，好像我把事情说清楚，就与我无关。我记得好像是说清楚了。本来就没那么回事。我就在他们两个（之间）——工宣队和军宣队（之间）……

问：一派有怀疑、要整您，一派不怀疑、要保您？

陈：在这个问题上看法不太一致。是不是还有别的学员？我不记得了。有一个叫申述德的不是“三厂”人，也不知道在哪儿，反正办个报纸什么的，有这么一个人。他看见我说，工宣队就是不公平，他觉得不平。我想不起来为什么。

那时候，要腾出来拍样板戏，都到铁道干校，那管理组也搬过来了。大伙儿劳动。在集中劳动的时候，里头也有葛琴，葛琴是副厂长，年岁挺大的，老革命。我们在劳动的时候，我是比较热情的，他年岁挺大，身体也不好，也不知搬什么东西，凡是他自己费劲的，我就替他搬了，我就给他做这件事了，他就非常激动。他就说你非常像我女儿，不是长得（像），是性格什么（像），所以他对我有那么一点点感情。我就记得从小关撤回来到这边的时候，那时候学习班完全解散。可是葛琴不能跟我们大伙儿一块回到群众中去，他就留下来。我记得在那儿劳动，我有糖为什么有糖，我也不记得。在解散的时候，我就把几块糖送给他，我说留着吃吧，我记得非常清楚，他当时就拿一块吃。吃完以后，他说这么好吃，这么甜的糖，就说他好久没吃糖了。其实他的身份，（不）是吃不起糖的，这个我印象比较深。

到厂里以后，跟群众住在一块，因为群众还是住在厂里头。我就记得有一天晚上——9月12号开宽严大会——在这之前一段时间，反正几天（前），有一天晚上，老华就找我谈话，就到我宿舍里头说，让我从小时候说起，说一下我整个情况。那我也没有什么想法，（他）也可能是想了解我情况，就跟他说。到了熄灯的时候，老华说，熄灯了，还没有谈完，你上我那儿去吧，我们接着谈。他们是在U字楼，就是在现在新影的一间房，他们住在那儿。到那儿，一进屋，马上就有人出来说，你什么共产党员？你是假共产党员，你是真的国民党员！就这样给我定性。还说了什么，我就不记得了，完了以后，就给我送到他们楼上，就在那儿住下来。

问：他说要跟您继续谈话，实际上是把您给骗去了？

陈：那个记忆挺清楚的，除了说我是国民党员以外，还说了什么，我就不记得了。我跟他们说什么，我也不记得，反正我没有说我承认，也没有说不承认，是这么一个情况。

因为住了好几天，我就记得在我们楼上住还有谁呢？就是那几个人，有谢添，蔡军——有没有蔡军我倒不记得了——反正就是王诚、李维民，这几个人。

问：……都是“中电三厂”的人。

问：怎么处理的？是宽还是严呢？

陈：也不宽、也不严。就把我们几个人点了名字。

问：干嘛呢？点名是算什么？

陈：点名是说问题很严重，要好好交代。

问：警告的意思？

陈：对我们几个人要好像加重管理。怎么宣布我忘了，反正点了我的名字。我记得我去参加会的时候，还挺轻松的，不是让和群众在一块吗？我记得领唱歌的是张华勋，我也跟着一块唱。可是后来宣布我的名字，我知道了（我还是有问题）。这就是“九一二”，9月份的。后来还有一个什么活动，我就不记得了。因为到年底才去的干校。

问：这是（19）69年……

陈：（19）69年，这是9月份，不是“九一二”吗？“九一二”以后可能还干嘛了？好像我也没什么记忆的，咱们就不管它了。一直到（19）70年1月到干校去，我就不知道这（中间的几个月时间）是怎么过的，那时候隔离起来，也不许我们参加（群众活动）什么的，好像也没人管，我不记得怎么过的，不管它了。

在（19）70年1月份，大家都到干校去了。我记得什么呢？可能我不是第一批走的，也合情合理。因为什么呢？他必须把干校布置好了，我们被管制的人才去，那时候一去就（有人）值班（看管我们）了。那时候我还在厂里边，以后我才到干校去的，应该是这么一个情况。因为罗静予自杀，好像当时知道什么原因，我现在记不清楚了。后来我知道，就是哈军工的红卫兵进厂批斗他们的时候——我再补充这个吧。就是那时候，红卫兵冲向（社会）……

问：哈军工的学生、红卫兵来北影？

陈：来北影。在现场（揪他们）上台，一边是汪洋，一边是罗静予，让他们跪在地下，踩在他们的身上，而且还踩他们。等于把他们踩在脚底下。完了就是揭发什么的。最后，我记得是这样，就是他们在台上喊，要革命的，红五类、要革命的都站出去。

后来我就到黄村（干校）。（专门为看管我）成立十班，在十班里劳动，我好像说过这个事。干校完了就是回厂了。有几个事情，我是（19）74年回厂的。因为什么呢？（19）74年3月份的时候，8341就撤走了，那时候就要开全厂大会，进行总结。我记得就是在那个总结的时候，汪洋让我发言的。因为我过去在写大字报，在一个（学习）小组的时候，我跟于蓝是很近的。我们俩人无话不说。

问：于蓝老师现在不接茬，不承认你们俩一块去看田方吗？

陈：不是这个。反正没关系的，我说吧。当时我们在一起，所谓革命的时候，那时候我们写大字报还是出去（都在一起）。我不是说过吗？于蓝在《红岩》（电影《烈火中永生》）演过，《红岩》当时也被打成什么……，乱七八糟的。我们俩那时候是什么心情呢？特别是于蓝，我们又成了革命者，不是说被别人（批斗或）怎么样，所以我们应该起来反资产阶级。这时候于蓝并不消极。

问：回来以后都说过了，“文革”您还有什么要补充的吗？我还有一些问题。

陈：你问吧，我现在一下想不起来，正好，你问吧。

问：第一个问题，“文革”初期，您家里是怎么破四旧的？当时是怎么想的？家里比如说有一些旧书、旧文物或者是旧的东西，怎么弄的？

陈：这个昨儿我想了，就是忘了说。那时候，在家里头，这么厚的一本（书），这还是我第一个男朋友他毕业临走的时候送给我的。他送的时候当然也有点意思。就是连这么厚的书都烧了。

问：烧掉了，是吧？

陈：烧好多书。

问：不是卖掉了，是烧掉了？

陈：怎么卖掉呢？“文革”你敢卖吗？

问：卖到收废品站，不敢？

陈：那时候没有那么闲情逸致。你烧都得偷偷烧。我就记得把书烧掉了，所谓书，可能就是关于文艺方面的，也可能是科学的。因为我的书实在不太多，我那些教科书什么的，就让我小哥哥给拿走了。我觉得搞电影文化，也不会用这些书了，他就都拿走了。另外我记得还有一个细节，我的女儿，他们丢的东西多了，要烧照片，我舍不得，她说你留它干嘛？我说拿起来看，回忆一下，多好。她说哪儿有那么闲情逸致，还看？回忆从前的事。我们俩人有这个（记忆）。

问：照片烧了吗？

陈：照片可能烧了一部分，我留了一部分，有这件事。抄没抄家，我不记得了，好像也没有大的（抄家）。

问：郑老师那边有红卫兵，新影厂的人，过来抄家吗？

陈：好像。我不记得怎么样。我烧东西，有。

问：北影厂这边大概应该没有抄家的，因为您还是党员、党支部书记。

陈：那可不见得，那时候已经是黑干将。

问：对，是黑干将。

陈：不知道。好像我觉得，新影的也到我们家来……没有印象。抄家，翻腾的，那样的，没有印象。反正我自己烧书，我记得，偷偷地烧书。

问：什么时候烧？是晚上吗？还是白天？

陈：当然晚上。在院子里烧。

问：晚上在院子里边烧？您家是一个独立院吗？还是跟几家人共住一个院？

陈：那时候院子挺大的，我们院挺大的，有点空，是一个大院。

问：烧书是有点怕，还是不太怕？

陈：因为我们离得也挺远的，那时候恐惧心也不大。

问：您没有说到这一点，写大字报……

陈：我说过了。大跃进的时候我们房子让出一间来，说要给做公共食堂，后来不知道因为什么给我们补了一间，就在隔壁院里头，北房的最后一间，给我们一间房子。我记得那天晚上在那儿写大字报。

问：写什么大字报还记得吗？

陈：不。那时候老是逼着写大字报，就是一般的。因为没有什么更多的意思，我知道我大字报没有揭发别人的，只是说自己。自己也没有什么可说，套话什么比较多，没有意义的大字报。可能我已经说过了，就觉得，整个党委发展对象是向着知识分子——专家知识分子的，我觉得那个方向有问题。

问：有问题，没有发展工人阶级？

陈：我提出的是什么呢？批准我（入党）——贴了一个大字报，很大的一个，像公报一样——就是说我怎么入党，我是什么情况。当时陈昭也跟我这么谈的，就是说党需要我们这样的力量，专家，充实这方面的力量。所以当时我就记得，就是说想让我们这些人，搞技术的（入党）。

问：您写的大字报当中，没有任何一张针对别的人吗？比如说针对汪洋、针对田方、针对傅英杰或者针对吕宪昌，或者谢添、陈怀皑？

陈：这个没有。我们开完会，就是一块儿写大字报，不同意我入党的那个人，就是跟他写大字报。写什么呢？写揭发批判罗静予的，他说就这么写，我说不行。没有充分事实的话，我说不能这么说，他是怎么样就是怎么样。他说你干嘛那么认真？就这么写上去吧。我绝对不同意，我是那样的态度。因为这个回合，我记得特别清楚，所以我确实没有写过……

问：……没写过冤枉人的大字报？

陈：不写没有事实的。

问：这个揭批罗静予的大字报，贴出来了吗？

陈：肯定会出来吧。不是说像我们写的那个批“资反路线”，需要用脑子写很长的，这是一般的大字报。

问：就是表态要揭发他，后来您发现罗静予冤枉了吗？这是什么时候？

陈：很早的时候。就是我们还在批“资反路线”的那时候，也不知是被揪出来，还是我们已经成立了“干串会”或者什么的。就说明，我有记忆，我写过大字报的，说过没说过别人，我就不记得了。反正我不会没有事实瞎说的。

问：“文革”当中，您看到过针对您自己的大字报吗？别人写的？

陈：我记不出来……因为什么呢？

问：照理应该有的？

陈：应该有的。我也问过别人，我特别应该注意第一张大字报，徐清扬（见到批自己的）第一张（大字报），就自杀了。我知道，即使有（针对我的）大字报，也没有什么具体的。

问：您在“中电三厂”待过，又是名录音师，“三名三高”，算是黑干将，肯定逃不掉。有多种理由要写您的大字报，是吧？可能应该有……

陈：那个时候写大字报，不会写这些。只是在工作上。

问：总而言之，您对当年的大字报……

陈：反正刺激不深。

问：刺激不深？

陈：这个是肯定的。批的我自个儿……

问：还没有那个印象深？

陈：心里还不那么动心。一般大字报我没有看过。可是我记得，把我揪出来以后，在上干校之前，在我屋里头画了一张大字报，就是抹着口红，叼着烟卷。

问：漫画？

陈：漫画。我已经被隔离起来了。因为这画跟小女孩说的有点像。

问：您知道作者是谁吗？

陈：我知道。就是美工画的，我想着。我也没有觉得很重要，就是穿着旗袍那样的。反正不是在十班，肯定就是在铁道干校。来帮助我的人，说你看了大字报有什么感想？当然我不敢像年轻的工人笑得那么厉害，反正我就不以为然地说，我说，可惜那个不是我。除了画那个以外，还画吃面包皮——我二哥不是在协和吗？就是吃帝国主义的残羹。我说这里头不是我，我说我没有穿过高跟鞋，我更没有穿过那样的旗袍，也没有烫过头发，也不抹着口红什么的，我觉得那不是我。

问：所以它不会伤害您，因为您觉得不是您自己？

陈：不是。就是我的心情，这么一个问题，打到我的痛点不是这个。

问：没有打到您的痛点？

陈：当然，如果说打到我的痛点，我就应该记住了。我现在记不住，记不出来。反正这个有，这个挺大的。

问：您知道它是谁画的，对画大字报的那个人有意见吗？

陈：那也没什么。当时我为什么想是他们呢？因为当时所谓整风开始的时候，主要是二集体依靠谁、相信谁、培养谁，主要是这个问题。关键是方向的问题。

问：说在“文革”期间，您最难熬的时候是什么？

陈：不好受的就是什么呢？在（干校）十班，他们老让我写思想汇报，我那个时候没什么思想，我写什么呢？所以每天晚上熬，熬得很厉害，我就困，他们就成天说你这是装的，我记得我跟他们反驳过，我说我困，我说要不，试试看你困不困？就是那时候觉得难受，身体上难受。另外，也还是觉得，让我写，我没法写（心里也难受）。就是唯一的。可能咱们聊天，我讲过，唯一的一个，就是瞬间的消极，是有过的。我说干脆，我要死了的话，你们那时候该后悔了，也许还给我弄清……后来我想不对，我要是死了，有口难辩。为什么呢？我死了，我自个儿也不知道，看不见，即使他们后悔了，我也看不见了。

问：那就是一闪念。

陈：一闪念。（死了）我看不见。我又说不行，就是我自个儿觉得不对。另外，人家就可以借此说我更害怕，畏罪或者怎么样。

问：畏罪自杀？

陈：有这么一个想法。

问：那天军代表让您说您自己的简历，把您骗去，那时候心情是什么？

陈：那时候我觉得很突然。可是我不害怕。因为什么？我不是跟你说过，我没有什么红色历史，我没给革命做过多少贡献，可是我太简单了，三门干部，出了家门就是……

问：您不觉得冤屈？凭什么把您单独关起来？您还是共产党员。

陈：那时候，这么大的运动以后……而且运动惯了。就是那样。你说新中国成立以后……虽然“三反”不是我，老郑什么的……大家确实是……老是这个事，也不新奇。而且也不能说，觉得一个人冤枉，他就应该起来抱不平，也不是那样的。对我来说，还不是最主要的，因为我觉得我问心无愧，自问我没有这些事情，因为我相信共产党不会冤枉好人。

问：即使在“文革”当中也还相信共产党？

陈：相信，一直相信。

问：下一个问题，郑老师在“文革”当中的遭遇，您了解多少？

陈：我了解不多。就是什么呢？一个就是（没有人）告诉我。另外，我在小楼被隔离的时候，让家里给我送东西，洗脸漱口用具、衣服什么的……

问：您看见是郑老师帮你理的东西。

陈：我一看……他其实也没写字什么的。我马上就知道郑学玄回家了。

问：您记得（19）66年5月份到（19）70年1月，三年半的时间内，您和郑老师交流的情形还记得吗？

陈：回家的事，我都不记得了。就是在学习班的时候，我跟汪洋、海默、谢添他们在一个组。我记得回家的时候，我跟谢添，还有谁一块骑车走的，谢添要去喝豆汁——根据我跟谢添聊天，他说喝豆汁什么的，我也觉得那时候我们心情不是太紧张。可是回家跟老郑……有什么想法，好像没有。说他是反革命，我没有任何印象……

问：说谁是反革命？说郑老师是反革命？

陈：说郑学玄。

问：郑老师在“文革”当中被打成反革命？

陈：肯定是打成反革命了。

问：说他“历史反革命”，还是“现行反革命”？

陈：我不敢说是肯定。我昨天不是说吗？说郑学玄（经历了）那么多运动，他为什么不反感？昨天我想了，他为什么不反感？因为他有小辫抓在人家手里。什么叫小辫呢？就是你的拷贝丢了，最后你也承认在你手里丢的。

问：他有管理责任？

陈：不是管理。拷贝丢了，他说不出来（到底是交给谁了），他有这个东西。

问：您不记得跟他有交流？

陈：我们俩肯定见面。可是我想，按常理来说……新影不见得在“文革”的时候让他起什么作用，因为什么？他那个时候……

问：老运动员，死老虎了，像右派那样，“文革”反而没遭什么罪？

陈：反正最后他到干校，是猪场。这个我记住，是七几年？比较晚，新影才去。他们原来是到咸阳还是哪儿，反正不是黄村的。到那时候，新影剩下的人下去，就上黄村了。他没到干校时，他怎么过的，我记不太清楚。不过我想，（应该）不是很激烈，很激烈我应该知道。

问：我讲的是什么意思？在这三年半当中，心里比如说有什么想法，

总要告诉人，最应该告诉的人应该是郑老师……[①]

陈： 这不见得。

问： 您会告诉谁？

陈： 不是会告诉谁。

问： 您总得要跟人聊聊天。说说心里的想法，要么就告诉郑老师，因为是夫妻，可能会互相相信，要么就是找最好的朋友……

陈： 这个我想不起来。

问： 您的三个孩子在“文革”当中的一些遭遇，您了解吗？

陈： 不了解。我知道他们不像有些右派的孩子们，就说是狗崽子。他们好像没有这个。他们怎么样下去插队等等，什么串联，好像还没有什么太大的阻力，还没有更多的压力，可能。反正我们那时候确实对他们也没有牵肠挂肚，觉得他们怎么办，也很少有这样的想法。所以他们怎么插队，是什么的情况，我们知道不知道——也许是知道的。

问： 您总要给他们准备被褥、木箱吧？

陈： 那时候我们不在家，给他们准备什么？我们都被扣起来了。

问： 他们下乡的木箱、被褥、行李，都是他们自己准备吗？

陈： 可能我们俩人都关起来，谁给他们整理？

问： 您没印象？

陈： 绝对没有这事。

问： 郑晓春把郑凯带到内蒙古去，您也没给他准备东西，是吗？

陈： 郑凯是没人管了。

问： 但是也得要行李，也得要买被子。

陈： 那当然，他们买东西，不是她说吗？好像是新影给她报销。

问： 北影不给他报销？

陈： 我们根本管不着。

问： 最后一个问题，就是您上次曾经提到过，同期录音跟江青有关，这个话题您没有说完。

陈： 这个问题，跟运动没关系。我觉得，由于不同（期）的录音，大家对录音意识更降低了。

问： 录音意识更降低了？

陈： 当然了。因为什么呢？不同期录音的话，根本没录音什么事，你甭出外景了。就是不把录音跟摄制组搁在一块，这样的话，你录音什么都

---

① 陈燕嬉批注：能见得到吗？！

不参加，当然没有录音意识了。（对录音的）看法，也都不像从前那么重要。这段，特别是后来，就是咱们的（广电部门）领导出国，人家说你们不会同步录音，美国代表团提出我们教你们，在北影实习的那些朝鲜人也说你们不会我们来教你。所以那时候，我们觉得有点蒙受耻辱。这个责任是谁呢？为什么这么长时间没什么（意识）？谁也没说出所以然来，谁也没说，到底这个责任是谁。

问：您觉得是江青，是吗？

陈：当然是江青。郑春雨不同意我这个意见。

问：郑春雨也是录音师，他……

陈：不是。就是作为录音师，各有各的看法。我说一下我的理由，江青没有直接说过不要同期录音，这肯定她没有说过，她要说过的话，反倒说明她重视录音了。因为她从来对录音不重视。我为什么能这么肯定呢？就是因为我在录音组里，那个头儿就跟我说，让我录出的声音大点。要是江青的话，她光听，声音大小都不管，有歌就放，如果来了，给她关，给她开；觉得太大关小点，太小开大点；她是不重视，她是不管的。这就说明江青不懂。

问：不懂声音，也不重视声音？

陈：她因为不懂，所以不重视。所以到摄制组……

问：这跟同期不同期有什么关系？

陈：她到摄制组，我后来听说，她就指责这、指责那，这儿有意见、那儿有意见，什么光不对、演员的角度不对、颜色不对、服装不对、道具不对，什么都挑，从来不提录音。我不是那天也说了吗？她不重视的话，她一般底下的跟随者也就必然不重视。所以为什么说录音师提出来，我们声音怎么样、会影响什么，狄福才就说，什么录音？什么声音质量？你要听声音，听话匣子去！他哪儿来的？就是从江青那儿来的。

问：这能证明江青不懂得，不重视录音？

陈：她不是直接地说不许同步录音。因为她不重视，所以底下一串联，下面的人都不重视。为什么不重视就会不同步录音呢？因为同步录音对谁都不利，不管是搞灯光也好，搞摄影也好，搞剧务，还是那些样板戏的演员，没有同步录音他们爱怎么聊就怎么聊，你爱走来走去都可以，多自由？你摄影也甭盖被子，你也可以甭管有没有影子，也不用搬来搬去等等，什么都很好的。这样的话，一串联下来就变成部分不同步录音。不同步录音本来是一个手段问题，由于不同步录音而产生了对录音的不重视，录音意识不注意，录音进步不了，这个责任我觉得还是在江青那儿。郑春雨为什么不同意呢？后来我想来想去，因为他老提司徒慧敏，因为司徒慧敏那时候——还是（一九）五几年——他们到西欧去考察，回来就讲意大利，说他们完全是配音，而且配音不是演员本身，是有一个配音公司，就跟咱们译制片厂一样。它那是很有经验的（配音）演员，都是他们配。他说就有一天晚上，他去的时候，最会配音的那个头儿，就是最有名的那个演员，他第二天要配一个很重要的戏，跟他聊天，介绍了很多情况。当时司徒慧敏确实没有说是批判他们，也没说是这样就对。

问：就介绍了这个情况？

陈：客观介绍，本身就有点倾向性。

问：倾向于后期配音还比较好？

陈：没有觉得他们配得太不对，起码是这一点。当然他也没说就对。因为什么呢？说良心话，搞电影的人起码要知道这个问题，你后期配音也可以，演员可能戏差的，可是你本人配跟别人配就不一样了。你还不是译制片，译制片是外国人，本来就不是他声音。要是国产片，演员是那演员，说话（声音）变了，这是什么？

问：所以郑春雨老师认为……

陈：他老说不是江青。

问：谢谢陈老师。我们的提问就到这里。（摄影师）他要拍一些环境，您的工作环境、生活环境，包括楼号、楼道，拍下来。然后要拍一下反打，然后要拍一下您的一些代表性的照片。

陈：对不起，我还没挑。我忘了。

问：今天要挑不出来，下次他来拿带子的时候也可以。现在趁天还没黑的时候，让他到外边去把您的楼号、楼道，一直到您家，把这个拍下来。

陈：那正好，我现在找那个什么。

问：现在找照片，来得及吗？

陈：现在我去找。

问：谢谢陈老师！

（全部采访结束）

附录：最后想要说的话[1]

一、爱和恨

在小关电影基地第一期工程即将完工的前后，[2]在玻璃楼沙盘前，周总理、陈毅副总理对北影汪洋厂长的一席话后，[3]北影人感动、感激、感恩。

“文革”开始后，自封“旗手”的江青竟以极端唯心的混蛋逻辑，说什么：在苏修设计的场地工作下去，人就要变修。提出把北影人由小关赶出来，赶到用她的淫威“一平二调”调出来的铁道干校、测绘学院，亦即今天的北三环中路77号院。用人民血汗换来的世界有名、亚洲第一的工程，就这样白白地毁掉了。北影人永记这仇、这恨……

周总理为了让北影人能够早一天有工作地方、工作条件，也想减轻平调的坏影响，用心良苦地进行调节、协商，达成有条件互换的共识，然后签署77号院的产权属于北影的批示。后来有人就以有这个批示而认为周总理也赞同北影人由小关基地撤回来。这种说法是错误的，是非常、非常错误的。

---

① 在审定全部书稿之后，陈燕嬉老师说她还有《最后想说的几句话》，她要写出来，让我等几天再交稿。遵嘱等了一周。2013年8月15日，陈老师让她的家人将她写的几份文字稿交给我，其中包括：1.《最后想要说的话》；2.《我与侯瑞霞的认识过程》；3.潘奇老师1935年至1936年教唱的几首歌的歌词；4.录音工作的基本情况简要说明。陈老师嘱我看情况处理。这几份手稿都会存入口述历史档案。

② 小关电影基地是指北京电影制片厂的第二个厂址（第一个厂址在新街口外，原“中电三厂”所在地，后为北京科影所在地），地点在安定门外小关，原是一个砖瓦厂，北影新厂是按照苏联建筑式样和模式兴建的，全部工程直到1959年完工。

③ 这一席话的大意是：现在国家仍然很穷，但为了电影事业，还是花钱为北影建了新厂。

二、重大的认识突破

录音工艺最后一道工序——混合录音。在混合录音时，不管你录音师是什么观点——有声就得、专搞技术、专搞艺术……不管你自觉不自觉的，你都要指挥和演奏着你录好的对白、音乐和你找到的各种效果声音。这时你如果和导演的看法不一致，录出来的声音肯定听起来不舒服、不感人，影响影片质量。

有了这些认识以后，录音师参加导演的艺术活动，参加导演对演员的排戏、对作曲谈戏等活动，也就都迎刃而解了。

我现在很遗憾，为什么我年轻的时候没有这个认识，否则我可以大声疾呼（因为没有录音师的任何功利诉求，可以毫无顾虑）。我现在虽然很内疚，自己认识太晚了，我已无能为力了。但是希望我的录音同行们考虑一下，我的认识是否有可取之处。

采访人手记

对陈燕嬉老师的采访，是我的同事张震钦研究员促成的。

2009年国庆长假过后，我正同时进行两个采访，准备在这两个采访完成后，结束第一阶段采访工作。张震钦老师给我打电话，问我是否采访过北影著名录音师陈燕嬉老师？如果没有，最好是尽快采访。于是我调整采访计划，加班加点突击准备功课，迅速对陈燕嬉老师进行了预访。

陈燕嬉老师生长在一个富裕的家庭里，有良好家教和作风，且接受过完整而优质的学校教育。老人家心地善良，心思单纯，为人淳朴质实；一生工作勤奋努力，态度虚心诚恳，录音艺术几成她的精神信仰。她说自己“平凡但不平庸”，可谓最好的自我总结。在采访过程中，老人家的认真劲头，让人叹为观止：为了回答出60年前北京的电影票价，她可以给多个当年的知情人不断打电话询问；为了把某个细节表述得更加精确到位，每次采访的开头她几乎都要花半小时左右时间，对前一次采访的内容及说辞进行仔细的修订或校正。

在我做预访和正式采访时，老人家年过86岁，好在当时身体健康，思维清晰，精神矍铄，心态良好。只是记忆力有明显的衰退迹象：对一些事情的记忆有些模糊，有些事甚至完全遗忘了，这属于正常的生理及心理现象。因惯于认真做事，希望尽可能提供准确的记忆答案，老人家可没少吃苦头：她说她那段时间常常夜不能寐，一遍又一遍地“过电影”回忆往事；好几次我午后按约到她家，见她还在边吃饭边看资料。这场景，对我和我的工作伙伴，是最好的敬业教育课。

正式采访开始于2009年10月22日下午，连续3小时。第二次采访于次日下午进行。其后，陈老师因为对采访提纲中所提出的一些问题如关于她丈夫郑学玄先生的工作情况所知不全、对其他的一些事记忆不太清晰，要求有一段时间做功课，因而采访暂停了一段时间。接下来的采访于11月3日、4日、5日，及11月9日、11日、13日、17日、19日、20日采访继续进行，并于20日下午结束，总共33小时。研究生王家祥担任采访录像、录音及拍照工作。

陈老师本人和她的女儿郑晓春老师（当时是儿童少年电影学会办公室主任）对我们的采访工作，给予了热情的支持和积极的配合。因为我们口述历史采访第一期工作接近尾声，对陈燕嬉老师的采访，日程上抓得比较紧，节奏也比较快。从做采访准备工作、做预访、写出采访提纲征求意见稿，到进行第一次正式采访，不到两周时间；从策划到正式采访结束，也不到两个月。对高龄前辈，做如此高频率、快节奏的采访，有违口述历史工作常规，是不得已而为之，应引以为戒。

时光荏苒，转眼三年多时间过去了。2013年初，在开始编辑《陈燕嬉口述历史》书稿之前，我先编辑了老人家的《访谈录》部分内容，发表在《当代电影》杂志上（2013年第5期），借此恭贺陈燕嬉老师90寿辰。祝愿这位可爱可敬的老人，快乐安康！

陈　墨

编后记

开始编辑这部书稿的时候，陈燕嬉老师就不断发问：单独给她出书，是否值得？会不会是浪费资源？或许还有别人也这样问吧？下面首先回答这个问题。

《画外心声：陈燕嬉口述历史》入选“中国电影人口述历史”丛书，并且单独成卷，有以下几点理由。其一，口述人陈燕嬉老师是1949年10月1日新中国开国大典时天安门城楼上的现场录音师，此前，她还完整地见证并记录了第一届全国政治协商会议，并且还曾担任《毛主席朱总司令莅平阅兵》、《百万雄师下江南》等新中国早期纪录片录音工作，是新中国历史的重要见证人。其二，她的经历丰富，经历了日伪华北电影公司、国民政府“中电三厂”、新中国北京电影制片厂等不同历史阶段，是中国电影史的亲历者和重要见证人。其三，她不仅担任过新闻片、纪录片的录音师，担任过《龙须沟》《风暴》《祝福》《暴风骤雨》《边城》等故事片的录音师，且还担任过《杨门女将》《野猪林》《穆桂英大战洪州》等京剧艺术片及大型音乐舞蹈史诗《东方红》的录音师，还曾在当年的文化部录音组担任过文艺经典作品的录音师，具有多方面的录音经验，且对录音工作有自己的体会思考。其四，在口述历史采访过程中，陈燕嬉老师可以说是知无不言、言无不尽，亦即能敞开心扉、回答所有的提问（不记得是另外一回事），从而留下了非常丰富的记忆内容—这一点虽非入选丛书单人卷的必要条件，却是不可忽视的充分条件，因单人成卷需一定的篇幅。

一

任何事，都是说起来容易做起来难。口述历史的抄本编辑—我想还是应该用“编纂”为好—也不例外。从未做过口述历史抄本编辑或编纂的人，或许以为这是一件非常简单的事，无非是把口述历史录音的原始抄本加以适当剪裁和编辑，能有多大难度？此前，我也是这么想的。我这么想、这么说的时候，遭到了我的那些曾经从事过口述历史抄本编纂的同事一致抗议。他们都说，口述历史抄本编辑，要比我想象的困难得多。当我实际从事这项工作的时候，发现情况果真如年轻同事所说。当我与同事交流编纂如此不易的心得时，有些同事报以同情的理解。

口述历史的抄本编纂到底有什么难？还是结合《画外心声》实例说吧。

口述历史抄本中最常见的情况，一是说话人有特殊的口语习惯，通常都不说一个完整且标准的句子，而是根据自己的习惯进行省略或加词；同时又因为口述历史是采访人与受访陈述人的现场对话，有具体而特殊的对话语境，常常会出现“半句跳跃”现象。所谓“半句跳跃”，是指，陈述人经常有半句话，意思明白了，或者以为对方明白了自己要表达的意思，就不再说完整，紧接着说第二句、有时候是第二个半句，从而形成“半句跳跃”。在采访现场，由于采访人身临其境，且对受访陈述人的言语习惯已经熟悉，完全理解对方的半句话及其跳跃。可是在录音原始抄本中，编纂者看到的只是文字，对其中的有些半句话、有些跳跃就很费解了。有时候，为了琢磨一段话的意思，需要花费很长的时间。

举个例子说：

陈燕嬉：不是，我设计有的。可是这些东西，有的，不是很主要的。设计也无非就是表现当时的时代，流行歌曲或者什么喇叭，根据那个时代特点，没什么创新问题。就是表现时代的一面。这与话剧也不是很大，而且篇幅比较起来的话，当然还是他们为主。我是那么想的。所以没觉得太多遗憾。我觉得我在《茶馆》里面没有更多创新，当然我也用过，比如像《龙须沟》那个思想，就是当卖儿卖女……卖女儿的时候。可是因为戏不一样，而且那时候噪声比较大，我也是选了一个能刺激他的音效来出现的，可是那时候演员情绪跟那个不完全一样。可是没有太突出。我是这样想过。

上面这段话中，有半句，有跳跃，有些语句的意思不是很好理解。但这还不是最难理解的。陈老师要说明的，包括了这么几个要点：1. 在电影《茶馆》的录音过程中，自己是有过声音效果创作设计的。2. 设计的重点，是电影中的场次转换，也就是时代转换时，要找到最具代表性的音效表现不同时代的特点，从而给观众留下比较深刻的印象，完成音效创作的任务。3. 电影《茶馆》是以人艺的话剧为基础的，话剧中对不同时代的环境音效已经有所设计，因而电影的音效设计在篇幅上并不多，还是以话剧的原创为主。4. 自己在电影《茶馆》的音效创作中虽然也曾花费过心思，例如在剧中人卖女儿的时候也曾设想过如电影《龙须沟》中那样的叫卖声，但因为环境噪声、演员表演等方面的原因，那个音效似乎没有太突出。5.虽然如此，录音师还是思考过、努力过。

上面这个例子还不是太难。比较难的是这样的段落：

“你知道那什么，我这个人，反正也不关起来了，也不自由的，反正他告诉我了。反正我当时是知道，我不知道，反正我想不起来了，反正也没人告诉我。是一个什么事呢，那年，后来也不什么运动，‘三反五反’，不对，不是‘三反五反’，是肃反吧，还是反右倾，我想想，想不起来了，不管它。我说那什么……”。

上面这一段，在录音原始抄本中单独摘出来，会让人一头雾水。其中有几个“知识点”：1.陈老师的口语习惯，是喜欢说“那什么”，希望听者能够意会。这实际上是许多人的口语习惯。2.陈老师还喜欢用缩略语，例如“不知道”或“也不知道”，通常会说成是“也不”，上面的句子中的“也不关起来”、“也不自由”和“也不什么运动”，都是“也不知道……”的缩略表达。3.陈老师还喜欢用“反正”，有时候是对某一个语意的强调，有时候是表达当一些记忆缺失时的遗憾，有时候只是一个习惯。4.在上面这段话中，半句的现象非常明显，跳跃的现象更为明显，前面说“我知道”，后面说“我不知道”；前面说“他告诉我”，后面说“反正也没人告诉我”，看起来自相矛盾，实际上是时间的跳跃，前者是指当年她知道、有人告诉她；后者是指现在（采访时），已经记不清了，想找人打听或求证，也始终找不到人。5.至于陈老师所说的核心主题究竟是什么，那就要抄本编纂者从这一段话的上下文中去寻找线索了。

在口述历史抄本编纂中，还有一个非常要紧的因素，录音的原始抄本由谁整理？若编纂者、录音整理人、采访人是三合一，当然是最理想的。问题是，由于这样或那样的原因，很难经常保持这样的“三位一体”，也就是说，常常采访工作、录音整理工作、抄本编纂工作是由不同的人来做的。如果是这样的情况，抄本编纂者就经常要面临这样的问题：录音原始抄本是否准确？我们都知道，由于种种原因，录音抄本的整理很难做到百分之百的准确，有时候，把“老外公”听成是“牛吃葱”也不稀奇。陈燕嬉老师的口述历史原始录音抄本中，就把陈老师的丈夫郑学玄一律错写成“郑应全”。最让我犯难的，是把一句“在小关的时候”错写成“在《小花》的时候……”，整理人还特意将《小花》加上书名号，似乎在强调是《小花》这部电影，可是《小花》与陈燕嬉老师、与现在所谈的这个话题到底有什么关系呢？百思不得其解之际，只好求助于录音，结果听到的是“在小关的时候”，即北京电影制片厂还没有搬迁到北三环中路77号的时候，也就是70年代初期以前的时候。类似的情况还有不少。这就意味着，口述历史抄本编纂者经常要承担“语言考据”的重任，当录音文字原始抄本中出现这样或那样的疑难杂症的时候，那就要回到采访“现场”，从录音或录像中去寻找真相。

二

陈燕嬉老师是一个非常认真的人，做事全力投入，追求精益求精，我甚至要说她是一个完美主义者，凡事都想做到尽善尽美。按说，遇到这样的受访人，是口述历史工作者的福气。但这样的福气不见得人人都能消受。老人家年纪大了、记忆力衰退了、陈述的完整性也不像她自己期待的那么好，于是就出现这样的情况：每一次采访结束之后，老人家必定要左思右想，回顾讲述的内容，总觉得自己的记忆和陈述没有达到理想的程度；因而在下一次采访开始之前，都要花几十分钟乃至更长的时间对前一次采访的内容进行订正或补充。问题是，陈老师的每次“补充”，成色并不完全相同，最好的情况是，她在补充时说出的内容信息是全新的，有助于我们对历史及历史中的个人处境或个人心态的了解和理解；更多的情况是，补充的并非全都是新的内容，大部分内容其实都已经说过，要补充的或许只是一个细节，或是一个新的想法、新的说法、新的评语；还有极少数的补充则更成问题，那就是非但没有新的内容和信息、非但不能把问题说清楚，反而出现了人为的信息紊乱、使得要说的话题更加云山雾罩。还有，老人家要补充的内容，并不限于一个主题，往往是多个主题，少则三五个主题，多则六七个主题；有些是订正前一次采访时的陈述，有些则是跨越好几次采访，而且还并不是根据采访先后次序订正或补充，而是按照她此刻的思维路径进行再陈述。

这种情况，给录音抄本的编纂工作带来了较大的难度挑战。首先是给框架整理和目录编写出了难题：如何处理每次采访开头部分所“补充”的内容？完全按采访过程的实际顺序进行“实录”肯定是不成的：例如在上一次采访的结尾，所说的话题是一个故事片的创作，话题还没有完；下次采访开始时，陈述人并不接着上次的话题说，而是订正和补充完全不同的多个其他话题，而且此次补充的多个话题间也没有时间或逻辑上的关联，只是陈述人想到的若干问题，需要集中进行订正和补充。这些内容，既不能归入上一次采访的—有关某部故事片创作—的目录中，又不能简单地“合并同类项”，即将补充所说的内容，按主题进行分别归类，是什么话题，就放到什么标题目录之下。简单说就是：若是按主题分别归类，难免有重复之嫌，甚至会自相矛盾，会出现信息干扰；若是把其中重复或较多重复的部分全都删除，又难免有遗珠之憾。怎么办？

对此，如大家所见，编纂者采取了灵活机动的处理方法。主要方法有两种，一是让补充的部分单独成篇，特别是补充的量比较大、谈论的问题比较多，且所谈的主题难以完全按主题进行分别归类的情况下，那就干脆将它们按照补充叙述的原貌完整地保留。另一种方法，是当补充或订正的主题相对单一，内容比较新鲜，而前面有关这个主题的陈述又不是特别完整的时候，那就将补充叙述的内容归入前面的特定专题中去。当然，对这种情况，编纂者会作出专门注释，说明某一部分内容是陈述人在下一次采访时补充的，提醒读者注意不同的时间、不同的语境下的不同内容及不同表述方式。除这两种方法外，还有第三种辅助方法，即删除。删除一些没多少新内容与新信息的补充—尤其是那些补充陈述的完整性和逻辑性还不如先前所说的部分，或容易造成信息干扰或逻辑紊乱的部分。

每一个采访人都遇到过这种情况：老人家在接受访谈的时候，难免会出现自由联想，进而在讲述过程中经常“信天游”。比较常见的形式之一，是正在说某一件事，联想到其他类似的事，自由跨越时间和空间，按照事件的性质进行自由联想。常见的形式之二，是说到某一件事，想到某一个与此有关的人物，进而对这个有关人物的背景和故事进行联想和陈述。当然，“信天游”并不都是按照上述两种形式来，有时候会有所跳跃，对话者乃至陈述人本人都搞不清楚到底是怎么会从一个点说到了另一个点，进而说到第三个点，有时候甚至自我迷失，不知道自己在说什么，不知道自己为什么会想到那些、说到那些。这种情况，不同的口述历史采访人会采取不同的对策，有些采访人会及时提醒对方说走题了；有些采访人则在一定的范围内放任自流，以免打断对方、影响对方的陈述热情。放任自流到什么程度，那要根据采访人的个性、理念及与受访人的关系而定。在抄本编纂中遇到这样的情况，不同的编纂者肯定也会有不同的处理方法。在本书中，编纂者的方法是，若“游”得不远，那就保持原貌；若“游”得太远，且能够单独成章，那就将这一部分内容归入已有的特定主题。若是“游”得较远、内容意义不大而信息又不是那么清晰的，那就只好删除。

三

如何编纂口述历史抄本？这是一个专业性难题。它也是口述历史专业的一个非常重要的问题，因为其中涉及编纂者的口述历史观念，由观念决定方法。

口述历史的拓荒前辈、美国哥伦比亚大学的唐德刚教授，编纂口述历史录音抄本的方法是：在口述历史录音抄本的编纂中毫不犹豫地代笔改写，即由编纂者替代口述人对口述内容与形式进行大规模地直接订正和改写。唐先生的工作，是真正的编纂—口述人出现记忆错误、表述错误的地方，编纂者/采访人也即唐先生，会毫不犹豫地直接加以订正；口述人的一些词用得不对，唐先生也会毫不客气地加以删除或修改。这样做的好处是显而易见的，可以确保口述史料的准确性、完整性和阅读的顺畅性，借此维护口述历史的可信度及合法性。在唐先生从事口述历史采访和编纂工作的时候，历史学界对口述历史还不是那么了解、且还不是那么信任；若是留下“杂乱、错误、不可信”的把柄，弄不好就会给口述历史的发展带来极大的怀疑和障碍。那时候，唐先生的做法，是可以理解的。

换一个思路，或者说换一种口述历史的观念，即不仅把口述历史的内容当纯粹的“口碑史料”，而是把它作为更广义的人类知识的源泉，对唐先生等早期口述历史工作者—台湾中研院近代史研究所口述历史抄本编纂中也存在类似的情况，有不少口述历史抄本还用文言形式—的这种做法，恐怕就难以认同了。原因很简单，在我们看来，口述历史其实是“口述记忆”，或者说是口述者的精神信息。其中当然有历史信息，同时还有社会学、文化人类学、心理学、语言学、传播学、教育学……等多种信息资源。仅仅把个体的记忆和陈述当作口碑史料，那是对口述历史的意义和价值的窄化理解。而且，若不对口述历史的内容进行编纂和重构，其中就免不了有各式各样的错误和遗漏，从而使口述历史的“历史”价值大打折扣；若是编纂者对口述历史的原始抄本进行过多的订正，则难免让人担心口述历史的“口述”形式及其价值得不到充分的体现。例如唐德刚先生编纂的《李宗仁回忆录》，应该算是李宗仁本人的回忆记录呢，还是算唐德刚先生的撰稿，或算是李宗仁和唐德刚两人（不平等）合作的产物？怕是不好回答。

这里并不是讨论唐德刚及其《李宗仁回忆录》的适当场合。说这些，只是想指出，《画外心声：陈燕嬉口述历史》是按照不同的观念和方法编纂而成的。若按照唐德刚先生的口述历史观念及其抄本编纂的方法—这种观念和方法被许多人不假思索地看作是口述历史的常规乃至“正宗”—这部《画外心声：陈燕嬉口述历史》很可能会被判断为质量不高，乃至不合格。原因有两条。一是在这部书中保留了大量的记忆缺失和记忆错误的记录（编纂者对其中的部分记忆错误进行了力所能及的注释订正）。这部书中出现频率最高的词，肯定是“不记得了”或“我不知道”，若按口碑史料的要求，当然是品质不高。另一条原因，是这部书中保留了大量的口语形式、言语习惯和大量的不完整语句，甚至有大量的“病句”，如果按照语言文字规范要求，它肯定是有问题的；习惯于正确和通顺的读者，或许会觉得别扭：一头雾水，外加一头恼火。在这里，我要坦白交代：这是故意的。

之所以故意如此，是因为我们有一个梦想，希望30卷“中国电影人口述历史”不仅能成为中国电影史、新中国社会史和民国后中国史的重要信息资源，同时还能成为“口述历史学”的专业参考书。我们希望，“中国电影人口述历史”在观念、方法、编纂模式等方面，都能够有一些专业性的探索和贡献。《画外心声：陈燕嬉口述历史》，就是这种探索的一个小小的例子：我们不仅希望一般读者在这一口述历史书中看到电影专业史、国家社会史和个人心灵史的故事信息，同时还希望口述历史同行也能够在这部书中获得专业工作参考信息。为此，我们不仅保留了口述人的口述内容，同时还尽最大可能保留口述历史“心灵考古”的“现场形态”，以便敏感的专业同行能够见到更多的语言碎片遗存及记忆原生态。我们深知，口述历史的存在依据，在于个人记忆。而个人记忆，乃是人类最普通、最常见却又最陌生、最无知的领域。如弗洛伊德所说：“若有人敢于高估我们目前对人类精神世界的了解，那只要请他多想想有关记忆的解释，就能使他陡然谦虚起来了。迄今为止，还没有哪一种心理学理论可以成功地解释‘记忆’和‘遗忘’的根本现象。”（《日常生活的精神病理学》）为此，我们想尽可能地保留口述人的言语特点、言语方式及其言语碎片，让专业读者去作心灵与历史的考辨。

从心理学角度看，人的口误、笔误、误读、误记等等看似偶发现象，无不有其内在的（尚未被完全认知的）心理原因。遗忘是有选择性的，选择性的遗忘是有心理原因的。从更广远的角度看，人的记忆和遗忘所依据的心理原因，不仅取决于个人的生理—心理关联，同时还取决于个人的心理—社会/历史关联。

在《画外心声：陈燕嬉口述历史》中，我们看到，陈燕嬉老师对她的丈夫郑学玄先生的个人历史，尤其是郑先生在历次政治运动中的经历，遗忘现象非常严重，只留下记忆的断简残篇，模糊得难以辨认。其原因，与其说是她对自己的丈夫感情不深，莫如说是源自对政治运动压力的恐惧和对抗—遗忘正是潜意识中对抗恐惧、自我保护的重要手段。这就是说，陈燕嬉老师的遗忘，实际上是其心理—社会历史关联的见证。进一步说，这样的遗忘，与其说是心理性的，不如说是历史性/社会压力的产物。我还想说，陈老师多次说对丈夫郑学玄没有感情，主要原因并非她对感情的无知或麻木，而是私人情感的认知与“政治正确”的要求（这样的要求几乎成了第二本能）之间矛盾冲突的产物，关系前者明显被严重割裂、扭曲了。在我看来，陈燕嬉老师口述中无数的“不记得”和“不知道”，实际上传递出极其丰富的社会心理学信息，是更加深广的历史信息资源。陈燕嬉老师独特的口述形式及其口语习惯，正是她老人家的精神存在方式。这种精神存在方式，体现了她独特的个性；这个性，是历史与社会生活共同雕塑而成。

现在，我们还不能对遗忘心理机制及其与社会压力的关联作出准确的理解和评述，我希望，我们的后人拥有更丰富的参考数据和更先进的思想方式，总有一天能够对这些作出透彻的解释和评估。

四

这部书稿的编辑过程，得到了陈燕嬉老师的全力支持和协助。书稿开始编辑之前，陈老师就要求采访人，要听当年采访的所有录音。鉴于老人家的视力严重下降，看文字要用一个酒瓶底一样的放大镜，35万多字的文稿（不包括序言、采访手记、编后记等）的审阅，肯定困难重重。编者提出请老人家的家人代为审查，老人家坚持自己通读全稿。这是她的工作习惯，也是她的性格所决定的。

编者是6月下旬将书稿交给陈老师的，一个多月之后，2013年8月7日，编者去陈老师家听取老人家的审查意见。此时，老人家已经不仅通读了将近700页（A4纸，四号字）书稿，而且还在书稿的边缘写下了许许多多的文字，有些是改错，有些是补充，有些是要对口述文本进行重新表述。遗憾的是，由于老人家视力难及，有些文字写得神龙见首不见尾，不仅编者不认识，老人家自己也不再认识了。让老人家再次通读一遍书稿显然不可能—再读、再写的结果恐怕仍然会如此—编者只有进行现场“听写”作业，让老人家把自己对书稿中最突出的问题及其意见、建议说出来，由编者现场记录下来，以便完善编辑工作。

在与陈老师共同工作了6个多小时之后，将老人家最为关心的若干重点记录了下来，且已经用正文补充或注释方式体现在书稿文本中。编者担心老人身体过于劳累，决定将经过陈老师审阅并批注过的书稿文本带回，第二天开始投入再次编辑修订工作。除了现场听写的内容外，编者对书稿批语中能够辨认出的内容进行了“考古式”斟酌，其后采取了三种方式呈现，第一种方式，是直接纠错补漏，写入正文中，对这一部分没有加以注释。第二种方式，是有部分内容是以前没有提及或虽提及却不完全的新信息，我也将它们补入了正文中，并对补入的部分加以注释。第三种方式，有一部分内容，用“陈燕嬉批注”形式，直接放在了注释中。因为，其中有些话，是对访谈内容进行补充和解释的，有些话甚至是直接对采访人说的，如无形中的继续“对话”。总之，编者觉得应该采用的，尽量都采用了。还有一部分无法辨认的文字，其中也许还有许多宝贵的信息，编者辨认能力有限，没能一一认出，从而不能全部抄录，特此说明。

由于编者的能力有限，约定的交稿时间在即，书稿中肯定会有这样或那样的错误、缺漏以及其他未能让人满意处，这是编者的责任。祈望读者予以谅解，若能指出其中的错误和缺陷，编者将衷心感激！

陈　墨

2014年4月

图书在版编目(CIP)数据

画外心声：陈燕嬉口述历史／陈墨主编.--北京：中国电影出版社，2015.11

（中国电影人口述历史）

ISBN 978-7-106-04311-7

I. ①画… II. ①陈… III. ①陈燕嬉-访问记 Ⅳ. ①K825.78

中国版本图书馆CIP数据核字（2015）第252857号

责任编辑：类成云
封面设计：品　序
版式设计：品　序
责任校对：孙　健
责任印刷：张玉民

画外心声——陈燕嬉口述历史
陈墨　主编

出版发行　中国电影出版社（北京北三环东路22号）邮编 100029
电话 64296664（总编室） 64216278（发行部）
Email：cfpygb@126.com
经　　销　新华书店
印　　刷　北京鑫丰华彩印有限公司
版　　次　2016年5月第1版　2016年5月北京第1次印刷
规　　格　开本／850×1168毫米　1/16
印张／26　字数／466千字

书　　号　ISBN 978-7-106-04311-7 / K.0185
定　　价　68.00元